2025 年全国监理工程师（交通运输工程）职业资格考试参考用书

Jiaotong Yunshu Gongcheng Jianli Anli Fenxi
交通运输工程监理案例分析
（Shuiyun Gongcheng Zhuanye Pian）
（水运工程专业篇）

交通运输部职业资格中心　组织编写

人民交通出版社

北京

内 容 提 要

《交通运输工程监理案例分析(水运工程专业篇)》为2025年全国监理工程师(交通运输工程专业)职业资格考试参考用书之一。本书共十五章。主要介绍了水运工程监理案例的基础知识;重点介绍了水运通用、码头、航道整治、疏浚与吹填、船闸、水运机电、干船坞与船台滑道、道路堆场、航标等工程的质量控制和水运工程进度控制、费用控制,以及水运工程施工安全、环境保护监理等内容。

本书可供参加全国监理工程师(交通运输工程专业)职业资格考试的人员复习参考,也可作为建设单位、施工单位、项目管理(监理咨询)单位和高等院校师生的学习参考书。

图书在版编目(CIP)数据

交通运输工程监理案例分析. 水运工程专业篇 / 交通运输部职业资格中心组织编写. — 北京:人民交通出版社股份有限公司, 2025.1. — ISBN 978-7-114-20126-4

Ⅰ.U;U6

中国国家版本馆 CIP 数据核字第 2025Q7T844 号

2025年全国监理工程师(交通运输工程)职业资格考试参考用书

书　　　名:	交通运输工程监理案例分析(水运工程专业篇)
著　作　者:	交通运输部职业资格中心
责任编辑:	黎小东　　王海南
责任校对:	龙　雪
责任印制:	刘高彤
出版发行:	人民交通出版社
地　　　址:	(100011)北京市朝阳区安定门外外馆斜街3号
网　　　址:	http://www.ccpcl.com.cn
销售电话:	(010)85285857
总　经　销:	人民交通出版社发行部
经　　　销:	各地新华书店
印　　　刷:	北京市密东印刷有限公司
开　　　本:	787×1092　1/16
印　　　张:	20.5
字　　　数:	496千
版　　　次:	2025年1月　第1版
印　　　次:	2025年1月　第1次印刷
书　　　号:	ISBN 978-7-114-20126-4
定　　　价:	90.00元

(有印刷、装订质量问题的图书,由本社负责调换)

2025年全国监理工程师（交通运输工程）职业资格考试参考用书

《交通运输工程监理案例分析（水运工程专业篇）》

编 写 人 员

主　编　周　河

副主编　陈　南　文　韬　陈班雄

成　员　周继辉　范滋胜　何建新　阮学成
　　　　陈海燕　陈　雷　李　扬

审 定 人 员

主　审　李明华

副主审　荆　雷

成　员　罗　娜　王　婧　邢　波　徐建军
　　　　于　凯　习明星　韩道森　黄崇葵
　　　　张　毅

前言

为满足广大工程技术人员复习参加监理工程师(交通运输工程专业)职业资格考试的需求,交通运输部职业资格中心依据《全国监理工程师职业资格考试交通运输工程专业科目考试大纲(2024年修订版)》,组织有关院校和企事业单位的资深专家,编写了这套全国监理工程师(交通运输工程专业)职业资格考试参考用书。全书共六册,包括《交通运输工程目标控制(基础知识篇)》《交通运输工程目标控制(公路工程专业知识篇)》《交通运输工程目标控制(水运工程专业知识篇)》《交通运输工程监理案例分析(公路工程专业篇)》《交通运输工程监理案例分析(水运工程专业篇)》《交通运输工程监理相关法规文件汇编(公路工程专业篇)》。本套参考用书由章剑青(江苏华宁工程咨询有限公司总经理、教授)和周河(广西交航工程技术有限公司董事长、高级工程师)主编,由李明华(中国交通建设监理协会名誉理事长)主审,由陈班雄(交通运输部职业资格中心公路处副处长)统筹组织编写和审定。

《交通运输工程监理案例分析(水运工程专业篇)》分为十五章。由周河主编,周继辉、范滋胜、何建新、阮学成、陈海燕、陈雷、李扬等专家参加了编写修订工作。

本书审定时,李明华、荆雷、罗娜、王婧、邢波、徐建军、于凯、习明星、韩道森、黄崇葵、张毅等专家学者提出了宝贵意见和建议,在此表示感谢!

本书在修订过程中,虽经反复推敲,仍难免存在纰漏,敬请广大读者批评指正。

交通运输部职业资格中心
2025年1月

目录

第一章 《水运工程施工监理规范》
　　　　（JTS 252—2015）及《港口工程竣工验收规程》（JTS 125—1—2021）知识点 ……… 1
　第一节　基本规定 …………………………………………………………………………… 1
　第二节　施工组织设计及施工方案 ………………………………………………………… 3
　第三节　施工准备期监理 …………………………………………………………………… 5
　第四节　施工期监理 ………………………………………………………………………… 8
　第五节　缺陷责任期监理 …………………………………………………………………… 16
　第六节　合同管理 …………………………………………………………………………… 17
　第七节　监理资料管理 ……………………………………………………………………… 19

第二章 水运工程质量控制基础知识 …………………………………………………………… 21
　第一节　参建各方质量责任和义务 ………………………………………………………… 21
　第二节　工程质量缺陷的处理 ……………………………………………………………… 23
　第三节　工程质量事故 ……………………………………………………………………… 24
　第四节　水运工程质量控制一般规定（JTS 257—2008） ………………………………… 26

第三章 水运通用工程质量控制 ………………………………………………………………… 28
　第一节　混凝土结构工程质量检验一般规定（JTS 257—2008　2.1.1） ………………… 28
　第二节　模板工程质量控制 ………………………………………………………………… 28
　第三节　钢筋工程质量控制 ………………………………………………………………… 31
　第四节　混凝土工程质量控制 ……………………………………………………………… 33
　第五节　预应力工程质量控制 ……………………………………………………………… 40
　第六节　钢结构工程质量控制（JTS 257—2008　2.2） …………………………………… 44
　第七节　软土地基加固工程（JTS 257—2008　2.3） ……………………………………… 46
　第八节　停靠船与防护设施工程（JTS 257—2008　2.8） ………………………………… 48

第四章 码头工程质量控制 ……………………………………………………………………… 51
　第一节　基本规定 …………………………………………………………………………… 51
　第二节　桩基工程 …………………………………………………………………………… 51
　第三节　高桩码头 …………………………………………………………………………… 74

第四节	板桩码头	79
第五节	重力式码头	85
第六节	格形钢板桩码头	91
第七节	斜坡码头与浮码头	95
第八节	防波堤与护岸工程	97
第九节	码头上部结构工程	108
第十节	接岸结构与后方回填工程	110
第十一节	轨道梁与轨道安装工程	111
第十二节	码头结构加固改造工程	112

第五章 航道整治工程质量控制 117
- 第一节 施工前准备 117
- 第二节 土石方与地基基础 118
- 第三节 护滩与护底工程 119
- 第四节 筑坝与导堤工程 120
- 第五节 护岸工程 121
- 第六节 清礁工程 123

第六章 疏浚与吹填工程质量控制 127
- 第一节 一般规定 127
- 第二节 疏浚与吹填工程施工 129

第七章 船闸工程质量控制 132
- 第一节 施工监测 132
- 第二节 围堰工程 132
- 第三节 基坑和地基基础工程 134
- 第四节 闸首与闸室工程 136
- 第五节 其他工程施工 138

第八章 水运机电工程质量控制 143
- 第一节 机电设备安装的通用要求 143
- 第二节 港口设备安装工程的技术要求 146
- 第三节 水运工程质量检验标准的有关内容 153
- 第四节 水运工程机电专项监理规范的有关内容 154

第九章 干船坞与船台滑道工程质量控制 159
- 第一节 干船坞及船台滑道总体要求(JTS 257—2008 8.2) 159
- 第二节 基坑开挖质量控制 159

第三节	干船坞主体结构质量控制	163
第四节	船台与滑道主体结构质量控制	171
第五节	坞门制作安装质量控制	173

第十章 道路堆场工程质量控制 176

第一节	概述	176
第二节	地基质量控制	177
第三节	铺面基层质量控制	179
第四节	铺面面层质量控制	180
第五节	堆场构筑物质量控制	182
第六节	标志、标线质量控制	182

第十一章 航标工程质量控制 184

第一节	一般规定	184
第二节	岸标和水尺质量控制	186
第三节	浮标制作与安装工程质量控制	188
第四节	标志牌及附属设施工程质量控制	189

第十二章 进度控制 191

第一节	进度计划管理	191
第二节	进度计划中关键线路及关键工作的确定	195
第三节	应用网络计划技术审批工程延期、工期调整与优化	205
第四节	流水施工进度计划	210
第五节	工程延期和工程延误	217

第十三章 费用控制 224

第一节	水运工程工程量计算规则	224
第二节	工程费用支付	230
第三节	水运工程变更支付	242
第四节	工程索赔	243
第五节	价格调整费用支付	250
第六节	工程结算	254

第十四章 水运工程施工安全监理 256

第一节	水运工程安全风险评估	256
第二节	水运工程中危险性较大的分部分项工程	263
第三节	水运工程安全监理工作的主要工作内容	267

第十五章	水运工程环境保护监理	291
第一节	水运工程施工对环境的影响	291
第二节	水运工程施工环境保护监理	294
第三节	水运工程施工环境保护措施和监理方法	297
第四节	《水运工程施工环境监理规范》(JTS 252—1—2018)的主要内容	301
第五节	环境影响评价和水土保持报告	307
参考文献		314
编后记		317

第一章 《水运工程施工监理规范》（JTS 252—2015）及《港口工程竣工验收规程》（JTS 125—1—2021）知识点

《水运工程施工监理规范》（JTS 252—2015）（以下简称 JTS 252）是水运工程施工监理的基本规范，是为规范水运工程施工监理行为、明晰水运工程施工监理职责、提高水运工程施工监理水平而制定的。本教材仅列出部分基础知识点，其他内容详见原规范。

第一节 基本规定

一、监理人员的任职条件

1）监理单位应将项目监理机构的组织形式、人员构成及对总监理工程师的任命以书面形式通知建设单位。

2）当需要对总监理工程师进行调整时，监理单位应征得建设单位同意并书面通知建设单位；当需要对专业监理工程师进行调整时，总监理工程师应提前书面通知建设单位。

3）项目监理机构中监理人员的任职条件应符合下列规定：

（1）总监理工程师应取得水运工程监理工程师资格，并具有 3 年及以上工程监理实践经验；

（2）总监理工程师代表应取得水运工程监理工程师或专业监理工程师资格，并具有 2 年及以上工程监理实践经验；

（3）专业监理工程师应具有水运工程专业监理工程师及以上资格或工程类注册执业资格；

（4）监理员应具有中专及以上学历，熟悉本岗位现场监理工作并经过监理业务培训。

二、监理人员的岗位职责

项目监理机构中监理人员职责应符合下列规定：
（1）总监理工程师应履行下列职责：
①确定项目监理机构人员、分工和岗位职责；

②组织编写项目监理规划、审批监理实施细则；
③根据项目进展情况调配监理人员,指导、检查和考核监理人员的工作；
④组织召开项目监理工作会议；
⑤组织审核分包单位资格,签署意见后报建设单位审批；
⑥组织审查施工组织设计和施工方案；
⑦组织检查施工单位现场质量、安全生产和施工环境保护管理体系的建立及运行情况；
⑧对现场进行巡视检查,掌握工程实施及现场监理工作情况,及时发布监理指令；
⑨组织审查开、复工报审表,签发工程开工令、工程暂停令和工程复工令；
⑩组织审核施工单位的付款申请、签发工程款支付证书,按合同约定组织审核工程结算；
⑪根据建设单位授权,组织审核和处理工程变更；
⑫参与调解建设单位与施工单位的合同争议,参与处理费用与工期索赔事宜；
⑬组织分部工程验收,审查施工单位的交工验收申请,协助建设单位进行交工验收,参加工程项目竣工验收；
⑭参与、配合对工程质量、安全和环境污染事故的调查和处理；
⑮组织编写监理日志、监理工作月报、工程质量评估报告、项目监理工作总结报告；
⑯组织项目监理资料的整理、归档工作；
⑰根据合同授权签发缺陷责任期终止证书。

(2) 总监理工程师代表应按照总监理工程师的授权履行相应职责,但总监理工程师不得将下列工作授权总监理工程师代表:
①组织编制监理规划,审批监理实施细则；
②组织审查施工组织设计和施工方案；
③签发工程开工令、工程暂停令、工程复工令；
④签发工程款支付证书,组织审核工程结算；
⑤组织审核工程变更、工程延期、费用索赔文件；
⑥审批施工单位涉及质量、安全和施工环境保护重大隐患的整改文件；
⑦审查施工单位的交工验收申请,协助建设单位进行交工验收,参加工程项目竣工验收；
⑧签发缺陷责任期终止证书。

(3) 专业监理工程师应履行下列职责：
①参与编制监理规划,负责编制本专业监理实施细则；
②负责本专业监理工作的实施,通过巡视、旁站、平行检验等手段,掌握本专业工程实施情况,及时发布监理指令,指导、检查监理员的工作；
③及时向总监理工程师汇报本专业工程实施及监理工作情况；
④审查涉及本专业的专项技术方案,审查签认施工单位提交的涉及本专业的工程资料；
⑤协助审查分包单位资格；
⑥对进场材料、设备、构配件进行检查验收；
⑦负责本专业隐蔽工程验收、检验批及分项工程验收,对相关工程资料进行审核签认；
⑧发现质量、安全和施工环境保护问题或隐患及时提出整改要求并督促处理,必要时向总监理工程师报告；

⑨负责本专业的工程计量工作,审核工程计量的数据和原始凭证;
⑩参与审核工程变更、工程延期和费用索赔;
⑪负责本专业有关监理资料的收集、汇总及整理;
⑫做好监理日记,参与编写监理工作月报、工程质量评估报告和项目监理工作总结报告;
⑬参加交工验收。
(4)监理员应履行下列职责:
①在专业监理工程师的指导下开展现场监理工作;
②检查施工单位投入工程项目的人力、材料、主要设备及其使用、运行状况,并做好检查记录;
③复核并签认施工单位工程计量的原始凭证;
④按施工组织设计、施工方案、设计图纸及有关标准,对施工工序进行检查和记录;
⑤承担旁站工作,填写相关记录,对旁站中发现的质量、安全和施工环境保护问题或隐患及时要求施工单位整改,并向专业监理工程师汇报。

三、监理机构的设施、设备、工器具配备

(1)监理单位应按施工监理合同约定为项目监理机构配备办公、生活设施和通信、交通工具,但不包括水上施工现场监理工作所需的交通工具和生活设施。
(2)建设单位向项目监理机构提供的办公、生活设施,项目监理机构应妥善使用和保管,监理工作完成后应移交建设单位。
(3)项目监理机构应按施工监理合同的约定,配备满足现场监理工作需要的常规检测设备和工具。
(4)项目监理机构应在现场设置工地试验室,或委托有相应资质的检测机构进行平行检验。
(5)项目监理机构对施工单位提交的各类文件进行审查审批时,监理人员对文件的签署权限应符合其职责规定。
(6)施工监理工作中,监理单位和施工单位常用表的格式应符合JTS 252附录A、附录B的规定和JTS 257❶的有关规定。

第二节 施工组织设计及施工方案

1)水运工程施工项目开工前应编制施工组织设计。由多个不同类型单位工程组成的大型建设项目宜编制总体施工组织设计和单位工程施工组织设计。
2)施工组织设计编制应符合下列规定:
(1)施工组织设计应根据工程特点、安全和质量要求、工期要求、施工环境和施工条件,对项目的施工组织、施工进度计划、施工顺序、施工方法、资源配置和保证施工安全与工程质量的技术组织措施等进行安排和部署,并应具有针对性、指导性和可操作性。
(2)总体施工组织设计应对整个施工项目的实施进行全面安排和部署,并应保障项目的

---

❶ 本书中JTS 257指《水运工程质量检验标准》(JTS 257—2008)。

主体工程、辅助工程和公用工程的相互衔接与配套。

（3）施工组织设计编制的内容及要求应符合现行《水运工程施工通则》（JTS 201）附录 B 的规定且宜根据现阶段行业相关要求，宜加入平安工地创建、平安百年品质工程创建相关章节。

3）施工组织设计应由施工单位技术负责人审批，分包工程的施工组织设计应由总包单位审批，并应按要求送监理单位或建设单位审查。

4）分部工程、分项工程施工方案或专项施工方案编制应符合下列规定。

（1）分部工程、分项工程施工方案应在施工组织设计的基础上编制，经施工项目技术负责人审批后送监理单位审查。

（2）危险性较大的分部工程、分项工程应单独编制安全专项施工方案，并应按有关规定报审。

（3）采用新材料、新结构、新技术和新工艺的项目应编制专项施工方案，必要时进行试验验证。

5）施工单位应严格按照批准的施工组织设计和施工方案施工。

6）施工过程中需要对施工组织设计或施工方案进行较大修改或调整时应按原审批程序进行报批。

7）水运工程施工组织设计文件编制内容与要求见表1-1。

水运工程施工组织设计文件编制内容与要求   表1-1

序号	编写内容		编写要求
1	编制依据		编制施工组织设计依据的主要文件、技术标准和报告等的名称、代号或文号
2	工程概况		施工项目的工程名称、地理位置、工程内容、建设规模、主体结构形式、主要尺度或建设技术标准，按类别列表对主要工程数量进行统计汇总
3	自然条件		根据设计文件资料和现场调查报告，对影响工程施工的气象、水文、地质和地理特征等自然条件进行概述和重点分析
4	施工的特点与难点		结合工程特点、自然条件和合同条件对施工的特点、难点和关键点进行分析，确定关键节点、重点和难点问题的对策
5	施工总体安排及施工进度计划	总体施工顺序安排	根据总工期和节点工期要求、施工的特点与难点和现场条件等，对工程的总体施工顺序、总工期目标、主要节点工期、施工关键线路和施工进度计划等进行总体安排部署，绘制形象进度图和网络图，确定关键途径，并阐述保障进度计划的技术组织措施
		总工期及节点工期	
		施工进度计划	
6	施工现场平面布置	总平面布置	结合工程特点和现场实际，对施工现场总平面和临时工程的位置等进行统一布置；绘制场总平面布置图，标明施工场地、施工水域、临时工程、施工道路、水电管线及主要设施的位置和范围，并简述布置的理由和实施计划
		临时工程	
		施工水域及航道	
		施工用水、用电	
7	施工组织	项目组织机构设置	绘制项目管理组织机构、施工区段划分及施工队伍配备的组织框图，确定项目职能部门和施工队伍负责人员名单，明确岗位职责等
		职能部门和人员职责	
		施工区段及施工队伍	
8	施工方案	施工方案总思路	阐明施工方案的总思路，对关键项目的施工方案进行重点说明；确定主要分部、分项工程的施工顺序、施工方法、工艺流程、质量控制标准、操作要点和机械设备配备；编制危险性较大的分部工程、分项工程和采用"四新"的施工项目的专项施工方案
		关键项目施工方案说明	
		分部、分项工程施工方法	
		专项施工方案	

续上表

序号	编写内容		编写要求
9	施工测量与施工观测	施工测量	根据工程特点确定施工测量的内容、方法、仪器和人员配备等,并布设测量控制网;根据工程特点确定施工观监测的项目、制定观测方案,明确观测的内容、方法、控制标准和观测频率等
		施工观测	
10	资源及资金需求计划	工程材料、构件、设备	用表格形式列出工程施工所需主要资源及资金需求计划,明确名称、数量、规格、性能、要求及使用时间
		劳动力	
		施工船机、设备、器具	
		资金	
11	施工技术、质量保证措施计划	质量管理点及管理措施	根据企业质量体系文件,结合项目管理特点,建立现场质量体系,绘制质量体系管理框图;结合工程特点确定质量管理点及管理措施,编制技术交底、典型施工、隐蔽工程验收和沉降位移观测等技术管理计划,质量检验计划和主要试验检测计划
		主要施工技术管理计划	
		工程质量检验计划	
		施工试验检测计划	
12	安全生产、职业健康保证措施计划	危险源辨识及管理措施	根据企业职业健康质量体系文件,结合项目管理特点,建立项目安全生产管理体系,绘制安全生产体系管理框图;结合工程特点确定危险源及管理措施,编制安全技术交底、安全防护措施计划和安全应急预案;根据施工条件和施工船舶性能,选定船舶避风锚地、选定通航线路、划定水域范围、确定停泊位置及间距,提出拖轮配备计划
		安全防护措施计划	
		安全生产应急预案	
		施工船舶"四防"措施	
13	文明施工、环境保护、节能减排措施计划	文明施工措施计划	结合工程特点、施工环境和施工条件,制定文明施工措施计划和节能减排措施计划;在对环境因素分析的基础上,制定相应的环境保护措施计划和环境事件应急预案;在敏感区域和国家专项保护区施工,制定相应的专项保护措施计划
		环境保证措施计划及应急预案	
		节能减排措施	
14	特殊天气季节施工保证措施	冷、热天和雨季施工	结合工程特点、施工环境和施工季节,制定相应的雨天、夜间、冬季低温、夏季高温、台风季节和汛期的施工保证措施计划,制定防止工程遭受损坏、保证施工人员和施工船机安全的措施及应急预案
		台风季节和汛期施工	
		"四防"安全应急预案	
15	施工风险防范措施	项目施工风险	结合工程特点、合同条件和施工环境,列举并评估各种可能发生的风险,细述防范对策和管理措施
		风险管理重点与防范对策	
		风险管理责任	
16	附图		主要包括大型模板加工、施工平台、施工栈桥等图纸

第三节 施工准备期监理

一、一般规定

1)项目监理机构应结合工程项目特点、规范要求和合同约定编制监理规划和监理实施细则。

2)监理规划的编制应符合下列规定:

(1)监理规划应由总监理工程师组织专业监理工程师编制,经监理单位技术负责人审批后,报送建设单位。

(2)监理规划应在第一次工地会议召开之前完成。

(3)监理规划应包括下列主要内容:

①工程项目概况;

②监理工作依据;

③监理工作范围和内容;

④监理工作目标;

⑤项目监理机构组织形式、岗位职责和人员进场计划;

⑥监理工作制度;

⑦监理工作程序;

⑧监理工作方法及控制措施;

⑨监理设施。

且宜根据相关行业创建工作要求,纳入品质工程创建目标,主要方法等内容。

(4)在监理工作实施过程中,如实际情况或条件发生重大变化而需要调整监理规划时,应由总监理工程师组织专业监理工程师修改,经监理单位技术负责人重新审批后报送建设单位。

3)监理实施细则的编制应符合下列规定:

(1)监理实施细则应由专业监理工程师编制,经总监理工程师审批后实施。

(2)监理实施细则应符合监理规划的要求,结合专业工作特点,具有可操作性。监理实施细则应在相应工程开始前编制完成。

(3)监理实施细则应包括下列主要内容:

①专业工程特点;

②监理工作内容;

③监理工作程序;

④采用的控制标准;

⑤监理控制要点及措施;

⑥监理记录要求。

(4)项目监理机构应对下列工程编制专项监理实施细则:

①危险性较大的工程;

②采用新技术、新工艺、新材料和新设备的工程;

③专业性强、技术复杂、施工难度大,且施工单位编制了专项施工方案的工程。

(5)在工程实施过程中,如遇施工条件、施工方案或工艺发生重大变化,项目监理机构应根据变化情况对监理实施细则做相应调整,并经总监理工程师重新审批后实施。

二、施工准备监理

1)监理人员应参加设计交底会,项目监理机构对设计文件的意见和建议应通过建设单位向设计单位书面提出。

2)项目监理机构应参加由建设单位组织的对单位工程、分部工程、分项工程和检验批的划分,并应根据确定的划分结果进行工程质量控制和质量检验。

3)项目监理机构对施工组织设计的审核应符合相关规定。

4)项目监理机构对分包单位资格的审查应包括下列主要内容:

(1)拟分包工程的内容和范围;

(2)分包单位营业执照、企业资质等级证书、安全生产许可文件等;

(3)分包单位管理人员及专业人员资格;

(4)分包单位的业绩;

(5)施工单位对分包单位的管理措施。

5)项目监理机构对施工单位试验检测能力的审查应符合下列规定:

(1)当施工单位自行建立工地试验室时,对施工单位试验检测能力的审查应包括下列主要内容:

①工地试验室在工程所在地的水运工程质量监督机构备案登记情况;

②工地试验室的母体资质、授权开展的试验检测项目、试验人员的资格等情况;

③工地试验室试验设备的规格、数量及计量检定情况;

④工地试验室场地、环境情况;

⑤工地试验室管理制度。

(2)当施工单位拟将试验或检测工作对外委托时,审查应包括下列主要内容:

①拟委托试验检测单位的营业执照、资质证书、计量认证证书;

②资质证书核定的试验或检测范围是否涵盖拟委托的试验检测科目。

6)项目监理机构组织测量控制点的移交应符合下列规定:

(1)项目监理机构应在合同约定的期限内,组织将建设单位提供的测量控制点及其书面资料向施工单位进行移交,并办理相关手续;

(2)项目监理机构应督促施工单位对建设单位提供的测量控制点进行复核,对施工单位复核测量成果进行审核;

(3)建设单位提供的测量控制点资料有误时,项目监理机构应通知建设单位予以更正。

7)第一次工地会议应在工程开工前进行。第一次工地会议应由项目监理机构组织召开,建设单位主持。建设单位代表、施工单位项目负责人、总监理工程师及相关人员应出席会议。

8)第一次工地会议应包括下列主要内容:

(1)参建单位介绍各自驻现场的项目组织机构、人员及分工;

(2)建设单位宣布对总监理工程师的授权;

(3)建设单位介绍工程开工准备情况;

(4)施工单位介绍施工准备情况;

(5)建设单位代表和总监理工程师对施工准备情况提出意见和要求;

(6)总监理工程师介绍监理规划的主要内容;

(7)明确参建单位沟通协调机制和要求。

9)总监理工程师应组织专业监理工程师审查工程开工报审表及相关材料,具备开工条件时,应由总监理工程师签署意见,并报送建设单位审批后,总监理工程师签发工程开工令。

10) 工程开工应具备下列条件:
(1) 设计交底和图纸会审已完成;
(2) 施工组织设计已审批;
(3) 基准点、施工基线和水准点已核验合格;
(4) 施工单位现场管理人员已到位,设备、施工人员等已按需进场,必要的工程材料已落实;
(5) 进场道路及水、电、通信等已满足开工要求;
(6) 现场质量、安全生产和施工环境保护管理体系已通过项目监理机构审核;
(7) 已取得有关主管部门的施工许可。

第四节 施工期监理

一、工程质量控制

1) 项目监理机构在施工期的工程质量控制工作应包括下列主要内容:
(1) 施工方案审核签认;
(2) 分项工程开工条件核查;
(3) 施工测量成果核查;
(4) 原材料、构配件与设备质量控制;
(5) 施工现场监督管理;
(6) 工程质量检查验收;
(7) 工程质量事故调查处理;
(8) 工程交工验收。
2) 项目监理机构应对施工单位报审的施工方案进行审核,并应符合下列规定:
(1) 施工方案审核应包括下列主要内容:
①施工方案的编制和审查程序;
②施工工艺的可行性;
③施工质量保证体系和质量保证措施。
(2) 审核采用新技术、新工艺、新材料、新设备的工程的专项施工方案时,项目监理机构应要求施工单位提供证明其达到设计与质量验收标准的有关材料;必要时,应要求施工单位组织专题论证。
(3) 在工程实施过程中,若施工单位对已审批的施工方案进行调整,项目监理机构应要求施工单位在调整实施前重新报审。
(4) 施工方案的审核意见,应经总监理工程师签认后报送建设单位审批。
3) 项目监理机构对分项工程开工控制应符合下列规定:
(1) 分项工程开工前,总监理工程师应组织专业监理工程师审查施工单位报送的分项工程开工报审表及相关资料,符合条件的,总监理工程师应批准开工。
(2) 项目监理机构对分项工程的开工审核及要求应满足下列主要条件:

①施工方案或专项施工方案已审核签认；
②管理人员已到位；
③劳动力按计划已进场；
④船舶、机械设备及仪器已准备齐全；
⑤必要的施工材料已备齐；
⑥上道工序已验收合格。

（3）分项工程开工报审表应符合 JTS 252 的规定。

4）项目监理机构对施工测量成果的核查应符合下列规定：

（1）对施工测量成果的核查应包括下列主要内容：
①测量人员配备及岗位证书；
②施测仪器配备及检定证书；
③施工测量方案；
④基准点引测成果；
⑤施工测量控制网与施工基线测设成果；
⑥施工测量放线和测量成果。

（2）项目监理机构应对施工测量控制网与施工基线测量成果进行审核和现场复测。对于施工条件复杂或有特殊要求的工程，项目监理机构可建议建设单位委托第三方进行复测。

5）项目监理机构对原材料、构配件和设备的检查验收应符合下列规定：

（1）在原材料、构配件和设备订货前，项目监理机构应要求施工单位提供生产厂家相关资质材料，必要时应对生产厂家进行考察。

（2）项目监理机构应查验由施工单位提供的进场原材料、构配件和设备的质量证明文件；对新材料、新产品应核查鉴定证明和有关确认文件；进口材料和设备还应核查国家商检部门的商检资料。

（3）项目监理机构应组织施工单位对进入施工现场的原材料、构配件和设备的数量、规格、型号、外观等进行检查验收。

（4）项目监理机构应要求施工单位按质量检验标准、设计和施工合同要求对进场原材料、构配件和设备进行抽样检验。

（5）项目监理机构应按 JTS 257 的要求进行见证取样或平行检验，平行检验频次应为施工单位抽样检验频次的 5%~10%。

（6）项目监理机构应审核施工单位报送的材料、构配件和设备报验表并签署意见。

（7）未经项目监理机构验收或验收不合格的材料、构配件和设备，项目监理机构应拒绝签认，同时签发监理通知单，要求施工单位严禁在工程中使用或安装，并限期将经验收不合格的材料、构配件和设备清退出现场，在完成相关工作后，向项目监理机构报送相应的监理通知回复单，项目监理机构应进行复查并签署意见。

（8）项目监理机构对材料、构配件质量有异议时，应要求施工单位做进一步检验，必要时，监理人员可自行取样，送符合资质要求的检测机构进行检验。经检验质量合格时，由此产生的费用由建设单位承担；不合格时，应要求施工单位立即整改，由此产生的费用由施工单位承担。

（9）项目监理机构应对施工单位报送的混凝土配合比、砂浆配合比试验资料进行审核，配合比经项目监理机构批准后，施工单位方可使用。

6）项目监理机构应通过巡视、旁站、见证取样和平行检验等手段对施工现场进行监督管理，对工程质量进行控制。

7）项目监理机构巡视应符合下列规定：

（1）监理工程师应对工程现场进行巡视，巡视应重点检查下列主要内容：

①施工是否符合设计文件、施工规范和批准的施工方案的要求；

②使用的材料、构配件和设备是否经检验合格；

③施工现场管理人员，尤其是质量检查人员是否在岗；

④现场施工人员操作是否规范；

⑤特种作业人员是否持有上岗证书；

⑥施工环境是否对工程质量产生不利影响；

⑦已施工部位是否满足质量标准和设计要求。

（2）对巡视发现的问题、处理意见和处理结果等，项目监理机构应如实记录在监理日志上。监理日志的格式应符合 JTS 252 的规定。

8）项目监理机构旁站应符合下列规定：

（1）对完工后无法或难以进行检验并确认其质量的工序或部位施工，项目监理人员应进行全过程旁站。

（2）监理规划或监理实施细则中应明确旁站项目，专业监理工程师应对旁站人员进行书面交底，书面交底应包括下列主要内容：

①旁站项目概况；

②旁站执行的检验标准及其检验项目、方法和控制指标；

③旁站主要工作内容和要求；

④旁站记录填写要求。

（3）旁站交底文件应经总监理工程师审批，专业监理工程师和旁站人员应在旁站书面交底记录上签字。

（4）旁站监理人员应填写旁站记录表，主管专业监理工程师应对旁站记录进行审阅签认。

9）项目监理机构对质量问题或质量隐患的处理应符合下列规定：

（1）项目监理机构发现施工存在质量问题或质量隐患时，应及时签发监理通知单，要求施工单位整改，整改完毕后应向项目监理机构报送相应的监理通知回复单，项目监理机构应进行复查并签署意见。

（2）发现施工存在重大质量隐患时，总监理工程师应及时下达工程暂停令，要求施工单位采取措施，消除质量隐患，施工单位无正当理由拒不执行监理指令或不按指令要求进行整改的，项目监理机构应及时向建设单位书面报告，并有权拒绝进行工程计量。

（3）对施工单位整改完成后上报的复工报审材料，项目监理机构应进行复查，复查符合要求的，总监理工程师应及时签发工程复工令。

10）隐蔽工程验收应符合下列规定：

（1）项目监理机构应要求施工单位在隐蔽工程自检合格后报送隐蔽工程报验表。

(2)项目监理机构应在约定的时限内派人到现场进行检查验收并在隐蔽工程验收记录上签署验收意见。

(3)对检验合格的隐蔽工程,项目监理机构应同意隐蔽并准许施工单位进行下一道工序施工;对检验不合格的隐蔽工程,应要求施工单位进行整改,整改后应重新报验。

(4)隐蔽工程未经项目监理机构验收或检验不合格的,施工单位不得覆盖。

11)项目监理机构对工程质量检验应符合下列规定:

(1)施工单位自检合格后,向项目监理机构报验时,项目监理机构应在合同约定的时限内组织检验,工程质量检验应包括实物检查和资料检查两部分。

(2)检验批及分项工程完工,施工单位自检合格后应填写相应的质量检验记录,并向项目监理机构报验,专业监理工程师应组织施工单位专职质量检查人员、分项工程技术负责人等进行检验,检验合格后签认相应的质量检验记录。

(3)分部工程完工,施工单位应在该分部工程所有分项工程检验合格后,及时向项目监理机构报验,总监理工程师应及时组织施工单位项目负责人和技术、质量负责人等进行检验,检验合格后签认分部工程质量检验记录。

(4)对检验不合格的工程,项目监理机构应要求施工单位进行整改,整改后应重新报验。

(5)单位工程完工后,总监理工程师应参加由建设单位组织的单位工程质量检验,检验合格后签认单位工程质量检验记录。

12)项目监理机构对工程质量事故的处理应符合下列规定:

(1)发生工程质量事故时,总监理工程师应立即向施工单位下达工程暂停令,责令施工单位采取保护事故现场、积极抢救人员和财产、防止事故扩大的相关措施,并按有关规定上报。

(2)项目监理机构应积极配合有关部门进行工程质量事故调查、事故原因分析,参与或配合事故处理。

(3)项目监理机构应监督施工单位按批准的方案对事故工程部位进行处理,并应按规定检查验收。

13)交工验收时,项目监理机构的工作应符合下列规定:

(1)项目监理机构应在约定的时限内对施工单位提出的工程交工验收申请进行审查。

(2)项目监理机构审查后认为具备交工验收条件的,应报请建设单位组织交工验收。

(3)项目监理机构审查后认为不具备交工验收条件的,应提出需要整改的内容,要求施工单位整改完成后重新提出交工验收申请。

(4)项目监理机构应协助建设单位组织工程交工验收,参加工程交工验收会议,验收通过后会同相关各方签署交工验收证书。

二、工程进度控制

1)项目监理机构对工程施工进度计划的审核应符合下列规定:

(1)项目监理机构应审核施工单位报送的工程施工总进度计划,经总监理工程师签署审核意见,报送建设单位批准后实施。

(2)专业监理工程师应对施工单位报送的年度、季度、月度等阶段性工程施工进度计划进行审核,签署审核意见,经总监理工程师批准后实施。

(3)项目监理机构对工程施工进度计划的审核应包括下列主要内容：
①与合同工期、阶段性目标的响应性与符合性；
②工序间衔接的合理性；
③劳动力、船机、材料、施工设备等资源配置的充分性；
④与其他相关项目计划的协调性；
⑤进度计划完成的可行性及防范措施；
⑥要求建设单位提供施工条件的合理性。

2)项目监理机构对工程施工进度计划的过程控制应符合下列要求：

(1)监理人员应对施工单位资源投入、工程是否按计划进行等工程实施进展情况进行跟踪检查，并做好相关记录。

(2)项目监理机构应按建设单位项目管理要求审核与工程进度有关的报表，并将工程实际进度与计划进度进行比较和分析。

(3)当实际进度与计划进度出现实质性偏差时，项目监理机构应督促施工单位及时采取相应的整改措施；当关键路线工期滞后时，总监理工程师应签发监理通知单，要求施工单位采取保证合同工期的措施，并向项目监理机构报送相应的监理通知回复单，项目监理机构应检查有关措施的落实情况并签署意见。监理通知单应符合 JTS 252 的规定，监理通知回复单应符合 JTS 252 的规定。

(4)项目监理机构应通过工地例会、有关工程进度的专题会议等形式，协调解决影响工程进度的有关问题。

3)项目监理机构对施工单位调整工程施工进度计划的管理应符合下列规定：

(1)当施工单位需要对工程施工进度计划进行调整时，项目监理机构应要求施工单位报送调整后的工程施工进度计划并予以审核，经建设单位批准后实施。

(2)对非施工单位原因造成的工程延期，在获得延期批准后，项目监理机构应要求施工单位根据延期批复报送调整后的工程施工进度计划并予以审核，经建设单位批准后实施。

(3)由于施工单位原因造成工程进度延误，在总监理工程师签发监理通知单后，施工单位未有明显改进，可能导致工程难以按合同节点工期或总工期要求完成时，项目监理机构应及时向建设单位提交书面报告，并按合同约定处理。

三、工程费用控制

1)项目监理机构的工程计量控制应符合下列规定：

(1)工程计量的方法和时限应按合同文件约定执行。

(2)专业监理工程师应按合同文件约定核实和签认实际完成的工程量。

(3)项目监理机构对施工单位填报的工程量有异议时，应要求施工单位在合同约定的时限内与专业监理工程师共同核实，施工单位不按要求参加核实的，以项目监理机构审核签认的工程量为准。

(4)质量验收不合格、报验资料不全或与合同文件约定不符的工程不得计量。

2)项目监理机构对工程款支付的管理应符合下列规定：

(1)总监理工程师应组织专业监理工程师审查施工单位的工程款支付申请，审核后签发工程款支付证书,报送建设单位核准支付。

(2)工程进度款的支付应以当期的工程计量为依据,并应包含经项目监理机构和建设单位审核签认的当期工程变更和索赔费用。

(3)工程款支付报审表应符合JTS 252的规定,工程款支付证书的格式应符合JTS 252的规定。

3)项目监理机构的工程变更费用控制应符合下列规定:

(1)项目监理机构应从项目使用功能、工程质量、安全、费用和工期等方面审核工程变更实施方案,对施工单位报送的工程变更费用进行审核。在工程变更实施前,应与建设单位、施工单位按合同约定确定或协商变更工程的计价原则、计价方法和价款。

(2)对采用计日工计价的任何一项变更工作,在实施过程中,项目监理机构应派人监督管理并做好记录,对施工单位提交的计日工报表和相关凭证每天进行复核签认,对发生的费用进行审核签认,并报送建设单位审批后列入工程进度款支付。

4)工程项目通过交工验收后,应审核结算报告。

四、施工安全监理

1)项目监理机构应将安全监理内容纳入监理规划,并应单独编制安全监理实施细则,安全监理实施细则应包括下列主要内容:

(1)安全监理工作内容;
(2)安全监理工作目标;
(3)项目监理机构监理人员安全监理职责;
(4)安全监理工作程序;
(5)安全风险分析、隐患排查及监理控制措施;
(6)安全监理资料。

2)项目监理机构对施工组织设计和专项施工方案中安全技术措施的审核应符合下列规定:

(1)项目监理机构应对施工组织设计中的安全技术措施与工程建设强制性标准的符合性进行审核。

(2)对危险性较大的分部分项工程,项目监理机构应要求施工单位按规定编制并报送专项施工方案,并附安全验算结果,必要时应要求施工单位进行安全风险评估,并附专家论证意见。专项施工方案应经项目监理机构审核并报送建设单位批准后实施。

(3)项目监理机构应审查施工单位报送的安全生产应急预案,安全生产应急预案应经施工单位安全部门负责人和技术负责人审批。

3)工程开工前,项目监理机构应检查施工单位的现场安全生产管理体系,并由总监理工程师签署检查意见。

4)对分包工程,项目监理机构应按JTS 252的规定对分包单位安全生产管理体系进行审查,并检查施工单位和分包单位之间的施工安全生产协议书,检查施工单位对分包单位的安全管理情况。

5)项目监理机构应对工程项目按规定办理的水上水下施工作业许可证、航行通告等相关手续情况进行核查。

6）项目监理机构对进场施工的大、中型施工机械和船舶设备的控制应符合下列规定：

（1）项目监理机构应要求施工单位报送拟进场施工的大、中型施工机械和船舶设备资料并予以审查，对设备实物与资料符合情况进行核查，经项目监理机构审核同意后，施工单位方可进场使用。

（2）项目监理机构对大、中型施工机械和船舶设备的审核应包括下列主要内容：

①设备的有效证书或有效的检验合格证明文件；

②设备操作人员资格证书；

③船机设备作业区域是否为核定的适航区；

④相应的救生、消防、通信等安全配套设施的配备是否符合相关规定。

（3）项目监理机构应对大、中型施工机械和船舶设备及现场主要临时设施的日常维护保养记录进行检查。

（4）大、中型施工机械和船舶设备在完成相应的施工任务后，项目监理机构应督促施工单位及时上报退场申请。

（5）法律法规规定需办理安全许可验收手续的施工机械和设施，项目监理机构还应核查施工单位履行相关手续的证明文件。

7）安全监理工程师应采取巡视的方式对现场施工安全进行监督管理，对危险性较大的部位或工序施工应加强巡视。巡视应包括下列主要内容：

（1）施工单位专职安全生产管理人员到岗情况；

（2）施工单位按已批准的施工组织设计或专项施工方案组织施工的情况；

（3）现场安全标志和标识、安全防护设施、用电、消防等安全技术措施符合工程建设强制性条文规定及落实情况；

（4）现场作业执行安全施工标准、规章制度和操作规程的情况；

（5）作业人员按规定佩戴与使用安全防护用具情况；

（6）核查现场特种作业人员持有上岗证书情况。

8）安全监理工程师应检查下列施工单位安全生产管理记录：

（1）进场作业人员安全教育培训记录；

（2）安全生产技术交底记录；

（3）现场安全检查和整改复查记录；

（4）安全生产会议记录。

9）项目监理机构应对施工单位安全生产应急预案的人员构成、应急救援器材与设备配备及定期组织演练情况进行监督检查，并应参加建设单位或施工单位组织的应急演练。

10）安全监理工程师应将施工安全监督检查情况按时记入安全监理日志，总监理工程师或总监理工程师代表应对安全监理日志进行审阅并签认，安全监理工程师应对安全监理行为进行记录并建立台账。安全监理日志的格式应符合 JTS 252 的规定。

11）安全监理工程师应参加工地例会及与安全监理有关的专题会议，会上应对施工单位安全生产管理情况进行评述，对施工单位安全管理工作提出要求。

12）项目监理机构发现施工存在安全问题或安全事故隐患时，应及时签发监理通知单，要求施工单位整改；情况严重的，总监理工程师应下达工程暂停令，并及时报告建设单位。

13)对施工单位整改完成后上报的工程复工报审材料,项目监理机构应组织进行复查,复查符合要求的,总监理工程师应及时签发工程复工令。

14)施工单位无正当理由拒不执行监理指令或不按指令要求进行整改的,项目监理机构应及时向建设单位或有关主管部门书面报告,并有权拒绝计量支付审核。

15)项目监理机构应单独编制安全监理工作月报或在监理工作月报中编入安全监理工作的有关内容。

16)项目监理机构对安全事故的处理应符合下列规定:

(1)发生安全事故时,总监理工程师应立即向施工单位下达工程暂停令,并责令施工单位采取措施,积极抢救人员和财产,防止事故扩大,同时向建设单位和有关主管部门报告。

(2)项目监理机构应积极配合有关部门进行安全事故调查和事故原因分析,参与并配合事故处理。

五、施工环境保护监理

1)项目监理机构应设置环境保护监理工程师岗位,环境保护监理工程师可由专业监理工程师兼任。

2)项目监理机构应对施工单位编制的施工环境保护方案及措施进行审核,审核应包括下列主要内容:

(1)施工环境保护内容;
(2)施工环境保护管理人员职责和管理制度;
(3)施工合同责任范围内各类污染防治措施和生态保护、水土保持措施;
(4)施工环境保护效果的检测与监测手段;
(5)环境污染事故应急处理措施。

3)项目监理机构应编制施工环境保护监理实施细则,经总监理工程师批准后实施。施工环境保护监理实施细则应包括下列主要内容:

(1)施工环境保护监理依据;
(2)施工环境保护监理工作目标;
(3)施工环境保护监理工作内容;
(4)施工环境保护监理人员职责;
(5)施工环境保护监理工作程序;
(6)施工环境保护监理重点及措施;
(7)施工环境保护监理资料。

4)项目监理机构应采取巡视的方式对施工单位施工环境保护措施的实施进行监督管理,重点污染环节应加强检查。检查应包括下列主要内容:

(1)施工环境保护方案中污染防治措施的落实情况;
(2)生态保护、水土保持措施落实情况;
(3)污染物处理设施的运行维护情况。

5)项目监理机构应检查施工单位下列施工环境保护管理记录:

(1)进场作业人员施工环境保护教育培训记录;

（2）施工环境保护交底记录；

（3）施工环境保护措施检查及整改复查记录；

（4）施工单位对施工环境保护措施执行情况的记录。

6）施工中未按要求落实施工环境保护措施时，项目监理机构应视情况签发监理通知单要求施工单位整改，并对整改结果进行复查；情况严重的，总监理工程师应下达工程暂停令，并及时报告建设单位。

7）施工单位无正当理由拒不整改或者不停止施工的，项目监理机构应书面报告建设单位，并有权拒绝计量支付审核。

8）项目监理机构应将施工环境保护措施的落实情况、巡视检查发现的问题及整改结果复查等情况及时记录在监理日志中，监理工作月报、监理工作总结报告中应有施工环境保护监理工作的内容。

9）项目监理机构对发生重大环境污染或生态破坏事故的处理应符合下列规定：

（1）总监理工程师应立即下达工程暂停令，并责令施工单位采取措施，防止环境污染或生态破坏事故扩大，同时向建设单位和有关主管部门报告。

（2）项目监理机构应配合有关部门对环境污染或生态破坏事故进行处理。

六、工地会议

1）工地例会应按第一次工地会议明确的时间、地点、会议周期和参会人员要求，在施工期内定期召开，会议应由总监理工程师或总监理工程师代表主持。工地例会应包括下列主要内容：

（1）检查上次例会会议纪要落实情况，分析未落实的原因；

（2）检查工程进度情况，确定下一阶段进度目标；

（3）检查工程质量情况，分析工程质量和工程技术方面的有关问题；

（4）检查分析安全生产、施工环境保护措施落实情况；

（5）讨论工程费用核定及工程款支付中的有关问题；

（6）研究解决需要协调的有关事项；

（7）明确下一阶段工作要求及存在问题的改正措施。

2）专题会议应符合下列规定：

（1）项目监理机构应根据工程需要、有关单位提议或要求，组织召开专题会议，及时协调或研究解决施工中出现的涉及工程质量、进度、安全、施工环境保护、变更、索赔、争议等方面的专项问题。

（2）专题会议应由总监理工程师、总监理工程师代表或专业监理工程师主持，施工单位及相关方代表和有关人员应参加会议，必要时可聘请有关专家参加会议。

第五节 缺陷责任期监理

施工单位责任造成的工程质量缺陷，致使某项工程或工程设备不能按原定目标使用的，项目监理机构应予以确认并责成施工单位进行修复或处理。非施工单位责任造成的工程质量缺陷,项目监理机构应协助建设单位组织工程修复,并应对施工单位报送的修复工程费用进行协商和审核确认。

项目监理机构应对工程质量缺陷的修复方案进行审查,并监督施工单位按批准的施工计划组织实施,修复完成后应按有关规定进行验收。

第六节 合同管理

一、工程暂停及复工

1)在发生下列情况之一时,总监理工程师应下达工程暂停令:
(1)建设单位确定暂停施工的;
(2)施工单位未经批准擅自施工或拒绝项目监理机构管理的;
(3)施工单位违反工程建设强制性标准或合同约定需要进行停工处理的;
(4)施工存在重大质量、安全、施工环境保护事故隐患或发生相应事故的;
(5)发生了必须暂停施工的紧急事件的。

2)总监理工程师下达工程暂停令应征得建设单位同意,在紧急情况下未能事先报告的,应在事后及时向建设单位作出书面报告。总监理工程师在下达工程暂停令时,应明确停工范围。

3)工程暂停时,项目监理机构应如实记录所发生的实际情况。

4)由于非施工单位原因导致工程暂停的,总监理工程师应在工程暂停原因消失,具备复工条件时,征得建设单位同意后,及时签发工程复工令。

5)由于施工单位原因导致工程暂停,施工单位申请复工的,项目监理机构应组织对施工单位报送的复工申请材料进行核查,签署审核意见,具备恢复施工条件的,应征得建设单位同意后及时签发工程复工令。

6)总监理工程师在工程暂停后,应会同有关各方按照合同约定,处理因工程暂停引起的与工期、费用等有关的问题。

二、工程变更

1)项目监理机构应审查施工单位提出的工程变更申请,提出审查意见。对涉及工程设计文件修改的工程变更,应由建设单位转交原设计单位修改工程设计文件。必要时,项目监理机构应建议建设单位组织设计、施工等单位召开论证工程设计修改方案的专题会议。

2)项目监理机构应对工程变更费用进行审核,提出意见并报送建设单位审批,根据合同授权,代表或协助建设单位就变更工程涉及的费用与施工单位按合同条款进行协商或确认。

3)建设单位和施工单位未能就工程变更费用达成一致的,项目监理机构应提出一个暂定价格并经建设单位同意,作为临时支付工程进度款的依据。该项工程款在工程结算时,应按建设单位和施工单位最终达成的协议调整。

4)工程变更按合同相关程序经设计确认或经建设单位审批同意后,应由项目监理机构向施工单位发出工程变更指示。

三、费用索赔

1) 项目监理机构受理施工单位提出的费用索赔应同时满足下列条件：
(1) 索赔事件造成了施工单位直接经济损失；
(2) 索赔事件是由于非施工单位的责任发生的；
(3) 施工单位已按照施工合同约定的期限和程序提出费用索赔申请。

2) 施工单位应在施工合同约定的期限内向项目监理机构提交对建设单位的费用索赔意向通知，索赔意向通知的格式应符合规定。

3) 总监理工程师应指定专业监理工程师收集与索赔有关的资料。

4) 施工单位应在施工合同约定的期限内向项目监理机构提交对建设单位的费用索赔报审表，并附有索赔凭证材料。费用索赔报审表应符合 JTS 252 的规定。

5) 总监理工程师应在施工合同约定的期限内对索赔费用进行审核，签署审核意见报建设单位审批，或发出要求施工单位补充提交有关索赔详细材料的通知。

6) 总监理工程师应根据合同授权代表或协助建设单位就索赔费用与施工单位进行协商，达成一致后三方共同签认费用索赔确认书。

7) 当施工单位的费用索赔要求与工程延期要求相关联时，总监理工程师应综合费用索赔和工程延期提出审核意见报建设单位。

8) 由于施工单位原因造成建设单位的损失，建设单位向施工单位提出费用索赔时，总监理工程师应根据合同条款约定公正处理，协助建设单位与施工单位协商达成一致后，三方共同签认费用索赔确认书；施工单位行为构成违约的，按合同相关条款处理。

四、工程延期

1) 当施工单位提出工程延期要求符合施工合同文件的约定条件时，项目监理机构应予以受理。

2) 项目监理机构应要求施工单位报送工程延期书面申请及有关证明材料并予以审查，审查应包括下列主要内容：
(1) 施工合同中有关工程延期的约定；
(2) 工程延期的原因及责任界定；
(3) 施工进度滞后对施工合同约定工期的影响程度。

3) 项目监理机构应协调建设单位与施工单位对工程延期进行确认。

4) 工程延期造成施工单位提出费用索赔的，项目监理机构应按 JTS 252 的规定处理。

五、违约的处理

1) 项目监理机构对施工单位违约行为应及时签发监理通知单，督促施工单位整改。施工单位无正当理由不履行合同责任的，项目监理机构应通知建设单位，由施工单位按合同相关条款承担违约责任。

2) 项目监理机构发现分包单位的施工严重不符合设计要求或施工合同约定的，应要求施工单位解除与分包单位的合同关系，并由施工单位将分包单位清退出场。

3)施工单位对建设单位违约行为按合同约定程序通知项目监理机构或提出书面索赔的,项目监理机构应按合同约定处理。

4)项目监理机构应了解现场实际情况,协助建设单位处理施工合同的争议和解除事项。

第七节 监理资料管理

1)监理工作月报应包括下列主要内容:
(1)工程概述;
(2)工程形象进度;
(3)对工程进度完成情况分析和采取的有关措施及效果;
(4)对工程质量情况分析评价和采取的有关措施及效果;
(5)工程计量与工程款支付情况;
(6)与合同有关事项的处理情况;
(7)安全生产监督管理情况和采取的有关措施及效果;
(8)本月其他监理工作情况;
(9)意见和建议;
(10)下月监理工作重点。

2)港口工程交工验收阶段,监理总结报告主要包括下列内容:
(1)工程概况、监理范围和内容;
(2)监理依据;
(3)现场监理机构设置及主要监理人员配备情况;
(4)监理主要工作情况;
(5)设计文件、设计变更执行情况;
(6)监理平行检验结果、核验施工自检结果;
(7)对工程质量、施工安全、投资、进度的评价,对施工单位质量管理体系的评价;
(8)监理经验总结;
(9)存在问题及建议。

3)港口工程竣工验收阶段,监理单位工作报告主要包括下列内容:
(1)监理范围和内容;
(2)合同履约情况;
(3)监理依据;
(4)监理组织机构、监理工作质量管理体系;
(5)监理主要工作开展情况;
(6)工程建设强制性标准执行情况;
(7)施工中主要问题的处理情况;
(8)对工程质量、安全、投资、进度、环境保护工作评价,对施工单位质量管理体系的评价;
(9)廉政建设合同执行情况;
(10)监理经验总结;

(11)存在的主要问题与建议。

4)监理日志应采用表 1-2 的格式。

监理日志　　　　　　　　　　　　　　　　　　　　表 1-2

工程名称：_____　　　编号：_____

日期		天气情况	
主要施工情况			
主要监理工作			
问题及处理的情况			
其他说明事项			
记录人(签字)		审阅(签字)	

注：本表由总监理工程师指派专业监理工程师填写，按月装订成册，总监理工程师或总监理工程师代表审阅。

5)旁站记录表应采用表 1-3 的格式。

旁站记录表　　　　　　　　　　　　　　　　　　　表 1-3

工程名称：_____　　　编号：_____

日期		天气情况	
施工区段			
旁站部位或工序			
旁站开始时间		旁站结束时间	
施工情况简述			
监理工作简述			
主要数据记录			
问题及处理情况			
旁站监理人员(签字)		审阅(签字)	

注：本表由旁站监理人员填写，主管专业监理工程师审阅。

6)安全监理日志应采用表 1-4 的格式。

安全监理日志　　　　　　　　　　　　　　　　　　表 1-4

工程名称：_____　　　编号：_____

日期		天气情况	
施工安全管理情况			
安全监理工作情况	此处主要填写： 1.安全技术措施或专项施工方案审查情况； 2.安全生产教育培训、安全技术交底的检查情况； 3.遵守安全法律、法规和安全制度及措施落实的检查情况； 4.执行政府主管部门或建设单位的安全生产指令的检查情况； 5.安全防护用具、机械设备、施工机具和配件、消防、施工用电、危险性较大的工程等安全方面的巡视情况		
问题及处理情况			
安全监理工程师(签字)		审阅(签字)	

注：本表由安全监理工程师填写，按月装订成册，总监理工程师或总监理工程师代表审阅。

第二章 水运工程质量控制基础知识

根据《公路水运工程质量监督管理规定》（交通运输部令2017年第28号），公路水运工程质量是指：有关公路水运工程建设的法律、法规、规章、技术标准、经批准的设计文件以及工程合同对建设公路水运工程的安全、适用、经济、美观等特性的综合要求。对于水运工程建设项目而言，项目整体施工质量至关重要。工程质量的好坏是建设工程形成过程中各方面各环节工作质量的综合反映，而不是单纯靠质量检验检查出来的，要保证工程质量就需要项目各参建单位和人员精心工作，对决定和影响工程质量的所有因素严加控制，才能保证和提高工程质量。

第一节 参建各方质量责任和义务

一、建设单位的质量责任和义务

1）建设单位应当将工程发包给具有相应资质等级的单位，不得将建设工程肢解发包。

2）建设单位应当依法对工程建设项目的勘察、设计、施工、监理以及与工程建设有关的重要设备、材料等的采购进行招标。

3）建设单位必须向有关的勘察、设计、施工、工程监理等单位提供与建设工程有关的原始资料。原始资料必须真实、准确、齐全。

4）建设工程发包单位不得迫使施工单位以低于成本的价格竞标，不得任意压缩合理工期；不得明示或者暗示设计单位或者施工单位违反工程建设强制性标准，降低建设工程质量。

5）建设单位应当将施工图设计文件上报县级以上人民政府建设行政主管部门或者其他有关部门审查，施工图设计文件未经审查批准的，不得使用。

6）实行监理的建设工程，建设单位应当委托具有相应资质等级的工程监理单位进行监理。

7）建设单位在领取施工许可证或者开工报告前，应当按照国家有关规定办理工程质量监督手续。

8）按照合同约定，由建设单位采购建筑材料、建筑构配件和设备的，建设单位应当保证建筑材料、建筑构配件和设备符合设计文件和合同要求。建设单位不得明示或者暗示施工单位使用不合格的建筑材料、建筑构配件和设备。

9）涉及建筑主体和承重结构变动的装修工程，建设单位应当在施工前委托原设计单位或者具有相应资质等级的设计单位提出设计方案；没有设计方案的，不得施工。房屋建筑使用者在装修过程中,不得擅自变动房屋建筑主体和承重结构。

10)建设单位收到建设工程竣工报告后,应当组织设计、施工、工程监理等有关单位进行竣工验收。建设工程经验收合格的,方可交付使用。

11)建设单位应当严格按照国家有关档案管理的规定,及时收集、整理建设项目各环节的文件资料,建立健全建设项目档案,并在建设工程竣工验收后,及时向建设行政主管部门或者其他有关部门移交建设项目档案。

二、勘察、设计单位的质量责任和义务

1)从事建设工程勘察、设计的单位应当依法取得相应等级的资质证书,在其资质等级许可的范围内承揽工程,并不得转包或者违法分包所承揽的工程。

2)勘察、设计单位必须按照工程建设强制性标准进行勘察、设计,并对其勘察、设计的质量负责。注册建筑师、注册结构工程师等注册执业人员应当在设计文件上签字,并对设计文件负责。

3)勘察单位提供的地质、测量、水文等勘察成果必须真实、准确。

4)设计单位应当根据勘察成果文件进行建设工程设计,设计文件应当符合国家规定的设计深度要求,注明工程合理使用年限。

5)设计单位在设计文件中选用的建筑材料、建筑构配件和设备,应当注明规格、型号、性能等技术指标,其质量要求必须符合国家规定的标准,除有特殊要求的建筑材料、专用设备、工艺生产线等,设计单位不得指定生产、供应商。

6)设计单位应当就审查合格的施工图设计文件向施工单位作出详细说明。

7)设计单位应当参与建设工程质量事故分析,并对因设计造成的质量事故,提出相应的技术处理方案。

三、施工单位的质量责任和义务

1)施工单位应当依法取得相应等级的资质证书,在其资质等级许可的范围内承揽工程,并不得转包或者违法分包工程。

2)施工单位对建设工程的施工质量负责。施工单位应当建立质量责任制,确定工程项目的项目经理、技术负责人和施工管理负责人。建设工程实行总承包的,总承包单位应当对全部建设工程质量负责;建设工程勘察、设计、施工、设备采购的一项或者多项实行总承包的,总承包单位应当对其承包的建设工程或者采购的设备的质量负责。

3)总承包单位依法将建设工程分包给其他单位的,分包单位应当按照分包合同的约定对其分包工程的质量向总承包单位负责,总承包单位与分包单位对分包工程的质量承担连带责任。

4)施工单位必须按照工程设计图纸和施工技术标准施工,不得擅自修改工程设计,不得偷工减料。施工单位在施工过程中发现设计文件和图纸有差错的,应当及时提出意见和建议。

5)施工单位必须按照工程设计要求、施工技术标准和合同约定,对建筑材料、建筑构配件、设备和商品混凝土进行检验,检验应当有书面记录和专人签字;未经检验或者检验不合格

的,不得使用。

6）施工单位必须建立健全施工质量的检验制度,严格工序管理,做好隐蔽工程的质量检查和记录。隐蔽工程在隐蔽施工前,施工单位应当通知建设单位和建设工程质量监督机构。

7）施工人员对涉及结构安全的试块、试件以及有关材料,应当在建设单位或者工程监理单位监督下现场取样,并送具有相应资质等级的质量检测单位进行检测。

8）施工单位对施工中出现质量问题的建设工程或者竣工验收不合格的建设工程,应当负责返修。

9）施工单位应当建立健全教育培训制度,加强对职工的教育培训;未经教育培训或者考核不合格的人员,不得上岗作业。

四、工程监理单位的质量责任和义务

1）工程监理单位应当依法取得相应等级的资质证书,在其资质等级许可的范围内承担工程监理业务,并不得转让工程监理业务。

2）工程监理单位与被监理工程的施工承包单位以及建筑材料、建筑构配件和设备供应单位有隶属关系或者其他利害关系的,不得承担该项建设工程的监理业务。

3）工程监理单位应当依照法律、法规以及有关技术标准、设计文件和建设工程承包合同,代表建设单位对施工质量实施监理,并对施工质量承担监理责任。

4）工程监理单位应当选派具备相应资格的总监理工程师和监理工程师进驻施工现场。未经监理工程师签字,建筑材料、建筑构配件和设备不得在工程上使用或者安装,施工单位不得进行下一道工序的施工。未经总监理工程师签字,建设单位不得拨付工程款,不得进行竣工验收。

5）监理工程师应当按照工程监理规范的要求,采取旁站、巡视和平行检验等形式对建设工程实施监理。

第二节　工程质量缺陷的处理

一、质量缺陷的处理原则

1）监理工程师具有质量否决权。
2）质量缺陷处理需事先进行调查,分清责任,以明确处理费用的归属。
3）施工中,前道工序有缺陷,在未经监理工程师认可之前不准进行下一道工序。例如,土方施工中局部压实度不足,必须进行补充压实并达到设计标准的要求,否则不准进行下层土方的施工。
4）施工单位必须执行监理工程师对质量缺陷的处理意见。
5）施工单位对质量缺陷的处理方案和措施必须经过监理工程师批准方可实施。
6）施工单位对质量缺陷的处理完成后必须接受监理工程师的检查、验收。

二、质量缺陷的现场处理

在各项工程的施工过程中或完工以后,现场监理人员如发现工程项目存在技术规范所不允许的质量缺陷,应根据质量缺陷的性质和严重程度,按如下方式处理:

1)当因施工而引起的质量缺陷处在萌芽状态时,应及时制止,并要求施工单位立即更换不合格的材料、设备或不称职的施工人员,或要求立即改变不正确的施工方法及操作工艺。

2)当因施工而引起的质量缺陷已出现时,应立即向施工单位发出暂停施工的指令(先口头后书面),待施工单位采取了能足以保证施工质量的有效措施,并对质量缺陷进行了正确的补救处理后,再书面通知恢复施工。

3)当质量缺陷发生在某道工序或单项工程完工以后,而且质量缺陷的存在将对下道工序或分项工程产生质量影响时,监理工程师应在对质量缺陷产生的原因及责任做出判定并确定了补救方案后,再进行质量缺陷的处理或下道工序或分项工程的施工。

4)在交工使用后的缺陷责任期内发现施工质量缺陷时,监理工程师应及时指令施工单位进行修补、加固或返工处理。

5)对于一些复杂的工程缺陷,在作出决定前,可采取下述的方法做进一步的研究:

(1)试验验证:监理工程师根据试验的数据,进行详细的分析,然后再作出决策。

(2)定期观测:对于某些存在缺陷的工程,由于损坏的程度尚未稳定,在短时间内可能对工程的影响并不十分明显,需要进行较长时间的观测。在这种情况下,监理工程师应当与建设单位和施工单位协商,如果他们同意,则可以修改合同,采取延长缺陷责任期的办法进行处理。

(3)专家论证:一些工程缺陷可能涉及的技术领域较广,甚至有时根据合同及规范也难以决策。在这种情况下,可邀请有关专家进行论证,监理工程师根据专家的分析结论和合同条件,作出最后的决定。

三、质量缺陷的修补与加固

1)对因施工原因而产生的质量缺陷的修补和加固,应先由施工单位提出修补方案及方法,经监理工程师批准后方可进行;对因设计原因而产生的质量缺陷,应通过建设单位提出处理方案及方法,由施工单位进行修补。

2)修补措施及方法应不降低质量控制指标和验收标准,并应是技术规范允许的或是行业公认的良好工程技术。

3)当已完工程的缺陷并不构成对工程安全的危害,并且满足设计和使用要求时,经征得建设单位同意,可不进行加固或变更处理。如工程缺陷属于施工单位的责任,应由建设单位与施工单位协商,降低对此项工程的支付费用。

第三节 工程质量事故

一、质量事故等级的划分

根据《公路水运建设工程质量事故等级划分和报告制度》(交办安监〔2016〕146号),公路水运建设工程质量事故根据直接经济损失或工程结构损毁情况(自然灾害所致除外)分为特别重大质量事故、重大质量事故、较大质量事故和一般质量事故四个等级。直接经济损失在一般质量事故以下的为质量问题。

1. 特别重大质量事故

指造成直接经济损失1亿元以上的事故。

2. 重大质量事故

指造成直接经济损失5000万元以上1亿元以下,或者特大桥主体结构垮塌、特长隧道结构坍塌,或者大型水运工程主体结构垮塌、报废的事故。

3. 较大质量事故

指造成直接经济损失1000万元以上5000万元以下,或者高速公路项目中桥或大桥主体结构垮塌、中隧道或长隧道结构坍塌、路基(行车道宽度)整体滑移,或者中型水运工程主体结构垮塌、报废的事故。

4. 一般质量事故

指造成直接经济损失100万元以上1000万元以下,或者除高速公路以外的公路项目中桥或大桥主体结构垮塌、中隧道或长隧道结构坍塌,或者小型水运工程主体结构垮塌、报废的事故。

上述内容所称的"以上"包括本数,"以下"不包括本数。

公路水运工程的大、中、小型分类参照《公路水运工程监理企业资质管理规定》(交通运输部令2022年第12号)执行。

二、质量事故的报告

根据《公路水运工程质量监督管理规定》(交通运输部令2017年第28号)中提出的"公路水运工程发生质量事故,建设、施工单位应当按照交通运输部制定的公路水运建设工程质量事故等级划分和报告制度,及时、如实报告"。事故报告责任单位应在应急预案或有关制度中明确事故报告责任人。事故报告应及时、准确,任何单位和个人不得迟报、漏报、谎报或瞒报。

事故发生后,现场有关人员应立即向事故报告责任单位负责人报告。事故报告责任单位应在接报2h内,核实、汇总并向负责项目监管的交通运输主管部门及其工程质量监督机构报告。接收事故报告的单位和人员及其联系电话应在应急预案或有关制度中予以明确。

重大及以上质量事故,省级交通运输主管部门应在接报2h内进一步核实,并按工程质量事故快报统一报交通运输部应急办转部工程质量监督管理部门;出现新的经济损失、工程损毁扩大等情况的应及时续报。省级交通运输主管部门应在事故情况稳定后的10日内汇总、核查事故数据,形成质量事故情况报告,报交通运输部工程质量监督管理部门。对特别重大质量事故,按《交通运输部突发事件应急工作暂行规范》,由交通运输部应急办会同部工程质量监督管理部门及时向国务院应急办报告。工程质量事故发生后,事故发生单位和相关单位应按照应急预案规定及时响应,采取有效措施防止事故扩大。同时,应妥善保护事故现场及相关证据,任何单位和个人不得破坏事故现场。因抢救人员、防止事故扩大及疏导交通等原因需要移动事故现场物件的,应做出标志,保留影像资料。监理工程师应区别不同级别的质量事故而主持或配合调查处理工作。

三、质量事故的处理

项目监理机构对工程质量事故的处理应符合下列规定:

1)发生工程质量事故时,总监理工程师应立即向施工单位下达工程暂停令,责令施工单位采取保护事故现场、积极抢救人员和财产、防止事故扩大的相关措施,并按有关规定上报。

2)项目监理机构应积极配合有关部门进行工程质量事故调查、事故原因分析,参与或配合事故处理。

3)项目监理机构应监督施工单位按批准的方案对事故工程部位进行处理,并应按规定检查验收。

第四节 水运工程质量控制一般规定(JTS 257—2008)

一、基本规定

1)水运工程施工应按下列规定进行质量控制:

(1)施工单位应对工程采用的主要材料、构配件和设备等进行现场验收,并经监理工程师认可。对涉及结构安全和使用功能的,施工单位应按本标准的有关规定进行抽样检验,监理单位应按本标准的规定进行见证抽样检验或平行检验。

(2)各工序施工应按施工技术标准的规定进行质量控制,每道工序完成后,应进行检查。

(3)工序之间应进行交接检验,并形成记录。专业工序之间的交接应经监理工程师认可。未经检验或经检验不合格的不得进行下道工序施工。

2)水运工程质量应按下列要求进行检验和验收:

(1)工程施工应符合工程合同和设计文件的要求。

(2)工程质量的检验应在施工单位自行检验合格的基础上进行。

(3)隐蔽工程在隐蔽前应由施工单位通知有关单位进行验收,并形成验收文件。

(4)涉及结构安全的试块、试件和现场检验项目,施工单位应按规定进行检验,监理单位应按规定进行见证抽样检验或平行检验。

(5)分项工程及检验批的质量应按主要检验项目和一般检验项目进行检验。

(6)涉及结构安全和使用功能的重要分部工程应按相应规定进行抽样检验或验证性检验。

(7)承担见证抽样检验及有关结构安全检验的单位应具有相应能力等级。

(8)工程的观感质量应由验收人员通过现场检查,并应共同确认。

二、单位工程质量检验合格标准

1)检验批质量合格应符合下列规定:

(1)主要检验项目的质量经检验应全部合格。

(2)一般检验项目的质量经检验应全部合格。其中,允许偏差的抽查合格率应达到80%及以上;不合格点的最大偏差值影响结构安全和使用功能的,不得大于允许偏差值的1.5倍;机械设备安装工程不得大于允许偏差值的1.2倍。

2)分项工程质量合格应符合下列规定:

(1)分项工程所含的检验批均应符合质量合格的规定。

(2)分项工程所含检验批的质量检验记录应完整。

3)分部工程质量合格应符合下列规定:

(1)分部工程所含分项工程的质量均应符合质量合格的规定。

(2)质量控制资料应完整。

(3)地基与基础、主体结构和设备安装等分部工程有关安全、功能的检验和抽样检测结果应符合有关规定。

4)单位工程质量合格应符合下列规定:

(1)所含分部工程的质量均应符合质量合格的规定。

(2)质量控制资料和所含分部工程有关安全和主要功能的检验资料应完整。

(3)主要功能项目的抽查结果应符合相关标准的相应规定。

(4)观感质量应符合本标准的相应要求。

三、水运工程质量检验的程序和组织

1)水运工程项目开工前,建设单位应组织施工单位、监理单位对单位工程、分部工程和分项工程进行划分,并报水运工程质量监督机构备案。工程建设各方应据此进行工程质量控制和质量检验。

2)分项工程及检验批的质量应由施工单位分项工程技术负责人组织检验,自检合格后报监理单位,监理工程师应及时组织施工单位专职质量检查员等进行检验与确认。

3)分部工程的质量应由施工单位项目技术负责人组织检验,自检合格后报监理单位,总监理工程师应组织施工单位项目负责人和技术、质量负责人等进行检验与确认。其中,地基与基础等分部工程检验时,勘察、设计单位应参加相关项目的检验。

4)单位工程完成后,施工单位应组织有关人员进行检验,自检合格后报监理单位,并向建设单位提交单位工程竣工报告。单位工程中有分包单位施工时,分包单位对所承包的工程项目应按本标准规定的程序进行检验,总包单位应派人参加。分包工程完成后,应将工程有关资料交总包单位。

5)建设单位收到单位工程竣工报告后应及时组织施工单位、设计单位、监理单位对单位工程进行预验收。单位工程质量预验收合格后,建设单位应在规定时间内将工程质量检验有关文件,报送水运工程质量监督部门申请质量鉴定。

6)建设项目或单项工程全部建成后,建设单位申请竣工验收前应填写建设项目或单项工程工程质量检查汇总表,并报送质量监督部门申请质量核定。

第三章 水运通用工程质量控制

第一节 混凝土结构工程质量检验一般规定
（JTS 257—2008　2.1.1）

1) 混凝土结构工程质量检验应包括模板、钢筋、混凝土、预应力和混凝土附加外防腐蚀等分项工程的质量检验和混凝土构件的质量检验。

2) 混凝土构件的质量检验应在模板、钢筋、预应力、混凝土等分项工程质量检验合格的基础上进行，混凝土构件的实体质量检验应符合 JTS 257 附录 D 的相应规定。

3) 从事混凝土结构及构件施工的单位应建立现场试验室，并应通过有关方面的验收。不具备建立现场试验室的条件时，应提前选定具有相应能力等级的试验检测单位，并应经监理工程师和建设单位的认可。

4) 混凝土应采用搅拌机拌和，大中型工程宜采用自动化搅拌站集中拌和。搅拌站和搅拌机投产前应对生产控制工艺、检测设备、计量器具和配料偏差等进行检查验收，并应经监理工程师确认。

5) 模板应进行设计，大型承重模板的施工工艺及主要施工图应经监理工程师确认。

6) 从事钢筋焊接的操作人员应经考试合格。钢筋正式焊接前，应进行现场条件下的焊接性能检验，合格后方能正式生产。

7) 从事预应力的操作人员应经考试合格。预应力张拉设备和仪表应定期配套标定并配套使用。

第二节　模板工程质量控制

一、模板设计和制作（JTS 202—2011　6.2、6.3）

1) 模板及支撑系统应满足下列要求：
(1) 保证混凝土结构和构件各部分的形状、尺寸和相互位置正确；
(2) 具有足够的强度、刚度和稳定性，并可靠地承受新浇混凝土的自重力、侧压力和施工中产生的荷载，模板变形在允许范围内；
(3) 与钢筋和混凝土施工工艺相适应，便于钢筋绑扎及安装、混凝土浇筑和养护；

(4)面板平整、光洁,接缝严密、不漏浆;

(5)结构简单、装拆方便,保证施工安全。

2)模板与混凝土的接触面应涂刷脱模剂,脱模剂应涂刷均匀,不得污染工程结构和构件、钢筋、混凝土接茬部位。

3)模板及支撑应按模板设计图和工艺文件加工制作。成品经验收合格后方可使用。

4)钢模板零、构件下料的尺寸应准确,料口应平整;面板、肋、背棱等部件焊前应调平、调直。

5)钢模板的组拼、组焊应在专用工装和平台上进行,并采用合理的焊接顺序和方法。

6)钢模板的焊缝应均匀,焊缝尺寸应满足设计要求,焊渣应清理干净,不得有夹渣、气孔、咬肉和裂纹等缺陷。

7)钢模板面板应平整、无锈蚀,并应刷油保护;模板外表面应涂刷防锈油漆。

8)模板的吊环严禁使用冷拉钢筋。焊接式钢吊环的焊缝长度及焊缝高度应满足设计要求。

9)混凝土底胎的场地应坚实、平整,胎模尺寸应准确,表面应密实、光滑。

10)透水模板的敷面材料应敷设平整。

二、模板安装(JTS 202—2011 6.1、6.4)

1)模板及支架系统的安装应满足模板设计的要求,并应与钢筋绑扎及装设等工序配合进行。

2)大型模板及支撑在安装过程中,必须采取满足稳定性要求的临时固定措施。

3)模板支撑的支承部分应稳定、坚固、可靠,应能抵抗在施工过程中可能发生的偶然冲撞和振动,并应符合下列规定:

(1)支撑应支承在坚实的地基或者混凝土上,并应有足够的支承面积,斜撑不得滑动。

(2)当采用在下层混凝土中预埋锚拉螺栓作为上层模板支承时,下层混凝土应具有足够的强度。

(3)桩帽或墩台等构件的模板,当采用夹桩木作为支承时,应对夹桩木进行设计,安装后应对夹桩木的高程及稳固情况进行检查,在浇筑混凝土过程中不得产生松动。

4)跨度大于4m的现浇梁、板构件的模板应起拱,当设计无要求时,起拱高度宜为全跨长度的1/1000~3/1000。

5)预制构件模板的支立宜采用"帮包底"的支模方法。当采用"底托帮"支模方法时,应在侧模板底端设置防止漏浆的措施。

6)对结构或构件竖向棱角和底部棱边处宜作抹角处理。

7)模板的钢拉杆不应有弯曲。伸出混凝土外露面的拉杆宜采用端部可拆卸的结构形式,拉杆与锚定件的连接应牢固。

8)分层浇筑的模板应逐层控制上下层的偏差。模板下端与混凝土的接触不应有错台。

9)固定在模板上的预埋件和预留孔洞不得遗漏,并应安装牢固,其位置的允许偏差应符合规范有关规定。

三、模板拆除(JTS 202—2011 6.5)

1)模板拆除的顺序应按施工方案的要求进行。当无要求时,应按照先支后拆、后支先拆的原则。
2)模板拆除时,结构或构件混凝土的强度应达到设计要求,当设计无具体要求时,应符合下列规定:
(1)侧模板拆除应在混凝土强度能保证其表面及棱角不因拆除模板而受损坏时进行。
(2)芯模或预留孔洞的内模拆除应在混凝土强度能保证构件和孔洞表面不发生坍陷和裂缝后进行。
(3)底模等承重模板拆除应在混凝土强度能足够承受自重及其他可能叠加荷载或混凝土强度符合表3-1的规定时进行。

混凝土结构拆模时所需混凝土强度   表3-1

序号	结构形式	结构跨径(m)	达到设计强度标准值的百分率(%)
1	板	<2	50
		2~8	75
		>8	100
2	梁	≤8	75
		>8	100
3	悬臂构件	≤2	75
		>2	100

注:混凝土设计强度标准值,是指与设计的混凝土强度等级相应的混凝土立方体抗压强度标准值。

(4)后张法预应力混凝土构件底模拆除应在构件建立预应力后进行。
(5)水下和水位变动区结构和构件的模板拆除时间应适当延后。
3)大型模板和承重模板拆除时,应按模板设计的要求,采取防止模板倾覆或坠落的措施。
4)模板拆除后,应对遗留在结构或构件表面上的拉杆及拉杆孔眼进行处理。拉杆头保护层的厚度不得小于设计最小厚度,拉杆孔眼的封堵应密实、平整。
5)对拆下的模板、支撑及配件应及时清理、维修,分类堆存妥善保管,钢模板应做好防锈。
6)大型模板堆放时,应垫平、放稳,并应采取防止翘曲变形的措施;大模板竖立存放应满足自稳要求。

四、模板工程质量检验标准(JTS 257—2008 2.1.2)

1)模板及支撑的材料及结构必须符合施工技术方案和模板设计的要求。模板及支撑安装必须稳固、牢靠。
2)模板脱模剂应涂刷均匀,不得污染钢筋和混凝土接茬处。
3)模板表面应平整、光洁,接缝应平顺、严密、不漏浆。透水模板敷面材料应敷贴平顺。
4)用作底模的地坪和胎模,表面应平整,不应有影响构件质量的沉陷和裂缝。
5)固定在模板上的预埋件、预留孔和预留洞不得遗漏,并应安装牢固。其允许偏差应符合 JTS 257 表 2.1.2.6 的规定。

第三节 钢筋工程质量控制

一、一般规定（JTS 202—2011 7.1）

1）钢筋进场时，应检查其产品质量证明文件，并按炉号、批次及直径分批验收。验收时，应查明标牌并进行外观检查。

2）钢筋在运输过程中，应避免锈蚀和污染。钢筋进场后，应分品种、牌号、等级、规格及生产厂家等堆存整齐，不得混杂，且应设立识别标志。

3）环氧树脂涂层钢筋的包装、标志、搬运和存放应符合现行《水运工程结构防腐蚀施工规范》（JTS/T 209）的有关规定。

4）钢筋施工中，当发现钢筋脆断、焊接性能不良或力学性能显著不正常等现象时，应对该批钢筋进行化学成分检验或其他专项检验。

5）进口钢筋应进行化学成分检验和焊接试验，并应满足设计要求。

6）预制构件的吊环严禁使用冷拉钢筋。

二、钢筋接头质量控制（JTS 202—2011 7.3）

受力钢筋的接头形式应按设计要求采用，若设计无要求时，钢筋宜采用焊接接头和机械连接接头，也可采用绑扎接头，但绑扎接头的钢筋直径不宜大于 25mm，且不得用于轴心受拉和小偏心受拉构件中。

1. 钢筋焊接接头

1）钢筋焊接接头的材料、焊接方法、外观检查及力学性能检验等应符合现行《钢筋焊接及验收规程》（JGJ 18）的有关规定。当采用单面焊时，有效焊缝长度不得少于 10 倍钢筋直径，双面焊有效焊缝长度不得少于 5 倍钢筋直径。

2）设置在同一构件内的焊接接头应相互错开布置。在任一焊接接头中心至受力钢筋最大直径的 35 倍且不小于 500mm 的区段内，同一根钢筋不应有一处以上接头；在该区段内，有接头的受力钢筋截面面积之和占受力钢筋总截面面积的百分率应满足设计要求，设计无具体要求时，应满足下列要求：

(1) 非预应力筋在受拉区不大于 50%。

(2) 预应力筋不超过 25%，当焊接质量有可靠保证时，不超过 50%。

(3) 受压区和后张法的螺丝端杆不限制。

2. 钢筋机械连接接头

1）钢筋连接件处的最小混凝土保护层厚度应满足设计要求。

2）带肋钢筋套筒挤压接头、镦粗直螺纹钢筋接头、钢筋锥螺纹接头应符合现行《钢筋机械连接技术规程》（JGJ 107）的规定。滚轧直螺纹钢筋连接接头应符合现行《钢筋机械连接用套筒》(JG/T 163)的规定。

3. 钢筋绑扎接头

1)钢筋绑扎搭接最小搭接长度应符合现行《水运工程混凝土施工规范》(JTS 202)的相关要求,见表 3-2。

受力钢筋绑扎接头的最小搭接长度　　　　　　表 3-2

钢筋类型	受拉区	受压区
HPB235 HPB300	$25d$	$15d$
HRB335	$35d$	$25d$
HRB400	$40d$	$30d$

注:d 为钢筋直径,在任何情况下,受拉钢筋的搭接长度不应小于 300mm,受压钢筋的搭接长度不应小于 200mm。

2)钢筋搭接处中心及两端应用铁丝扎紧。

3)绑扎接头处钢筋的横向净距不应小于钢筋直径,且不得小于 30mm。

4)设置在同一构件中纵向受力钢筋的绑扎搭接应相互错开布置,钢筋搭接接头中点位于其他任一搭接钢筋接头连接区段时,应按同一连接区段计,钢筋搭接接头连接区段的长度应为 1.3 倍搭接长度;同一连接区段,受力钢筋的绑扎接头面积占受力钢筋总面积的百分数应满足设计要求,设计无具体要求时,受压区不得大于 50%,受拉区不得超过 25%。

5)当钢筋成束布置时,成束筋中单根钢筋的接头应错开,间距不宜小于 40 倍钢筋直径,搭接的接头长度应加长 20%。

三、钢筋装设的质量控制(JTS 202—2011　7.4)

1)钢筋与模板之间应设置垫块,垫块的间距和支垫方法应能确保钢筋在混凝土浇筑过程中不发生位移。当采用水泥砂浆垫块或混凝土垫块时,垫块的强度与密实性不应低于构件本体混凝土。垫块的外观颜色宜与构件本体混凝土一致,垫块与模板的接触面宜尽量小,垫块厚度的允许偏差为 $^{+2}_{0}$mm。

2)绑扎及装设钢筋骨架应符合下列规定:

(1)钢筋骨架应有足够的稳定性,受力钢筋不应产生位置偏移。钢筋的交叉点宜用铁丝扎牢。预制吊装的钢筋骨架或钢筋网还应具有足够的刚度。

(2)板和墙的钢筋网,除靠近外围的两行钢筋的交叉点全部扎牢外,中间部分交叉点可间隔交错绑扎且受力钢筋不产生位置偏移;双向受力的钢筋应全部扎牢。

(3)桩、柱和梁中骨架的箍筋除设计有特殊规定外,应保持与主筋垂直。

(4)绑扎钢筋的铁丝头不得伸入混凝土保护层内,缺扣、松扣的数量不应超过绑扎数的 10%,且不应集中。

(5)多层非焊接钢筋骨架的各层钢筋之间,应保持层距准确,宜采用短钢筋支垫。

(6)箍筋弯钩的搭接点沿构件轴线方向应交错布置。

3)绑扎骨架中,在绑扎接头长度范围内,应按设计要求配置箍筋,若设计无要求时,应满足下列要求:

(1) 当搭接钢筋受拉时,其箍筋间距不大于5倍搭接钢筋直径,且不大于100mm。
(2) 当搭接钢筋受压时,其箍筋间距不大于10倍搭接钢筋直径,且不大于200mm。

四、钢筋工程质量检验标准(JTS 257—2008 2.1.3)

1) 钢筋的品种、规格和数量应满足设计要求。
2) 钢筋的质量必须符合现行《钢筋混凝土用钢 第2部分:热轧带肋钢筋》(GB/T 1499.2)等的有关规定。
3) 受力钢筋接头的连接方式、接头位置、同一截面接头数量和绑扎接头的搭接长度应符合现行《水运工程混凝土施工规范》(JTS 202)的有关规定。
4) 钢筋焊接接头和机械连接接头的力学性能应符合现行《钢筋焊接及验收规程》(JGJ 18)和《钢筋机械连接技术规程》(JGJ 107)等的有关规定。
5) 钢筋保护层的厚度不应小于设计要求,其正偏差不应大于10mm。保护层垫块的支垫方法和间距应能保证钢筋在混凝土浇筑过程不发生位移与变形。混凝土或砂浆垫块应提前按批检验,强度和抗氯离子渗透性能不应低于构件的设计要求,垫块厚度的允许偏差为0~+2mm。
6) 钢筋应平直、无损伤,表面不得有裂纹、油污、颗粒状或片状锈皮。
7) 钢筋焊接接头和机械连接接头的外观质量应符合现行《钢筋焊接及验收规程》(JGJ 18)和《钢筋机械连接技术规程》(JGJ 107)等的有关规定。
8) 钢筋骨架应绑扎或焊接牢固,绑扎铅丝头应向里按倒,不应伸入钢筋保护层。
9) 环氧涂层钢筋与普通钢筋之间不应形成电连接。涂层损伤缺陷的修补应符合现行《环氧树脂涂层钢筋》(JG/T 502)的有关规定。

第四节　混凝土工程质量控制

一、原材料质量控制(JTS 202—2011 4)

1. 水泥

1) 水运工程混凝土宜采用硅酸盐水泥、普通硅酸盐水泥、矿渣硅酸盐水泥、火山灰质硅酸盐水泥、粉煤灰硅酸盐水泥或复合硅酸盐水泥,质量应符合现行有关规定。生产普通硅酸盐水泥和硅酸盐水泥熟料中,铝酸三钙含量宜在6%~12%之间。
2) 立窑水泥可用于不冻地区的素混凝土和临时建筑物的钢筋混凝土;当有充分论证时,方可用于受冻地区的素混凝土。
3) 水泥品种应根据建筑物所在地区和部位选取,并应符合下列定:
(1) 有抗冻要求的混凝土,宜采用普通硅酸盐水泥或硅酸盐水泥,不宜采用火山灰质硅酸盐水泥。
(2) 不受冻地区海水环境浪溅区部位混凝土,宜采用矿渣硅酸盐水泥、普通硅酸盐水泥或硅酸盐水泥。

(3)高性能混凝土宜采用标准稠度用水量低的中热硅酸盐水泥或普通硅酸盐水泥,不宜采用矿渣硅酸盐水泥、粉煤灰硅酸盐水泥、火山灰质硅酸盐水泥或复合硅酸盐水泥。

(4)水运工程严禁使用烧黏土质的火山灰质硅酸盐水泥。

2. 细骨料

1)拌制混凝土应采用质地坚固、粒径在5mm以下的砂作为细骨料。

2)海水环境工程中严禁采用碱活性细骨料。淡水环境工程中所用细骨料具有碱活性时,应采用碱含量小于0.6%的水泥并采取其他措施,经试验验证合格后方可使用。

3)当砂颗粒级配不符合要求时,宜采取相应的技术措施,并经试验证明能确保工程质量后,方可使用。

3. 粗骨料

1)配制混凝土应采用质地坚硬的碎石、卵石或碎石与卵石的混合物作为粗骨料,其强度可用岩石抗压强度或压碎指标值进行检验。碎石、卵石的抗压强度或压碎指标应符合现行《水运工程混凝土质量控制标准》(JTS 202—2)的规定。

2)粗骨料的杂质含量、卵石中软弱颗粒含量应符合现行《水运工程混凝土质量控制标准》(JTS 202—2)的规定。

3)粗骨料的粒径应满足下列要求:

(1)不大于80mm。

(2)不大于构件截面最小尺寸的1/4。

(3)不大于钢筋最小净距的3/4。

(4)不大于混凝土保护层厚度的4/5,在南方地区浪溅区不大于混凝土保护层厚度的2/3。

(5)厚度为100mm和小于100mm混凝土板允许采用最大粒径不大于1/2板厚的骨料。

(6)大体积混凝土在满足上述要求的基础上宜选用较大值。

(7)水下混凝土粗骨料的最大粒径不应大于导管内径的1/6、混凝土输送管的1/3和钢筋最小净距的1/4,同时不应大于40mm。

(8)水下不分散混凝土粗骨料的最大粒径不应大于导管内径的1/6、混凝土输送管的1/3和钢筋最小净距的1/4,同时不应大于31.5mm。

4)粗骨料的颗粒级配应满足现行《水运工程混凝土质量控制标准》(JTS 202—2)的规定。

5)海水环境工程中严禁采用碱活性粗骨料。淡水环境工程中所用粗骨料具有碱活性时,应采用碱含量小于0.6%的水泥并采取其他措施,经试验验证合格后方可使用。

4. 拌和用水

1)混凝土拌和用水不得使用影响水泥正常凝结、硬化和促使钢筋锈蚀的水拌和。

2)钢筋混凝土和预应力混凝土均不得采用海水拌和。在缺乏淡水的地区,素混凝土允许采用海水拌和,但混凝土拌合物中总氯离子含量应符合相关规定,有抗冻要求的,其水灰比应降低0.05。

3)混凝土不得采用沼泽水、工业废水或含有害杂质的水拌和。

4)使用非生活饮用水时,开工前应检验其质量。水源有改变或对水质有怀疑时,应及时检验。

5. 外加剂

1) 混凝土应根据要求选用减水剂、引气剂、早强剂、防冻剂、泵送剂、缓凝剂、膨胀剂等外加剂。

2) 外加剂的品质应符合国家现行相关标准的有关规定。在所掺用的外加剂中,以胶凝材料质量百分率计的氯离子含量不宜大于 0.02%。

3) 有抗冻要求混凝土掺加的引气剂宜采用松香热聚物或松香皂等。其品质、掺量、配置方法应符合有关规定。

4) 钢筋混凝土、预应力混凝土中不得掺用氯盐外加剂。

5) 冷天施工时掺用外加剂应符合下列规定:

(1) 采用三乙醇胺作早强剂时,掺量不得超过胶凝材料用量的 0.05%。

(2) 素混凝土中掺用氯盐或以氯盐为主的防冻剂时,氯盐质量总和不得超过以胶凝材料质量百分率计的 2%。

二、混凝土配合比控制(JTS 202—2011　5)

1) 混凝土配合比设计应符合工程设计和施工要求,并应经济合理。混凝土配合比应根据原材料性能及对混凝土的技术要求进行计算,并经试验试配调整后确定。

2) 混凝土的施工配制强度应按式(3-1)确定。

$$f_{cu,o} = f_{cu,k} + 1.645\sigma \tag{3-1}$$

式中:$f_{cu,o}$——混凝土施工配制强度(MPa);

$f_{cu,k}$——设计混凝土强度等级(MPa);

σ——工地实际统计的混凝土立方体抗压强度标准差(MPa)。

3) 抗冻混凝土应掺用引气剂,引气剂的掺量应通过试验确定,配合比应采用绝对体积法计算,并应计入混凝土拌合物的含气量。

4) 水下混凝土配合比设计应符采用的原材料除应符合规范 JTS 202—2011 第 4 章的规定外,尚应满足下列要求:

(1) 水泥采用矿渣水泥、火山灰水泥、粉煤灰水泥、普通硅酸盐水泥或硅酸盐水泥。水泥的强度等级不低于 42.5。

(2) 粗骨料的最大粒径不大于导管内径的 1/6 混凝土输送管的 1/3 和钢筋最小净距的 1/4,且不大于 40mm;水下不分散混凝土的粗骨料最大粒径不大于 31.5mm。

(3) 细骨料采用级配良好的中砂。

5) 水下混凝土配合比设计应满足下列要求:

(1) 水下混凝土的配合比设计满足混凝土的设计强度、水陆强度比、水下抗分散性、水下自密实性、耐久性及施工和易性的要求,并经济合理。

(2) 水下混凝土水胶比的选择同时满足强度和耐久性要求,取按强度要求得出的水胶比和按耐久性要求规定的水胶比较小值作为配合比的设计依据。

(3) 水下混凝土的施工配制强度比设计强度标准值提高 40%~50%。

6）水下普通混凝土的配合比设计尚应满足下列要求：

（1）混凝土配合比的砂率取 0.40～0.50、水胶比 0.50～0.60，有试验依据时砂率和水胶比可酌情增大或减小。

（2）混凝土拌合物具有良好的和易性，在运输和灌注过程中无显著离析、泌水现象，灌注时保持足够的流动性，其坍落度为 160～220mm。

（3）每立方米水下混凝土的胶凝材料用量不小于 350kg，当掺减水缓凝剂或粉煤灰时，其中水泥用量不少于 300kg。

（4）混凝土的初凝时间不早于全部混凝土灌注完成时间，当混凝土数量较大或灌注量受到限制而需灌注时间较长时，通过试验掺入适量的缓凝剂，确保混凝土的初凝时间满足需要。

三、混凝土工程质量控制（JTS 202—2011　8）

1．拌制

1）混凝土的拌制宜由混凝土搅拌站或搅拌船集中搅拌。混凝土搅拌应按配料单配料，不得任意更改。

2）混凝土的组成材料必须称量，称量偏差应符合有关规定。

3）称量使用的各种衡器必须按有关规定由法定计量单位定期进行检定。每一工作班正式称量前，应对称量系统进行零点校准。

4）混凝土应搅拌均匀。自全部材料装入搅拌机起，至开始卸料时止，其连续搅拌的最短时间应按搅拌设备出厂说明书的规定，并经试验确定。

2．运输

1）运输能力应与搅拌及浇筑能力相适应，并宜缩短运输时间和减少倒运次数。

2）运输工具宜采用搅拌车，在运距较短时可使用自卸汽车。运输工具在使用前应喷水润湿，但不得留有积水。混凝土在运输过程中应避免发生离析、漏浆、泌水和坍落度损失较大等现象。运至浇筑地点后，如有上述现象发生，应进行二次拌制。二次拌制时，不得任意加水。必要时可同时加水和胶凝材料或减水剂，保持水胶比不变。

3）采用吊罐运输混凝土时，吊罐应便于卸料，卸料活门应开启方便，不得漏浆。吊罐的装料量宜为其容积的 90%～95%。

4）混凝土拌合物运送至浇筑地点如出现离析、分层或稠度不满足要求等现象，应对混凝土拌合物进行二次搅拌，二次搅拌时不得任意加水。稠度不足时可同时加入水和胶凝材料，保持其水胶比不变。

5）采用自卸汽车运输混凝土时，车箱内壁应光洁、平整、不吸水、不漏浆。

6）采用皮带运输机运送混凝土拌合物时，应符合现行《水运工程混凝土施工规范》（JTS 202）的有关规定。

7）采用管道运送混凝土时，应选择与混凝土浇筑强度、距离和高度相匹配的泵送设备，并按泵送设备说明书的有关规定进行。

3．浇筑

1）浇筑混凝土前应检查模板、支撑系统、钢筋和预埋件位置和装设的正确性，并应掌握水文气象预报。

2) 在地基上直接浇筑混凝土时,应清除淤泥,并不得扰动原状土壤。对干燥的非黏性土地基,应用水湿润;对岩石地基应用压力水冲洗干净,但表面不得留有积水。如有流动水时,应采取防水措施。

3) 浇筑混凝土前,应将模板内的杂物、泥水和钢筋预埋件上的灰浆、油污等清除干净。

4) 混凝土的浇筑应连续进行。如因故中断,允许间歇时间应根据混凝土硬化速度和振捣能力经试验确定,或参照有关规定执行。

5) 施工缝的留置位置,应在混凝土浇筑前确定,并宜留置在结构受剪力较小且易于施工的部位。有抗渗要求、与底板相连的墙体,其水平施工缝宜留置在距底板大于1m高的位置。

6) 施工缝的形式应符合下列规定:
(1) 施工缝应做成垂直缝或水平缝。
(2) 有抗渗要求的墙或薄壁结构,宜做成榫状或设置止水板。
(3) 在埋有块石的混凝土中留置水平施工缝时,宜使埋入的块石外露一半。

7) 在施工缝处继续浇筑混凝土时,应符合下列规定:
(1) 已浇筑的混凝土,其抗压强度不应小于1.2MPa。
(2) 在已硬化的混凝土表面上,应凿毛处理,清除水泥薄膜、松动石子和软弱混凝土层。
(3) 浇筑新混凝土前,应先用水充分润湿水平缝老混凝土表面,达到饱和面干,低洼处不得留有积水。

8) 浇筑混凝土过程中,应避免混凝土产生离析现象。混凝土自高处倾落时,其自由倾落高度不宜超过2m。如可能发生离析时,应采用串筒、斜槽、溜管或振动溜管等措施下落。

9) 乘低潮位浇筑混凝土时,应采取措施保证浇筑速度大于潮位上涨速度,并保持混凝土在水位以上进行振捣。底层混凝土初凝前不宜受水淹没,浇筑完后,应及时封顶,并宜推迟拆模时间。

10) 有附着性海生物滋长的海域,应注意其对水下混凝土接茬部位质量的危害,可采取缩短浇筑间隔时间或避免在其生长旺季施工。

11) 无掩护海域现场浇筑面层混凝土时,应采取防浪、防雨、防冻等措施。

12) 浇筑大体积混凝土时,应按一定的厚度、次序、方向分层进行,分层的间歇时间应符合现行《水运工程混凝土施工规范》(JTS 202)的规定。

13) 浇筑斜面混凝土时,应从低处开始,逐渐向高处浇筑。必要时应在底部加挡板。

14) 浇筑与墩柱连成整体的梁和板时,应在墩柱浇筑完毕后停歇1~2h,待墩柱混凝土初步沉实后,再继续浇筑。

15) 浇筑混凝土的分层厚度,应根据气温、浇筑能力和振捣设备综合分析确定,其分层允许厚度应符合现行《水运工程混凝土施工规范》(JTS 202)的规定。

16) 构件浇筑完毕后,应在每个构件上标明型号、制作日期等。对于安装时易混淆或安装方向有要求的构件,应加标志。所有标志应按构件类型,统一标在同一位置上。

4. 养护

1) 混凝土浇筑完毕后应及时加以覆盖,结硬后保湿养护。养护方法应根据构件外形选定,宜采用洒水、土工布覆盖浇水、包裹塑料薄膜、喷涂养护液进行养护。当日平均温度低于

+5℃时,不宜洒水养护。

2)混凝土潮湿养护的时间不应少于表3-3的规定。

混凝土潮湿养护时间　　　　　　　表3-3

水泥品种	混凝土潮湿养护时间(d)
硅酸盐水泥、普通硅酸盐水泥	≥10
矿渣硅酸盐水泥、火山灰质硅酸盐水泥、粉煤灰硅酸盐水泥、复合硅酸盐水泥	≥14

注:1. 对有抗冻要求的混凝土,按表列规定进行潮湿养护之后,宜在空气中放置14~21d。
　　2. 对厚大结构的混凝土,使用硅酸盐水泥、普通硅酸盐水泥时,潮湿养护不得少于14d;使用矿渣硅酸盐水泥、火山灰质硅酸盐水泥、粉煤灰硅酸盐水泥或复合硅酸盐水泥时,潮湿养护不得少于21d。

3)混凝土的潮湿养护应符合下列规定:

(1)素混凝土宜采用淡水、养护剂养护,在缺乏淡水的地区,可采用海水保持潮湿养护。

(2)现浇钢筋混凝土结构中,在浪溅区和水位变动区采用淡水养护确有困难时,北方地区应适当降低水灰比;南方地区可采用掺入适量的钢筋阻锈剂,并在2天后拆模,再喷涂养护剂养护。

4)钢筋混凝土、预应力混凝土构件不得采用海水养护。

5)混凝土强度未达到2.5MPa以前,人员不得在已浇筑的结构上行走、运送工具或设置上层结构的支撑和模板。

四、大体积混凝土防裂措施(JTS 202—2011　8.6)

1. 混凝土施工

1)混凝土施工中应控制混凝土的浇筑温度,充分利用低温季节施工。

2)热天施工应采取下列措施:

(1)混凝土入模温度不高于30℃;

(2)混凝土施工安排温度较低的夜间进行;

(3)降低骨料和拌和用水的温度;

(4)避免混凝土表面骤然降温。

3)冷天施工应采取下列措施:

(1)混凝土入模温度不低于5℃;

(2)浇筑完毕后覆盖保温,防止冷击;

(3)不使用冷水养护。

4)当混凝土早期升温时,宜采取散热措施。

(1)分层浇筑;

(2)顶面洒水或用流动水散热;

(3)采用钢模板;

(4)布设冷却水管。

5)在混凝土降温阶段应采取保温措施。

(1)在寒冷季节推迟拆模时间,拆模后采用草袋、帆布、塑料薄膜覆盖等保温措施。

(2)对于地下结构及时进行回填保温、减小干缩。

6)拆模不宜在混凝土可能受冷击时进行。

7)施工缝设置应满足下列要求:

(1)在岩基或老混凝土上浇筑的混凝土结构,纵向分段长度不大于15m。

(2)在底板上连续浇筑墙体的结构,墙体上的水平施工缝设置在墙体距底板顶面大于或等于1.0m的位置。

(3)对不适合设置施工缝的结构,采取跳仓浇筑和设置闭合块的方法,减小一次浇筑的长度。

(4)上下两层相邻混凝土避免错缝浇筑。

(5)在已浇筑的混凝土结构上浇筑新混凝土时,间隔时间不超过7d。

(6)岩石地基表面宜处理平整,在地基与结构之间可设置缓冲层。

2. 混凝土养护

1)养护宜满足下列要求:

(1)养护期不少于14d。

(2)热天采用流动水养护;在不冻地区,冷天采用滞水养护。

2)混凝土内部和表面温度应控制在设计要求的温差内,当设计无要求时,温差不宜超过25℃。

五、混凝土工程质量检验标准(JTS 257—2008 2.1.4)

1)混凝土所用原材料的质量必须符合现行《水运工程混凝土施工规范》(JTS 202)和国家现行有关标准的规定。

2)混凝土的配合比设计应符合现行《水运工程混凝土施工规范》(JTS 202)等的有关规定。

3)混凝土中的总氯离子含量和碱含量应符合现行《水运工程混凝土施工规范》(JTS 202)的有关规定。

4)混凝土的强度必须满足设计要求,并应符合现行《水运工程混凝土施工规范》(JTS 202)等的有关规定。

5)有抗冻和抗渗要求的混凝土,其抗冻和抗渗等级应符合现行《水运工程混凝土施工规范》(JTS 202)等的有关规定。

6)混凝土的抗氯离子渗透性应满足设计要求,并应符合现行《水运工程混凝土施工规范》(JTS 202)等的有关规定。

7)有抗折要求的路面混凝土,其抗折等级应符合现行《港口道路与堆场施工规范》(JTS 216)的有关规定。

8)施工缝的留置位置和施工缝处理应满足设计要求,并应符合现行《水运工程混凝土施工规范》(JTS 202)的有关规定。

9)混凝土的养护应符合现行《水运工程混凝土施工规范》(JTS 202)的有关规定。

第五节 预应力工程质量控制

一、预应力筋制作质量控制（JTS 202—2011 9.1）

1. 预应力筋下料
1）下料方法
钢丝、钢绞线、钢棒及精轧螺纹钢筋，应采用砂轮锯或切断机切断，不得采用电弧切割。
2）下料长度
预应力筋的下料长度应根据预应力筋种类、张拉方式和锚固方式经计算确定，并应考虑锚夹具厚度、千斤顶长度、焊接接头和镦头或其他形式锚头的预留量、冷拉伸长值、弹性回缩值、张拉伸长值、台座长度、构件长度、构件间距和连接杆长度等因素。预应力筋下料长度的允许偏差和抽检数量应符合下列规定：
（1）采用钢丝束作预应力筋，且两端采用墩头锚具时，同一束中各根钢丝下料长度的相对差值不应大于配筋长度的1/5000，且不应大于5mm。
（2）采用钢筋冷拉后作预应力筋时，同一构件内各钢筋的下料长度的相对差值不应大于构件配筋长度的1/2000，且不应大于20mm。
（3）预应力筋下料长度检查，每工作班应抽查总数的3%，且不得少于3根。

2. 预应力筋端部锚具的制作
预应力筋端部锚具的制作质量和抽检数量应符合下列规定：
（1）挤压锚具制作时压力表油压应符合操作说明书的规定，挤压后预应力筋外端应露出挤压套筒 1～5mm。对挤压锚具的抽检数量，每工作班应抽查5%，且不应少于5件。
（2）钢绞线压花锚成型时，表面应清洁、无油污，梨形头尺寸和直线段长度应满足设计要求。对压花锚的抽检数量，每工作班应抽查3件。
（3）钢丝镦头的强度不得低于其强度标准值的98%，每批钢丝应抽取6个镦头试件进行强度检测。

二、预应力张拉、放松机具设备质量控制（JTS 202—2011 9.2）

1. 张拉梁
预应力筋张拉所用的张拉梁，应按预应力筋的布置、根数、张拉荷载、张拉条件等因素经过计算选定。设计时，除应满足强度、刚度要求外，尚应考虑操作简便等因素。
2. 张拉机具设备及仪表
预应力张拉机具设备及仪表应定期维护和校验，并应配套标定，配套使用，专人保管。
3. 预应力筋用锚具、夹具和连接器
预应力筋用锚具、夹具和连接器的形式应根据设计要求或使用条件选用，其应具有可靠的锚固性能、足够的承载能力和良好的适应性、安全性。

1）抽样复验组批方案

对定型产品同一组批不宜超过1000套,对非定型产品同一组批不宜超过500套,对少量加工的非定型产品同一组批不宜超过200套。

2）复验内容及要求

（1）预应力筋用锚具、夹具和连接器复验的内容应根据设计要求、使用条件和相关技术标准等综合确定。当设计无明确要求时,复验内容应包括外观质量、尺寸偏差、硬度和静载锚固性能试验。

（2）外观和尺寸偏差检查,抽检数量不应少于10%,且不得少于10套锚具。当有一套表面有裂纹或超过产品标准及设计图纸规定尺寸的允许偏差时,应另取双倍数量的锚具重做检查,如仍有一套不符合要求,则应逐套检查,合格后方可使用。

（3）夹片式和锥塞式锚夹具硬度检查应从每批中抽取5%,且不少于5件。有硬度要求的零件应做硬度试验,对多孔夹片式锚具的夹片,每套抽取不少于5片,每个零件应测试3点,其硬度应在设计要求范围内,当有一个零件不合格时,应另取双倍数量的零件重做试验,如仍有一个零件不合格,则应逐个检查,合格后方可使用。

（4）首次使用的锚具,或改变锚具型号、规格时,经上述两项试验合格后,应从同批中取6套锚具组成3个预应力筋锚具组装件,进行静载锚固性能试验,当有一个试件不符合要求时,应另取双倍数量的锚具重做试验,如仍有一套不合格则该批锚具为不合格品。

（5）重复使用的锚具组件应进行互换性检查,互换性合格率应达95%以上;每次使用前应进行外观检查,其表面应无污物、锈蚀、变形、裂纹和机械损伤等,对失效的锚具组件应及时进行报废处理。

三、施加预应力（JTS 202—2011　9.3）

（1）采用先张法对多根直线预应力钢筋同时张拉时,其张拉力的合力线水平位置应在构件中轴线的垂直面内,垂直位置应在台座设计允许偏心范围内。

（2）多根直线预应力钢筋单根张拉时,张拉力的作用线应与钢筋的设计轴线一致。

（3）后张法直线预应力筋张拉力作用线应与孔道中心线一致。

（4）曲线预应力筋的张拉力作用线应与孔道中心线末端的切线一致。

（5）应力控制法张拉时,应减少张拉体系的摩阻力。摩阻力数值应通过试验确定,并在张拉时补足。

（6）预应力筋如需超张拉时,可比设计要求提高5%,其最大张拉控制应力不得超过表3-4的规定。

最大张拉控制应力允许值　　表3-4

钢种	张拉方法	
	先张法	后张法
钢丝、钢绞线	$0.80 f_{ptk}$	$0.75 f_{ptk}$
钢棒	$0.75 f_{ptk}$	$0.70 f_{ptk}$

注：f_{ptk}为预应力筋极限抗拉强度标准值。

(7)预应力筋张拉锚固后,实际预应力值的偏差应不超过±5%。

(8)预应力筋可通过超张拉方法张拉减少松弛影响。进行张拉,设计未规定时,可从零应力开始张拉至1.05倍张拉控制应力,持荷2min后卸荷至张拉控制应力;或从应力为零开始,张拉至1.03倍张拉控制应力。

(9)采用应力控制张拉时,应校核预应力筋的伸长值。实际伸长值与设计计算理论伸长值的相对偏差不应超过±6%。如有异常,应立即查明原因,并采取措施予以调整后方可继续张拉。

(10)预应力筋断裂或滑脱数量必须符合下列规定:

①结构、构件中钢丝、钢丝束、钢绞线断裂或滑脱的数量,对后张法严禁超过结构、构件同一截面钢丝总根数的3%,且一束钢丝不得超过一根;对先张法严禁超过结构、构件同一截面钢丝总根数的5%,一束钢丝不得超过一根且严禁相邻两根预应力筋断裂或滑脱。

②结构、构件中的预应力筋发生断裂或滑脱必须予以更换。

(11)采用热轧带肋钢筋作预应力筋时,张拉时的温度不得低于-15℃。

四、先张法质量控制(JTS 202—2011 9.4)

1. 张拉

(1)张拉台座必须具有足够的强度和刚度,并应进行抗倾和抗滑验算,其抗倾系数不得小于1.5,抗滑系数不得小于1.3,并应采取预防台座区差异沉降的措施。

(2)张拉梁、锚固梁安装时,其受力中心的位置应与台座底板中心一致,水平位置偏差不得大于3mm。

(3)多根预应力筋同时张拉时,应预先调整初应力,保持各根钢筋的应力基本一致。

(4)构件的侧模板在施加预应力之后安装时,宜先施加70%的控制应力,待模板安装后,再施加至设计要求的张拉控制应力。

2. 放松

(1)放松预应力筋时,混凝土强度必须满足设计要求。设计无要求时,不得低于设计强度标准值的75%。

(2)预应力筋的放松顺序:

①轴心受压构件,所有预应力筋应同时放松。

②偏心受压构件,在采用整体张拉工艺时,所有预应力筋宜同时放松;预应力筋不能同时放松时,应先同时放松预压力较小区域的预应力筋,再同时放松预压力较大区域的预应力筋。

③当不能按上述要求放松时,应分阶段、对称、相互交错地放松。

(3)放松后的预应力筋应由放松端开始按顺序向另一端切断。切割钢筋时应分阶段、对称、相互交错地进行。

五、后张法质量控制(JTS 202—2011 9.5)

(1)预留孔道的尺寸与位置应正确,孔道应平顺。端部的预埋垫板应垂直于孔道中心线,并采取措施固定在模板上,在浇筑混凝土时不得移动。

(2)预留孔道可采用预埋管法或抽芯管法,并应符合下列规定:

①采用预埋管法时,预埋管应有一定的轴向刚度,密封良好,接头应严密,不漏浆。

②采用抽芯管法时,钢管应平直光滑,胶管宜充压力水或采取其他防止变形的措施。

③振捣时应采取防止预留孔道变位或变形的措施。

④预埋管道宜用钢筋井字架固定,其间距:金属螺旋管、塑料波纹管及钢管间距不宜大于1m,胶管间距不宜大于0.5m,曲线孔道宜适当加密。

⑤灌浆孔间距,预埋管不宜大于30m,抽芯管不宜大于12m;采用真空辅助灌浆时,灌浆孔间距可适当加大。曲线孔道的曲线波峰部位,宜设排气孔。

⑥电焊作业必须采取措施保护预埋管道和预应力筋。

(3)预埋管的抽芯时间,应根据气温和所用水泥性能通过试验确定。抽芯的顺序应先上后下。用钢管作孔道芯管时,宜在浇筑混凝土后每隔5～15min将芯管转动一次,抽管的速度应均匀,边抽边转,抽管的拉力作用线应与孔道中心线一致。

(4)孔道形成后应立即逐孔进行检查,发现堵塞应及时疏通。

(5)预应力筋张拉时,结构、构件的混凝土强度、弹性模量应满足设计要求,当设计无要求时,不应低于设计强度标准值的75%。

(6)预应力筋张拉顺序、张拉端的设置,应按设计规定进行。

(7)平卧重叠浇筑的构件,宜先上后下逐层进行张拉,并逐层加大张拉力。底层张拉力对钢丝、钢绞线、钢棒不宜比顶层大5%,且符合现行《水运工程混凝土施工规范》(JTS 202)的规定。

(8)预应力筋锚固后的外露长度应按设计要求留置,当设计无要求时,不宜小于预应力筋直径的1.5倍,且不宜小于30mm。锚具应采用封端混凝土保护,封闭预应力锚具的混凝土质量应高于构件本体混凝土。如需长期外露时,应有防止锚具锈蚀的措施。

(9)预应力筋张拉后应及时进行孔道灌浆。灌浆材料的品种及强度应满足设计要求。

(10)灌浆前孔道应湿润、洁净。灌浆顺序宜先灌注下层孔道。对曲线孔道和竖向孔道应由最低点的压浆孔压入。

(11)灌浆量应均匀,不得中断,并采取措施保证灌浆密实饱满。

(12)孔道内的灌浆材料强度未达到设计要求时,不得移动构件、切割主筋和拆卸锚具。

(13)灌浆过程和灌浆后48h内,若环境温度低于+5℃,应对结构或构件采取保温措施。

六、预应力工程质量检验标准(JTS 257—2008 2.1.5)

1)预应力筋的品种、规格和数量必须满足设计要求。

2)预应力筋的质量必须符合现行《预应力混凝土用螺纹钢筋》(GB/T 20065)等的有关规定。

3)预应力筋的锚具、夹具和连接器的质量应满足设计要求,并应符合现行《预应力筋用锚具、夹具和连接器》(GB/T 14370)的有关规定。

4)先张法放张预应力筋和后张法张拉预应力筋时,构件混凝土强度应满足设计要求。设计无要求时,混凝土强度不应低于设计强度的75%。

5)预应力筋的张拉力、张拉和放张顺序应满足设计要求。后张法预应力筋断裂或滑脱的数量不得超过预应力筋总数的3%,每束内断丝不得超过1根,且不得位于结构的同一侧;先张法预应力筋不得发生断裂或滑脱。

6)孔道灌浆的工艺、材料和强度应满足设计要求,灌浆应饱满、密实。

7)预留孔道所用的金属螺旋管和隔离套管等表面应无油污、损伤和孔洞。施工中应密封良好、接头严密、线型平顺、安装牢固。预留孔中心位置的偏差不应大于5mm。

8)后张法预应力锚固阶段张拉端预应力筋的内缩量应满足设计要求,设计无要求时应符合 JTS 257 表2.1.5.8 的规定。

9)预应力筋锚固后的外伸长度、封锚和处理应满足设计要求。

第六节 钢结构工程质量控制(JTS 257—2008 2.2)

一、一般规定

1)钢结构工程的质量检验应包括钢结构制作与安装、装卸与输送设备钢结构安装和常规钢构件制作施工的质量检验。

2)钢结构焊接时,首次采用的钢材、焊接材料、焊接方法等应进行焊接工艺评定,并确定焊接工艺。

3)钢结构焊接的操作人员必须经考试合格并取得合格证。持证焊工必须在其考试合格项目及其认可范围内施焊。

4)从事钢结构无损探伤检测的单位和人员应具有相应的资质。

二、钢结构焊接

1)焊接材料的品种、规格、性能和质量应满足设计要求,并应符合现行《钢结构焊接规范》(GB 50661)和《港口设备安装工程技术规范》(JTS 217)的有关规定。

2)一、二级焊缝无损探伤的方法、数量、部位和质量应满足设计要求并应符合现行《焊缝无损检测 超声检测 技术、检测等级和评定》(GB/T 11345)和《焊缝无损检测 射线检测 第1部分:X 和伽玛射线的胶片技术》(GB/T 3323.1)的有关规定。

3)焊缝坡口形式应满足设计要求,并应符合现行《气焊、焊条电弧焊、气体保护焊和高能束焊的推荐坡口》(GB/T 985.1)和《埋弧焊的推荐坡口》(GB/T 985.2)的有关规定。

4)焊缝尺寸应满足设计要求,焊缝尺寸允许值应符合 JTS 257 表2.2.2.4 的规定。

5)焊缝外形应均匀,焊道与焊道、焊道与金属间过渡应平滑,焊渣和飞溅物应清理干净。

6)焊缝表面不得有裂纹、焊瘤等缺陷。一级、二级焊缝不得有表面气孔、夹渣、弧坑裂纹、电弧擦伤等缺陷。且一级焊缝不得有咬边、未焊满、根部收缩等缺陷。

三、高强度螺栓连接

1)高强度螺栓连接副的形式、规格和技术参数应满足设计要求。

2)高强度螺栓连接摩擦面的抗滑移系数应满足设计要求。

3)大六角头型高强度螺栓连接副的施拧顺序和初拧、终拧扭矩应满足设计要求,并应符合现行《钢结构高强度螺栓连接技术规程》(JGJ 82)的有关规定。

4)螺母和垫圈的安装应满足设计要求。高强度螺栓连接副终拧后,螺栓丝扣外露宜为2~3扣,10%的螺栓丝扣外露可为1~4扣。

5)高强度螺栓孔不应采用气割扩孔。扩孔后的孔径不应超过1.2倍的螺栓直径。

6)扭剪型高强度螺栓连接副终拧后,因构造原因未在终拧中拧掉梅花头的螺栓数不应多于该节点螺栓数的5%。

四、钢结构制作

1)钢材的品种、规格和性能应满足设计要求,并应符合国家现行有关标准的规定。进口钢材的质量应符合设计和合同规定标准的有关规定。

2)钢结构焊接与高强螺栓连接的质量应符合JTS 257第2.2.2节和第2.2.3节的有关规定。

3)钢材表面的麻点或划痕深度不得大于厚度负允许偏差值的1/2;钢材表面的锈蚀等级应满足设计要求并应符合现行《涂覆涂料前钢材表面处理 表面清洁度的目视评定》(GB/T 8923)的有关规定;钢材端边或断口处不应有分层和夹渣等缺陷。

4)螺栓孔孔距的允许偏差、检验数量和方法应符合JTS 257表2.2.4.4的规定。

5)磨光顶紧构件的紧贴面积不应小于设计接触面积的75%,边缘间隙不应大于0.8mm。

五、钢结构安装

1)钢构件型号、规格和质量应满足设计要求,由于运输或其他原因造成的变形应矫正。

2)钢结构安装就位校正后的焊接和高强螺栓连接质量应符合JTS 257第2.2.2节和第2.2.3节的有关规定。

3)磨光顶紧节点的质量应符合JTS 257第2.2.4.5条的有关规定。

4)钢结构安装的轴线、基础轴线、地脚螺栓的规格及紧固应满足设计要求。螺栓孔、基座与基础板间的灌浆应饱满、密实。

5)钢结构安装的基础支承面、地脚螺栓、坐浆板和化学粘着螺栓的允许偏差、检验数量和方法应符合JTS 257表2.2.5.5的规定。

6)永久性普通螺栓紧固应牢固可靠,外露丝扣不应少于2扣,垫片数量不应多于2片。

六、压型板安装

1)压型板及配件的品种、规格和质量应满足设计要求。

2)压型板应固定可靠、无松动,防腐涂料涂刷和防水密封材料敷设应完好。连接方式、搭接长度、连接件的间距和数量应满足设计要求,并应符合产品技术文件的规定。

七、钢引桥安装

1)钢引桥及配件的型号、规格和质量应满足设计要求,由于运输或其他原因造成的变形应矫正。

2）钢引桥的支座和活动伸缩量应满足设计要求。

八、钢结构涂装

1）涂装前钢材表面除锈应满足设计要求，并应符合现行《涂覆涂料前钢材 表面处理表面清洁度的目视评定》（GB/T 8923）的有关规定。处理后的钢材表面不应有焊渣、焊疤、灰尘、油污和毛刺等。

2）油漆、稀释剂和固化剂的种类、规格和性能应满足设计要求。

3）金属喷涂所用的材料质量应满足设计要求，并应符合现行《热喷涂 金属和其他无机覆盖层 锌、铝及其合金》（GB/T 9793）的有关规定。

4）防火涂料的黏结强度和抗压强度应满足设计要求，并应符合现行《建筑构件耐火试验方法》（GB/T 9978）的有关规定。

5）油漆涂料涂装遍数、涂层厚度应满足设计要求。当设计无要求时，涂层干漆膜总厚度室内应为 $125\mu m$，室外应为 $150\mu m$，其允许偏差为 $-25\mu m$；涂装应均匀，不应有漏涂、明显起皱和流挂等现象。构件的涂层破坏应及时进行补涂。

6）金属喷涂涂装的遍数、涂层厚度应满足设计要求。当设计无要求时，喷铝层宜为 $120 \sim 150\mu m$，喷锌层宜为 $120 \sim 250\mu m$；涂层应均匀，表面不应有针眼缺陷和可见粗颗粒。

7）防火涂料涂层厚度应满足设计要求；涂层应均匀，不应有漏涂、涂层不闭合、脱层、空鼓和粉化松散等缺陷；涂装完成后，构件的标志、标记和编号应完整。

第七节 软土地基加固工程（JTS 257—2008 2.3）

软土地基加固后，应对处理的效果进行检测。检测的时间、项目、数量和结果应满足设计要求。

一、砂垫层和基础换砂

1）砂的规格和质量应满足设计要求。当设计无要求时，排水砂垫层应选用含泥量不大于5%的中粗砂。

2）垫层铺设的范围和厚度应满足设计要求。

3）基础砂垫层的干土重力密度或标准贯入击数应满足设计要求。

4）水下施工抛设前应检查基槽尺寸，发现明显变化时，应进行处理。

二、排水砂井

1）砂的规格和质量应满足设计要求，砂的含泥量不应大于5%。

2）砂井的底标高应满足设计要求，砂井的顶部应与砂垫层相连通。

3）砂井不得出现中断和缩径，灌砂率不应小于85%。

4）制作砂袋所用土工织物的品种、规格、强度和滤水性能，应满足设计要求。

三、塑料排水板

1）塑料排水板的规格、质量和排水性能应满足设计要求,并应符合国家现行有关标准的规定。

2）塑料排水板的底标高应满足设计要求,顶端应高出砂垫层。

3）塑料排水板下沉时不得出现扭结、断裂和撕破滤膜等现象。

4）打设套管拔出后,塑料排水板的回带长度不得超过500mm。

四、地基预压

1）地基预压的测试仪器和观测装置的数量、精度和位置应满足设计要求。

2）地基预压的总荷载应满足设计要求,并应符合下列规定：

（1）堆载预压分级荷载的堆载高度偏差不应大于本级荷载折算堆载高度的5%,最终堆载高度不应小于设计总荷载的折算高度。

（2）真空预压膜下稳定真空度不应低于设计要求。

3）地基预压后卸载前的固结度和沉降速率应满足设计要求。

4）地基预压后的卸载应满足设计要求。

5）卸载后,场地的平均标高不得低于设计标高,场地整平的允许偏差、检验数量和方法应符合 JTS 257 表 2.3.5.5 的规定。

五、强夯地基

1）夯锤的重量、尺寸、落距和夯点的布置应满足设计要求。

2）强夯处理后地基的强度或地基承载力应满足设计要求。

3）夯击的范围、夯击顺序、夯击遍数及两遍之间的间隔时间应满足设计要求。

六、振冲地基

1）振冲填料的粒径及级配应满足设计要求,填料中的含泥量不应大于5%。

2）振冲施工过程的密实电流、供水压力、供水量、填料量、孔底留振时间和振动器施工参数等应满足振冲试验施工所确定的参数。

3）振冲后的地基强度或地基承载力的检测数量及结果应满足设计要求。

七、水泥搅拌体与搅拌桩地基

1）水泥搅拌体与搅拌桩的钻孔取芯检测应符合下列规定：

（1）水下深层水泥拌和体钻孔取芯率不应低于80%,芯样试件的无侧限抗压强度平均值应满足设计要求,变异系数宜小于0.35,最大值不得大于0.5。

（2）水泥搅拌桩钻孔取芯率不应低于85%,芯样试件的无侧限抗压强度平均值应满足设计要求。

2)水下深层水泥拌和体的位置、范围和形式应满足设计要求。
3)水泥搅拌桩单桩承载力的检测数量和检测结果应满足设计要求。
4)所用水泥和外加剂的质量应符合现行国家标准的有关规定。
5)水泥浆的水灰比和每立方米加固体的水泥用量应满足设计和技术方案的要求。
6)搅拌头的转速、贯入与提升速度、着底电流和水泥浆流量等应符合试验段施工所确定的工艺参数。

八、挤密砂桩和碎石桩地基

1)砂、碎石的质量和规格应满足设计要求。
2)砂桩、碎石桩的底标高应满足设计要求,灌砂或灌石量不应低于计算灌入量。
3)挤密砂桩、碎石桩地基强度或地基承载力的检测数量及结果应满足设计要求。

九、旋喷桩地基

1)水泥及外加剂的品种和质量,水泥浆的水灰比应满足设计要求。
2)旋喷桩的完整性检验和地基承载力检验的数量及结果应满足设计要求。
3)旋喷桩施工的程序、压力、注浆量、提升速度及旋转速度等应满足施工参数的要求。

第八节 停靠船与防护设施工程(JTS 257—2008 2.8)

系船柱、护舷及构配件的质量应按设计图和生产厂家提供的技术文件检查验收,合格后方准使用。

一、系船柱

1)系船柱制作表面应平顺圆滑,不得有裂缝、严重节瘤、铁豆、结疤、飞边、毛刺和缺角;底盘应平整,无明显翘曲和节瘤、浮渣;螺孔应清理干净,机加工的精度应满足设计要求。
2)系船柱安装所用的材料及固定构造应满足设计要求。
3)系船柱安装方向应正确。螺母应拧紧,螺栓应外露2~3扣,但不应高出底盘。
4)防锈处理和油漆应满足设计要求。

二、浮式系船柱

1)浮式系船设施及其相关构件所用的材料、规格和型号应满足设计要求。
2)浮式系船柱钢浮筒体制作和焊接的质量应符合 JTS 257 第2.2章的有关规定。浮筒体必须做密闭试验,其结果必须满足设计要求。
3)系船设施及相关构件的除锈和防腐蚀处理应满足设计要求和 JTS 257 第2.2章的有关规定。

4）钢浮筒的安装方式和与导轨槽的间隙应满足设计要求,钢浮筒随水位浮动应无卡阻。

三、橡胶护舷

1）护舷的型号、规格应满足设计要求,并应符合现行《橡胶护舷》(HG/T 2866)等的有关规定。

2）护舷的固定构造和所采用的螺栓、螺母、链索、卡具等配件的规格、质量及防腐处理应满足设计要求。

3）固定式护舷底盘与码头的接触应紧密。螺母应满扣拧紧,螺栓应外露2~3扣,螺栓顶端应缩进护舷内,深度应满足设计要求。

4）悬挂式护舷的连接卡具应锁紧。

四、钢护舷与木护舷

1）护舷的材质和规格应满足设计要求,钢护舷的制作和焊接应符合JTS 257第2.2章的有关规定。

2）护舷及铁件应按设计要求进行防腐处理。

3）护舷的固定构造应满足设计要求。螺母应满扣拧紧。螺栓顶端应缩进护舷内50mm。

4）护舷与码头接触应严密,空隙应用垫木垫实。

五、系船环与系网环

1）系环、垫圈、螺栓及预埋吊耳的材质、规格、焊接和防腐处理应满足设计要求。

2）预埋吊耳的方向、外露长度和混凝土的凹槽应满足设计要求,并应一致。采用螺栓连接时,垫圈应平正,螺母应满扣拧紧,螺栓外露长度不应大于螺栓直径的1/2。

六、护轮坎

1）护轮坎的锚筋和构造筋应满足设计要求。钢筋绑扎应顺直,钢筋保护层应符合JTS 257第2.1.3.5条的有关规定。

2）钢护轮坎钢板材料的品种、规格、制作、焊接和防腐蚀应满足设计要求,并应符合JTS 257第2.2章的有关规定。

3）混凝土表面应密实、平整、光洁,顶面棱角应做抹角;钢护轮坎内的填充混凝土应振捣密实,表面应压平抹光。

4）护轮坎下部预留的排水孔口应与面层接顺且无堵塞。

5）护轮坎表面涂料的颜色、线条和涂刷厚度应满足设计要求,涂刷时不应污染码头面层。

七、铁梯

1）钢材的品种、型号、规格和质量应满足设计要求。

2）铁梯制作和焊接的质量应符合JTS 257第2.2章的有关规定。

3)铁梯安装预埋件的规格、数量和间距应满足设计要求,铁梯与埋件的连接必须牢固、可靠。

八、栏杆

1)栏杆所用材料的种类、型号、规格和质量应满足设计要求。
2)栏杆线条应整齐,横杆接头应平顺。铁链式栏杆铁链曲度应一致。
3)钢栏杆的焊接、除锈和油漆应满足设计要求和 JTS 257 第 2.2 章的有关规定。

九、钢板护角与护面

1)钢材的品种、型号、规格和质量应满足设计要求。
2)连接锚筋的数量、长度和焊接应满足设计要求。
3)钢材的除锈和防腐应满足设计要求,并应符合 JTS 257 第 2.2.8 节的有关规定。
4)固定方式应满足设计要求。

第四章 码头工程质量控制

第一节 基本规定

一、一般规定(JTS 167—2018 3.1)

1)码头的结构形式应根据使用要求、自然条件、使用环境、使用年限、施工条件等因素,经技术经济比选后确定。

2)码头结构的设计使用年限应按下列规定采用:

(1)永久性码头结构的设计使用年限应采用50年。

(2)临时性码头结构的设计使用年限可采用临时使用的年限或5~10年。

二、结构选型(JTS 167—2018 3.3)

1)码头可采用高桩结构、板桩结构、重力式结构、格形钢板桩结构、斜坡式结构或浮码头结构等形式。

2)高桩码头宜用于黏性土、粉土、砂土、碎石土和风化岩等可以沉桩的地基,当采用灌注桩、嵌岩桩等桩基时,也可用于不易沉桩的地基。

3)板桩码头宜用于黏性土、粉土、砂土、碎石土和风化岩等地基,当地基岩面较浅时,应充分考虑施工难度和经济性。

4)格形钢板桩码头宜用于砂土、坚硬黏土或岩石等承载能力较高的地基。

5)重力式码头宜建在较好的地基上,当采取地基处理或适当的结构措施时,也可用于地基较差的情况。

6)斜坡码头宜用于水位差较大的情况。

7)浮码头宜用于内河、水库、湖泊和掩护条件较好的海港。

第二节 桩基工程

一、桩的选型(JTS 167—2018 4.1)

港口工程基桩可按成桩工艺分为打入桩、灌注桩和嵌岩桩三类,各类桩可按下列方法分为不同的形式：

1）打入桩可按制桩材料分为预制混凝土桩和钢管桩等，其中预制混凝土桩可按桩身结构情况分为钢筋混凝土桩和预应力混凝土桩，预应力混凝土桩可按桩身截面形状分为预应力混凝土方桩和预应力混凝土管桩等。

2）灌注桩可按成孔方法分为钻孔灌注桩和挖孔灌注桩等。

3）嵌岩桩可按成桩方法、结构组成和嵌岩形式等分为灌注型嵌岩桩、灌注型锚杆嵌岩桩、预制型植入嵌岩桩、预制型芯柱嵌岩桩、预制型锚杆嵌岩桩和组合式嵌岩桩等。

二、一般规定（JTS 215—2018　4.1）

1）桩基工程施工应具有下列资料：
（1）桩基工程设计资料，包括图纸、会审记录、设计交底等；
（2）必要的载荷试验或试沉桩资料；
（3）有碍沉桩或成孔的障碍物的探测报告；
（4）施工荷载。

2）桩基工程施工前应进行下列工作：
（1）对施工区域有碍沉桩的水下管线、沉排或抛石棱体等障碍物进行处理；
（2）选用适当的施工船机设备；
（3）测量沉桩区泥面高程，并绘制测量平面图和断面图；
（4）编制桩基施工顺序图，安排基桩生产制作运输计划；
（5）结合沉桩允许偏差，校核各桩是否相碰；
（6）根据设计要求，明确施工期针对打桩振动可能影响岸坡稳定和邻近建筑物安全所采取的措施。

3）施工期基桩的强度应按短暂状况进行复核验算，并应符合下列规定：
（1）复核验算应考虑下列工况：
①预制桩吊运和沉桩；
②悬臂单桩尚未夹桩；
③整体结构形成前基桩的其他工况。
（2）复核验算应考虑下列作用：
①基桩的自重力和浮托力；
②施工期的水流、冰凌和波浪作用；
③上部结构安装过程中可能出现的偏心荷载；
④使用工程桩搭设施工平台时，平台自重力和钻岩机具等的重力及施工中机械产生的振动荷载。
（3）嵌岩桩在嵌岩结构形成前应采取必要的稳桩措施并进行验算。

4）预制桩沉桩前宜进行试沉桩。试沉桩应确定桩端沉至设计高程的可行性、沉桩施工的锤型和停锤标准。

5）预制混凝土方桩宜整根预制，当需要接桩时接桩施工应满足设计要求。

6）预制混凝土桩沉桩前应满足下列要求：

(1)桩身混凝土强度应达到设计强度。

(2)采用自然养护的,桩的龄期不得少于28d;当采取早强措施时,经论证自然养护龄期可适当减少。

(3)混凝土管桩应在桩身上部适当部位设置预留孔,孔径宜为50mm,数量不宜少于4个。

7)预制混凝土桩、钢管桩应在桩顶附近标识工程名称、桩型、桩长、制作时间、刻度标尺等。

8)沉桩前应对照沉桩顺序图逐根检查桩的数量、规格、外观质量及运输中损伤情况,不满足设计要求的应及时采取技术措施。

9)桩位偏位过大或沉桩异常时,应停止沉桩,分析原因,并及时与设计单位联系协商解决。

10)严禁在已沉放的桩上系缆。已沉桩的区域应设置明显标志,夜间应设置警示灯。

11)沉桩结束后应及时夹桩,夹桩时严禁拉桩。

12)夹桩可采用摩擦式夹桩、吊挂式夹桩等形式,应符合下列规定:

(1)夹桩结构应根据受力情况进行设计,必要时应作现场加载试验。

(2)施工荷载较大时,可采用吊挂式夹桩,桩距较大且桩顶高程距施工水位较小时,可采用钢梁或上承式桁架结构夹桩,并应根据施工荷载,对钢梁、桁架、吊筋螺栓及其部件进行设计。

(3)有台风、大浪和洪峰等预报时,应检查夹桩设施是否牢固可靠,必要时应采取相应的防范措施。

三、制桩和储运(JTS 215—2018 4.2)

(一)混凝土方桩制作

1)预制混凝土方桩的制作工艺除应按现行《水运工程混凝土施工规范》(JTS 202)的有关规定执行外,尚应符合下列规定:

(1)露天台座制作预应力混凝土桩,应采取措施避免由于气温升高而增加预应力损失或由于气温降低使钢筋发生冷断事故;

(2)桩身混凝土浇筑必须连续进行,不得留有施工缝;

(3)利用充气胶囊制桩时,在使用前应对胶囊进行检查,漏气或质量不合格者不得使用,并应采取有效措施控制胶囊上浮或偏心;

(4)预应力放张时混凝土强度和弹性模量应符合设计规定;设计未规定时,混凝土强度不应低于设计强度等级值的80%,弹性模量不应低于混凝土28d弹性模量的80%;

(5)主筋应对称切割,切割前预应力应已放张;

(6)桩身混凝土采用潮温养护时,养护时间不应少于14d,龄期不应少于28d;采用常压蒸养时,龄期不应少于14d。

2)采用拼接的预制混凝土方桩,上下两节宜同槽预制。拼接处的预埋铁件的加工制作应符合设计要求,接头应平整密贴。上下节桩拼制时纵轴线弯曲矢高应符合现行《码头结构施工规范》(JTS 215)规定,并在桩上编号。

3）预制混凝土方桩的质量应符合下列要求：

（1）桩身表面干缩裂缝宽度不得超过0.2mm，深度不得超过20mm，裂缝长度不得超过1/2桩宽；

（2）桩身缺陷的允许值应符合下列要求：

①桩表面的蜂窝、麻面和气孔的深度不超过5mm，且在每个面上所占面积的总和不超过该面面积的0.5%；

②沿边缘棱角破损的深度不超过5mm，且每10m长的边棱角上只有一处破损，在一根桩上边棱破损总长度不超500mm。

不符合以上规定的桩，应进行修补，满足质量要求后方可使用。

4）预制混凝土桩备用桩的数量应根据锤型、沉桩方法、土质情况、基桩数量和运输条件等确定。

（二）先张法预应力混凝土管桩制作

1）先张法预应力混凝土管桩混凝土应满足下列要求：

（1）强度等级不小于C80；

（2）胶凝材料用量480~520kg/m³；

（3）混凝土拌合物水胶比不大于0.35；

（4）混凝土拌合物坍落度80~120mm；

（5）混凝土密度大于2500kg/m³；

（6）混凝土耐久性指标符合现行标准的有关规定。

2）钢模质量除应符合现行行业标准要求外，尚应符合下列要求：

（1）钢模模板应平整光滑，筒体合缝口应平顺严密。

（2）结构应满足强度和刚度要求，筒体应选用强度高、弹性和焊接性能好的材料。

（3）筒体内表面应平整、光洁，无裂纹、麻点、起鳞、疤痕和锈蚀等缺陷。

（4）钢模外表面应无毛刺、锐边、焊渣和碰伤等影响外观质量的缺陷。焊接接头或结合面处错位小于1mm。

（5）钢模负载运转应平稳，无异常响声，钢模合口和法兰连接处不漏浆。

（6）新钢模使用前或旧钢模维修后，应对各项技术要求进行检验，合格后方可投入使用。

3）预应力钢筋应清除油污。钢棒切断前应保持平直，不应有局部弯曲，切断后端面应平整。同一根管桩中预应力钢棒长度小于或等于15m时相对差值不得大于1.5mm，长度大于15m时相对差值不得大于2mm。

4）管桩用钢棒应采用热镦工艺，钢棒镦头部位的强度不得低于该材料抗拉强度的90%；管桩用钢绞线应采用P型锚具。

5）钢筋笼的制作应符合下列规定：

（1）预应力筋应沿圆周均匀布置，用滚焊机按设计尺寸制作成型；

（2）钢筋和螺旋筋的焊接点强度损失不得大于该材料强度的5%；

（3）滚焊机牵引盘应夹紧，使钢筋笼的轴向垂直面位于钢棒镦头的垂直面上；

（4）钢筋笼成型后应检查焊接部位是否牢固，发现假焊、脱焊点连续数量在3点以上时应

用铁丝绑扎,绑扎铁丝头不得伸入混凝土保护层内;

(5)预应力钢绞线严禁直接用滚焊机与螺旋筋焊接成型。

6)采用钢棒时,镦头应嵌入端板沉孔中,且不得高于端板面;采用钢绞线时,P型锚具不应超出碗形端头。端板与张拉器具应用螺栓紧固。螺栓锁紧后宜凸出端板内侧2mm。

7)管桩两端的螺旋筋和端板锚筋应及时复位并绑扎牢固。

8)管桩合模应符合下列规定:

(1)合模前,合缝口杂物、残留在钢模内表面的混凝土和浮浆应清除干净,脱模剂应涂刷均匀;

(2)合模时上模应平稳、轻放,并正确落入定位销内;

(3)合模螺栓对称同步紧固,必要时应在合模处采取辅助止浆措施。

9)管桩喂料计量应准确,喂料过程应连续均匀有序。

10)预应力钢筋张拉应以应力控制为主,应变控制为辅。张拉控制应力宜为钢筋标准强度的70%,钢绞线标准强度的75%,控制误差小于±5%。

11)管桩应采用离心成型工艺,离心速度宜分为低速、中低速、中速、高速四个阶段。

12)管桩离心成型后吊离时,应平稳、轻放,严禁碰撞。

13)预应力钢筋放张时,管桩的混凝土抗压强度不得低于45MPa。

14)管桩养护可采用自然养护、常压蒸汽养护和高温高压蒸汽养护的蒸养工艺。蒸汽养护制度应根据试验确定。

15)常压蒸汽养护应分静停、升温、恒温、降温四个阶段。从升温至降温的时间不得小于6h,恒温温度宜根据放张强度要求、混凝土配合比和环境等通过试验确定。

16)采用高温高压蒸汽养护时,从升温至降温的时间不得小于9h,最高温度宜控制在175℃,压力宜为0.8~1.0MPa。

17)蒸汽养护过程宜采用自动控制,并根据环境气温的变化及时调整养护制度。

18)管桩拼接接头型式应采用端板焊接或碗型端头焊接。

19)管桩拼装宜在拼接小车上进行。小车上搁置管桩的滚轮应用经纬仪和水准仪进行调整,滚轮中心线高程应保持一致。两管桩对接时,两节管桩的端板拼接应密合,拼装时应用塞尺检查,同时适当旋转管桩,符合设计要求后方可拼装定位。

20)焊接前清除接口处砂浆、铁锈、水分、油污等杂质,坡口表面应保持清洁。

21)焊接工艺宜采用手工电弧焊或CO_2气体保护焊,焊接要求应按有关规程执行。

22)焊缝不应有裂纹、夹渣、咬边、焊瘤、烧穿、弧坑和针状气孔等缺陷。

23)接头极限抗弯强度不得低于管桩设计极限抗弯强度。

24)管桩接头焊接结束后应逐根进行检查。

25)管桩的质量应满足设计要求,并应符合JTS 257的有关规定。

26)管桩应进行抗弯性能检验,应以同规格的管桩连续生产100000m或在三个月内生产总数不足100000m时为一批,每批应随机抽样2根进行抗裂性能检验。所抽两根全部符合规定,则应判定抗裂性能合格;有一根不合格,则应加倍数量进行复验,仍有一根不合格,则应判定抗裂性能不合格。

(三)后张法预应力混凝土管桩制作

1)管桩混凝土熟料中铝酸三钙含量不应大于10%。

2)管桩混凝土所用骨料应符合下列规定:

(1)细骨料应采用洁净的天然硬质河砂,细度模数宜为2.6~3.0。

(2)粗骨料应采用质地坚硬的碎石。碎石的粒径应为5~20mm,碎石应采用二级配,其中5~16mm与10~20mm粒径的比例应按混凝土配合比设计及试验确定。

3)管节纵向架立钢筋和箍筋应采用HPB235、HRB400钢筋,其材质应符合现行国家标准的有关规定。

4)管节混凝土应符合下列规定:

(1)强度等级不小于C60;

(2)胶凝材料用量400~500kg/m^3;

(3)混凝土拌合物水胶比不大于0.35;

(4)混凝土拌合物维勃稠度控制在25~35s;

(5)混凝土密度大于2500kg/m^3;

(6)混凝土耐久性指标符合现行行业标准的有关规定。

5)钢筋笼的制作应符合下列规定:

(1)应采用冷拔钢筋,宜使用钢筋笼自动编织机制作成型。

(2)每一管节长度的钢筋笼脱焊点不得多于4个。有两圈脱焊时应停止生产,应对设备进行维修,正常后恢复生产。

6)管节所使用的钢筋笼垫块,宜采用高密度聚乙烯塑料压制成卡式垫块。塑料垫块应与钢筋笼卡紧。

7)管节成型应采用复合工艺。混凝土布料应均匀、饱满、连续进行,一次完成。

8)管节成型后,吊离成型机座时,应平稳、轻放、严禁碰撞,并应对管节内壁进行收面处理。

9)管节采用蒸汽养护时,养护制度应根据各地区不同条件、不同季节经试验后确定。管节不采用蒸汽养护时,应按现行行业标准的有关规定养护。

10)脱模应在专用平台上进行,脱模时混凝土强度不应小于设计强度等级的70%。

11)管节脱模后水养7d或潮湿养护10d。水养池养护管节应使用淡水,水面高于管节最高处应大于20mm。

12)管节成型过程中应取样制作试件测定混凝土的抗压强度。试件的取样和养护条件应与管节相同。

13)管节混凝土试验方法应按现行行业标准的有关规定执行。混凝土的合格标准应按现行行业标准的有关规定执行。混凝土强度试件的留取样每工班应取三组,其中一组测定管节蒸养后拆模时强度,一组测定管节所需张拉强度,一组为龄期28d的强度。

14)管节外壁不得出现裂缝。

15)管节内壁的干缩裂缝宽度不得大于0.2mm,深度不得大于10mm,长度不得大于管径的0.5倍。

16）钢绞线的质量要求、检验规则和试验方法等应符合现行国家标准的有关规定。

17）钢绞线材料应保持清洁，在存放和搬运过程中应避免机械损伤和有害的锈蚀。进场后需长时间存放时，应定期外观检查。在仓库内保管时，仓库应干燥、通风良好、无腐蚀气体等介质；在室外存放时，时间不宜超过180d，不得直接堆放在地面上，应采取垫枕木并用油布覆盖等有效措施，防止雨露和各种腐蚀性介质的影响。

18）钢绞线的下料长度应通过计算确定，计算时应考虑管桩的孔道长度、锚夹具厚度、切割块长度、千斤顶长度和外露长度等因素。钢绞线的下料，应采用高速砂轮机切割，不得采用电弧或乙炔-氧气切割。严禁将扭曲或折弯的钢绞线调直后再进行使用。

19）钢绞线锚具和夹具应具有可靠的锚固性能、足够的承载能力和良好的适用性，检验规则和试验方法等应符合现行国家标准的有关规定，其结构型式应符合后张法预应力混凝土管桩设计构造要求。

20）钢绞线锚具应满足设计要求，并应满足二次张拉以及放松预应力的操作要求。夹具应具有良好的自锚、松锚和重复使用等性能。切割块应按设计图纸加工验收，应满足锚夹具放置的要求，应设置压浆孔或排气孔，压浆孔的截面面积应保证浆体的畅通。

21）锚具、夹具的存放、搬运均应妥善保护，避免锈蚀、沾污、遭受机械损伤或散失。临时性的防护措施不应影响安装操作的效果和永久性防锈措施的实施。

22）黏结剂固化后，龄期14d黏结剂胶体抗压强度不应小于70MPa，抗拉强度不应小于30MPa，拉伸强度不应小于10MPa。试验应按现行国家标准有关规定执行。

23）黏结剂应根据气温的变化及时调整其配比。黏结剂的适用期应控制在60~120min之内，固化时间宜控制在5h，20~24h抗压强度应达到30MPa以上。

24）管节拼接时混凝土抗压强度应达到设计要求，且龄期应大于14d，管节应符合现行行业标准的有关规定。

25）管节拼接时，端面表层水泥浮浆应磨除，端面应平整、无明显缺损和无油污。预留孔道应洁净畅通。

26）钢绞线张拉应符合下列规定：

(1)钢绞线应采用应力控制法张拉，并校核钢绞线的伸长值。

(2)张拉控制应力应符合设计要求。钢绞线需超张拉时，控制应力值不应大于钢绞线强度标准值的0.75倍。

(3)整个张拉过程应对称、同步缓慢进行，避免偏心受力。

(4)张拉应分二次进行。

(5)第一次张拉后，管桩不得吊运或移动。第二次张拉时黏结剂抗压强度值应大于30MPa，且第二次张拉控制力值与设计张拉力值的允许偏差不得大于3%。

(6)在整个张拉过程中钢绞线不应出现断丝或滑丝。

27）钢绞线伸长值应符合下列规定：

(1)钢绞线理论伸长值与实际伸长值的差值应满足设计要求。实际伸长值与理论伸长值偏差大于6%时，应暂停张拉，并采取措施调整。

(2)钢绞线的锚固，应在张拉控制应力处于稳定状态下进行。锚固阶段张拉端钢绞线的回缩值与锚具变形值之和不应大于6mm。

28)水泥浆体材料应符合下列规定：

(1)水泥质量应符合"管节混凝土"的有关规定；

(2)经试验选定的外加剂、膨胀剂和拌和用水,应符合现行行业标准的有关规定。

29)水泥浆体的制备应符合下列规定：

(1)水胶比不应大于0.35；

(2)水泥浆稠度宜控制在16~20s范围内；

(3)拌和后3h的泌水率应小于2%,且泌水应在24h内重新全部被浆吸收；

(4)水泥浆中可掺入适量膨胀剂,其自由膨胀率宜控制在5%~10%。

30)高温季节拌浆时应采用适当降温措施。环境温度低于5℃或以后48h内可能降至5℃以下时,应对管桩加热,且拌浆应采取保温措施。

31)孔道压浆应符合下列规定：

(1)压浆前应在管桩的预留孔道两端安装阀门,并采用0.2MPa压力水检查桩身与接缝是否漏水,并清洁孔道。压水检查后,应采用不含油的压缩空气将预留孔道内积水吹出。

(2)压浆顺序宜先压下层孔道逐渐向上孔道进行。水泥浆由桩的一端向桩的另一端压送,压浆应缓慢、均匀地进行,不得中断,出浆口流出浓浆后关闭出浆口阀门,并应保持0.4~0.6MPa压力不少于2min,确保浆体密实性。

(3)水泥浆体初凝后,方可拆除保压阀门。

32)压浆时每一工班应留取不少于2组试件,其中一组标准养护7d,其余标准养护28d,检查其抗压强度,其抗压强度分别不应小于28MPa和40MPa。试验应按现行行业标准的有关规定执行。

33)在压浆结束1h后至水泥浆抗压强度达到28MPa,或者水泥浆体与钢绞线的黏结力达到0.2kN/mm前,不得以任何方式移动或吊运该管桩。

34)切割放张钢绞线应按对称、相互交错的原则进行。桩顶节切割后的钢绞线不得突出管桩端面,并宜用环氧胶泥补平。

35)管桩的质量应符合设计要求和JTS 257的有关规定。

36)管桩应按规定进行结构性能检验,每1000根或每年在产品中随机抽样1根作为试件进行承载力、挠度、裂缝宽度的试验。

37)管桩外观质量应符合下列规定：

(1)管桩外壁不得出现裂缝；

(2)管桩内壁的裂缝宽度不得大于0.2mm,深度不得大于10mm,长度不得大于管径的0.5倍；

(3)管桩顶端应平整,不得有突出物。

(四)钢管桩制作

1)制作钢管桩所用的钢材应符合设计要求及有关标准,并应有出厂合格证。属于下列情况之一的钢材,应进行抽样复验：

(1)有抽样复验要求的钢材；

(2)进口钢材；

(3)板厚大于或等于40mm,且设计对其沿板厚方向有承受拉力要求的钢材;
(4)对质量有异议的钢材。
2)钢管桩制作应根据使用要求和生产条件选用卷制直焊或螺旋焊缝形式。
3)钢板放样下料时,应根据工艺要求预留切割、磨削刨边和焊接收缩等的加工余量。钢板卷制前,应清除坡口处有碍焊接的毛刺和氧化物。
4)螺旋焊缝钢管所需钢带宽度,应按所制钢管的直径和螺旋成形的角度确定。钢带接长应采用对接焊缝形式,焊缝与管端的距离不得小于100mm。
5)钢管桩可在工厂整根制作或工厂分段制作后在现场陆上拼接。钢管桩分段长度可按最大运输能力选择。
6)管节拼装定位应在专门台架上进行。台架应平整、稳定,管节对接应保持在同一轴线上进行,多管节拼接应减少累积误差。
7)管节对接拼装时,相邻管节的焊缝应错开1/8周长以上,且距离不宜小于200m。
8)管端椭圆度较大的管节对接时,可采用夹具和楔子等辅助工具校正。
9)管节对口拼装检查合格后,应进行定位点焊。点焊高度应小于设计焊缝高度的2/3,点焊长度宜取40~60mm。点焊时所用的焊接材料和工艺均应与正式施焊相同。点焊处的缺陷应及时铲除,不得将其留在正式焊缝中。
10)管节拼装所用的夹具等辅助工具,不应妨碍管节焊接时的自由伸缩。
11)钢管桩成品外观表面不得有明显缺陷,当缺陷深度超过公称壁厚1/8时,应予修补。
12)整桩或管节出厂(场)均应有产品合格证明书。
13)钢管桩的局部加强措施应满足设计要求。
14)焊接材料的型号和质量应符合设计要求,并附有出厂合格证明书。
15)焊条、焊丝和焊剂应存放在干燥处。焊前应按产品说明书要求进行烘焙,并在规定时间内使用。
16)焊接前应将焊接坡口及其附近20~30mm范围内的铁锈、油污、水气和杂物清除干净。
17)焊接应按焊接工艺所规定的方法、程序、参数和技术措施进行,以减少焊接变形和内应力,保证质量。施工时对首次采用的钢材、焊接材料、焊接方法、焊后热处理等,应进行焊接工艺评定,并应根据评定报告确定焊接工艺。
18)管节对接宜采用多层焊。封底焊时宜用小直径的焊条或焊丝施焊。每层焊缝焊完后,应清除熔渣并进行外观检查,缺陷应及时铲除,多层焊的接头应错开。
19)钢管焊接宜采用自动焊,不便自动焊接的部位,可采用手工焊。
20)焊接宜在室内进行。现场拼装焊接时应采取防晒、防雨、防风和防寒等措施。
21)焊接作业区的环境温度低于0℃时,应对焊接两侧不小于100mm范围内的母材加热到20℃以上后方可施焊,且在焊接过程中均不应低于这一温度。手工焊时,应采用碱性低氢型焊条。环境温度低于-10℃时,不宜进行焊接;当采取有效技术措施,确能防止冷裂缝产生时,可不受此限。
22)对接焊缝坡口形式与尺寸可参照现行国家标准的有关规定执行。
23)对接焊缝应有一定的加强面。当采用双面焊或单面焊双面成型工艺时,管内应有一定的加强高度,可取 1mm。钢管桩直径不小于 800mm 时宜采用双面焊或单面焊双面成型工艺,直径小于 800mm 时可采用带有内衬板的 V 形剖面单面焊,使用衬板时应保证衬板与母材融合。

24)角焊缝高度的允许偏差应为 0～+2mm。

25)采用对接双面焊时,反面焊接前应对正面焊缝根部进行清理,铲除焊根处的熔渣和未焊透等缺陷,清理后的焊接面应露出金属光泽,再行施焊。

26)焊接工作完成后,所有拼装辅助装置、残留的焊瘤和熔渣等均应除去。

27)所有焊缝均应进行外观检查。焊缝应饱满平顺,不得有裂缝、未融合、未焊透、焊瘤和烧穿等缺陷。

28)对焊缝内部应进行无损检测,其检测方法和数量按设计要求确定。

29)无损检测的焊缝质量等级应符合现行国家标准有关规定。探伤结果不符合要求时,应对不合格焊缝段的两端分别向外作与该段长度相等的延伸补充探伤检查,并按下列规定修补:

(1)补充检查的焊缝合格后,应对原不合格的焊缝段进行修补。

(2)补充检查的焊缝仍不符合规定时,应采取确保焊缝质量的有效措施。

(3)对修补后的焊缝应进行探伤检查,不合格焊缝的修补次数不宜超过两次。

30)钢管桩防护层所用涂料的品种和质量均应满足设计要求。

31)涂刷前应根据涂料的性质和涂层厚度确定合适的施工工艺。涂刷时应符合下列规定:

(1)涂底前应将钢管桩表面的铁锈、氧化层、油污、水气和杂物等清理干净。钢管桩宜采用喷丸、喷砂和酸洗等工艺除锈,除锈应符合有关规范规定。

(2)钢管桩的涂底应在工厂进行。现场拼接的焊缝两侧各 100mm 范围内,在焊接前不涂底,拼装焊接后再行补涂。桩顶埋入混凝土时,涂层的涂刷范围应满足设计要求。

(3)各层涂料的厚度和涂刷层数应满足设计要求,必要时应采用测厚仪检查。各涂层应厚薄均匀,并有足够的固化时间。各层涂刷的间隔时间可按产品说明书的要求或通过试验确定。

(4)涂层破损时应及时修补,修补时采用的涂料应与原涂层材料相同。

32)喷涂施工场地应具有干燥和良好的通风条件,并避免直接受烈日暴晒。在低温和阴雨条件下施工,应采取确保施工质量的措施。钢管桩表面潮湿时,不得进行喷涂。

33)已沉放的钢管桩进行涂层修补时,应考虑潮水的影响;修补前应做好除锈和干燥等工作,并铲除已松动的旧涂层;修补所用的涂料应具有厚浆和快干的特点。平均潮位以下的涂层修补,应采取确保涂层固化及具有良好附着力的有效措施。

(五)管桩组合桩制作

1)根据工程需要,当采用预应力混凝土管节与钢管节连接的组合桩时,组合桩的直径、长度、桩端结构型式、锚具保留数量、钢板厚度及材质,应满足设计承载力要求,同时满足水文、地质和施工要求。

2)组合桩的接头强度应大于桩身结构强度。当采用焊接连接时,焊接材料和工艺应符合强度等级高的管节焊接要求。

3) 组合桩处于腐蚀环境中时,应按照组合桩的桩节材质、结构型式分别作防腐处理。连接处防腐应根据连接型式、材质、环境条件选用防腐材料和施工工艺;需要除锈时,应分节处理,组合成整桩后,再作涂层或包覆处理。

4) 组合桩的吊点宜设置在预应力混凝土管节部位;钢管节较长时,钢管节吊点位置应经结构受力验算确定。

5) 组合桩拼接处的预埋铁件制作和安装应满足设计要求,接头面应平整密贴。

（六）场内吊运和堆存

1) 吊运桩时桩身混凝土强度应符合设计要求。

2) 钢筋混凝土桩、预应力混凝土桩和预应力混凝土管桩在出槽、搬运等阶段均应按设计要求的混凝土强度、龄期、吊点位置进行施工,否则应进行内力计算。

3) 在计算吊运过程中桩身结构内力时,应考虑桩型、截面模量、吊点位置、吊索与桩轴线夹角等,满足桩身结构强度和刚度要求。

4) 吊桩时桩身可采用绳扣捆绑或夹具夹持,其吊点位置距离设计位置允许偏差为±200mm。吊点处宜用麻袋或木块等衬垫防止绳扣和桩角破坏。

5) 吊桩时应使各吊点同时受力,徐徐起落,减少振动和防止桩身裂损。

6) 场内宜采用钢桁架吊运,钢桁架应具有必要的刚度,防止吊桩时产生过大变形,吊索应与桩轴线垂直。采用起重船或起重机吊运时,吊索与桩轴线夹角不应小于45°。

7) 当采用其他形式吊运时,应按桩身实际受力情况进行验算。对按多点吊设计的桩,运输时应采取措施,保持全部支点在同一平面上。

8) 桩的堆存应符合下列规定:

(1) 存放场地应平整、坚实、稳定。

(2) 按二点吊设计的桩,可用二点支垫堆存,支垫位置按设计吊点位置确定,偏差不宜超过200mm。桩长期堆存时,宜采用多点支垫防止桩身挠曲。

(3) 按二点吊以上设计的桩,可采用多支点堆存。堆存时垫木应均匀放置。桩两端悬臂长度不得大于设计规定。

(4) 桩多层堆放时,堆放层数应按地基承载力、垫木强度和堆垛稳定性等确定。各层垫木应处于同一垂直面上。

9) 钢管桩应按不同规格分别堆存。堆放形式和层数应安全可靠,避免产生纵向变形和局部压曲变形。长期堆存时应采取防腐蚀等保护措施。

10) 钢管桩在起吊、运输和堆存过程中,应避免由于碰撞、摩擦等原因造成涂料破损、管端变形和损伤。

11) 后张法预应力混凝土管节起吊宜采用管节起吊专用工具,吊运应保持平稳,减少振动,避免碰撞。

12) 后张法预应力混凝土管桩应采用多点支垫,支垫间距不宜大于4m。

（七）运输

1) 水上运输钢管桩宜采用驳船运输,亦可采用密封浮运或其他方式运输,并应符合下列规定：
(1)采用驳船运输时,驳船必须具备足够的长度和稳性。钢管桩宜放置在半圆形专用支架上,必要时可用缆索紧固。
(2)采用密封浮运时,应满足水密要求,并考虑风浪的影响,密封装置应便于安装和拆卸。
2)驳船装运基桩时,应符合下列规定：
(1)应根据施工时的沉桩顺序和吊桩工艺,绘制运桩叠放图和加固图,按图要求分层装驳。
(2)应采用多支垫堆放,均匀放置垫木,并适当布置通楞,垫木顶面应在同一平面上。
(3)基桩堆放形式应保证在落驳、运输和起吊作业时驳船的平稳。
(4)基桩堆放的悬臂长度应满足抗裂和强度要求,否则应作支撑,支撑应坚实牢固。
(5)预应力混凝土管桩装船时,应采取间距不大于4m的多支点垫木搁置。底楞顶面应在同一平面上。桩身两侧应垫楔形垫块。楔形垫块的尺寸和位置应保证管桩稳定牢固。
(6)各层桩之间应支垫牢固,并应作可靠加固。
3)船舶运输管桩或管节时,堆放层数应符合下列规定：
(1)管径小于或等于ϕ1200mm时,不宜超过4层；
(2)管径大于ϕ1200mm时,不宜超过3层。
4)长途运输基桩应符合下列规定：
(1)应对船体进行安全检查,必要时采取加固措施；驳船航行受风浪影响较大时,应水密封舱；
(2)驳船两侧应设置加撑挡板,并采用基桩固定支架,必要时采取绳索绑扎等措施。

四、打入桩(JTS 215—2018　4.3)

1)沉桩工艺应根据现场情况和水文条件选择,可采用打桩船、吊打或自升式平台等。长周期波频发或波浪条件恶劣时宜采用自升式平台沉桩。
2)沉桩区需先行挖泥时,挖泥后应根据土质、坡度、水流、挖泥深度及施工要求等情况间歇一定时间,待岸坡恢复稳定后进行沉桩。
3)无工程试桩资料时,宜进行试沉桩,确定合理的沉桩参数。确定锤击沉桩控制贯入度时,应考虑桩的承载力、持力层变化情况、锤的性能和桩身结构强度等因素。小型工程可根据类似工程经验确定。
4)沉桩施工宜选择有代表性的区域进行试沉桩,对桩能否穿过桩端设计高程以上的土层、进入持力层的深度和最后贯入度、沉桩设备性能、桩身结构强度是否与沉桩地质情况相适应等进行检验。试沉桩不宜少于2根,且附近应有钻孔资料。
5)沉桩过程中应对每根基桩进行记录。全部基桩沉放后,应做好综合记录。
6)打桩船机设备应符合下列规定：
(1)打桩船机设备应根据地质条件、现场施工条件、桩的长度和直径、桩端进入持力层深度、持力层标准贯入击数、气象水文条件、环保要求等情况并结合工艺方案选定。
(2)打桩船应满足沉桩作业对其稳定性的要求。

(3)打桩船应根据桩位平面布置及打桩船尺寸,检验打桩船能否顺利进行沉桩。对墩式码头,应考虑打桩船转向移位的可能性。

(4)打桩船的桩架应满足吊重要求,并应具有足够的架高。

7)锤型的选择应根据地质、桩型、桩身结构强度、桩的承载力、环保要求和锤的性能,并结合施工经验、试沉桩情况确定。缺乏经验时,可用打桩分析软件分析桩的可打性或参照规范有关要求选用。

8)锤击沉桩的替打应按使用要求设计,并应符合下列规定:

(1)替打应具有一定的刚度。

(2)替打制作应保证加工质量,用钢板焊接加工的替打应作回火处理。

(3)施打斜桩时,替打出龙口的长度不宜超过其本身长度的1/2;施打直桩时,替打出龙口的长度不宜超过本身长度的2/3;替打兼作送桩时,替打留在龙口内的长度可适当减小。

(4)替打顶部应设置锤垫,锤垫可采用钢丝绳垫等缓冲材料,并根据使用情况及时更换。

(5)施打混凝土管桩时,替打底部或侧面应设置排气孔。

9)桩顶和替打之间应设置具有适当弹性、能减少锤击应力和保护桩顶的桩垫。桩垫设置应符合下列规定:

(1)桩垫应厚薄均匀,并具有一定的厚度。采用纸垫时厚度宜为100~120mm,沉桩困难时为150~200mm;用木垫时宜为50~100mm;采用其他材料其厚度可根据经验或试验确定。

(2)混凝土桩的桩垫尺寸宜与桩顶截面相同。

(3)预应力混凝土管桩的桩垫宜采用棕绳或麻绳盘根垫,或其他经试验后确认的合适桩垫。

(4)桩垫应及时更换,宜一桩一垫,更换时应将残留物清除干净。

10)打桩船水上沉桩应根据桩位布置图、地形、水深、风向、水流和船舶性能等具体情况布设。

11)未经验算,严禁打桩船在建筑物上带缆。

12)开阔水域施工,抛锚和埋设地锚有困难时,可根据风向和水流等情况设置锚碇浮筒,锚碇重量和浮筒大小可按有关规定或经验确定。

13)运桩驳船停泊和锚缆布置应便于打桩船正常作业,避免各船锚缆互相干扰,并应与沉完的桩保持一定距离,不得碰桩。

14)船舶抛锚应考虑对通航的影响。各锚缆布置点应设置明显标志,或采用其他安全措施。

15)桩的吊运强度复核验算时应考虑桩长、截面尺寸、吊点位置、桩架高度、下吊索长度、桩的实心段长度、桩的浸水长度以及吊立过程中桩轴线与水平面的夹角等因素。桩的吊运所选用的布点形式、吊点位置及施工工艺宜使桩受力合理,并满足设计要求。

16)打桩船吊桩时,应采取必要措施避免吊索钢丝扣滑脱。

17)使用驳船溜缆协助打桩船吊桩时,驳船应配合作业,保持桩身平稳起吊。

18)打桩船吊起桩身至适当高度后再立桩入龙口。打桩船就位时,应掌握水深情况,防止桩端触及泥面,造成桩身折裂。

19)直桩沉桩过程中桩架应保持垂直。斜桩沉桩过程中桩架与桩的设计倾斜度宜保持一致,应考虑沉桩后各种因素对倾斜度的影响,留有适量的预留量。

20)水上沉桩需接桩时,应控制下节桩的桩顶高程,使接桩不受水位影响。接桩时打桩船应保持平稳,上节桩和下节桩应保持在同一轴线上。接头拼接应紧密贴实且牢固。水上接桩的焊缝质量应满足设计要求。

21)锤击沉桩时桩锤、替打、送桩和桩应保持在同一轴线上。替打应保持平整。

22)预应力混凝土管桩沉桩的替打应设置排气孔,水位超过桩顶时应立即停锤。

23)锤击过程中当船行波影响打桩船稳定时,应暂停锤击;出现贯入度异常、桩身突然下降、过大倾斜、移位、桩身出现严重裂缝和破碎掉块时,应立即停止锤击,及时查明原因,采取有效措施;出现断桩时,应会同设计单位研究处理。

24)锤击沉桩开始后,不得边锤击边纠正桩位偏差。

25)打桩船进退作业应注意锚缆位置,防止锚缆绊桩。桩顶被水淹没时应设置标志。

26)斜坡上沉桩应符合下列规定:

(1)应根据土质、坡度、水深、水流、挖泥以及船舶平衡等情况确定下桩位置提前量。

(2)斜桩尚应结合施工实践经验考虑自重的影响,宜预留一定距离下桩,以使沉桩后桩位符合设计要求。

(3)土坡变形影响桩的稳定时,应进行分析,并采取有效措施防止基桩倾倒或折裂。

(4)坡脚挖泥超深大于允许值时,沉桩前应采取稳坡措施,对岸坡和邻近建筑物位移和沉降等进行监测并做好记录。

27)锤击沉桩应按设计要求考虑锤击振动和挤土等对岸坡或邻近建筑物的影响,采取有利边坡和邻近建筑物稳定的施打方法和顺序。软土岸坡宜采取削坡减载、间隔跳打、重锤低打、低频锤击、低潮位停打、控制沉桩速率等措施。

28)沉桩遇土层异常情况时,应会同有关单位研究,必要时进行补充勘探。

29)锤击沉桩,应考虑锤击振动对新浇筑混凝土的影响。混凝土达到设计强度的70%前,距新浇筑的混凝土30m范围内不得进行沉桩。

30)砂土地基锤击沉桩困难时,可采用水冲锤击沉桩。水冲沉桩应优先采用内冲内排法,采用内冲外排法时应经论证。

31)混凝土管桩不宜采用内冲外排法进行水冲锤击沉桩。

32)水冲沉桩应根据土质情况随时调节冲水压力,控制沉桩速度。

33)桩端沉至距设计高程下列距离时,应停止冲水,将水压减至0~0.1MPa,并改用锤击,以保证桩的承载力。

(1)桩径或边长不大于600mm时,为1.5倍桩径或边长;

(2)桩径或边长大于600mm时,为1.0倍桩径或边长。

34)采用常规设备沉桩工艺受到限制时,可选用吊打沉桩工艺。

35)吊打沉桩施工的起重船宜选用全回转式起重船,其起重能力、起重高度和外伸距离应适应吊打时的起重工况。

36)吊打沉桩施工的桩锤,可选择液压锤、振动锤或柴油锤。锤型选择应根据地质、桩身结构强度、桩的承载力和锤的性能,并结合施工经验和试沉桩情况确定。

37）吊打沉桩施工采用液压锤时，定位套筒应根据液压锤尺寸和桩的截面形状进行专门设计。

38）吊打沉桩施工采用振动锤时，液压夹具应根据振动锤尺寸和桩的截面形状进行专门设计。

39）采用柴油锤吊打沉桩施工时，锤笼应进行专门设计。

40）吊打沉桩施工的定位导向装置，应有足够的强度和刚度。采用柴油锤吊打直桩时可采用一只抱桩器；吊打斜桩时应在定位架上下各设一只抱桩器，上部的抱桩器应能方便拆卸和安装，定位架的长度可取 4～8m。

41）锤击沉桩控制标准应根据地质情况、设计承载力、锤型、桩型和桩长确定，并应符合下列规定：

（1）设计桩端持力土层为一般黏性土时，应以设计桩端高程控制。桩沉放后，桩顶高程的允许偏差为 +100mm，0mm。

（2）设计桩端持力土层为砾石、密实砂土或风化岩时，应以贯入度控制。当沉桩贯入度已达到控制贯入度，而桩端未达到设计高程时，应继续锤击贯入 100mm 或锤击 30～50 击，其平均贯入度不应大于控制贯入度，且桩端距设计高程不宜超过 1～3m，硬土层顶面高程相差不大时取小值，超出上述规定时应会同设计单位研究处理。

（3）设计桩端土层为硬塑状的黏性土或粉细砂时，应以设计桩端高程控制为主。桩端达不到设计高程但相差不大时，可以贯入度作为停锤标准。桩端已达到设计高程而贯入度仍大于控制贯入度时，应继续锤击使其贯入度接近控制贯入度，继续下沉的深度应考虑施工水位的影响，必要时由设计单位核算后确定是否停锤。桩端未达到设计高程，且贯入度小于控制贯入度时，可按（2）执行。

（4）采用水冲锤击沉桩时，停锤标准应以设计桩端高程控制。桩端持力层为风化岩地基时，应以贯入度控制。

42）沉桩完成后，应及时测定处于自由状态的桩顶偏位，并记录。夹桩铺底板后，应再次测定桩顶偏位，并以此作为竣工偏位值。

43）水上沉桩桩顶偏位应符合规范的有关要求。

44）沉桩偏差应符合：桩轴线倾斜度偏差不宜大于 1%。桩轴线倾斜度偏差大于 1% 小于 2% 的直桩不应超过 10%。

五、灌注桩（JTS 215—2018　4.4）

（一）钻孔平台

1）灌注桩施工应具有经批准的灌注混凝土配合比设计。

2）钻孔灌注桩水上钻孔平台可采用岛式平台、支承桩平台、浮式平台和移动式自升平台等形式。

3）钻孔平台的设计应满足下列要求：

（1）平台尺寸应能满足钻孔设备的布置、操作、移动和混凝土浇筑、压浆等设备的布置、作业要求，平台顶高程的确定应考虑施工期水位、潮位、波浪和钻孔工艺等因素；

(2)平台应具有足够的稳定性,应能承受施工设备、材料和人员的荷载,并能承受水流力、波浪力、风力、冰凌作用和施工船舶系靠力等荷载;

(3)平台应具有安全生产设施,并设立航行警示标志以及必要的防撞措施;

(4)平台结构应装拆方便,且便于成桩后下一步工序的施工。

4)桩位处于浅水区且地层土质较好时,可采用岛式平台。岛式平台除应满足"3)钻孔平台的设计要求"外,尚应考虑筑岛对河道过水断面的影响。岛式平台施工可采用下列方法:

(1)水深或流速较小时,可直接筑岛。在岛的迎水冲刷面,宜采用土工织物、片石或袋装砂土护坡。

(2)水深或流速较大时,可修筑围堰后筑岛。围堰材料可采用防冲性能较好的袋装土和块石等。围堰内坡应设倒滤层。

5)桩位处于深水区时,可采用支承桩平台。支承桩平台除满足"3)钻孔平台的设计要求"要求外,其设计尚应符合下列规定:

(1)平台的结构形式应根据桩型、地质条件、施工条件和制作材料进行综合比选确定。

(2)平台结构的强度、刚度、稳定性应满足施工作业要求。支承桩的尺寸、入土深度应根据满足其强度、刚度、稳定性和桩的承载能力要求计算确定。

(3)平台布置不应与码头上部现浇混凝土结构模板的安装等发生干扰。

6)桩位处于风浪和潮差较大的水域以及岩基岩面无覆盖层或覆盖层较薄时,可采用移动式自升平台。

7)内河和湖泊地区,在水流平稳和水位升降缓慢等自然条件下,经论证后可采用锚碇稳固的船舶或浮箱作为施工平台。浮式平台应设可靠的锚碇系统。

(二)钢护筒

1)钻孔施工应设置钢护筒。

2)钢护筒应具有一定的强度和刚度,壁厚应综合考虑下沉深度、护筒长度、直径、地质条件和下沉工艺等因素,并不应小于5mm。需要穿过硬土层时,应视具体情况增加壁厚或在端部加强。

3)护筒内径应根据设计桩径、护筒长度和钻机的性能等因素确定,不宜大于设计桩径300mm。

4)陆域或边滩护筒可采用开挖埋设;地下水位较高和埋设深度较大时,也可用打入法或振动法埋设。

5)水域护筒可采用振动下沉、锤击下沉或静压下沉等方法埋设,并应设立保证下沉护筒平面位置和垂直度的定位和导向设施。

6)护筒穿过较厚抛石层或抛石棱体时,宜采用双护筒。

7)钢护筒埋设、沉设时护筒中心线应与桩中心线重合。埋设时,其平面误差不宜大于50mm,竖向倾斜度不大于1%。

8)护筒埋深不应小于1.0~2.0m。陆域或边滩采用开挖埋设护筒时,护筒顶高程应高出地下水位1.5~2.0m,并高出地面300mm以上。

9)受水位影响的河滩上埋设护筒时其顶部高程应高于施工水位1.5~2.0m,并考虑钻孔桩施工期间水位的涨幅影响,埋设深度应穿透河滩淤泥层或抛石层进入稳定土层1m以上。

10)水域护筒的顶高程应高出施工期最高潮位或水位1.5~2.0m,并应考虑波浪的影响。护筒埋深应综合考虑地质条件、护筒使用功能和稳定要求,通过计算比选确定。进入不透水层或较密实的砂卵石层的护筒长度不宜小于1.0m。

11)当钻孔内有承压水时,护筒顶高程应高于稳定后的承压水位1.5~2.0m。

12)钢护筒入岩深度应能满足其稳定要求及钢护筒底口不会出现严重渗漏和卷边。钢护筒下沉停锤控制标准应通过试打钢护筒确定,以控制钢护筒底部钢板不卷边。对参与受力或设计有明确要求的,其入岩深度应满足设计要求。

13)当钢护筒初沉深度难以达到自身稳定或设计要求时,可采取复打或钻打相结合的方法。钢护筒沉放后,应检查钢护筒与岩面接触情况及钢护筒底部的钢板卷边情况。

(三)钻孔成孔

1)钻孔灌注桩施工前应根据现场条件和施工难易程度,针对成孔过程中可能出现的问题,制定应急预案,并作好材料、设备和工具等方面的准备。

2)邻近堤防及其他水利、防洪设施时,钻孔灌注桩施工尚应符合相关行业标准的规定。

3)灌注桩成孔施工应与周边沉桩作业保持足够安全距离。

4)钻机安装底座应平稳,在钻进过程中不应发生位移或沉陷,并在机架或桩上设置显示钻进深度的标尺或标牌。

5)冲击钻机开孔时,应低锤密击,钻孔到达一定深度后方可正常冲击。

6)钻进成孔过程中,孔内液面应高于孔外水位1.5~2.0m。

7)钻孔应连续进行。遇到特殊情况需停钻时,宜提出钻头,并采取措施,保持孔壁稳定。

8)群桩同时钻孔时,相邻钻孔应保持一定间隔,保证邻近成形孔的孔壁不坍塌。已浇筑混凝土桩的强度未达到5MPa时,不应在相邻孔位进行钻孔,必要时应采取间隔桩位的钻孔方法。

9)钻孔漏浆时,宜采取下列措施:

(1)跟进护筒或减小孔内外水头差、加稠泥浆和改善泥浆性能等;

(2)采用冲击法成孔时,填入片石、碎卵石土、黏土,反复冲击。

10)塌孔时,宜采取下列措施:

(1)塌孔不严重时,回填至塌孔位置以上,采取改善泥浆性能、加高水头等措施重钻;

(2)护筒底口塌孔,采取跟进护筒、下内护筒等方法;

(3)塌孔严重时,立即回填碎石、黏性土、砂浆或混凝土、自凝泥浆等,待回填物稳定后,重新钻进成孔。

11)孔身偏斜、弯曲时,宜采取下列措施:

(1)提钻至偏斜处,反复扫孔;

(2)回填至偏斜处,重新钻孔。

12)施工作业人员进入钻孔处理事故前,应先检查孔内有无有害气体,并采取防毒、防溺、防坍埋等安全措施。严禁施工作业人员进入无护筒或无其他防护设施的钻孔中处理事故。

13）灰岩地质溶洞区成孔，宜采用下列措施：
（1）在设计桩位处钻先导地质孔，掌握溶洞的大小、走向、充填物性能和透水性；
（2）钻孔破除溶洞顶板时，采用回旋钻头加前导具方法；
（3）施工前准备足够的黏土、水泥、级配块石等坍孔回填料；
（4）采用内、外护筒的方式，并使内护筒跟进。

14）斜桩成孔应使用全护筒，或护筒应进入岩层，并能满足其稳定要求且护筒底口不会出现严重渗漏，护筒直径宜比设计桩径大50mm，护筒上口宜呈喇叭状。

15）斜桩成孔工艺可选用钻进成孔或冲击成孔。钻进成孔时，宜采用气举反循环工艺钻进。

16）护壁泥浆可由水、黏土或膨润土、外加剂组成，其配合比及配置方法宜通过试验确定，泥浆性能指标应与钻孔方法、土层地质情况相适应。

17）泥浆的排放和处理应符合有关环保的规定。

18）钻孔深度达到设计高程后，应对孔深、孔径、孔的倾斜度进行检测，符合施工检测与质量标准相关要求后方可清孔。

19）清孔可根据土层性质、沉渣厚度要求和机具设备条件，选用掏渣筒清孔、泥浆置换浆清孔、抽浆清孔或空压机喷射清孔等方法。采用冲击钻进成孔工艺时，宜首先采用掏渣筒方法清孔，再用其他方法清孔。

20）清孔应在成孔检验合格后立即进行，并应符合下列规定：
（1）清孔排渣时，应保持孔内水头，防止坍孔；
（2）不得使用加深钻孔深度的方法代替清孔；
（3）清孔后应从孔底提取泥浆试样，进行性能指标检测，检查结果应符合施工检测与质量标准的要求。在吊入钢筋笼骨架后、灌注水下混凝土之前，应再次检查孔内泥浆指标和孔底沉淀物厚度，未满足施工检测与质量标准要求的，应进行二次清孔。

（四）挖孔成孔

1）土质为较密实的土层或风化岩层；土层中无地下水、无较大渗透水，无影响人体健康的辐射源，可采用挖孔成孔。

2）在地下水位较高，有承压水的砂土层、滞水层、厚度较大的流塑状淤泥或淤泥质土层中不得采用人工挖孔方法施工灌注桩。

3）孔内存在空气污染物时，挖孔前应采取排气、换气措施，将空气污染物的浓度降低到符合现行国家标准规定的三级标准浓度限值。

4）挖孔成孔应对孔壁进行支护。孔壁支护现浇钢筋混凝土的厚度不宜小于100mm，混凝土应振捣密实，强度等级不宜低于桩身混凝土强度等级。

5）挖孔成孔的支护结构宜采用现浇钢筋混凝土孔圈结构，并符合下列规定：
（1）支护内径不应小于设计桩径；
（2）护壁结构每段长度宜为1000mm，两段搭接长度不宜小于50mm，并应配置直径不小于8mm的构造钢筋，竖向筋应上下搭接或拉结。

6）挖孔成孔施工安全措施应符合下列规定：

(1) 操作平台牢固、稳定；

(2) 上下爬梯牢固、吊挂稳定；

(3) 用于从孔内出土的机具设备安全可靠；

(4) 当桩孔开挖深度超过10m时，采取机械强制通风措施；

(5) 孔内照明使用不高于24V的安全电压，并使用安全照明灯；

(6) 孔内爆破后，及时进行通风排烟，检测确认孔内空气合格、等待时间超过15min后，施工作业人员方可进入孔内作业；

(7) 挖出土石堆于井孔2.0m以外，堆载高度不超过1m；

(8) 暂停挖孔时，妥善遮盖孔口，并设立明显标志；

(9) 保持孔内外通信畅通。

7）当挖孔群桩桩净距小于2倍桩径且小于2.5m时，应采用间隔开挖。排架桩的最小施工净距不得小于4.5m。

8）挖孔桩挖至设计高程后，应进行孔底处理，清除孔底残渣、积水及孔壁泥土，经验收后应立即灌注桩身混凝土。

9）干法浇筑挖孔桩混凝土时宜采用导管法施工，距桩顶10m以内的混凝土应振捣密实。孔底渗水较大时，应采取水下混凝土浇筑工艺。

(五) 钢筋笼制作和安装

1）钢筋笼的制作宜在支架或台座上进行，钢筋笼制作分段长度应根据钢筋笼整体刚度、运输、安装条件和能力确定。

2）分段制作的钢筋笼，其主筋接头宜采取机械式接头，并应符合现行行业标准的有关规定。

3）应根据骨架长度、直径，在骨架上端均匀设置吊环或固定吊杆。加强筋宜设置在主筋外侧，主筋在孔身段内不宜设弯钩。

4）钢筋笼主筋应设置保护层垫块装置，纵向间距为1.5~2.0m，横向沿圆周外侧均匀设置，且不少于3块。保护层装置不宜采用铁质垫块。

5）钢筋笼底端主筋宜做成向内收的锥体状，钢筋笼顶端主筋宜做成向外张的喇叭状。

6）清孔后钢筋笼应及时准确吊装就位，下放钢筋笼时应防止碰撞孔壁。下放困难时不得强行下放，应查明原因，并采取合理措施。

7）分段制作的钢筋笼同一断面接头数量不应大于钢筋笼主筋数量的50%，接头处相邻钢筋应上下错开，错开距离不应小于35倍主筋直径。

8）钢筋笼安装就位后，应采取适当措施将其固定，混凝土浇筑过程中钢筋笼不得上浮。

9）在斜桩孔中安装钢筋笼时，应采取适当措施将其固定，保证钢筋笼准确就位。

10）钢筋笼吊装完毕后，应尽快灌注水下混凝土。

(六) 混凝土浇筑

1）钻孔灌注桩混凝土应采用导管法施工，挖孔灌注桩混凝土可采用干法施工或导管法施工。

2)采用水下灌注混凝土时,灌注桩混凝土的配合比应按水下混凝土进行设计,并应符合现行行业标准的有关规定。

3)灌注桩混凝土粗骨料的最大粒径不应大于导管内径的1/6和钢筋最小净间距的1/4,且不应大于37.5mm,细骨料宜选用级配良好的中砂。

4)灌注桩混凝土应具有良好的和易性和流动性。其水胶比在海水环境下不宜大于0.55,淡水环境下不宜大于0.60。坍落度应根据桩孔直径、运距、气温及施工时间等因素确定,宜为180~220mm。混凝土初凝时间不应小于整桩混凝土浇筑所需时间。

5)导管使用前,应按实际使用节数和长度进行试拼,并进行压水试验,试验压力不应小于孔内水深压力的1.3倍,且不应小于导管可能承受灌注混凝土时最大管内压力的1.3倍。

6)水下浇注混凝土应使用刚性导管,导管内径宜为250~350mm,接头宜采用双螺纹快速接头。

7)首次灌注混凝土的体积应能满足导管初次埋置深度不小于1m的要求。

8)浇注混凝土过程中,应维持孔内液面高程。

9)混凝土浇注过程中,应经常测探孔内混凝土面的位置,做好浇注记录,及时调整导管埋深,埋管深度宜控制在2.0~6.0m。

10)浇注的混凝土顶面距钢筋笼底部1m左右时,应降低浇注速度。混凝土上升到钢筋笼底部4m以上时,可提升导管,使导管底口高于钢筋笼底部2m以上,即可恢复正常灌注。

11)混凝土浇注接近桩顶部时,应采取措施保持导管内的混凝土压力,避免桩顶泥浆密度过大而产生泥团或桩顶混凝土不密实、松散等现象。灌注结束后,应计算灌入孔内混凝土的总体积、充盈系数,充盈系数偏大或偏小时应分析原因。

12)孔内混凝土面的高度应及时测量,混凝土终灌高程的确定应能保证桩顶凿除后的混凝土质量,超灌高度不应小于0.5m,桩顶高程在地面或护筒顶面以下位置或桩长超过40m时其超灌高度应适当增加。

13)单根灌注桩的混凝土应连续浇注。

(七)后注浆法施工

1)桩端后注浆导管及注浆阀数量宜根据桩径大小设置。桩径不大于1200mm的桩,宜沿钢筋笼圆周对称设置2根,桩径大于1200mm的桩应适当增加。

2)注浆管应与钢筋笼绑扎或焊接牢固,并严格控制注浆管与钢筋笼及孔深的相对位置。注浆管安装时应确保注浆嘴一端进入桩底沉渣或桩底部土中300~400mm,注浆管连接处需用止水带密封。

3)压浆泵的能力应大于实际压浆时对压力和流量的要求,注浆阀应能承受1.5倍桩长的泥浆压力,并应具备逆止功能。

4)钻孔桩混凝土浇注完成后12~24h内,应进行预埋管路的压水试验。

5)压水宜按压力逐级进行,并保持一定压水时间与压水量,压水量一般控制在0.6m^3,压水时间3~5min。

6)出浆孔的密封橡胶套被劈开后应均匀减小进水压力,防止高压回流夹带杂质堵塞压浆孔。

7)正式注浆前应保持注浆管内水注满状态,管内仍存在压力水时,不得打开闸阀,防止管内压力水射出伤人。

8)注浆浆液宜由水、水泥及缓凝剂等组成,浆液的水灰比应根据土的饱和度、渗透性确定。饱和土层水灰比宜为0.5~0.6,非饱和土水灰比宜为0.7~0.9,松散的碎石土、砂砾水灰比宜为0.5~0.6。

9)应按每个循环使用量配置备用浆液,浆液使用前应过筛,防止杂物堵塞压浆孔,浆液制备后应静置不少于5min,消除浆液中的空气后才能使用。

10)注浆时间宜在成桩30d以内,且桩身混凝土强度达到设计强度的75%或在桩身的超声波检测结束后进行。

11)后注浆作业开始前,应进行试验性注浆,以确定并优化最终的注浆参数。

12)注浆压力应根据土层性质、桩长或注浆点的深度、现场试注浆情况等综合确定,实施中应控制最大注浆压力不得超过桩周土的上覆盖自重和强度,避免覆土层的破坏导致桩身上抬,桩侧注浆终压力宜为桩端终压力的1/2。

13)同一根桩中的全部压浆管宜同时均匀压注水泥浆。注浆时两次循环间隔时间不应超过2h,第一次注浆完成后应缓慢均匀减压,以防止压力浆液倒流进注浆管堵塞注浆孔。

14)注浆速率不宜超过75L/min,正常压力下注浆速度缓慢时宜采取一次升压法注浆,当正常压力下很容易将浆液注入时宜采用分级升压法注浆。

15)饱和土中的复式注浆顺序宜先进行桩侧注浆后进行桩底注浆;非饱和土中的复式注浆顺序宜先进行桩底注浆后进行桩侧注浆;桩底、桩侧注浆的间隔时间不应少于2h。

16)群桩注浆宜先外围后内部。

17)注浆结束后应用水泥砂浆将注浆口封闭。

18)承载力检验应在后注浆完成20d后进行。

19)后注浆施工完成后应提供水泥材质检验报告、压力表检验标定证书、试注浆记录、后注浆作业记录及特殊情况处理记录。

(八)施工检测与质量标准

1)灌注桩施工应有完整的施工记录。

2)钻孔桩在终孔后应对桩孔的孔位、孔深、孔径、孔形和倾斜度进行检查,清孔后应对孔底的沉淀厚度进行检查;挖孔桩终孔并进行孔底处理后,应对桩孔的孔位、孔径、孔深及孔底处理情况进行检查。

3)灌注桩成孔的孔位偏差可通过检测成孔后的护筒位置偏差确定,孔位偏差应符合规范的有关要求。

4)摩擦桩孔深应达到设计高程,端承桩孔深应比设计深度超深50mm。发现持力层与设计条件不符时,应由设计单位重新确定终孔高程。

5)孔径不得小于设计桩径,直桩成孔垂直度偏差不得大于1%。

6)混凝土浇注前孔底沉渣厚度,摩擦桩不得大于100mm;端承桩不得大于50mm;抗拔桩和抵抗水平力为主的桩,不得大于200mm。

7)混凝土浇注前孔内泥浆的相对密度应符合设计规定。设计无规定时,泥浆的相对密度宜取1.10~1.20,含砂率宜取4%~6%,稠度宜取20~22s。

8)桩身混凝土和用于桩底后注浆的水泥浆抗压强度应符合设计要求。每根桩的混凝土和水泥浆试件取样组数应各为3~4组。

9)检验桩身完整性时,检测数量与方法应符合现行行业标准的有关规定和设计要求,宜选取有代表性的桩进行无破损检测,重要工程或重要部位的桩应逐根进行检测。设计有规定或对桩的质量有疑问时,应采取钻取芯样法对桩进行检测。需检验桩的桩底沉淀与土层结合情况时,其芯样应钻至桩底0.5m以下。

10)桩身应无断层或夹层,混凝土强度等级应满足设计要求,嵌入桩帽的桩头及锚固钢筋的长度应满足设计要求。不符合要求时,应研究提出处理方案。

11)桩头凿除后,桩顶混凝土应密实、完整,不得有浮浆、裂缝或夹渣。

六、嵌岩桩(JTS 215—2018 4.5)

(一)施工准备

1)嵌岩桩按嵌岩形式可分为灌注型嵌岩桩、预制型植入嵌岩桩、预制型芯柱嵌岩桩、预制型锚杆嵌岩桩、组合式嵌岩桩,其结构形式可参见现行《码头结构设计规范》(JTS 167)的有关条款。

2)嵌岩桩施工前应具备第二节桩基工程提到的资料,应进行施工平台和稳桩设计。

(二)沉桩及稳桩工艺

1)水上施工平台的结构形式和搭设可参照灌注桩施工的相关规定执行。

2)基岩面上覆盖层较厚且有稳桩条件时,钢护筒和预制桩沉放可按打入桩施工的有关规定进行。

3)基岩埋藏较浅或基本裸露,或基岩面上覆盖层较厚但含有大块石、漂石等时,应采取适当的钢护筒锤击控制标准,防止钢护筒底卷边。预制桩和钢护筒的下沉施工前宜进行试沉桩。

4)水上嵌岩桩钻孔施工用的预制桩和钢护筒除满足相关规定外,尚应验算预制型桩和钢护筒在成孔嵌岩结构形成前的稳定性,并采取必要的稳桩措施。

5)基岩面上覆盖层较厚且含有大块石、漂石等或强风化岩层较厚,钢护筒下沉有困难时,钢护筒沉放应满足下列要求:

(1)下沉钢护筒宜采用钻打和冲打结合的工艺;

(2)钢护筒初打结束时护筒顶面应高出水面2~3m;

(3)可采用方驳架设悬挑平台或搭设施工平台安放成孔机具,并应考虑复打的可行性;

(4)钻孔或冲孔直径宜比钢护筒内径小100~200mm。

(三)成孔工艺

嵌岩桩成孔工艺和适用范围见表4-1。

嵌岩桩成孔工艺和适用范围　　　　　表 4-1

序号	成孔工艺	适用范围		
		土层	孔径(mm)	孔深(m)
1	泵吸、气举回转反循环钻进	黏性土、砂土、卵石粒径小于钻杆内径 2/3、含水率小于 20% 的碎石土、软土、硬质岩	800～3000	泵吸,<50 气举,<150
2	泵吸、射流反循环冲击回转钻进	卵石,胶结卵砾石、各种土质岩石及硬质岩石	800～2000	80
3	泥浆护壁冲抓钻进	黏性土、砂土、粉土、碎(砾)石土及风化岩层与新鲜岩层,以及地质情况复杂、夹层多、风化不均、软硬变化较大的岩层,旧建筑物基础、大弧石等障碍物,岩溶发育地区	800～2000	30～40
4	泵吸反循环潜孔锤钻进	硬质岩	600～1600	50
5	梅花点钻进	硬质岩	>1500	—
6	小炸药量松动爆破钻进	硬质岩	>1500	—

(四) 钢筋笼制作和安装

嵌岩桩钢筋笼制作和安装应按照灌注桩施工的相关规定执行。

(五) 水下混凝土浇注

水下混凝土浇注除应符合灌注桩施工的相关规定外,尚应符合下列规定:

(1) 水下混凝土应一次灌注完成,每斗间隔时间不得超过混凝土的初凝时间;

(2) 应控制最后一斗混凝土灌注量,并预留浮浆残渣高度的量,保证桩顶处混凝土达到强度设计值;

(3) 混凝土数量较大、灌注时间较长时,可在混凝土中掺加缓凝剂;

(4) 预制型芯柱嵌岩桩已灌注的混凝土质量不合格时,可采用下列方法进行处理:

①采用与钻岩时相同的楔齿型滚刀钻头,安装导向装置,钻取桩内混凝土;

②采用小于钢筋笼内径的钻头,安装导向装置,钻取钢筋笼内的混凝土至钢筋笼底;钻进作业过程及时调整钻孔的倾斜度,防止被钢筋笼卡住及损坏钢筋笼;

③必要时在钢筋笼内插入型钢补强。

(六) 施工质量控制与检测

1) 桩或护筒的轴线倾斜度偏差不宜大于 1%。桩的轴线倾斜度偏差超过 1%,但不大于 2% 的直桩数量不应超过 10%。

2) 施工过程质量控制应包括成孔、清孔、钢筋笼制作安装和水下混凝土灌注等工序。

3) 混凝土原材料质量与计量、配合比、坍落度、强度等应进行检查。

4) 钢筋笼钢筋规格、焊条规格、焊口规格、焊缝长度和高度、焊缝外观及质量、主筋和箍筋的制作偏差以及接头的连接等应进行检查。

5)钢筋笼安放后,顶高程允许误差应为±50mm。

6)在浇注混凝土前,应严格按有关质量要求对已成孔的中心位置、孔深、孔径、轴线倾斜度、孔底沉渣厚度和钢筋安放的实际位置等进行检查。

7)水下混凝土的浇注应满足下列要求:

(1)强度等级满足设计要求;

(2)无断层或夹层;

(3)孔底沉渣厚度满足设计要求,且不大于50mm;

(4)凿除桩头预留部分,无残余松散层和薄弱混凝土层;

(5)嵌入桩帽的桩头及锚固钢筋的长度满足设计要求。

8)嵌岩桩的嵌岩段完整性检测宜采用超声波等方法进行检测。

9)灌注型嵌岩桩工程的钻芯取样检测数量,应取桩数的1%~3%,且不少于3根。对质量有疑问的桩应逐根检查。

第三节 高桩码头

一、一般规定(JTS 167—2018 5.1、JTS 215—2018 5.1)

1)高桩码头的基桩宜采用预应力混凝土方桩、预应力混凝土管桩和钢管桩等打入桩,也可采用灌注桩和嵌岩桩等其他形式的基桩,内河小型码头亦可采用预制钢筋混凝土桩。

2)码头桩台应设置伸缩缝和沉降缝。

3)码头上部结构在伸缩缝和沉降缝处,可采用悬臂式结构或简支结构。分段处的缝宽一般可取20~30mm。当有抗震要求时或可能产生较大伸缩率时缝宽应根据计算或当地经验确定。伸缩缝内应采用柔性材料填充。

4)码头采用有轨装卸设备时,分段处的上部结构宜采用悬臂结构。悬臂分缝处宜做成凹凸缝。

5)码头面应设排水坡和泄水孔。排水坡度可采用5‰~10‰。

6)码头面应设置磨耗层,磨耗层厚度宜根据流动机械的类型和使用情况确定。磨耗层与面板同时浇筑时,其厚度不应小于20mm,分开浇筑时不应小于50mm。磨耗层混凝土的强度等级不应低于C25。

7)采用大面积现浇面层时宜采取纤维混凝土、锯假缝等减少混凝土面层不规则裂缝的措施。锯缝间距和位置应根据结构、材料、气温等特点确定,假缝的深度不应超过磨耗层的厚度,缝内可采用沥青等材料填充。

8)边坡开挖宜采用阶梯形分层挖泥。

9)挖泥过程中岸坡出现变位、变形异常时,应采取必要应对措施。

10)挖泥完毕后,应复测开挖范围的水深断面,绘制水深断面图,按设计和桩基施工要求检查开挖质量。

11）山区河流框架码头桩基及承台施工应考虑水文、地形的影响,宜选择枯水期施工;钢护筒的埋置深度应考虑洪水冲刷因素。

12）桩与桩空间交叉时,在沉桩施工前应进行碰桩核算。

13）整榀预制的桁架、整体预制的横梁与靠船构件应进行翻转、吊运和安装过程中结构的强度和稳定性核算。

14）伸缩缝和沉降缝施工应保证通缝。码头混凝土面层缩缝应适时切割,切割深度应满足设计要求。

15）现浇下横梁、桩帽混凝土应采用干施工浇筑工艺。

16）靠船构件安装时,受力钢筋应与横梁顶层钢筋焊牢或采用其他可靠的连接措施。

17）接岸结构的顶面高程应预留适当沉降量。

18）码头柔性靠船设施的上部结构及附属装置的制作、安装、各组块的定位偏差应满足设计要求,吊装作业应考虑结构强度和吊装设备的适应性,构件就位后应及时固定。

二、桩基（JTS 167—2018 5.1、JTS 215—2018 5.2）

1）桩基布置应根据使用要求和地质条件等因素合理确定,可采用直桩和斜桩的组合形式,也可采用全直桩形式。

2）起重机轨道梁下宜直接布置基桩。固定式起重机基座下宜适当布置斜桩。

3）桩与桩空间交叉时,桩间应留有适当净距。

4）基桩宜打入良好持力层。同一桩台的基桩桩端宜打至同一土层,且桩底高程不宜相差太大。

5）当软土或回填土层较厚时,向岸基桩的斜度应适当减小或采用直桩,接岸部位及其抛石范围内不宜使用向岸斜桩。

6）高桩码头制桩和储运、打入桩、灌注桩、嵌岩桩施工应按照桩基有关规定执行。

7）桩顶高程高于设计高程或桩顶混凝土裂损部分应截除或凿除。凿除桩顶混凝土裂损部分时应防止凿除面以下混凝土掉角、松动及开裂。预应力混凝土桩桩顶截除应选用对预应力传递长度影响小的方法。

8）在桩顶设计高程处,宜先环桩周预切割,切割深度宜为30~50mm。

9）桩顶截除后的高程允许偏差为-30~+10mm。现场浇筑桩帽或墩式码头的桩顶截除后的高程允许偏差,可根据结构要求确定。

10）桩顶低于设计高程时,可采用局部降低桩帽高程或接桩进行处理,接高部分应满足设计要求。

11）当桩与上部结构的连接方式采用固接时,应清除桩嵌入深度范围内桩周防腐材料。

12）管桩桩芯混凝土与上部结构混凝土宜分开浇筑。

三、梁板构件预制、吊运和安装（JTS 215—2018 5.3）

(一) 构件预制

1）预制场地应根据施工工艺要求合理布置,减少场地内搬运和工序间的干扰,节约用地、保护环境。

2）张拉台座结构应进行专项设计，并应具有足够的强度、刚度和稳定性，后张法预应力构件台座应设置反拱度。

3）构件台座地基承载力和变形应满足构件预制要求。

4）临时性预制场地应满足下列要求：

（1）靠近施工现场，有贮存场地，道路畅通，临近水域，便于出运构件；

（2）岸坡稳定，地基有足够承载力，不产生有害的不均匀沉降；

（3）受水位变化和风浪的影响小，易于排水；

（4）利用原有码头面作预制场地时，构件及施工机械的荷载不超过码头的设计荷载；

（5）对周边环境的不利影响少。

5）预制构件混凝土潮湿养护不应少于10d，高性能混凝土构件或大体积混凝土构件潮湿养护不应少于14d。

6）预制构件上应标识工程名称、构件型号、混凝土浇筑日期和编号等。

7）预制构件出厂前应进行验收。

（二）预制构件吊运、存放及装驳

1）预制构件吊运时的混凝土强度应符合设计要求。

2）预制构件采用绳扣吊运时，其吊点位置相对设计规定位置偏差不应超过±200mm。采用钢丝绳捆绑时，应采取避免钢丝绳损坏构件棱角的有效措施。

3）预制构件吊运时应使各吊点同时受力，并应防止构件产生扭曲。吊绳与构件水平面所成夹角不应小于45°。

4）预制构件吊运时应缓慢起落。

5）桁架吊运时应有足够的刚度，必要时应采取加固措施。

6）卧制桁架和与靠船构件一起预制的横梁，吊运时各吊点应同时起吊，翻转时应采取夹木或型钢加固等措施，安装前检查是否出现裂缝或损坏。

7）有特殊吊运要求的构件，应根据设计要求和施工条件，采用特制的吊运工具或采取加固措施。

8）存放场地宜平整。

9）按两点吊设计的预制构件，宜用两点支垫存放，且应避免较长时间用两点堆置。按三点吊以上设计的预制构件，宜采用多点支垫存放，垫木应均匀铺设，并应考虑场地不均匀沉降对构件的影响。

10）不同规格的预制构件宜分别存放。

11）多层堆放预制构件时，其堆放层数应根据构件强度、地基承载力、垫木强度和存放稳定性确定。各层垫木应位于同一垂直面上，其位置偏差不应超过±200mm。

12）岸坡顶部堆放预制构件时，应核算岸坡的稳定性，并加强观测。必要时应采取防止岸坡滑坡、岸坡发生有害位移和沉降的措施。

13）存进储存场的预制构件应按规定继续进行养护。

14）驳船装运预制构件时，应对船体进行严格检查，甲板强度应满足要求，装载应均衡，并满足船体稳定性的要求。

15)驳船甲板面上均衡铺设垫木,并适当布置通楞,垫木顶面保持在同一平面上,并用木楔调整垫实,预制构件均衡对称地摆置在垫木上。

16)按支点位置布置垫木时,位置偏差不超过±200mm。

17)装运多层预制构件时,各层垫木在同一垂直面上。

18)驳船长途运输预制构件受风浪影响时,应水密封舱。预制构件装驳后应避免构件在甲板上移动、倾倒或坠落,采取加撑、加焊和系绑等措施。

19)陆上运输预制构件时,各支点位置应符合设计要求,并应防止过大震动。在斜坡上采用滑道运送时,滑道应平整,构件应保持平稳。

20)预制构件在吊运、存放及装驳过程中,应采取防止构件边、角及防腐涂层损坏的措施。

(三)预制构件安装

1)预制构件安装应满足下列要求:

(1)搁置面平整,预制构件与搁置面间接触紧密;

(2)逐层控制高程;

(3)对影响构件安装的露出钢筋及时与设计单位研究处理。

2)安装后构件稳定性较差或可能遭受风浪、水流作用或船舶碰撞等影响时,应及时采取加固措施。

3)用水泥砂浆找平预制构件搁置面应符合下列规定:

(1)构件不得在砂浆硬化后安装;

(2)水泥砂浆找平厚度宜取10~20mm,超过20mm应采取措施;

(3)坐浆应饱满,构件安装后略有余浆挤出,缝口处不得有空隙,并在接缝处采用砂浆嵌塞密实和勾缝。

四、现浇混凝土结构施工(JTS 215—2018 5.4)

1)混凝土浇筑工艺应满足分层铺摊和振捣要求。

2)上部结构混凝土现场浇筑应符合下列规定:

(1)施工前应掌握水位变化规律,制定合理混凝土浇筑工艺。

(2)混凝土构件搭接点采用预埋铁件连接时,应采用间隔焊法。

(3)混凝土保护层垫块的厚度不应出现负偏差,正偏差不应大于2mm;垫块强度、密实性和耐久性应不低于构件本体混凝土的指标。

(4)横梁长度大于30m时,上横梁宜采用分段浇注,中间设置后浇节点。

3)现场浇筑节点、接缝、面层应满足下列要求:

(1)浇筑前将节点、接缝、面层的接合面按规定进行凿毛处理,并清除模板内的杂物和积水;

(2)节点、接缝的模板不漏浆;

(3)有铺涂条件的节点、接缝和面层混凝土,浇筑前在接合面处铺设10~20mm厚水泥砂浆或涂刷水泥浆;水泥砂浆或水泥浆的水灰比不大于所浇筑混凝土的水灰比;水泥砂浆和水泥

浆铺涂后及时浇筑混凝土;

(4)采取密实混凝土的施工措施。

4)无掩护水域现场浇筑混凝土时,应避免在风暴来临前浇筑。根据水位情况考虑风浪对模板和未达设计强度混凝土的不利影响,应采取相应的保护措施。山区河流低承台和框架混凝土施工时,应考虑水位的影响,并考虑洪水对混凝土浇筑的不利影响。

5)混凝土强度达到 5MPa 前,锤击沉桩处与现场浇筑混凝土之间的距离不得小于 30m。锤击能量超过 280kN·m 时,应适当加大沉桩处与现浇混凝土的距离。

6)桩顶局部损裂或掉角的部位不能被桩帽或上部结构混凝土包裹时,应采取降低桩帽或局部降低上部结构底高程的措施。

7)码头伸缩缝和沉降缝的构造及填缝材料的品种、规格和质量,应符合设计要求。分层浇筑混凝土时,各层留置伸缩缝和沉降缝的上下位置应一致,缝内不得有杂物。

8)码头大面积面层混凝土施工应采取控裂措施。现场浇筑时应采取防雨、防晒、防风、防冻等措施。浇筑完成后宜采用覆盖或蓄水等养护措施。装配整体式结构应先浇筑纵横梁节点及预制板接缝处的混凝土,再浇筑码头面层混凝土。

9)码头大面积现浇混凝土面层可采用切缝机切缝,切缝分块边长以 3.5~5.0m 为宜。混凝土的切缝位置应根据设计要求、码头结构受力、施工工艺、混凝土性能等情况确定。切缝时间宜在面层混凝土强度达到 10~15MPa 时进行,切缝深度宜为 20mm。缝内应采用柔性材料灌填。

10)浇筑码头面层混凝土时,应根据设计要求埋设固定的沉降、位移观测点,并定期进行观测,做好记录,竣工平面图上应标明观测点,交工验收时交付使用单位。

五、接岸结构与岸坡施工(JTS 215—2018　5.5)

1)接岸结构与岸坡施工工艺和工序应满足码头岸坡稳定要求。当接岸结构与岸坡同时施工时,应考虑岸坡沉降位移对接岸结构的影响,宜先进行岸坡施工后进行接岸结构施工。

2)接岸结构沉桩后进行回填或抛石前,应清除回淤浮泥和塌坡泥土。抛填应符合下列规定:

(1)抛填过程中,宜定时测量回淤量。如遇大风暴、特大潮等异常情况,应及时测量回淤量,必要时应再次清淤。清淤后应及时进行抛填,做到随清随抛。

(2)抛填应由水域向岸分层、由低到高进行,基桩处应沿桩周对称抛填,桩两侧高差不应大于 1m。设计另有规定时应满足设计要求。

3)接岸结构岸坡回填土和抛石不宜采用由岸向水域方向倾倒推进的施工方法。

4)接岸施工工艺应根据结构型式和地基处理的要求确定,并应符合下列规定:

(1)接岸结构采用重力式时,基础回填应分层夯实或辗压密实。

(2)接岸结构采用板桩式时,回填顺序应符合设计要求,并应控制板桩墙产生过大变形和位移。

(3)接岸结构采用清淤置换、排水固结、深层水泥搅拌等方法加固地基时,应符合设计要求和国家现行有关标准的规定。

5)已经形成的接岸结构岸侧应避免过大的震动荷载;难以避免时,应与震动源保持足够的安全距离。

6)施工过程中,应根据设计要求,结合现场施工条件设置沉降和位移观测点,并应符合下列规定:

(1)施工期间,对正在施工部位和附近受影响的建筑物、岸坡等定期进行沉降和位移观测,并做好记录。

(2)低水位期间,岸坡回填施工应加强岸坡变形监测。

(3)浇筑接岸结构顶层混凝土时,应埋置固定的沉降、位移观测点。

(4)固定的沉降、位移观测点应在竣工平面图上注明。

六、回填施工(JTS 215—2018 5.6)

1)高桩码头后方回填料的物理力学指标和回填顺序、方向、速率应符合设计要求。

2)高桩码头后方回填前宜先进行地基加固。当接岸结构挡土墙下为桩基础时不宜采用吹填方式回填。

3)回填施工前岸坡及后方陆域的沉降及水平位移应趋于稳定。

4)挡土墙后回填料应按设计要求进行密实。回填时,应避免块石等对混凝土挡墙接岸结构的撞击破坏。

5)后方回填时应加强对码头接岸结构及岸坡的位移和沉降观测。

七、码头竣工整体尺寸(JTS 215—2018 5.7)

工程竣工后,施工单位应对码头及栈桥的整体尺度进行测量并提供报告。

第四节 板 桩 码 头

一、一般规定(JTS 167—2018 6.1、JTS 215—2018 6.1)

1)板桩码头可采用无锚板桩、单锚板桩、多锚板桩、斜拉桩式板桩、遮帘式板桩、半遮帘式板桩或卸荷式板桩等结构形式。结构选型应符合下列规定:

(1)码头岸壁高度较小、地面荷载不大且对位移要求不高的情况,可采用无锚板桩结构。

(2)码头后方场地狭窄、设置锚碇结构有困难或施工期会遭受波浪作用的情况,可采用斜拉桩式板桩结构。

(3)具有干地施工条件、天然泥面较高、采用挖入式港池、需要保护邻近建筑物安全或缺乏打桩设备的情况,宜采用地下连续墙式板桩结构。

(4)大型深水码头宜采用多锚板桩、遮帘式板桩或卸荷式板桩结构。

(5)板桩码头加深改造时宜采用半遮帘式板桩结构。

2)板桩码头的前墙可采用钢板桩、钢筋混凝土板桩或地下连续墙结构。

3)板桩码头的锚碇结构可采用锚碇板、锚碇墙、锚碇桩或锚碇叉桩等形式。

4)板桩沉桩应设置导桩、导梁和导架等定位导向装置,定位导向装置应具有足够的强度和刚度。

5)板桩沉桩在定位和打桩阶段应实时精确控制沿板桩墙轴线方向垂直度和垂直于板桩墙轴线方向的垂直度。

6)在岸坡上采用锤击或振动下沉板桩时,应对岸坡、板桩墙和邻近建筑物进行监控,发现异常情况应及时采取措施。

7)地下连续墙施工前宜先进行试成槽。

8)地下连续墙各施工单元段之间的接头应按设计要求采用防止漏土的接头形式或按照设计要求进行防漏土施工。

9)邻近水边的地下连续墙施工,应采取防止波浪和潮水越顶对地下连续墙造成损坏的措施。

二、混凝土板桩预制和储运(JTS 215—2018 6.2)

1)预制钢筋混凝土板桩制作除应符合现行行业标准的有关规定外,尚应符合下列规定:

(1)板桩凸榫和桩端斜角方向应考虑板桩墙起始沉桩的位置及方向。桩身抹面侧应朝向迎水面。

(2)桩身混凝土应连续浇筑,不得留有施工缝。

(3)桩身抹面应平整、密实和光滑。

(4)板桩的榫槽应完整、平顺,不得有明显破损。

(5)预制钢筋混凝土板桩的偏差应符合规范的有关要求。

2)钢筋混凝土板桩的起吊应符合下列规定:

(1)起吊时板桩的混凝土强度应满足设计要求。当设计无要求时,应大于设计强度的70%。

(2)吊点位置应符合设计规定,偏差不宜超过200mm。吊索与桩身的夹角不得小于45°。

3)钢筋混凝土板桩的堆存应符合下列规定:

(1)堆存场地应平整、坚实,并应根据堆垛情况验算地基承载力。垛位布置应便于桩的起吊和运输。

(2)堆垛时每层板桩应用垫木支垫,同层垫木的高度应相同,垫木的间距宜为3m~4m。堆垛的层数不宜超过3层,上下层的支垫应在同一垂线上,并应根据堆垛情况验算垫木强度。

(3)在岸坡顶部堆存时应对岸坡的稳定性进行验算。

4)采用驳船或平板车运输板桩应符合下列规定:

(1)装船、装车次序应按沉桩顺序和施工现场的装运图进行。

(2)驳船甲板或平板车上应铺设垫木,垫木的顶面应保持在同一平面,上下层的垫木应在同一垂线上。

(3)板桩运输应根据运输距离、运输条件采取相应的加撑和系绑固定措施。海上驳船长距离运输时,应根据风浪条件采取封仓加固措施。

三、钢板桩加工、储运和防腐(JTS 215—2018 6.3)

1)钢板桩进场应具有产品出厂质量证明文件,钢板桩的品种、规格和材质应按批次进行验收,其结果应满足设计要求,并符合现行国家标准和合同的规定。进口钢板桩尚应检查商检报告。

2)进场的钢板桩应进行钢板桩的化学成分及机械性能检验,并应进行钢板桩长度、宽度、腹板厚度、端部直角差、弯曲矢高、重量和锁口通畅性等的检验。

3)钢板桩接长、组合钢板桩和异形钢板桩的加工制作除应满足设计要求、符合国家现行标准的有关规定外,尚应符合下列规定:

(1)沿钢板桩墙轴线方向相邻板桩接长焊缝的位置应交错配置,错开的距离不宜小于5000mm,且每根钢板桩接头不得多于一个。

(2)钢板桩接长焊接应采用对接焊,焊缝宜采用 K 形或 V 形开口形式。

(3)钢板桩焊接接长时,在钢板桩的腹板内侧和翼缘外侧应设焊接加强板。加强钢板的厚度不宜小于板桩壁厚的 2/3,长度应确保加强板超过板桩接头缝 50mm 以上,宽度不小于平整面宽度的 2/3 且不得影响到板桩间的正常连接。

(4)楔形钢板桩的斜度不宜大于 3%。当采用中间夹入梯形钢板桩制作楔形钢板桩时,梯形钢板桩的材料强度等级不应低于钢板桩母材的强度等级。

(5)加工后钢板桩的锁口应保持平直、通顺,并应采用短节钢板桩或专用检查器做套锁通过检查。

(6)钢板桩接长、异形钢板桩和组合钢板桩制作的偏差应符合规范要求。

4)钢板桩起吊应符合下列规定:

(1)吊运装卸钢板桩时宜使用专用钢吊钩。

(2)起吊焊接接长的钢板桩时应使翼缘朝上吊装。

(3)钢板桩水平吊运时其吊点应按照设计要求,当设计无要求时,钢板桩水平吊运时宜采用四点吊。

5)钢板桩在单根或成组吊运与堆存时,不得使钢板桩损坏或产生永久变形,且应存放在排水及通风良好的地方。

6)钢板桩涂层防腐应符合下列规定:

(1)防腐涂层的品种和质量应满足设计要求,并应符合国家现行标准的规定。

(2)防腐涂层及相应的表面处理应满足设计要求,海水环境中尚应符合现行行业标准的有关规定。

(3)涂层施工时应及时测定湿膜厚度以保证干膜厚度。每层涂料必须干燥后方可涂下一层。

(4)对在起吊和沉桩过程中损坏的涂层应及时进行修补,修补的涂层应与原涂层相同或配套。受潮水影响部位应采用快干涂料。

7)当钢板桩采用牺牲阳极保护时,阳极块的安装应符合下列规定:

(1)阳极块应牢固地安装在钢板桩上,并应与钢板桩进行短路连接。

(2)采用陆上安装时,阳极块与钢板桩的连接强度应充分考虑沉桩振动的影响。

(3)采用水下电焊安装阳极块时,焊缝应进行检查,必要时应采取监控措施。

四、板桩墙施工(JTS 215—2018　6.4)

1)板桩沉桩所用的打桩机、打桩船或平台船应具有足够的起重能力和起吊高度。施工场地和施工水域的条件应满足打桩机械作业或船舶吃水的要求。

2)板桩沉桩宜采用锤击沉桩、振动沉桩或压入沉桩等方法。沉桩方法应根据土质条件、板桩品种、板桩断面和沉入深度等确定,并应选择适宜的桩锤和设备。在密实的土层中沉桩有困难时,可采取钻孔松土或水冲等辅助沉桩措施。

3)混凝土板桩宜采用单根依次插入。钢板桩宜采用屏风式插入,宜采用阶梯式或间隔式沉桩。

4)组合式钢板桩沉桩应采用先沉主桩、后沉辅桩的间隔沉桩方法。

5)板桩墙沉桩应符合下列规定:
(1)相邻钢板桩必须连锁;相邻钢筋混凝土板桩间不得脱榫。
(2)板桩墙轴线不得出现明显弯折。板桩偏离轴线产生平面扭转时,应在后续沉放的板桩中逐根纠正。
(3)当板桩沿墙轴线方向产生扇形倾斜时,宜采用沉设楔形板桩的方法进行调整。
(4)板桩沉桩应以桩端设计高程作为主要控制标准。
(5)板桩沉桩的偏差应符合规范的有关要求。

6)水上沉放板桩墙时,应按相关规定设置标志和警示灯。在风浪较大区域或台风季节施工,应按防台预案对板桩墙进行加固。

7)混凝土板桩的上部榫槽竖向空腔应按设计要求进行处理。当设计无要求时,宜采用模袋混凝土或模袋砂浆填塞,混凝土或砂浆的强度不宜低于20MPa。填塞前,应清除空腔中的泥土和杂物。

五、地下连续墙施工(JTS 215—2018　6.5)

1)地下连续墙施工应设置导墙,导墙设置应符合下列规定:
(1)导墙宜采用现浇混凝土结构,也可采用钢制或预制混凝土装配式结构。导墙混凝土强度等级不宜低于C20。
(2)导墙应能为成槽机械和灌注混凝土机架导向,准确标示地下连续墙墙体平面位置和作为高程测量的基准,并可储存泥浆及稳定槽内液面。
(3)导墙顶面应高出地面50~100mm,并应保证泥浆液面高出地下水位500mm以上。临水施工时,导墙顶高程应高出施工高水位500mm以上。
(4)导墙宜设置在密实的土层上,不得漏浆。
(5)导墙应具有足够的强度及稳定性,其截面尺寸应根据结构型式、地基条件和施工荷载等通过计算确定,内墙面应垂直。
(6)导墙内墙面间的净距应根据地下连续墙墙体设计厚度确定,并留有40~60mm的富裕量。
(7)导墙应设变形缝,其间距可为20~40m,两片导墙的变形缝不宜设置在同一断面。

(8)现浇混凝土导墙拆模后或预制导墙安装后应在内墙面间及时加设临时支撑。

(9)预制导墙的安装接缝不得漏浆。

2)地下连续墙成槽应采用泥浆护壁。

3)地下连续墙成槽应符合下列规定:

(1)成槽时宜按单元槽段逐段开挖。单元槽段的长度应满足设计要求。当设计无要求时,单元槽段的划分应根据现场地质条件、地面荷载、混凝土的供应能力、吊机的起重能力、作业场地和道路交通等因素确定。单元槽段的长度可为4～8m。

(2)成槽施工中应对槽体的垂直度、宽度和泥浆性能等进行检测。当发现泥浆漏失和槽壁坍塌时,应及时采取处理措施。

(3)槽段开挖后应及时清槽和进行泥浆置换,并应对相邻槽段混凝土端面进行清刷。

4)钢筋骨架宜整体制作,在平台上成型,并应在其两侧面加焊保护层垫板,垫板与槽壁间应留20～30mm间隙。垫板宜采用薄钢板制作。

5)槽段钢筋骨架吊点布置应根据吊装工艺确定,在吊装过程中,钢筋骨架不得产生不可恢复的变形。入槽时应垂直、缓慢下放,当下放困难时,应查明原因,采取合理解决措施,不得强行冲击下放。钢筋骨架入槽后,宜悬挂在导墙上。

6)地下连续墙混凝土的浇筑应符合下列规定:

(1)混凝土的配制强度应比设计强度提高40%～50%,坍落度宜为200mm±30mm。

(2)混凝土浇筑应在成槽结束后4h内进行,宜采用导管法浇筑。开始浇筑时,导管底端距槽底不得大于0.5m,首次灌注混凝土的量应保证导管埋入的深度大于1m。在浇筑过程中,导管宜埋入混凝土中2～4m,混凝土顶面的上升速度不应小于2m/h。

(3)混凝土浇筑前应对槽底进行检查,当沉积物厚度超过规范有关规定时,应重新进行清槽。

(4)当在同一槽段用2根导管浇筑时,导管的间距不宜大于3m,导管与槽段两端面的距离不宜大于1.5m。在浇筑过程中,各导管处的混凝土表面高差不宜大于0.3m。

(5)单元槽段混凝土必须连续浇筑。在浇筑过程中应控制混凝土的浇筑量、上升高度和导管下口埋入混凝土的深度,防止导管内进水。

(6)地下连续墙顶部宜预留500～800mm的富裕浇筑高度,凿除浮浆后,墙顶高程应满足设计要求。单元槽段混凝土浇筑量不得小于计算量。

六、胸墙、帽梁和导梁施工(JTS 215—2018 6.6)

1)混凝土胸墙、帽梁和导梁的施工应符合下列规定:

(1)板桩墙嵌入胸墙或帽梁的深度和钢筋深入长度应满足设计要求,并应对其嵌入部分的表面进行处理。

(2)胸墙和帽梁的分段长度应满足设计要求。分缝的位置不宜设置在板桩锁扣处。

(3)潮水影响施工时,混凝土应趁潮浇筑,并应始终保持混凝土的浇筑面在混凝土初凝前不被潮水淹没。

(4)施工水位以下的混凝土浇筑,胸墙宜采用水密模板,且应在抽干水后浇筑混凝土;导梁宜使用水下不分散混凝土进行浇筑;或根据结构特点、水位变化和施工条件等采取其他相应措施。

(5)陆上浇筑胸墙、帽梁和导梁且施工基槽较深时,应采取保证边坡稳定的措施。当地下水位较高时,宜采取必要的降排水措施。

(6)现浇混凝土胸墙、帽梁和导梁的偏差应符合规范的有关要求。

2)钢导梁的制作和安装应符合下列规定:

(1)钢导梁所用型钢的种类、规格和材质应满足设计要求,并符合国家现行标准的规定。

(2)钢板桩沉桩后应及时安装钢导梁。钢导梁应与钢板桩的凸面贴合,对间隙大于10mm的部分,应夹垫钢垫板。

(3)固定导梁的连接螺栓应拧紧,外露丝扣不应少于2~3扣。

3)钢导梁及其附件,应按设计要求进行防锈蚀施工。

七、锚碇结构与拉杆施工(JTS 215—2018 6.7)

1)锚碇板和锚碇地下连续墙的施工应符合板桩墙和地下连续墙施工的有关规定。

2)钢拉杆安装应符合下列规定:

(1)钢拉杆应在前墙后侧回填施工前进行安装。

(2)钢拉杆安装应顺直。陆地安装时,钢拉杆宜采用垫块支垫,垫块间距宜为3~5m。水上或陆上架空安装时,应按设计要求支垫。

(3)张紧拉杆应在锚碇板或锚碇墙前的回填完成,且前墙、胸墙、导梁和锚碇结构的混凝土强度达到设计要求后进行。

(4)拉杆宜先采用旋紧螺母或张紧器初步调整拉杆长度,再施加设计要求的预拉力,使全部拉杆逐步拉紧,各钢拉杆初始拉力应相同。

(5)当前墙后的回填高程接近拉杆的设计高程时,应再次对拉杆的拉力进行调整,使各拉杆受力均匀并达到预拉力设计值。

(6)最终紧固后的拉杆螺纹应至少外露2~3个丝扣。

八、回填施工(JTS 215—2018 6.8)

1)板桩码头后方回填的时间、顺序和速率应满足设计要求,宜按先回填锚碇结构前土体,再回填前墙后土体,最后进行上部大面积回填的顺序进行施工。

2)板桩码头后方回填时,应加强前墙变形监测。

3)回填料不得采用具有腐蚀性的材料,其质量应满足设计要求。

4)锚碇结构前土体的回填范围和技术要求应满足设计要求。

5)前墙后土体的回填应符合下列规定:

(1)前墙后的回填应与拉杆的安装和张紧施工相协调。当需要在拉杆安装前回填部分棱体时,应采取防止前墙发生过大变形和位移的措施。

(2)水下回填前,应对回填区进行检查。回填区内的回淤沉积物超过设计要求时应进行清理。

(3)前墙后的回填应按照从前墙向后方推进的原则进行,回填应均匀。

(4)前墙后的抛石棱体应进行理坡,偏差应符合规范的有关要求。

(5)墙后倒滤层施工应与抛石棱体及后方回填施工协调安排,宜采取分段施工、平行推进的方法。采用土工织物滤层时,其施工应符合现行行业标准的有关规定。

(6)回填时不得损坏拉杆和拉杆外敷包裹层。

6)板桩码头后方陆上大面积回填应符合下列规定:

(1)回填及压实应沿与拉杆平行的方向进行。

(2)采用碾压法密实拉杆上部回填土时,拉杆上部的覆土厚度不宜小于500mm。

九、码头前沿挖泥(JTS 215—2018 6.9)

1)码头前沿的挖泥应在码头主体结构施工完成后进行。

2)码头前沿挖泥应按设计要求的顺序进行施工,宜在码头后方回填基本完成后进行。

3)码头前沿的挖泥在码头全长方向应均匀进行。当开挖厚度较大时应分层进行,分层的厚度不应大于1.5m。

4)码头前沿的挖泥范围和高程应满足设计要求,宜采用抓斗疏浚船施工。

5)板桩码头前沿挖泥允许偏差见表4-2。

板桩码头前沿挖泥允许偏差 表4-2

序号	项目	允许偏差(mm)
1	平均超深	300
2	最大超深	500

6)挖泥过程中应对前墙的位移进行监测。

第五节 重力式码头

一、一般规定(JTS 167—2018 7.2、8.2,JTS 215—2018 7.1)

1)重力式码头平面布置可分为岸壁式和墩式。岸壁式码头可采用方块、沉箱、扶壁、坐床式圆筒以及现浇混凝土或浆砌石等结构形式;墩式码头可采用沉箱、方块或坐床式圆筒等结构形式。

2)重力式码头墙后填料宜选用渗水性好的材料。

3)重力式码头必须采取防止回填材料流失的倒滤措施。

4)棱体顶面高出墙身不宜小于0.5m。在棱体的顶面、坡面、胸墙变形缝、卸荷板顶面接缝处应设置倒滤层。

5)上部结构沿码头岸壁长度方向应设置变形缝。

6)重力式码头施工前应根据大型预制构件或沉箱尺寸、重量和数量,并考虑石料来源等因素等合理选择预制场场址,应根据运输船舶性能和海上航行安全要求制定水上运输航线。

7)预制场应有足够存放面积和承载力,且受风浪、冲刷和淤积的影响不大,场地前沿水深应满足吊运构件的水深要求。大型预制构件或沉箱的存放场地宜在预制场内设置,必要时可选择靠近预制场或安装现场的场地进行布置。

8)码头基础施工时应采取措施保证相邻码头和构筑物的结构安全。

9)抛石基床密实应满足环境和渔业资源保护要求,可采用重锤夯实法、爆夯法、振动夯实等工艺。

10)抛石基床应预留沉降量。对于夯实的基床,可仅按地基沉降量预留,其数值可根据试夯资料或当地经验确定;对于不夯实的基床,还应考虑基床本身的沉降量。基床顶面预留的向墙后倾斜的坡度,应根据地基土性质、基床厚度、基底应力分布、墙身结构型式、荷载和施工方法等因素并结合施工经验确定。

11)胸墙浇筑应在下部安装构件沉降稳定后进行,宜预留沉降量。

12)抛填棱体、倒滤层、倒滤井或倒滤空腔的施工必须分层分段进行,防止回填材料流失。

二、基础施工(JTS 215—2018 7.2)

(一)基槽开挖

1)基槽开挖深度较大时宜分层开挖,每层开挖厚度应根据土质条件和开挖方法确定。

2)基槽挖至设计深度时,应对土质进行核对,发现地质情况与设计要求不符时,应及时研究解决。

3)使用爆破方式开挖岩石基槽时,应根据周边环境和环保要求选择施工方案。爆破开挖水下岩石基槽,浅点处整平层的厚度不应小于0.3m。

4)干地施工时,必须做好基坑的防水、排水和基土保护。干地施工排水能力不足时宜分段设围堰;对黏性土地基,在槽底设计高程上应保留0.15~0.30m的土层,并应在下一工序开始前挖除。

5)围堰施工应符合下列规定:

(1)围堰顶高程应考虑施工期可能出现的最高水位和波浪爬高。

(2)围堰的位置应满足基坑开挖和码头工程施工要求。

(3)土石方围堰的顶部宽度应满足施工需要和增加防汛子埝的需要;围堰材料可采用防冲性能较好的袋装土和块石等,堰体内应设倒滤层,临水面应采取防止波浪和水流冲刷的措施。

(4)当采用围堰排水施工时,应计算基坑渗流量,并分析方案的可行性。

(5)钢板桩围堰的板桩锁口应满足止水要求,围堰内部或外部回填应考虑钢板桩的变形并与导梁及拉杆施工相协调。

(6)码头施工过程中应对围堰进行监测和全面维护。工程完工后,应拆除对影响码头设计水深和行洪安全的围堰。

6)每段基槽开挖后应及时抛石或铺设垫层。

(二)基槽抛石

1)基槽抛石可分为基床抛石和换填抛石。

2)基床块石重量、材质、强度应满足设计要求。

3)抛石前应检查基槽尺寸有无变动,有显著变动时应进行处理。当基槽底含水率小于150%或重度大于12.6kN/m³的回淤沉积物厚度大于0.3m时,应清淤。有换填抛石并有夯实措施时,基槽底面回淤沉积物的厚度限值可适当放宽。

4)基床抛石应符合下列规定:

（1）基床抛石应根据基床的长度、厚度和施工条件分段、分层进行,其分层厚度应与夯实方法相适应。

（2）基床抛石顶面高程不得超过设计高程,且不宜低于基床顶面设计高程0.5m。需夯实处理的基床考虑预留抛石基床夯沉量。

（3）基床顶宽不得小于设计宽度。

（4）对回淤严重的港区,应采取防淤措施。

（5）分层抛石基床的上下层接触面不应有回淤沉积物。

5)基槽抛石应满足设计文件的要求,施工时应考虑水流、风、波浪和水位对抛石位置的影响,抛石船位宜根据试抛确定。基槽抛石应勤测水深。

（三）基床夯实

1)基床锤夯范围可按墙身底面各边加宽1m确定,对于施工定位和作业困难的水域,锤夯范围可适当加宽。分层夯实时,锤夯范围可根据分层处的应力扩散线各边加宽1m确定。

2)夯实前应对抛石面层作适当整平,其局部高差不宜大于300mm。

3)基床锤夯时应分层、分段夯实,每层厚度宜基本相等,每层夯实后的厚度不宜大于2m。夯击能量较大时,分层厚度可适当加大。分段夯实的搭接长度不应小于2m。

4)夯锤底面积不宜小于$0.8m^2$,底面静压强宜采用40~60kPa,落距可取2.0~3.5m。不计浮力、阻力等影响时,每夯的冲击能不宜小于$120kJ/m^2$;对无掩护水域的深水码头,冲击能宜采用$150~200kJ/m^2$。夯锤宜具有竖向泄水通道。

5)锤夯宜采用纵横向相邻接压半夯,每点一锤,初、复夯各一遍,或多遍夯实。夯击遍数应根据试夯确定。不进行试夯时,夯击不宜少于2遍。

6)在新旧码头结合处,基床施工宜采用减小分层厚度、适当降低夯击能量等保证旧码头结构安全的措施。

7)基床爆夯应符合现行行业标准的有关规定。夯沉量可根据地基状况、基床厚度、石料规格等因素,控制在抛石层厚的10%~15%。

8)当夯实后补抛块石的面积大于1/3倍构件底面积或连续面积大于$30m^2$,且厚度普遍大于0.5m时,宜作补夯处理。

9)锤夯的基床,应在已夯的基床上码头墙底面积范围内任选不小于5m一段采用夯锤相接排列复打一夯次进行基床夯实验收。夯后基床的平均沉降量不应大于30mm,无掩护水域的重力墩不应大于50mm。

10)爆夯的基床,夯实质量应满足夯沉量要求。

（四）基床整平

1)抛石基床的整平可分为粗平、细平和极细平。大型构件底面尺寸大于或等于$30m^2$时,其基床可不进行极细平。

2)基床整平时,对于块石间不平整部分,宜用二片石填充,对二片石间不平整部分宜用碎石填充,其碎石层厚度不应大于50mm。

3)明基床外坡应进行理坡。

4)每段基床整平后应及时安装预制构件。

三、构件预制(JTS 215—2018 7.3)

1)预制构件场的布置应满足规范相关要求。场内水平运输可采用起重设备、气囊、台车等运输工艺,运行场地应经验算有足够的强度和稳定性。

2)扶壁、沉箱和空心块体等构件折角处宜设置加强角,其尺寸设计无要求时采用150~200mm。

3)方块混凝土地坪底模的允许高差不宜大于5mm;扶壁、沉箱和其他带底板的大型构件混凝土地坪底模的允许高差不宜大于10mm。底模表面应采取脱模措施,不应采用油毡或类似性质的能降低预制件底面摩擦系数的材料作脱模层。

4)扶壁、空心块体、圆筒和沉箱等混凝土结构可整体或分层预制。分层预制时施工缝不宜设在水位变动区、底板与立板的连接处、吊孔处及吊孔以下1m范围内。施工缝及钢筋接头的处理,应符合现行行业标准的有关规定。

5)预制构件模板可采用整体模板、滑模或翻模等形式。

6)砌石方块表面应选用比较方整的石料,砌缝宽度宜取10~30mm,并应进行勾缝。

7)混凝土方块和砌石方块可采用预留吊孔或预埋吊环起吊。

8)沉箱需浮在水上接高时,应及时调整压载以保证沉箱的浮游稳定。

9)大型预制件吊运采用的吊具应经设计,并满足强度、刚度和稳定性要求。吊具对薄壁构件不宜产生水平挤压力;整体吊运的合力应与其荷载的重心共线。

四、构件吊运及安装(JTS 215—2018 7.4)

1)码头上部结构梁、板等预制构件吊运安装可参考第三节的有关规定执行。

2)重力式块体起吊吊孔应设置在靠近重心的上方,吊孔尺度、受力钢筋、加强圈梁应根据块体型式和重量等确定。

3)确定施工安装设备的起重能力时,应考虑吊具重力和预制件底板与预制场地面的黏结力。

4)吊运时构件承载力应达到设计要求。

5)多层方块的安装,应在基床面设置控制方块位置的准线。安装宜采用阶梯形,并分层、分段进行。

6)对多层方块的底层或安装后不露出水面的构件应复核位置及高程。

7)方块、扶壁安装时应分段控制位置和长度。单层一次出水的空心块体和扶壁宜在顶部露出水面的条件下安装。

五、沉箱下水、浮运及安装(JTS 215—2018 7.5)

(一)沉箱下水

1)沉箱下水、浮运和沉放应符合下列规定:

(1)混凝土强度应满足设计要求。

(2)沉箱溜放、漂浮、浮运和沉放时,沉箱底部的富裕水深应根据自然条件和施工要求确定,并满足设计和安全的要求。

(3)沉箱的干舷高度应按规范相关要求进行校核,并结合浮运过程沉箱倾角与干舷富裕高度、波高等因素确定。当沉箱干舷高度不满足要求时,可采用密封舱顶等措施。

(4)根据施工情况复核沉箱的浮游稳定性。沉箱靠自身浮游稳定时,必须验算其以定倾高度表示的浮游稳定性,并满足设计和安全的要求。

2)沉箱下水可采用滑道、浮船坞、半潜驳、干坞或吊运等工艺。

3)滑道水深不满足沉箱吃水要求时,可采用起重船或浮筒助浮。拖至深水处时应再压载至满足沉箱自身浮游稳定要求。

4)沉箱溜放的下滑速度,用台车下滑时应控制在 0.25~0.35m/s;用滑板下滑时,速度应符合设计要求。

5)沉箱采用浮船坞或半潜驳出运时应有配套出运码头,出运码头应适合浮船坞或半潜驳靠泊;设计时考虑前沿水深,潮位等因素对出运条件的影响。

6)沉箱上浮船坞或上半潜驳可采用有轨台车、无轨台车或气囊搬运等工艺。

7)浮船坞或半潜驳下潜时,下潜区波高不宜大于 1.0m,风速不宜大于 6 级,流速宜小于 1.0m/s,能见度宜大于 1000m。浮船坞或半潜驳宜顺流驻位下潜,沉箱移离浮船坞或半潜驳的方向宜与水流方向一致。

8)沉箱在干坞内预制并起浮时,应克服沉箱与坞底间的黏结力,可一侧先浮。

(二)沉箱水上存放和运输

1)沉箱水上存放场应符合下列规定:

(1)漂浮存放时,水域应具有良好的掩护和系泊条件,波高不宜大于 0.5m,成批存放时,沉箱间应采取避碰措施。

(2)坐底存放时,存放场宜选择在邻近预制场或安放现场,受风浪、冲刷和淤积等影响较小,且水深满足要求的水域。存放场地的地势宜平坦,并应有足够的贮存面积和承载力,必要时应作适当处理。

2)沉箱水上运输,可用浮运拖带法、半潜驳干运法。

3)采用浮运拖带法水上运输沉箱前,应验算沉箱吃水并对沉箱在浮运拖带过程中各不同工况条件下进行浮游稳定验算。验算应满足下列要求:

(1)验算沉箱吃水时,应准确计入沉箱内实际的残余水和混凝土残屑的重量、施工操作平台和封舱盖的重量。

(2)沉箱压载宜用砂、石和混凝土块等固体物。用水压载时,应精确计算自由液面对稳定性的影响。

4) 采用半潜驳干运法，无类似条件下的运输经验时，应对下潜装载、航运和下潜卸载的各个作业阶段进行下列验算：

(1) 半潜驳的吃水、稳性、总体强度、甲板强度和局部承载力；

(2) 在风、浪、流作用下的船舶运动响应和沉箱自身的强度、稳性等。

5) 沉箱拖运前，应对气象、海况进行调查，及时掌握短期预报资料，确定启航日期。拖带时的气象、海况条件应符合下列要求：

(1) 近程拖带风速小于或等于6级，波高小于或等于1.0m；

(2) 远程拖带风速小于或等于6级，波高小于或等于1.5m。

6) 远程拖运的沉箱，宜采取密封舱顶措施；干舷甚高，并熟悉所经海域的气象、水文情况时，经论证后，可用简易封舱。近程拖运，可用简易封舱；但当干舷高度不满足现行规范有关规定时，应密封舱。

7) 远程拖带的沉箱，箱顶应设号型和号灯，设置高度不应小于2.5m。雾航时，沉箱应设雾号。设备配置均应符合国际海事组织标准的有关规定。

(三) 沉箱安装

1) 沉箱安放前，应对基床和箱体进行验收，不符合技术要求时，应进行修整。

2) 沉箱安放后，箱内应及时灌水。经历1~2个低潮后，应复测位置，确认符合质量标准后，及时填充箱内填料。

3) 沉箱舱内抽水或回填时，同一沉箱的各舱宜同步进行，其舱面高差不应超过设计限值。

六、胸墙施工（JTS 215—2018　7.6）

1) 胸墙模板设计时除应考虑常规荷载外，尚应考虑波浪力和浮托力。

2) 扶壁码头的胸墙施工宜在扶壁底板上回填压载后进行。

3) 直接在填料上浇筑胸墙混凝土时，应在填料密实后浇筑。

4) 胸墙宜采用分层、分段浇筑。施工缝应符合现行行业标准的有关规定。

5) 现浇胸墙混凝土时，混凝土振捣应在水位以上进行，混凝土初凝前不宜被水淹没，否则应采取防止淘刷的措施。

6) 码头水位变动区临水面花岗岩镶面施工技术应按设计有关要求执行。

七、抛填棱体和倒滤层、倒滤井施工（JTS 215—2018　7.7）

1) 棱体抛填前应检查基床和岸坡有无回淤或塌坡，必要时应进行清理。

2) 棱体抛填时应采取措施防止墙身变位过大，抛填应与墙身安装相配合。

3) 抛石棱体表层的二片石应进行整理。

4) 在有风浪影响的地区，胸墙完成前不应抛筑棱体顶面的倒滤层，倒滤层完工后应尽快回填覆盖。

5) 抛填棱体顶面宽度、倒滤层最小厚度和表面坡度应符合设计要求。各级棱体倒滤层厚度允许偏差值水上可取+50mm，水下可取+100mm。

6）空心块体、沉箱、圆筒和扶壁安装缝宽度大于倒滤材料粒径时，接缝或倒滤井应采取防漏措施，临水面宜采用加大倒滤材料粒径或加混凝土插板，临砂面宜采用透水材料临时间隔。

7）采用土工织物倒滤材料时，土工织物材料应符合设计要求，并应对材质进行抽检。

8）棱体面铺设土工织物时应满足下列要求：

（1）土工织物底面的石料进行理坡，无石尖外露，必要时用二片石修整。

（2）土工织物的搭接长度满足设计要求且不小于1.0m。

（3）铺设土工织物后尽快覆盖。

9）竖向接缝采用土工织物倒滤材料时，应采取防止填料砸破土工织物的技术措施。

八、回填施工（JTS 215—2018 7.8）

1）墙身后填料的物理力学指标和回填时间、顺序、方向和速率应符合设计要求。衡重式码头墙后回填宜与码头墙身施工同步。墙身为空心块体、扶壁、圆筒和沉箱结构时，宜先在墙身内部填充填料。

2）墙后采用吹填时，应满足下列要求：

（1）码头内外水位差不超过设计限值；

（2）排水口远离码头前沿，其口径尺寸和高程根据排水要求和沉淀效果确定；

（3）吹泥管口靠近墙背；

（4）吹泥管口距倒滤层坡脚的距离不小于5m，必要时经试吹确定；

（5）在墙前水域取土吹填时，控制取土地点与码头的最小距离和取土深度；

（6）围堰顶高程高出填土顶面0.3~0.5m，其断面尺寸经设计确定；

（7）吹填过程中，对码头的填土高度、内外水位、位移和沉降进行观测，码头发生较大变形等危险迹象时，立即停止吹填，并采取有效措施。

3）当干地施工采用黏土回填时，填料应分层压实。每层填土的虚铺厚度，对人工夯实不宜大于0.2m，对机械夯实或辗压不宜大于0.4m。填土表面应留排水坡。

4）采用开山石回填时，在码头墙后应回填质量较好的开山石料，细颗粒含量应符合设计要求。

5）墙后采用陆上回填时，应防止淤泥挤向码头墙后，其回填方向应由墙后往岸方向填筑。

6）墙身结构仓内和墙后回填块石时，应保证墙体结构的安全，控制块石的重量，采取合适的抛填方法。

第六节 格形钢板桩码头

一、一般规定（JTS 167—2018 8.1、JTS 215—2018 8.1）

1）码头格形墙体宜采用由圆形主格仓和弧形副格仓组成的结构。主格仓直径除了应满足计算要求外，还应充分考虑板桩格体的组装及吊运等施工条件。

2）格形钢板桩应采用直腹式钢板桩，并由锁口连接组成闭合格仓。板桩沉至设计高程后,格仓内应及时回填颗粒料形成连续格形墙体。

3)当水位变化不大、墙后填土和墙下地基土为砂性土,且地下水渗流量不大时,格仓可不设排水孔;当水位变化较大,或有很大的地下水渗流量时,应设排水孔,其位置宜设置在副格仓的前、后板桩墙上,排水孔高程宜在设计低水位以下。

4)前板桩的临水面应根据腐蚀环境和设计使用年限采取防腐措施。

5)采用水上拼插施工工艺时,格体定位测量的精度应符合下列规定:

(1)主格体中心点位置及Y形桩中心位置的测角误差不得大于12″。

(2)主格体中心点位置及Y形桩中心点位置与施工基线距离的允许偏差为±1/7000,且不得大于50mm。

6)采用整体吊放施工工艺时,格体定位控制点与施工基线控制点距离的允许偏差为±1/7000,且不得大于50mm。

7)测量基线和基点的布设,应考虑施工期及使用期格体位移和沉降观测的需要。

8)格体位移和沉降点的布设,应符合现行行业标准的有关规定和设计要求。

9)施工期格体位移和沉降点应长期连续观测,竣工验收后移交使用单位定期观测。

二、基槽施工(JTS 215—2018 8.1)

1)回填作业应与前后工序紧密衔接,填料前和填料作业中断时间较长时,均应检查回淤情况,回淤厚度大于200mm时应进行处理。

2)基槽回填应考虑水流、风浪、水深对抛填的影响,宜采取试抛确定抛填的施工工艺。

3)回填顶面高程应预留密实沉降量,其数值可参考经验或试验资料确定。无资料时,可取回填厚度的4%~6%。

4)回填料的顶面高程的允许偏差为±300mm,顶宽不得小于设计宽度。

5)回填可采用振冲法密实;经技术论证后,也可采用水下爆夯法密实。

6)回填料的振冲密实宜用多机排成一列,同时施振。

7)格体施工前,应检查基床表面回淤情况。需清淤时,可采用射流吸泥泵或潜水砂石泵进行。

8)格体施工前应对格体桩位轴线两侧各1.5m左右的基床进行局部整平;采用水上拼插施工工艺时,整平后的基床表面平整度宜小于500mm;采用整体吊放施工工艺时,整平后的基床表面平整度宜小于200mm。

三、主格体施工条件(JTS 215—2018 8.1)

主格体的水上拼插或整体沉放时,波高不应大于0.5m,流速不应大于0.8m/s;否则应验算主格体在施工期的稳定性。

四、钢板桩检验、加工、储运和防腐(JTS 215—2018 8.1)

1)进场的钢板桩除应符合板桩码头施工的有关规定外,尚应进行下列检验:

(1)应进行Y形连接桩纵向弯曲矢高的检验;

(2)应进行Y形连接桩及异形桩的焊缝质量检验;
(3)应进行锁口拉力试验;
(4)应进行设计要求的其他试验。

2)钢板桩水平吊运时宜采用四点吊。格体拼插阶段,钢板桩由水平转为直立时,桩长小于18m可用一点吊立;桩长大于18m时,应采用两点吊立。

五、钢围囹施工(JTS 215—2018 8.2)

1)水上拼插施工的浮式钢围囹,应由圆形浮式导向围囹架、钢桩支腿和卷扬机锚缆装备等部分组成。

2)浮式钢围囹应根据自然条件、码头设计要求和施工特点进行设计,其结构应满足下列要求:
(1)应具有稳定可靠、定位准确、拆移方便和自重轻等性能。
(2)浮式导向围囹架高度不应小于最大水深的1/3,顶面宽度和高程应便于施工操作和钢板桩的下沉。顶面经常淹没于水下时,应在顶面架设一层简易工作平台。
(3)浮式导向围囹架的内导环外径应小于主格体的设计内径。

3)钢管桩支腿的直径、壁厚、长度应经计算确定,钢管桩支腿与浮式导向围囹架之间采用拉条联结,每根钢管桩顶设两根拉条,拉条夹角宜为60°,拉条下端附设一个紧张器。

4)卷扬机锚缆装设在浮式导向围囹架顶面,卷扬机的能力和相应的锚缆装备应经计算选定。

六、钢板桩拼插(JTS 215—2018 8.2)

1)钢板桩的拼插应符合下列规定:
(1)Y形桩中心点应按照设计位置插设在浮式导向围囹架顶面内导环上,偏位值小于10mm。
(2)导桩的挂设应满足下列要求:
①导桩位置按要求的分段间距和分段内钢板桩的锁口位置挂设,其误差小于10mm;
②Y形板桩将作为拼插的起始桩,Y形桩可以作导桩;
③导桩沿径向和环向均保持垂直;
④导桩用螺栓连接于内导环上。
(3)外导向环应安装在导桩的外侧面,并用螺栓固定,外导向环的接头应位于导桩处。
(4)运输钢板桩的驳船,应具备足够的稳定性,钢板桩应按不同规格和拼插次序分别堆放。
(5)钢板桩的拼插应由导桩处开始沿内导向环依次进行,可采用单根或成组钢板桩的形式拼插,每两根导桩之间作为一个拼插闭合段。钢板桩拼插时,宜自重下沉,不宜采取压锤或锤击等助沉措施。

2)钢板桩拼插应制定防偏和纠偏措施。

3)钢板桩应分阶梯式下沉,顺、逆时针往复循环施打(振),并应符合下列规定:

(1)每次施打(振)下沉量不宜过大,随着桩入土深度的增加每次下沉量应减少,对砂基宜控制在 0.5~1.0m 之间;采用振动锤在单桩或桩组上连续施振时间,不宜超过 5min。

(2)宜采用间隔施打(振)。

(3)宜采用两套沉桩设备对称施打(振)。

(4)宜采用成组桩施打(振)。

(5)每次施打(振)时应先行下沉 Y 形桩。

(6)锤的中心线应与桩轴线保持一致。

七、主格体整体插拼和吊放(JTS 215—2018 8.3)

1)整体吊放施工宜采用陆上拼装方法,场地布置及陆上拼装应符合下列规定:

(1)拼装场地宜邻近施工现场,水域条件应满足起重船的吊运作业要求。拼装场地高程应综合考虑水位变化和起重船起吊高度以及吊幅的限制,不宜过高。

(2)拼装格体钢板桩的环形基础应满足驳岸整体稳定的要求,其平面尺寸应由格体的设计直径和地基承载力确定;基础的厚度应考虑拼插钢板桩时的冲击力。

(3)拼插设备宜采用塔吊,塔吊的选型和布置宜兼顾钢板桩的卸装船和后方堆存区的钢板桩吊运。

(4)钢围囹的钢管桩支腿基础可采用杯形基础;杯口顶高程应与钢板桩格体环形基础顶高程一致,支腿插入桩基的深度应与钢围囹沉放时沉入基床的设计稳定深度一致。

(5)钢围囹和塔吊基础应设置防台锚碇设施。格体环形基础表面的每根钢板桩桩位处应设置预埋铁件,以便在台风袭击时钢板桩底部与预埋件临时焊接锚固。拼装场应设置供操作人员上下钢围囹的脚手架。

2)格体的陆上拼插应符合下列规定:

(1)拼插前应将每根桩位精确地测放在格体环形基础面上,逐根标明桩的中心位置,桩位应与格体沉放定位时的方位一致。

(2)钢围囹在拼装场上就位时的中心点偏差应控制在 20mm 以内。

(3)格体拼插时,宜用 Y 形桩作定位桩,定位桩用经纬仪校正桩位和垂直度后,应及时与钢围囹主骨架和底部环形基础临时固定。

(4)在条件允许情况下,宜采用成组钢板桩拼插,并由相邻的定位桩开始向中间合拢。在拼插顺序上宜顺风向作业。

(5)单个格体的拼插应连续作业,一次性闭合。在拼插过程中应将已插钢板桩临时系牢在钢围囹上。

(6)格体钢板桩拼插完毕,应沿围囹上、下导环逐根桩设置限位块,防止格体与钢围囹间产生较大的相对位移。

(7)当格体钢板桩的重心与形心不重合时,应在格体起吊前安设配重块。

3)格体的吊运与定位应符合下列规定:

(1)格体起吊至离地面一定高度时,应实测格体成型后的直径。实测直径与设计直径差异较大时,应调整格体沉放的中心位置。

(2)格体沉放宜选择在高平潮进行。

（3）格体沉放宜选用Y形连接桩作为定位桩。
（4）格体沉放定位宜采用两台经纬仪前方直角交会法进行，格体定位满足要求时应及时下沉钢围囹支腿。
4）钢围囹吊出前应进行格仓内第一次填砂，填砂的高度宜取格体高度的1/3。第一次填砂后，应拆除限位块。
5）根据钢支腿的埋深和起重船的起重能力，钢围囹可一次整体吊出或将钢支腿逐根拔出一定深度后再整体吊出。钢围囹吊出后，应及时送回拼装场，并应对限位块、抱箍、螺杆等进行清理维护。

八、副格体施工（JTS 215—2018 8.4）

1）副格体钢围囹安装前，应根据连接桩的径向和环向的实测偏差、倾斜度和偏角绘制副格体钢板桩闭合图。
2）钢围囹安装位置应根据实测副格体钢板桩闭合图确定，并在相应的主格体上作出标记。
3）副格体施工顺序宜先海侧后陆侧，陆侧宜滞后最少一个格体。
4）副格仓钢围囹宜选择低潮位进行安装，安装时应按主格体上标示的位置将钢围囹安放到两侧主格体桩顶上，经检查无误后进行固定。
5）副格体钢板桩拼插应由两端开始向中间合拢；钢板桩落入基槽前，吊钩不宜完全放松；钢板桩拼插后，应及时进行固定。

九、格体内及墙后回填、振冲密实与倒滤层施工（JTS 215—2018 8.5）

1）回填砂应符合设计要求。
2）格体回填应及时，应由格体中心处开始向着圆周的方向均匀抛填。抛填应采用工效高、抗风浪能力强、操作灵活的船机，船机不得碰撞格体。
3）格体填砂宜采用振冲密实，振冲深度应穿过基床顶面不小于1.0m，振冲后的密实度应满足设计要求。
4）密实效果宜用标准贯入试验法，按下列要求检测：
（1）检测孔的数量，每个主格体4个，每个副格体2个；
（2）从格体填砂顶面以下1.5～2.0m开始，每个检测孔位沿孔深3～4m进行一次标准贯入试验；
（3）检测在振冲完成24h后进行。
5）格形墙体后填料宜采用砂土。墙后回填应在格仓填料振冲密实完成后进行。

第七节　斜坡码头与浮码头

一、一般规定（JTS 215—2018 9.1、JTS 167—2018 9.1）

1）钢撑杆、钢引桥等安装前应检查相关构件的产品合格证及其质保资料，办理相关验收手续。

2) 斜坡码头和浮码头的桩基施工应按照桩基工程施工的规定执行。

3) 斜坡码头梁板结构、架空斜坡道和浮码头上部结构的施工可参照高桩码头中有关梁板构件的施工规定执行。

4) 在回填区架设架空斜坡道和固定引桥时,应考虑回填土对结构的不利影响。

5) 架空斜坡道和引桥应设置防护栏杆。

6) 对车、客流量较大的车客渡码头,斜坡道中间宜设置分隔设施。

7) 在冰冻地区建造斜坡码头和浮码头时应采取防冰措施。

二、斜坡结构施工(JTS 215—2018 9.2)

1) 水下开挖除应满足重力式码头施工的有关要求外,尚应符合下列规定:

(1) 水下开挖深度较大时,应分层进行。分层厚度应根据土质情况、流速及施工设备等条件确定。对灵敏的黏性土,开挖时应减少对土体的扰动;对遇水易软化、崩解的岩石,开挖时应采取相应的措施。

(2) 采用围堰排水施工时,应计算基坑渗流量,分析方案的技术经济可行性。工程完工后,应对影响码头设计水深和行洪安全的围堰拆除。

(3) 爆破开挖施工,应按《中华人民共和国民用爆炸物品管理条例》和国家现行有关标准编制爆破方案,并应经当地公安消防部门批准。

2) 水下抛石的施工应符合下列规定:

(1) 抛石应采用对标控制平面位置。流速较大、水深较深时,可采用试抛法确定抛石的提前量。

(2) 抛石应自外坡脚向岸边由低至高进行。抛石厚度较大时,应分层进行。

(3) 水下抛石基床顶宽不得小于设计要求,顶面高程允许偏差为 +300~0mm。

(4) 水下抛石应边抛边测,防止超抛和漏抛,所用石料大小及强度应满足设计要求。

(5) 基床夯实应按重力式码头施工的有关规定执行。

3) 水下基床整平。

水下基床整平偏差见表 4-3。

水下基床整平允许偏差　　　　表 4-3

序号	项目	允许偏差(mm)	
		细平	极细平
1	顶面高程	±50	±30
2	整平边线	+500 0	

4) 陆上回填应符合下列规定:

(1) 陆上回填的填料应满足设计要求。

(2) 陆上回填应分层压实,分层厚度应根据所采用的压实设备确定。对大型振动式压路机压实石渣或碎石类土石,分层厚度宜取 1.0~1.5m,小型设备分层厚度不宜大于 0.3m。

(3)压实遍数由现场试验确定,压实度应符合国家现行标准有关规定。
(4)使用砂和卵石的混合料回填时,宜采用洒水压实法。压实前应充分洒水提高压实效果。

三、钢引桥及钢撑杆制作与安装(JTS 215—2018　9.3)

1)引桥和钢撑杆宜在专业金属结构厂制作,有条件时也可现场制作。钢引桥和钢撑杆制作,应按现行行业标准有关规定执行。
2)钢引桥和钢撑杆的吊点应合理布置,并应进行构件变形和强度核算。钢引桥和钢撑杆宜选择适当水位吊装。
3)构件安装就位后,应及时固定。
4)钢引桥和钢撑杆的装运应符合下列要求:
(1)合理布置支点铺设垫木,垫木顶面应尽量保持在同一平面上,并用木楔调整垫实,垫木应固定。长途运输时,应采取加撑、加焊、系绑等措施。
(2)驳船装运时应根据支点布置验算甲板的强度和船体的稳定性,必要时应采取加固措施。

四、升降架结构施工(JTS 215—2018　9.4)

1)墩台岸侧桩基施工应结合已沉放基桩、岸坡、水深等情况制定沉桩方案,可考虑水下送桩工艺。
2)沉桩完成后应及时夹桩,夹桩高程与结构形式应考虑墩台底模支撑结构的影响。
3)升降架混凝土浇筑应符合下列规定:
(1)混凝土浇注前应对支架、模板、钢筋、预留孔和预埋铁件等检查验收;模板内的杂物、积水和钢筋上的污垢应清理干净;升降架首节立柱模板安装前,宜在承台上沿模板底部边线浇筑砂浆带。
(2)混凝土保护层的厚度允许偏差为+5mm,0mm。垫块强度、密实性和耐久性不应低于构件本体混凝土相应指标。
(3)升降架立柱宜分节浇筑,分节高度宜为3~5m。
(4)浇注立柱混凝土,下料高度超过2m时,应采取串筒、溜管或振动溜管等措施下料。

五、趸船定位(JTS 215—2018　9.5)

1)趸船应根据水深、流速、流向、水域和水底土质等情况,按设计系留方式定位。
2)趸船定位后,锚链应按设计要求绞紧。

第八节　防波堤与护岸工程

一、一般规定(JTS 208—2020　3)

1)防波堤与护岸工程开工前,应对工程所在区域的水文、气象、地质等现场条件进行调查,并应对风、波浪、潮汐、水流和雾等主要影响因素进行重点分析。

2)防波堤与护岸工程的施工水位应根据工程特点、水文条件、气象条件、施工工艺和施工能力综合确定。

3)防波堤与护岸工程的施工应以保障施工期堤身结构安全稳定为原则。在编制施工总体方案和施工计划时,应根据工程规模、结构特点、工期要求、施工季节、施工能力和可能出现的不利工况,合理确定施工分段、主要工序的施工步距及施工强度。

4)在大浪发生频率较高水域施工、台风季节施工或度汛施工时,应综合考虑当地大浪发生概率及等级、汛期水位、工程重要程度和施工周期长短等因素的影响,制定保障工程安全的措施及防护预案,必要时应安排模型试验验证。

5)施工期间可能遭受台风侵袭时,对未按设计断面成型的堤段,应按防护预案和设计要求,结合现场实际,采取防止或减少风浪损毁的施工临时防护措施。

6)施工期间应对防波堤与护岸的沉降、位移情况进行观测和分析。工程完工后,应按设计要求在工程明显部位设置永久性沉降、位移观测点。

7)防波堤与护岸工程施工控制网及施工导标的布设、施工测量和竣工测量,应符合现行行业标准的有关规定。

8)施工船舶应具有足够的抗风浪性能。工程开工前应提前选定避风港或避风锚地。

9)施工区域应按现行行业标准的有关规定设立施工界标和警戒标志。

10)工程所用石料的质量和规格应满足设计要求并应符合现行行业标准的规定。

二、斜坡式防波堤施工

(一)一般规定(JTS 208—2020 4.1)

1)斜坡式防波堤的施工,应按照合理控制施工步距、尽快形成设计断面和全断面推进的原则组织进行。

2)斜坡堤堤心、垫层、护面层的施工步距应根据工程结构特点、水文与气象情况、现场条件和施工能力等综合确定,并应符合下列规定:

(1)正常施工季节在受风浪影响较小水域施工时,堤心与护面层的施工步距不宜大于150m;垫层与护面层的施工步距不宜大于80m。

(2)正常施工季节在受风浪影响较大水域施工时,堤心与护面层的施工步距不宜大于100m;垫层与护面层的施工步距不宜大于50m。

(3)台风季节或在大浪发生频率较高水域施工时,堤心与护面层的施工步距不宜大于50m;垫层与护面层的施工步距不宜大于30m。

(4)深水防波堤堤心、垫层、护面层的施工步距应根据现场实际情况适当减小。

3)对于需要超前护底的工程,每段护底垫层铺设时,均应考虑留有足够的超前护底长度。

4)斜坡堤的预留沉降量,应考虑地基沉降量和施工期堤身沉降量。地基沉降量应按设计要求确定,施工期堤身沉降量应考虑抛填厚度、石料规格与级配、抛填工艺、施工速度、海况条件等因素并结合施工经验确定。

5)斜坡堤的沉降观测点应根据设计要求、地质情况、结构特点和施工经验设置,并应符合下列规定：

(1)观测点应设置在方便观测且具有代表性的部位,在施工中应注意进行保护。

(2)软土地基上的斜坡堤,宜间隔100～300m设置一个,且不应少于3个。

(3)岩石或砂砾石地基上的斜坡堤,宜间隔200～500m设置一个,且不应少于3个。

(4)有特殊观测或监测要求时,观测点的设置应满足观测或监测要求。

(二)底部垫层与地基处理(JTS 208—2020 4.2)

1)砂石垫层铺设应符合下列规定：

(1)砂或碎石的规格及质量应满足设计要求,含泥量不宜大于5%。

(2)水下抛填应考虑水深、水流和波浪等影响。必要时,应采取防止砂石料漂移和流失的措施。

(3)垫层应分段施工和验收,验收合格后应及时进行上部抛填。

(4)砂石垫层铺设的宽度和厚度不应小于设计要求,顶面高程的允许偏差应为+500mm,−300mm。用于加筋垫层的砂垫层,整平后顶面高差不宜大于300mm。

2)土工织物加筋垫层铺设应符合下列规定：

(1)铺设前应对铺设面进行检查,有尖硬杂物时应进行清理。

(2)水下土工织物加筋垫层可采用牵引卷铺或铺排船铺设。

(3)土工织物加筋垫层应铺设平整、松紧适度,不得出现褶皱和翻卷现象,并应及时压载稳定。

3)土工织物软体排铺设应符合下列规定：

(1)铺设前应清除铺设范围内对软体排铺放和使用有影响的杂物。

(2)水下软体排宜使用铺排船铺设,并宜采用全球卫星定位系统和水下测控系统,测量软排体的铺设轨迹、铺设位置和相邻排体搭接长度。

(3)铺设时应考虑水深、水流、波浪等条件的影响,排体不得产生破损、褶皱和漂移。

(4)当采用砂肋或砂袋压载时,砂肋或砂袋充填的充盈率宜为80%～85%,系结带和系结圈应连接牢固;当采用联锁块压载时,联锁块应均匀放置并与排体连接牢固。

4)塑料排水板打设应符合下列规定：

(1)塑料排水板可采用振动沉管法或压入法打设。施工所用船机及沉管设备应满足塑料排水板施工和质量控制的要求。

(2)塑料排水板入管下沉不应发生扭结、断裂和撕裂滤膜等现象。排水板的打入深度及底端高程满足设计要求,顶部应与砂垫层相连通。

(三)堤身(JTS 208—2020 4.3)

1)堤身抛填宜分为堤心石抛填及理坡、垫层石抛填及理坡、护底和护脚石抛填等。抛填工艺及船机配备应根据结构特点、抛填量、工期要求、现场水深、潮汐波浪等条件合理确定和优化组合。

2)堤心石抛填应符合下列规定：

(1)与陆域连接或浅水区域堤段宜采用陆上推填工艺。根据设计要求、地基土强度、水深和波浪影响程度可一次或分层推填到顶。

（2）深水区域堤段和堤头的水上抛填应考虑水深、水流和波浪等自然条件对块石产生漂流的影响。宜采用开体驳、专用抛石船或大型驳船，按照先粗抛、后补抛、再细抛的方法进行抛填。

（3）堤脚有块石压载要求时，应先抛压载块石，后抛堤心石。

（4）堤心抛石有挤淤要求时，应从断面中间逐渐向两侧抛填。

（5）底部设有土工织物加筋垫层或软体排护底的堤心石，应先抛填土工织物上面的保护层，再抛堤心石，并应按照有利于拉紧土工织物的顺序进行抛填。

3）护底和坡脚棱体抛填应符合下列规定：

（1）块石抛填宜采用方格网法对抛填体的边线和高程进行控制。

（2）护底的范围及厚度、坡脚棱体的平均断面应满足设计要求。

（3）坡脚棱体应与堤身垫层石和护面层靠实挤紧。

（四）护面层（JTS 208—2020　4.4）

1）人工护面块体预制除应符合现行行业标准的有关规定外，尚应符合下列规定：

（1）块体模板应具有足够的强度、刚度、加工精度和支拆灵活性。首次设计的模板，宜先安排模板的试组装和试验块施工，块体的重量和外形尺寸符合要求后方可定型并转入批量加工。

（2）块体表面需进行人工抹面时，应采用原浆压面工艺。

（3）栅栏板的空格芯模应设有防止上浮的措施，并应支拆方便。芯模脱模时不应造成槽壁塌陷和拉伤。

（4）扭工字块、扭王字块等块体的预制施工，应采取防止肢杆连接处出现裂缝的措施。

（5）扭工字块、扭王字块和四脚锥体等块体重量的允许偏差应为±3%。

2）护面块体安放前，应对垫层进行检查。护面块体应自下而上安放，底层护面块体应与坡脚棱体靠实挤紧。

3）扭工字块体的安放方式应满足设计要求，并应符合下列规定：

（1）当采用随机安放时，应按测量定位方法计算安放点位置及安放数量，分段控制安放。波浪作用范围内的上层块体中应有60%以上块体的垂直杆件在堤坡下方。安放完成后，应对块体的疏密情况进行检查，发现漏放或过大空缺时应及时补充安放。

（2）当采用规则安放时，应使全部块体的垂直杆件安放在堤坡下方并压在前排的横杆上，腰杆跨在相邻块的横杆上。

4）扭王字块体的安放方式应满足设计要求，并应符合下列规定：

（1）扭王字块体宜采用随机安放。当有特殊要求时，反压平台或施工水位以上的块体也可采用规则安放。

（2）采用随机安放时，应按测量定位方法计算安放参数，由下而上、分段分层、定点定量控制安放，并应逐一调整块体姿态，相邻块体的摆向不宜相同，相邻块体的翼缘不宜接触平行安放。安放完成后，应对块体的疏密情况进行检查，发现漏放或过大空缺时应及时补充安放。

（3）采用规则安放时，应使全部块体保持两垂直杆件一端在堤坡下方、中间杆件一端在堤坡上方，三点着地顺坡依次向上叠压摆放。

(4)坡肩转角部位的两块扭王字块应相互勾连。

(五)上部结构(JTS 208—2020 4.5)

1)斜坡堤的上部结构宜在抛石堤身和地基沉降基本稳定后施工,并应根据设计要求和沉降观测成果预留后期沉降量。

2)现浇胸墙或压顶块的模板,应考虑施工期波浪作用的影响。胸墙或压顶块与堤身结合处应采取防止混凝土漏浆的措施。

3)当胸墙需分层浇筑时,施工缝宜留置在底板顶面以上500~1000mm的部位。施工缝处理除应符合现行行业标准的有关规定外,尚应结合工程性质和结构特点采取加强结构整体性的措施。

4)高程较低的胸墙趁低潮施工时,应保持混凝土的浇筑面在水面以上,并应采取防止混凝土被水淘刷的措施。

5)胸墙或压顶块设置的减压孔位置和数量应满足设计要求,并应保持通畅。

6)预制压顶块安装前应对堤顶进行整平。空心方块或圆筒等空心压顶构件安装后,应及时进行腔筒内回填和两侧防护结构的施工。

三、重力式直立防波堤施工

(一)一般规定(JTS 208—2020 5.1)

1)重力式直立防波堤的预留沉降量,宜在基床施工时预留,并应在上部结构施工时进行调整。预留沉降量应考虑地基沉降量和基床沉降量。地基的沉降量应按设计要求确定,基床的沉降量应综合考虑基床厚度、块石规格和夯实方法等影响,并结合施工经验确定。

2)直立堤施工期间的沉降、位移观测点,应按结构段设置。观测的初始时间,宜从堤身构件安装就位后开始,并结合堤身和上部结构的施工进展,依次引测至上部结构顶部。

(二)基础(JTS 208—2020 5.2)

1)水下基槽开挖应符合下列规定:

(1)基槽开挖的船机设备和开挖工艺,应根据开挖工程量、开挖土质、基槽水深、当地海况、工期与质量要求等条件进行选择。

(2)基槽宜分段、分层开挖。分段的长度应根据回淤情况和施工能力确定,分层开挖深度应根据土质、开挖机具和施工方法确定。

(3)基槽挖至设计高程时应核对土质。当发现土质与设计情况不符时,应会同设计单位研究解决。

(4)采用水下爆破方法开挖岩石地基基槽时,应符合现行行业标准的有关规定。

(5)基槽开挖的尺寸应满足设计要求。

(6)每段基槽开挖后应及时检查验收,并及时进行基床抛石施工。

2)基床抛石施工应符合下列规定:

(1)抛石施工前应对基槽断面进行检查,当基槽底部回淤沉积物的厚度大于0.3m,且含水率小于150%或湿土重度大于12.6kN/m³时,应进行清淤。对于换填基槽,当采取夯实措施时,基槽回淤沉积物的厚度可适当放宽。

(2)基床抛石应根据基槽长度、基床厚度和施工条件分段、分层进行。采用重锤或振动锤组夯实的基床,分层抛石的厚度宜按夯实后的厚度不大于2.0m进行控制;采用爆破夯实的基床,分层爆破夯实的厚度不宜大于12m。

(3)基床抛石的高程应预留夯沉量,其数值可根据试夯资料或施工经验确定。基床最上一层抛石的高程不宜高于施工控制高程,也不宜低于施工控制高程0.5m。

3)基床重锤夯实应符合下列规定:

(1)基床夯实应与基床抛石的分段、分层施工协调进行。每层夯实前应对抛石面进行适当整平,抛石面的局部高差不宜大于300mm。

(2)夯实所用重锤的底面积不宜小于$0.8m^2$,底面静压强宜采用40~60kPa,落距宜为2.0~3.5m,不计浮力、阻力等影响,冲击能宜为150~200kJ/m^2。

(3)重锤夯实宜采用纵横向相邻接压半夯,每点一锤,并分初夯、复夯各一次的方法。夯击遍数应根据试夯确定。当不进行试夯时,每一点的夯实遍数不宜少于8夯次。

(4)抛石基床夯实后应进行复夯验收。可任选一段长度不小于5.0m的基床复打一夯次,夯锤相接排列不压半夯,复夯的平均沉降量不宜大于30mm;也可采用选点复夯的方法,选点的数量不应少于20点,并应均匀分布在基床上,复夯的平均沉降量不应大于50mm。

4)基床整平应符合下列规定:

(1)防波堤抛石基床整平可分为粗平和细平,适用部位、整平范围和整平方式应符合相关规定。

(2)基床整平可采用潜水员水下人工整平、水下机械整平或整平船整平。当采用潜水员水下整平方法时,宜采用水下导轨及刮道等施工控制装置。

(3)每段基床整平完成后应及时安装堤身构件。

(三)堤身(JTS 208—2020 5.3)

1)堤身构件预制除应符合现行行业标准的有关规定外,尚应符合下列规定:

(1)混凝土地坪底模的隔离剂或隔离层均不得采用易导致降低预制构件底面摩擦系数的材料。

(2)沉箱和圆筒等大型构件需要分层浇筑时,施工缝不宜设在水位变动区、底板与立墙的连接处、吊孔处及吊孔下1000mm范围内。

2)沉箱、空心方块和圆筒等薄壁构件的吊运应符合下列规定:

(1)构件起吊时,其混凝土的强度应满足设计要求。

(2)构件的起重吊架应进行专门设计,吊架应有足够的刚度和强度,吊点的合力应与构件重心共线。

(3)吊点可采用预留孔或预埋吊环。大型构件吊点附近的混凝土局部应力集中部位应采取加强措施;预留孔与吊索接触面宜用钢套管保护。

3)堤身构件安装应符合下列规定:

(1)堤身构件安装前应对基床顶面进行检查。

(2)堤身构件安装应控制安装位置和堤的长度。

(3)开孔沉箱安装的临时封孔板应有足够的强度、刚度和良好的水密性,并应方便安装和拆卸。

(4)沉箱、空心方块和圆筒安装后,应及时进行舱格内回填。当回填块石时,应采取防止砸损构件边缘的保护措施。对于带有消能室沉箱的箱内回填,应控制回填高度并及时进行顶面防护。

(四)护肩与护底(JTS 208—2020 5.4)

1)堤前护底块石或人工块体应在墙身结构安装后及时抛填或安放。

2)基床护肩与护底施工前,应对防护面进行检查,当有明显变化时,应进行处理。

3)护肩与护底的防护范围和厚度不得小于设计要求。当安放人工块体时,块体应安放平稳、坐实挤紧。

(五)上部结构(JTS 208—2020 5.5)

1)开孔沉箱消能室对应上部结构的泄压孔应通畅,位置应准确。

2)削角胸墙的倾斜面采用闸板式模板浇筑时,应随混凝土初凝情况及时拆除斜面盖板,并进行原浆压面。

3)挡浪胸墙采用预制安装结构形式时,施工前应对挡浪胸墙构件在施工期间的稳定性进行校核。对施工期间在波浪作用下不稳定的构件,应采取临时固定措施。

(六)箱筒型基础防波堤施工(JTS 208—2020 6)

1)箱筒型基础防波堤的施工应根据结构特点、设计要求、施工条件和施工能力,对箱筒型构件的预制、出运和下沉等主要过程进行重点分析研究,确定预制方法、施工工艺和船机设备。

2)箱筒型构件的基础筒应具有良好的气密性,满足气浮拖运和负压下沉的要求。

3)首组箱筒型构件拖航前应进行气浮试验,对箱筒型构件的气密性和充气系统的工作参数进行验证确认。

4)箱筒型基础防波堤在施工期间的沉降、位移观测,应从箱筒型构件负压下沉结束时开始。沉降、位移观测点应按结构段设置。

5)箱筒型构件可在预制场、半潜驳或浮船坞上进行预制。

6)混凝土箱筒型构件宜采用分体预制、整体拼装的方法进行预制。构件的分体单元应根据结构特点和拼装要求进行划分。

7)箱筒型构件出运宜采用半潜驳或浮船坞下水、气浮拖运工艺。

8)箱筒型构件下沉施工前应对构件沉设位置的泥面进行检查或扫测,当发现有深坑、陡坎、堆石等障碍时,应提前进行处理或清除。

9)箱筒型构件下沉宜采用定位船辅助定位的措施。

10)箱筒型构件的下沉施工应连续,并应按照排气自沉、负压下沉两个阶段进行控制。

四、其他型式防波堤施工

(一)半圆型防波堤(JTS 208—2020 7.1)

1)半圆形构件和半圆形沉箱底板与圆拱壁的施工缝宜留置在距底板顶面500mm以上部位。

2）半圆形构件和半圆形沉箱的模板应进行专门设计。底板中的泄压孔和拱壁中排气孔应采用容易装设和拆卸的模具。模板制作后应经试拼装检查验收。

3）圆拱壁的钢筋宜采用辐板机辐压成形。钢筋绑扎与装设应采用专用支架。成型后的钢筋骨架应采取防止变形和失稳的措施。

4）圆拱顶部模板的早拆面和混凝土的浇筑面，应及时修抹成型、压实抹光。

5）半圆形构件采用立式工艺预制时，构件起吊翻转吊孔和吊具应进行专门设计。翻转吊孔应设置在半圆形构件重心偏上位置。

（二）桩基透空防波堤（JTS 208—2020 7.2）

1）单桩沉桩后应根据风浪情况采取必要的临时支撑措施；排架桩沉桩完成后应及时夹桩，并应采用纵横围图连接加固相邻排架桩。

2）预制承台结构构件安装后，应及时焊接接缝钢筋，并应及时浇筑接头或接缝。

3）现浇承台结构的模板应根据风浪情况采取必要的加固措施。

4）挡浪板构件安装前，支撑结构的混凝土强度应满足设计要求。构件安装就位时，应根据风浪情况采取可靠的加固措施。

（三）沉箱墩式透空防波堤（JTS 208—2020 7.3）

1）沉箱安装后应及时按设计要求对基床表面进行防护。

2）沉箱墩间的上部结构施工，应考虑波浪对模板和新浇混凝土的影响，必要时应采取保护措施工。

五、斜坡式护岸施工

（一）坡式护岸（JTS 208—2020 8.2）

1）坡式护岸工程宜按照护底与护脚、岸坡、护面与护肩、上部结构的顺序组织施工。

2）岸坡开挖与补坡应符合下列规定：

（1）岸坡开挖前，应对现场地形和地貌进行测量和踏勘。当附近有建筑物或构筑物、道路或地下管线时，在施工中应采取防护措施。

（2）岸坡开挖应自上而下、分段分层进行，不得掏底开挖。

（3）岸坡坡度应满足设计要求。当发现地质情况与设计要求不符时，应会同设计单位研究处理。

（4）陆上岸坡开挖至设计边坡线之前，宜预留厚度为100~200mm的土层待人工削坡。削坡后护岸的边坡应平顺、整齐，且不得有贴坡。

（5）岸坡的原坡面存在凹坑或沟壑时，应会同设计单位研究处理。当采用填方处理时，回填部分应进行夯实并应预留削坡厚度。

（6）挖方弃土在坡顶堆放时，应严格控制堆土位置和高度，满足岸坡稳定的要求。严禁向港池和航道内弃土。

3）护底和护脚施工应符合下列规定：

（1）抛石护脚设有脚槽时，脚槽的开挖应与岸坡开挖同时进行，护脚的抛填应在坡面垫层施工前完成。

(2)采用石笼护脚时,水下石笼宜采用网格法控制定点抛放。石笼间的过大缝隙宜用大块石补齐。

(3)采用短桩护脚时,短桩的长度、间距和打入深度应满足设计要求。

4)坡面倒滤层与垫层施工应符合下列规定:

(1)面倒滤层和垫层的铺设应与其上层的护面层施工相协调。

(2)碎石倒滤层与垫层应按设计分层及厚度要求分段、分层铺设,并应由坡底向坡顶施工。每段、每层的推进面应错开足够距离,分段接茬处不得发生层间错位、断缺或混杂现象。

(3)采用土工织物倒滤层时,土工织物铺设应平顺、松紧适度,铺设块的搭接长度、坡顶锚固和坡底压稳应满足设计要求。铺设后应及时覆盖上部碎石垫层。

(4)在受水流和风浪影响区域施工时,每段倒滤层与垫层铺设后应及时进行坡面护面层的施工。

(5)对于设有排水盲沟的坡面,在倒滤层与垫层施工前应先进行盲沟的施工。盲沟的位置、断面尺寸、填料及土工织物包裹等均应满足设计要求。

5)护面施工可采取干砌块石、浆砌块石、干砌条石、混凝土铺砌块、模袋混凝土、钢丝石笼网垫等不同施工工艺。

6)干砌与浆砌块石护面施工应符合下列规定:

(1)块石长边的尺寸不宜小于护面层的设计厚度。

(2)干砌块石护坡应采用干插立砌法砌筑,并宜采用45°斜向自下而上分层或正向水平分层砌筑方式。砌筑时,块石的长边应垂直于坡面,块石应相互错缝、挤紧塞稳。块石与垫层相接处的空隙可用二片石垫稳填实,但不应从坡面外侧用二片石填塞。

(3)浆砌块石护坡应采用坐浆立砌法砌筑。砌筑时,应先将底面及相邻已砌块石侧面铺抹足够砂浆,再立砌块石。块石应相互错缝,砌缝应挤满砂浆并及时勾成平缝。

(4)浆砌块石护坡的减压排水孔应按设计要求留置,并应通畅。

7)护岸顶部浆砌石胸墙和压顶帽梁的施工应符合下列规定:

(1)砌石胸墙、压顶帽梁的施工应在堤身沉降基本稳定后进行,并应预留后期沉降量。

(2)砌体所用石料的种类应满足设计要求,外形尺寸及加工要求应满足相关规范的要求。砌筑前应对石料表面进行清洗。

(3)砌筑砂浆的配合比应经试验确定。砂浆应采用砂浆搅拌机拌和并应随用随拌。

(4)浆砌石胸墙和压顶帽梁应分层、分段砌筑。分段的位置、分缝板及填充材料应满足设计要求。

(5)块石砌体宜采用分层坐浆法砌筑。块石应上下错缝、内外搭砌,拉结石应分布均匀、相互错开。砌缝砂浆应饱满密实,水平灰缝宽度宜为20~30mm,竖向灰缝宽度不宜大于40mm。

(6)料石砌体可采用全顺、丁顺叠砌或丁顺组砌等砌筑形式。砌筑时应控制料石的砌筑高度和砌缝横平竖直,料石应分层铺浆平砌,并应上下错缝搭接。

(二)堤式护岸(JTS 208—2020 8.3)

1)堤后倒滤层施工应符合下列规定:

(1)倒滤层的铺设施工应与堤身成型和堤后回填施工相协调。

(2)倒滤层应分段、分层铺设,分层倒滤层的推进面应错开足够距离,避免发生层间错位、断缺或混杂现象。

(3)当采用土工织物滤层时,土工织物铺设应平顺、松紧适度,搭接长度和固定方式应满足设计要求。铺设后应及时覆盖保护层。

(4)每段倒滤层铺设完成后,应及时进行堤后回填。

2)堤后回填应符合下列规定:

(1)回填材料的种类和质量应满足设计要求。

(2)回填的顺序、方向和加载速率应满足设计要求。当需要挤淤时,应按有利于堤身稳定的方向进行。

(3)施工水位以上的回填应分层压实。

(4)回填过程中应对堤身沉降、位移进行观测,必要时应安排施工监测。

(5)回填的高程应满足设计要求,并应根据地质情况、回填材料、回填厚度和施工方法等预留沉降。

六、直立式护岸施工

(一)一般规定(JTS 208—2020 9.1)

现浇混凝土、浆砌石和加筋土挡墙结构护岸宜干地施工或采取措施形成干地施工条件。

(二)现浇混凝土与浆砌石挡墙结构护岸(JTS 208—2020 9.2)

1)挡墙地基与基础处理应符合下列规定:

(1)岩石地基时,应清除岩面淤泥苔藓,凿出新鲜岩面,并清洗干净;对于倾斜岩面,应按设计要求将岩面凿平或凿成台阶。

(2)砂土类地基时,基底承重面应夯实平整并及时进行混凝土或砂浆垫层施工。

(3)特殊地基时,应按设计要求进行处理。

(4)基底高程的允许偏差,土基应为±50mm;岩基应为+50mm,-200mm。

2)现浇混凝土挡墙施工除应符合现行行业标准的有关规定外,尚应符合下列规定:

(1)挡墙可按结构段依次施工或间隔施工。结构段之间的变形缝应按设计要求留置。

(2)梯形断面宜整体连续浇筑。当墙高较大需要分层浇筑时,分层高度宜为1.5~2.0m。

(3)墙身排水孔的位置和直径应满足设计要求,并应保证通。

3)浆砌石挡墙施工应符合下列规定:

(1)挡墙底部为现浇混凝土基础时,基础顶面宜栽埋块石石榫。块石外露长度不宜小于150mm,间距宜为300~500mm,埋深宜为150~200mm。

(2)在岩石或混凝土基础上砌筑时,应将基层面清洗、湿润后再坐浆砌筑。

(3)挡墙分层、分段砌筑时,相邻段的砌筑高差不宜大于1.2m。

(三)加筋土挡墙护岸(JTS 208—2020 9.3)

1)地基与基础的施工应符合下列规定:

(1)基底面应按设计要求开挖、压实和平整,压实和平整的范围宜按设计尺寸各边加宽

0.3m。

(2)纵向高差较大的岩石地基,应按阶梯形开挖,台阶的长度不宜小于3m。

2)墙面板安砌应符合下列规定:

(1)采用插锁方式拼接的墙面板,一次安砌层数不宜超过两层;采用企口缝连接方式的墙面板,应一次安砌一层。

(2)墙面板的缝宽不宜大于10mm,除排水缝外,砌缝均应坐满砂浆,外侧做成平缝。

(3)墙面板安砌不应外倾,内倾坡度宜为1/100。调整水平偏差时,不得采用碎石等支垫找平。

3)墙面板后的倒滤层和排水缝施工应符合下列规定:

(1)用作排水缝的土工织物在条形基础上应向墙内平铺,其长度不得小于500mm。土工织物在竖向应随墙面板的安砌自下而上卷铺,并及时用填料推靠墙面。

(2)墙面板后的碎石或砂砾排水层,应随后方回填逐步施工,并灌水、振捣密实。碎石或砂砾层级配应均匀,粒径宜为5~40mm,厚度应满足设计要求。

七、附属设施施工

(一)一般规定(JTS 208—2020 10.1)

1)防波堤与护岸主体工程施工时,应协调相关附属设施的抛石、预埋块体和预埋件等施工。

2)平台、踏步、栏杆和堤头灯柱等附属设施的施工,宜在防波堤与护岸结构沉降变形基本完成后进行。

(二)平台与踏步(JTS 208—2020 10.2)

1)现浇混凝土平台的施工应符合下列规定:

(1)陆上平台的垫层施工应满足设计要求,并应在平台施工前检查验收。

(2)混凝土应按照设计板块划分单元进行浇筑。

(3)板缝应按设计要求进行嵌缝,嵌缝前宜对板缝进行抹角修边。

2)踏步的施工应符合下列规定:

(1)踏步的形式、位置和高程应满足设计要求。

(2)直立式防波堤与护岸的踏步施工应与胸墙施工相协调;斜坡式防波堤与护岸堤头灯的检修踏步,应与堤头灯座基础块体的施工一并进行。

(3)混凝土踏步的面层宜设置防滑条或防滑槽。

(4)条石踏步的表面应为粗糙面,踏步板的前缘应倒角。

(5)浆砌块石踏步应采用外形方正的块石,砌筑时应大面朝上并适当修整。

(6)踏步的高度应均匀一致,顶面应水平。

(三)栏杆(JTS 208—2020 10.3)

1)钢质栏杆制作与安装应符合下列规定:

(1)所用钢材的种类、规格和质量应满足设计要求。栏杆加工、焊接、制作和防腐应符合现行行业标准的有关规定。

(2)立柱安装及锚固应按设计要求施工。当采用预留孔洞栽埋锚固方式时,预留孔洞的位置应准确,埋入深度应足够,锚固砂浆密实饱满。

(3)安装后应对栏杆进行适当调顺,栏杆的线形应平顺、整齐、美观。

2)混凝土栏杆预制与安装应符合下列规定:

(1)栏杆构件外形尺寸应满足设计要求。表面不应有麻面、裂纹、掉角等缺陷。

(2)栏杆构件在运输、安装过程中应做好成品保护,预埋件应做防腐处理。

(3)立柱固定应稳固、可靠。采用埋入法固定时,地基基础应稳定,埋入深度应满足设计要求。

(4)栏杆采用榫槽连接时,安装调顺固定后应采用细石混凝土灌缝,塞严挤紧;采用焊接时,焊缝质量应满足设计要求,并应进行防腐处理。

(5)栏杆的伸缩缝应设置在防波堤或护岸结构变形缝的同一位置。

3)石柱栏杆的加工与安装应符合下列规定:

(1)石柱所用石材的种类与材质、石柱的外形尺寸与加工质量和预留孔的位置与孔径应满足设计要求。

(2)所用的钢管或铁链等装配件,在安装前应按设计要求进行防腐处理。

(3)石柱栽埋应稳固、可靠。当采用在混凝土基础上钻孔栽埋时,钻孔的平面位置、孔径和深度应满足设计要求。埋设立柱的混凝土应采用强度等级不小于C25的细石混凝土。

(4)钢管或铁链安装后,孔槽空隙应按设计要求填塞紧密。

(四)堤头灯柱(JTS 208—2020 10.4)

1)灯柱的种类、材质、结构、型号和规格应满足设计要求。外形、尺寸和颜色应符合国家现行有关标准的规定。

2)灯柱的位置和方向应满足设计要求,并应通视良好。

3)基础预埋件的位置应准确,底座法兰应水平。底座法兰和底脚螺栓应做好防腐处理。

4)灯柱安装应竖直,基座、柱体、攀梯、平台、顶标连接应牢固,杆件无变形、漆膜无损坏。

第九节 码头上部结构工程

一、一般规定(JTS 257—2008 4.7)

码头与岸壁工程上部结构分项工程的检验批,岸壁式结构宜按结构段划分,墩式结构应按结构单元划分。

二、现浇混凝土胸墙质量控制(JTS 257—2008 4.7)

1)现浇胸墙、防浪墙和防汛墙,除构件混凝土实体质量外,前沿线位置、顶面标高、顶面宽度、相邻段错台、预留空洞位置等项目允许偏差应符合规范有关规定。

2）现浇廊道、管沟，除构件混凝土实体质量外，边线位置、壁厚、沟宽、预留孔位置、预埋铁件位置等项目允许偏差应符合规范有关规定。

三、现浇混凝土桩帽与墩台、现浇梁板、现浇混凝土柱质量控制（JTS 257—2008 4.7）

1）预留钢筋的数量及外伸长度等应满足设计要求。
2）现浇混凝土桩帽与墩台、现浇梁板、现浇混凝土柱允许偏差项目应符合规范有关要求。
3）现浇梁板安装搁置面应压抹平顺。叠合部位的凿毛和钢筋的数量及外伸长度应满足设计要求。

四、混凝土构件安装质量控制（JTS 257—2008 4.7）

1）构件的型号应满足设计要求与规范有关规定。
2）安装时，构件和下层支承结构的混凝土强度及支点构造应满足设计要求。
3）构件钢筋伸入支座的锚固长度和固定构件的方式应满足设计要求。
4）构件与支承面应接触严密，铺垫砂浆应饱满并及时勾缝。
5）变形缝的设置应满足设计要求，并应上下贯通、顺直。

五、变形缝及止水质量控制（JTS 257—2008 4.7）

1）变形缝的位置及构造应满足设计要求。
2）止水设置的位置及构造应满足设计要求。
3）止水材料的品种、规格和质量应满足设计要求。
4）同一条止水带应连续、完整，不应有割口、撕裂和钉孔。焊接或粘接的连接形式、工艺和质量应满足止水材料产品说明书的要求。
5）止水带与混凝土的结合应严密。止水带不得发生卷曲，混凝土不得有蜂窝等缺陷。
6）变形缝的上下层位置应贯通，缝内不得夹有杂物。
7）填缝材料的种类应满足设计要求，填缝应饱满、整齐、不污染工程。

六、现浇混凝土面层质量控制（JTS 257—2008 4.7）

1）基层面的处理应满足设计要求。浇水湿润不应有积水。
2）混凝土面层应压抹平整，拉毛或刻纹应满足设计要求并应均匀一致。不得有空鼓、脱皮、石子外露、缺边掉角和飞边等缺陷。
3）胀缝和缩缝的设置应满足设计要求，并应线条整齐、边缘完整。有填缝要求的，填缝应饱满、密实。

第十节　接岸结构与后方回填工程

一、基本要求（JTS 257—2008　4.8）

高桩码头接岸结构、高桩码头和斜坡码头后方岸坡与码头后方回填分项工程的检验批宜按设计结构单元或施工段划分。接岸结构中的地基加固、板桩结构各分项工程，以及现浇混凝土挡土墙、浆砌石挡土墙的质量检验应符合规范有关规定。

二、墙后抛石棱体质量控制（JTS 257—2008　4.8）

1）棱体所用材料的规格和质量应满足设计要求。
2）抛填前应检查基床和岸坡，超过设计要求的回淤或塌坡应进行清理。
3）墙身后棱体抛填的程序和速率应满足设计要求。
4）棱体断面的平均轮廓线不得小于设计断面。

三、墙后倒滤层质量控制（JTS 257—2008　4.8）

1）倒滤层所用砂、碎石和土工织物的规格和质量应满足设计要求。
2）倒滤层应连续，分段分层施工的接茬处理应满足设计要求。
3）土工织物滤层的坡顶、坡趾处理或立缝铺设的固定措施，应满足设计和施工方案的要求。
4）土工织物滤层铺设不得有破损，水下铺设的压稳措施应可靠。
5）倒滤层施工验收后，应及时回填覆盖。
6）设置在码头墙身后的碎石倒滤层，当墙身构件安装缝宽度大于倒滤层材料粒径时，应采取防漏措施。
7）倒滤层、土工织物滤层施工的允许偏差、检验数量和方法，应符合规范有关规定。

四、码头后方回填质量控制（JTS 257—2008　4.8）

1）码头后方的回填程序和加载速率应符合设计和施工方案的要求。
2）陆上回填应分层回填、分层密实，其分层厚度和经碾压或夯实后的密实度应满足设计要求。
3）回填料种类应满足设计要求。

五、高桩码头接岸结构与岸坡施工（JTS 215—2018　5.5）

1）接岸结构沉桩后进行回填或抛石前，应清除回淤浮泥和塌坡泥土。
2）接岸结构岸坡回填土和抛石不宜采用由岸向水域方向倾倒推进的施工方法。
3）施工过程中，应根据设计要求，结合现场施工条件设置沉降和位移观测点。

第十一节　轨道梁与轨道安装工程

一、基本要求（JTS 257—2008　4.9）

码头后轨道梁的分项工程应按工程类别划分。其检验批宜按设计结构单元或施工段划分。轨道梁的模板、钢筋和混凝土等分项工程的质量，应满足相应的规定。轨道梁的桩基础，如预制桩沉桩、灌注桩的质量，应符合相应的规定。

二、轨道梁基础换填质量控制（JTS 257—2008　4.9）

1）轨道梁基础换填所用的材料、换填部位和厚度应满足设计要求。
2）换填的密实方法应满足设计要求。设计对压实度或标准贯入度有要求时，压实度或标准贯入度应满足设计要求。

三、现浇混凝土轨道梁质量控制（JTS 257—2008　4.9）

1）梁顶及轨道槽的质量应满足设计要求。
2）梁端榫槽与传力杆的质量应满足设计要求。
3）现浇轨道梁的允许偏差、检验数量和方法应满足规范有关要求。

四、轨道安装质量控制（JTS 257—2008　4.9）

1）钢轨及配件的规格和质量应满足设计要求。
2）采用硫黄砂浆或胶泥固定螺栓时，砂浆或胶泥的强度及抗拔力应满足设计要求。
3）无缝轨道的焊接接头应按设计要求进行探伤检查，并应满足设计要求。
4）垫板、垫圈、扣件和螺母安装应正确，螺母应满扣拧紧。

五、车挡安装质量控制（JTS 257—2008　4.9、JTS 169—2017　6.3）

1）车挡构件的规格应满足设计要求，质量应符合钢结构制作的有关规定。
2）车挡构件与基础的连接应牢固。采用焊接连接时，焊缝应满足设计要求；采用螺栓连接时，螺母应拧紧并外露2~3个丝扣。
3）钢构件涂装的质量应满足设计要求，表面不应有漏涂、起皱、流挂、脱落等。
4）车挡结构可采用直立式或弯曲式。直接承受水平力作用的部分宜设置橡胶垫板，且装卸机械缓冲器应与前后轨车挡接触面在同一平面内。

六、顶升埋件（JTS 169—2017　6.4）

1）岸边装卸机械应根据需要设置顶升埋件。顶升埋件的位置应根据装卸机械维修、船舶装卸作业、码头结构受力和锚碇防风拉索布置等因素确定。顶升埋件设置的套数不宜少于装卸机械设备数。小型码头可采用临时垫板代替顶升埋件。

2）顶升埋件对桩基梁板式码头宜设在梁系上，重力式码头宜设于轨道梁上。轨道基础为轨枕道砟时，顶升埋件应做独立的混凝土基础。

3）顶升埋件应采用锚筋或锚板锚固于基础上。

4）横梁排架或轨道梁上的顶升埋件，计算码头结构内力时，作用组合应考虑顶升反力影响。

5）顶升埋件设独立基础时，应对基础进行局部承压和地基承载力验算，混凝土强度等级不应低于码头面层强度。

七、防风地锚质量控制（JTS 257—2008　4.9）

1）起重装卸机械防风地锚及锚座设置的位置和数量应满足设计要求。

2）地锚拉环和锚座的制作质量和与基础的连接方式应满足设计要求。

3）钢构件涂装的质量应满足设计要求，表面不应有漏涂、脱落和锈蚀等。

第十二节　码头结构加固改造工程

一、术语（JTS/T 326—2024　2、JTS/T 327—2024　2）

1. 码头结构加固改造

为提高或维持码头既有结构、构件及其相关部分的可靠性，使其满足规定的安全性、适用性和耐久性要求，采取的结构增强或调整措施。

2. 结构状态判别

在结构检测评估的基础上，结合码头结构加固改造要求，采用计算、分析、试验等手段对结构的安全性、适用性、耐久性和剩余使用年限等进行的综合识别判定。

3. 基床升浆

通过注浆管将水泥砂浆注入抛石基床，使砂浆充填基床块石间隙的施工方法。

4. 剩余使用年限

既有结构在规定的使用条件和正常维护条件下，无须大修继续保持其预定功能的时间。

二、基本规定（JTS/T 326—2024　3、JTS/T 327—2024　3）

1）码头结构加固改造应根据结构状况、自然条件、使用要求、施工条件、周边环境等进行设计，并遵循安全可靠、技术先进、经济合理的原则。

2）码头结构加固改造前应对既有结构进行检测与评估，并应根据码头结构检测评估结论和使用要求确定加固改造的范围及内容。

3）码头结构加固改造采用的钢材、钢筋、混凝土和结构胶黏剂等加固材料应符合现行行业标准《码头结构设计规范》(JTS 167)、《港口水工建筑物修补加固技术规范》(JTS/T 311)等有关规定。结构加固改造采用的混凝土强度等级不应低于既有结构的混凝土强度设计等级,且不应低于C30。

4)码头结构加固改造设计应与施工工艺相结合,采取保证新增构件和部件与既有结构连接可靠的措施,并应避免对未加固部分以及相关的结构、构件和地基基础造成不利的影响。

5)码头结构加固改造施工前应进行现场调查与资料收集,包括下列内容:

(1)气象、水文、地质、地形和地貌等自然条件;

(2)邻近建筑物构筑物、水下与地下管线或障碍物、施工水域、航道与避风锚地等周边施工环境;

(3)施工场地、道路、供水、供电、可利用的预制场、弃土或纳泥区、船机设备、劳动力、加工能力、地材供应等周边施工配套资源;

(4)设备调遣与大件运输等进场道路和水上运输条件;

(5)高程、平面控制网和控制基点等测量控制点情况;

(6)既有码头竣工资料,构筑物使用状态,码头维护记录,监测、检测与评估资料,邻近建筑物构筑物现状等调查资料;

(7)加固改造施工期间码头生产运营作业需求;

(8)其他与码头结构加固改造施工相关的资料。

6)施工前应熟悉勘察、设计文件,核对码头结构加固改造施工图纸与既有码头竣工图纸和现状的关系,进行图纸会审并参加设计交底。

7)施工前应根据工程特点,施工环境,施工条件,安全、质量、工期和环保要求等编制施工方案,危险性较大的分部分项工程应编制专项施工方案。

8)码头结构加固改造施工进场前,应做好下列工作:

(1)设立施工区界标和警戒标志;

(2)进行施工技术交底,交底内容主要包括勘察设计文件、加固改造工程特点、施工条件、施工方法、工艺流程、施工工期、操作要点、工序质量控制要点和质量标准、施工记录和自检记录要求等;

(3)对测量基准点进行复核,确认无误后开展施工测量;施工测量符合现行《水运工程测量规范》(JTS 131)的有关规定。

9)码头结构加固改造施工设备选用应考虑下列因素:

(1)加固改造工程特点和技术要求;

(2)既有码头结构施工可用范围和承载能力;

(3)既有建筑物构筑物、管线、设备等周边环境;

(4)进场道路和航道。

10)码头结构加固改造施工顺序和工艺应满足设计要求,施工时应加强对既有结构的保护。

11)利用既有码头结构作为施工平台时,应对其进行承载能力验算。

12)结构拆除顺序应先上部结构后下部结构,施工条件具备时,宜采用整体拆除工艺。

13)码头结构拆除宜采用机械破碎拆除、切割拆除或爆破拆除等工艺,工艺选用应根据现场条件、结构形式、施工设备等综合确定。

14)码头结构拆除时应观测其稳定状态,发现异常应停止作业,并采取必要措施。

15)码头结构拆除应选择安全环保的施工工艺,并做好拆除物的处置。

16)码头结构加固改造工程施工影响范围内有码头正常运营时,应采取下列保障码头营运和施工安全的措施:

(1)施工区域设立现场围挡,放置明显的警示标志,隔离施工现场和码头营运作业区;

(2)施工区域实行封闭管理;

(3)对重大危险源、重点部位进行监控;

(4)施工区域设置安全危险源公示牌,包括危险性较大的分部分项工程名称、施工时间和具体责任人员等内容;

(5)施工区域有船舶航行和靠离泊时,提前停止水上作业和潜水作业活动;船舶通过邻近区域时,按船舶航行安全相关规定设置浮标和安全警示标识,必要时设置临时防撞设施、锚浮标和警示灯。

17)加固改造工程新老混凝土结构应平顺衔接。新老混凝土结构采用植筋或通过既有钢筋连接时,应符合现行《混凝土结构后锚固技术规程》(JGJ 145)和《水运工程混凝土施工规范》(JTS 202)的有关规定。

18)码头结构修补加固应符合现行《港口水工建筑物修补加固技术规范》(JTS/T 311)的有关规定。

19)码头结构加固改造工程的质量检验应符合现行《水运工程质量检验标准》(JTS 257)的有关规定。

三、检测、评估与状态判别(JTS/T 326—2024 4)

1)码头结构加固改造前应对结构现状进行检测与评估,并应根据加固改造的目标、检测与评估的结论对码头结构进行状态判别。

2)码头结构检测应包括下列内容:

(1)结构构件裂缝与破损检测;

(2)结构位移与变形检测;

(3)结构耐久性检测;

(4)必要的结构试验检测;

(5)已补强与加固的结构检测。

3)码头结构的评估内容应包括安全性、适用性和耐久性评估,评估范围应包括地基、基础、结构或构件。

4)码头结构检测资料不满足评估要求时,应进行补充检测或试验等码头结构状态判别应综合考虑结构构件评估等级和重要程度、码头结构加固改造后的使用要求等因素,经综合分析论证,提出安全性、适用性、耐久性和结构剩余使用年限等结论。

5)码头结构位移与变形异常时,状态判别应分析产生原因及其对结构承载力和稳定性的影响;码头结构裂缝超过规范允许值时,状态判别应分析判断裂缝成因和发展趋势。

四、高桩码头结构加固改造（JTS/T 326—2024　5）

1）高桩码头结构加固改造方式应根据既有码头平面布置、结构形式、改造后使用要求、船型以及船舶系靠泊要求等确定，可采用设置分离式墩台、设置前方桩台、设置柔性靠船桩、局部加固、板桩加固或调整护舷等方式。

2）码头前沿、桩基区或岸坡结构局部出现冲刷影响结构安全时，宜采用抛石或袋装混凝土等保护措施。

3）混凝土桩顶部破损时，可采用将横梁或桩帽局部降低高程包覆破损桩顶局部补强的方法。桩身破损时，可采用包覆修补、加固等方式。

4）护舷老化、变形、损坏、脱落，螺栓、垫板、锚链锈蚀等应进行维修或更换，维修或更换后的护舷变形-反力曲线等性能应满足设计要求。

5）高桩码头既有结构拆除应符合下列规定：

(1)结构拆除宜采用无损拆除的方法，对损坏部分应按原结构技术要求进行维修加固。

(2)结构拆除应加强对保留结构的保护。

(3)上部结构拆除时，应防止桩头破损。

(4)上部结构拆除后，宜对拟利用桩基进行检测。

五、重力式码头结构加固改造（JTS/T 326—2024　6）

1）重力式码头结构加固改造方式应根据既有码头平面布置、结构形式、改造后使用要求、船型以及船舶系靠泊要求等确定，可采用前置桩台、前置墩台、调整护舷、基床升浆、墙身注浆、胸墙扩大和墙后卸载处理等方式。

2）抛石基床淘空损坏时，可采用补抛块石结合升浆混凝土、压灌水下不分散混凝土、袋装混凝土填补等方式加固。抛石基床被冲刷损坏时，可采取模袋混凝土、升浆混凝土、栅栏板等混凝土构件和大块石等护底措施。

基床升浆施工需根据设计要求、现场工况、基床尺度、施工设备等进行典型施工。基床升浆注浆孔平面布置一般呈等边三角形或梅花形，根据加固基床的宽度、厚度确定间距和排距，钻孔注浆按照先内后外的顺序进行。注浆时砂浆需要分层充分灌注、填充在块石之间，并密切注意注浆压力，当压力达到设定要求时，提升注浆管 30～50cm 后继续注浆，注浆结束后将注浆口封闭。注浆试验段施工结束后通过钻孔取芯进行检测，芯样完整性、强度均需符合要求。

3）胸墙和水位变化区以上墙身结构的裂缝，宜采用水泥压力灌浆、化学灌浆、粘贴纤维增强复合材料布等方式修复。对于损坏面积较大、空洞较多的部位，宜采用局部拆除、重新浇筑混凝土或贴镶面板等方式修复。对于沉箱等预制混凝土构件损坏的应按原设计修复，箱内回填料流失的应补充。

4）因回填料流失造成局部塌陷、空洞的损坏，可采取开挖至回填料完好位置处，增设或修复倒滤层结构，并按原设计进行其余部位修复的措施。

5）对于冲刷加固，可采用板桩防护、平面防护、护坦加固等方法。采用板桩防护时，板桩顶面高程不应高于基床顶面。

六、施工监测（JTS/T 327—2024　8）

1）码头结构加固改造施工监测应符合现行《水运工程施工监控技术规程》（JTS/T 234）和《水运工程水工建筑物原型观测技术规范》（JTS 235）的有关规定。

2）码头结构加固改造施工应对既有结构、岸坡、墙身和邻近建筑物构筑物等进行位移与变形等监测，发现异常时，应立即停止施工并及时处理。

3）码头结构加固改造施工前应根据结构特点、加固改造内容和方案、监测要求、现场踏勘情况等编制监测方案。

4）由于码头结构加固改造施工可能涉及原结构拆除等，受现场生产作业影响因素较多，施工安全风险较大，同时考虑自动化监测数据的有效性和精确性，实施自动化监测时，需选取一定比例的人工监测进行复核，防止自动化监测数据失效造成延误报警甚至造成工程事故。现场巡查以目视为主，必要时辅以量尺、放大镜、照相机等工具，主要是查看加固结构是否存在异常、周边环境是否变化、监测设施是否完好。

第五章 航道整治工程质量控制

第一节 施工前准备

一、一般规定

1) 依据相关规定及施工合同组建项目管理机构，组织施工人员进场。

2) 现场踏勘与资料调查，工前测量，图纸会审与设计交底，编制施工组织设计，进行技术与安全交底等。

3) 根据工程总体布置、航道通航条件和实际需要，修建与工程规模相适应的预制场地、进场道路、堆场、临时码头等设施，设置施工航道临时停泊锚地。

4) 根据施工方案安排施工进度，确定施工船机设备规格、数量和进场安排；确定工程所需建筑材料、物料等资源的供应和运输方式。

5) 办理水上水下活动许可、航行通告和航道通告。

6) 做好施工外部环境的协调。

7) 施工单位完成航道整治工程施工安全专项风险评估的编制。

8) 针对工程特点制定生产安全事故和突发事件应急预案，配备必要的应急救援设施和器材，组织安全培训，开展相应的应急演练。

二、现场踏勘与资料调查的主要内容（JTS 224—2016[❶] 4.2）

1) 了解整治河段洪、中、枯水位，流量、流速等；受潮汐影响的整治工程，了解、分析全年逐日污水预报。

2) 掌握地质钻孔和土层分布，岩土物理力学指标和地质灾害情况等；了解地下水和地表水情况、排水条件、渗流情况等水文地质情况。

3) 了解现场地形、地貌，调查崩岸部位及程度、不良地质现象及对施工的影响，掌握施工区域内的各种情况。

4) 了解施工区域跨、拦、临河建筑物的位置和主要特征。

5) 了解施工区管线、地下文物及障碍物的种类、位置、埋深、走向等水下、地下管线、文物

---

❶ JTS 224—2016 指《航道整治工程施工规范》（JTS 224—2016）。

及障碍物等资料。
6）了解施工水域与船舶临时停靠锚地等情况。
7）了解工程相关的保护区分布以及有关部门对周边生态保护、鱼类保护、水产养殖等规定和要求。

三、航道整治工程工前测量的主要工作内容（JTS 224—2016　4.3）

1）开工前应进行测量控制点交接，并对测量控制点进行踏勘、复核和复测，成果应经项目监理机构审核确认。
2）施工控制网的等级应符合现行行业标准的有关规定，并满足施工控制测量的精度要求。
3）应根据工程需要设立水位、潮位站或临时水尺等观测点。
4）应对工程区域的初始河床地形进行测量。

四、航道整治工程质量检验单位工程的划分（JTS 257—2008　1.4.0.2.8）

1）堤坝、护岸、固滩和炸礁工程按座或合同标段划分单位工程。
2）较长的整治建筑物按合同标段或以长度2~5km划分单位工程。
3）分期实施的整治建筑物和炸礁工程按合同规定的施工阶段划分单位工程。
4）长河段航道整治工程按单滩划分单位工程。

五、航道整治工程施工安全交底的工作内容（JTS 224—2016　4.6）

1）分部分项工程开工前，施工单位应向施工作业班组和施工作业人员进行安全交底，填写安全交底记录表。
2）施工安全交底应包括下列主要内容：
(1) 施工作业特点、危险源辨识和危险点。
(2) 施工安全重点及注意事项。
(3) 安全操作规程及安全技术措施。
(4) 职业健康保护措施。
(5) 安全用品的使用方法。
3）安全交底记录应有相关人员的签认。

第二节　土石方与地基基础

一、一般规定（JTS 224—2016　5.1）

取土与弃土不得影响施工区周边建筑物稳定和安全。

二、岸坡开挖的规定（JTS 224—2016　5.2.1）

1）在主流贴岸、陡坡或高边坡施工前应进行岸坡稳定性验算，并设置观测点，进行稳定观测。

2)岸坡开挖应先坡顶后坡脚,土层较厚时宜分层开挖。
3)开挖时应减少对基础原状土的扰动,开挖方式和开挖机械应根据地基土的特性选择。
4)有明水或渗流严重的岸坡开挖,应先进行降、排水处理。
5)开挖坡面出现裂缝和滑动迹象时,应立即暂停施工,增设变形观测点,加强观测,作好观测记录。必要时应采取应急抢险措施。
6)弃土场地应具有足够容量,弃土堆积高度及距坡顶开挖基线距离应通过边坡稳定性验算确定。

三、基槽开挖的规定(JTS 224—2016 5.2.2)

1)基槽开挖至设计高程时,应对土质进行核对。
2)陆上基槽开挖边坡不应陡于设计坡度。
3)基槽开挖宜分层进行,分层厚度应根据施工设备能力和边坡条件等确定。
4)基槽开挖过程中应定期监测边坡稳定及基槽周边构筑物情况,出现塌方、涌水等危及安全时,应立即采取针对性的保护措施。
5)基槽开挖完成后应及时进行结构物基础施工,避免基槽长时间暴露。

四、岸坡削坡及整平施工的规定(JTS 224—2016 5.2.5)

1)削坡施工前应对坡面基底进行清理。
2)整平回填的材料、加载速率、施工顺序、密实方法应满足设计要求。
3)削坡及整平的平面位置和范围应满足设计要求。

五、不良地质条件下的地基处理(JTS 224—2016 5.3)

航道整治工程不良地质地基处理主要以换填法、挤淤法、水下爆炸排淤填石法、排水砂井、碎石桩、土工格栅等方法的单独或综合运用。

第三节 护滩与护底工程

一、一般规定(JTS 224—2016 6.1)

1)工程施工前应根据现场踏勘情况,分析并挖掘工程区域的地形地貌。对水下护底区域进行扫测并清除障碍物。
2)护滩工程区滩面出露木桩、乱石及其他穿越的尖锐物应予以清理;对滩面坑陷、凸起、陡坎等影响护滩工程结构稳定的,应先按设计和规范要求进行处理。

二、护滩与护底工程的主要型式(JTS 224—2016 6)

1)土工织物软体排护滩、护底。

2)铰链排护滩、护底。
3)钢丝网石笼垫护滩。
4)抛枕护底。

三、土工织物软体排人工系结混凝土压载块施工的规定(JTS 224—2016 6.3.5)

1)混凝土压载块吊装、搬运过程中应采取必要的防护措施防止混凝土压载块断裂、掉角破损。
2)混凝土压载块绑系的位置、系结方式应满足设计要求。系结绳索应卡入凹槽,系紧牢靠,不得松脱。
3)排体铺设入水前,应对混凝土压载块的破损情况进行检查。对影响使用功能的破损混凝土压载块应予以更换,漏绑的混凝土压载块体应重新绑定。

四、水深大于5m小于10m处护底土工织物软体排沉排过程中出现排体撕裂的处理方式(JTS 224—2016 6.3.9)

1)从撕排处起算按不小于15m的最小纵向搭接长度进行补排。
2)搭接长度为排体入水前施工控制的纵向搭接长度。
3)排体着床的实际最小搭接长度不得小于6m。

第四节 筑坝与导堤工程

一、块石坝体的施工规定(JTS 224—2016 7.2.1)

1)筑坝施工过程中,应及时校核坝轴线位置、断面尺寸。
2)坝根处岸坡抗冲能力较弱时,应按设计要求先进行坝根处理护坡施工。
3)坝体抛筑顺序应根据河道条件、运输方式和设计要求合理确定。
4)坝体抛筑时,应随时检测坝位、坝面高程和护底结构的稳定情况,防止偏移、超高。
5)采用陆上端进法抛筑坝芯石时,坝根的浅水区可一次抛到设计高程,坝身和坝头可根据水深、地基承载力、水流和波浪情况一次或多次分层抛填至设计高程。
6)易冲刷的河段应观测沿堤流的冲刷情况。
7)受台风影响的堤坝,堤身出水面后应尽快形成设计断面,减少暴露长度和面积。
8)在季节性封冻河流筑坝可采用冰上码方;冰层承载力达不到一次成型要求时,可采用开冰槽抛石施工或进行二次码方。

二、软基抛石筑坝施工的规定(JTS 224—2016 7.2.1.9)

1)地基处理按不良地质条件地基处理的有关规定执行。

2)堤侧有抛石棱体的导堤施工时,先抛压载层,后抛堤身。
3)有挤淤要求时,从断面中间逐渐向两侧抛填。
4)抛石加荷速率有控制要求时,按设计要求设置沉降观测点,控制加荷间歇时间。

三、钢丝石笼坝体施工的规定(JTS 224—2016 7.2.3)

1)充填料应质地坚硬、抗风化性能好,满足设计要求。
2)石笼充填应密实,封盖绑扎材料应采用与石笼材质相同的钢丝,顶面盖网网面钢丝应缠绕在石笼网边缘钢丝上,每孔不应小于2.5圈。

四、干砌石、铺石坝面施工的规定(JTS 224—2016 7.3.1)

1)块石的规格、质量应满足设计要求。
2)坝面应采用粒径较大的块石,并应安砌稳定平整,大块石之间的缝隙应用小块石嵌紧。
3)块石干砌、铺砌不得破坏垫层。施工时应按设计尺度设置控制线,并应错缝竖砌、紧靠密实,前后的明缝应用小片石料填塞紧密,不得出现通缝叠砌和浮塞,块石间应契合紧密无松动。
4)砌体应表面平整,砌石边缘应顺直、整齐。

五、模袋混凝土坝面施工的规定(JTS 224—2016 7.3.4)

1)模袋铺设前应对坡面基层表面进行处理,坡面应平顺,无明显凹凸、无杂物。
2)模袋铺设前应预留收缩富裕量,富裕量应通过试验确定。
3)模袋混凝土充灌后应及时进行坡脚回填覆盖和压脚施工。

六、扭工字块护面块安装施工的规定(JTS 224—2016 7.3.5)

1)块体的安放数量应满足设计要求。
2)当采用定点随机安放时,应按设计块数的95%计算安放位置,交错安放、互相勾连、分段施工。安放完成后,应对块体的情况进行检查。
3)当采用规则安放时,应使垂直杆件安放在坡面下方,并压在前排的横杆上,横杆置于垫层块石上,腰杆跨在相邻块的横杆上。

第五节 护 岸 工 程

一、一般规定(JTS 224—2016 8.1)

1)护岸工程施工宜按先护底、后护脚、再护坡的顺序进行。近岸水下铺排区域过陡时,应对排体自身稳定进行复核,必要时应进行补坡或排头加固。
2)护岸工程施工前应做好坡面保护与基础处理,并根据结构特点、现场条件和施工能力合理确定施工顺序。

3）岸坡施工时应设置临时排水设施，并保持施工期岸坡排水通畅。

4）护岸工程岸坡开挖期间应设置临时观测点，岸坡成型后应设置永久观测点进行沉降和位移变形观测。

5）护岸工程施工弃土区的设置应满足设计要求。设计无要求的，弃土不得影响工程结构和岸坡稳定。

6）护岸工程施工宜在中低水位期进行，其护脚施工宜按照先下游后上游、由远岸向近岸的顺序施工。

7）护岸工程减压排水孔应保持通畅。平原河流、人工运河直立式护岸施工时，宜修建临时围堰，形成干地施工条件。

二、直立式护岸现浇混凝土基础施工的规定（JTS 224—2016　8.4.1）

1）施工前应对基准点和水准点进行复核，并依次设置施工基线和水准点等定位标志。

2）混凝土所用原材料、配合比设计、混凝土的强度、施工缝的留置位置和施工缝处理及混凝土的养护应符合现行 JTS 202 的有关规定。

3）浇筑混凝土前，应清除浇筑面上杂物，并形成干地施工条件。

4）现浇混凝土基础浇筑时，应在条形基础表面设置不少于底板面积15%的石块，形成凸出基础面的"石榫"或埋置深度为150～200mm 的"倒石榫"，石榫布置形式和占总接触面积的比例应满足设计要求。

5）现浇混凝土基础伸缩缝应上下前后贯通，填缝饱满。

三、钢板桩护岸施工的规定（JTS 224—2016　8.4.6）

1）钢板桩的规格、品种应满足设计要求。

2）钢板桩锁口应平直通顺，使用前应进行套锁检查。

3）钢板桩吊运应采用两点吊，不得斜拖起吊。

4）钢板桩堆放场地应平整坚实、排水良好，桩应分层叠置，层与层之间应设置垫木，上、下垫木应设置在同一直线上且支撑平稳，堆放层数应不大于3层。

5）钢板桩防护层的涂料、品种和质量应满足设计要求，涂层在吊运和沉桩过程中损坏时应及时修补，修补的涂料应与原涂层相同。

6）钢板桩沉桩施工前，宜先进行试验性施工，检验选定的参数，并根据试验数据进行调整，保证沉桩顺利进行。

7）钢板桩沉桩应设置导桩、导梁等导向装置，导向装置应具备足够的强度和刚度。

8）钢板桩宜采用拼组插入间隔跳打或阶梯式沉桩到设计高程。钢板桩拼组根数槽形桩宜取奇数，Z形桩宜取偶数。每组钢板桩的锁口宜用电焊固定。

9）钢板桩沉桩前，其锁口宜涂抹润滑油脂。

10）钢板桩沉桩应以桩尖设计高程作为控制标准。

11）钢板桩的锚碇结构施工应符合现行《板桩码头设计与施工规范》（JTS 167）的有关规定。

四、直立式护岸倒滤层施工的规定（JTS 224—2016　8.5.4）

1）混合倒滤层施工应按铺设砂垫层、土工织物、碎石垫层的顺序施工，上道工序验收合格后方可进行下道工序。

2）土工织物的铺设应按垂直岸线方向进行，下端牢固压入枯水平台脚槽内，上端埋入坡顶明沟。上下端之间应采用整幅布料，不得搭接或缝接。

3）土工织物铺设松紧适度，贴紧垫层，不得发生折叠悬空和破损。

4）顺沿岸线方向应自下游向上游逐段铺设，搭接处上游侧盖住下游侧，每段幅宽应满足设计要求。

5）倒滤垫层的砂料粒径应满足设计要求，含泥量不得超过5%。

五、生态袋加筋挡土墙施工的顺序（JTS 224—2016　8.6.1.1）

基槽开挖、基础底板浇筑、安装生态袋、土工格栅铺设、碎石倒滤层施工与后方回填、土工格栅反包施工、生态袋压顶、生态袋墙面绿化。

第六节　清礁工程

一、基本规定（JTS 204—2023❶　3）

1）爆破工程施工前应编制爆破施工专项方案。
2）爆破影响范围内有重要设施需要保护时，应进行爆破试验和监测，并制定相应的保护措施。
3）爆破工程施工前应进行现场调查。主要内容包括：
（1）施工区域地质地貌、水文、气象等。
（2）周边生态环境及保护要求。
（3）相关设施和建筑物分布及结构特征。
（4）爆破区域附近重要保护对象。
（5）相关的影像资料。

二、炸清礁施工测量的要求（JTS 224—2016　9.1、JTS 131—2012❷　10.5.4、JTS 257—2008　9.12.3、JTS 204—2023　3.0.7）

1）施工区域地形图测图比例为1∶1000～1∶5000，爆破区域地形图测图比例为1∶200～1∶500，且炸礁施工放样应符合下列规定：
（1）炸礁施工定位应采用纵向和横向导标控制、全站仪定位、RTK-DGPS定位或星站差分

---

❶ JTS 204—2023 指《水运工程爆破技术规范》（JTS 204—2023）。
❷ JTS 131—2012 指《水运工程测量规范》（JTS 131—2012）。

DGPS 定位。

(2)炮孔位置或裸炸位置的全部钻孔排位均应布置在施工图上。

(3)水下爆破钻孔船的测量定位应经常进行校核。

(4)对钻孔位置定位偏差,内河不得大于0.2m,沿海不得大于0.4m。

2)水下爆破及清渣应用测深仪和经纬仪等测量,并进行硬式扫床。硬式扫床应提交扫床测量轨迹图,相邻扫床轨迹的重叠宽度不得小于1m,并提交报告。

3)在非航行区域边坡和改善流态的清礁工程可采用比例尺不小于1∶500的测图检验。

三、陆上炸礁施工的一般要求(JTS 224—2016 9.2.1)

1)陆上爆破宜采取由外向内、由上向下的顺序施工。爆破层小于5m时,一次性钻爆到设计底高,超过5m时,应采取台阶式分层爆破。

2)陆上爆破宜采用毫秒延时爆破,孔深较浅且对周边环境无影响时宜采取齐发爆破。

3)陆上爆破有边坡保护和减震要求时,宜采用预裂爆破或光面爆破方式,爆破网路采取导爆索起爆,验孔、装药等环节应有爆破工程技术人员指导。

4)陆上开槽爆破宜按由中心向两边、从中段向上下两端进行。

5)陆上开槽施工应在槽上下两端预留挡水墙或设围堰,围堰高程高于施工期多年平均高水位,槽内设低于设计底高1m的集水坑。

6)装填炮孔数量应以设计的一次起爆药量为限,完成一炮次全部钻孔后集中装药,在岩体裂隙发育或较破碎情况下,宜采用每个钻孔完成后及时装药方式。

7)爆破前应清除孔口周围的碎石、杂物,爆破体表面和最小抵抗线方向应采取覆盖措施防止飞石,保护周边房屋和人员。

8)炮孔堵塞物宜采用钻屑、黏土和带泥的河沙,堵塞长度不应小于最小抵抗线的1.2倍。

四、水下钻孔爆破施工船舶定位的要求(JTS 224—2016 9.3.1)

1)钻爆船和钻爆平台应采取锚缆式定位或定位桩定位,确保船位稳定,防止走锚、滑桩和套管移位。

2)施工船舶锚缆布置应满足施工和通航安全要求,砂卵石河床和流速超过3m/s的急流河段施工,宜采取在岸上设地锚方式系缆,通航一侧舷横缆宜采用沉链方式,定位完成后应对伸入航道的锚缆进行水深探摸检查。

3)施工宜按先下游后上游、先深水后浅水的顺序进行,并根据水位变化适时调整。

4)施工船舶定位宜采用卫星定位系统,施工钻孔位置的偏差内河施工时不大于200mm,沿海施工时不大于400mm,钻孔过程中应校核、监控船位。

5)钻爆船施工宜保持船体与水流流向一致,急流河段水下钻孔施工,应采取措施防止爆破网路被钻具和缆绳损伤。

6)钻爆船爆破时应移至爆破区上游,爆破网路应顺水流松放,防止受力过大和被船舵桩、锚缆挂损。

五、水下清渣、弃渣施工的一般规定(JTS 224—2016 9.3.3)

1)挖泥船清渣施工顺序宜采用从深水到浅水分条、分段顺水流开挖,在流速较缓水域潮汐河段或反铲式挖泥船清渣时也可采用逆流施工。
2)水下清渣开挖分条宽度不应大于挖泥船宽度和抓斗作业半径,条与条之间开挖搭接宽度宜为2~3m;分段开挖长度应根据挖泥船布设锚缆位置确定。
3)施工过程中应根据抓斗大小和岩层厚度分层开挖,分层厚度宜为抓斗高度的1/4~1/3。
4)清渣施工宜采用顺序排斗,抓出堑口后依次向前挖。
5)绳斗式挖泥船在流速较大的水域施工时,应注意抓斗漂移对下斗位置和挖深的影响,可根据抓斗漂移情况确定斗绳上的标注挖深值,也可通过公式估算。
6)桩式反铲挖泥船应采用锚缆协助定位,使用挖斗前移船位,提桩后锚缆应同步受力,下桩后再松锚缆。
7)水下清渣、弃渣宜采用卫星定位系统测量定位,设施工导标时,导标夜间灯光应与航标灯光有所区别。
8)陆上反铲挖掘机水下清渣时,车位间开挖作业半径应搭接2m,退位前应用挖斗对开挖作业半径内的水深进行探测。
9)水下弃渣应散抛在指定区域,弃渣时应及时测量水深,避免超过设计高程。

六、水下清渣、弃渣施工的偏差检查项目和允许偏差值(JTS 224—2016 9.3.4)

1)开挖线,允许偏差:钻孔爆破+1000mm、0;裸露爆破+2000mm、0。
2)高程,允许偏差:航行区域0、-500mm;非航行区域+50mm、-750mm。
3)钻孔,允许偏差:孔深±300mm;间排距±200mm。
4)高程,允许偏差:平面位置±4000mm;非航行区域+1000mm。

七、重锤凿岩施工的规定(JTS 224—2016 9.4.3)

1)凿岩锤应根据吊机或抓斗机提升能力、岩石等级确定。普氏Ⅴ级以内岩石宜采用5~20t的楔状凿;岩锤或梅花锤,普氏Ⅵ~Ⅶ级岩石宜采用10~40t的笔状凿岩锤。
2)凿岩锤落锤高度应根据岩石等级确定,宜为2~3m;凿击点布置宜为1.5~2.0m间距的等边三角形,接近设计底高时落点距宜加密为1m。
3)凿岩锤施工时应控制垂直自由下落高度,避免发生凿岩锤落底前钢缆突然受力导致钢丝绳互绞。
4)岩石凿碎后应进行清渣施工,凿岩、清渣施工循环作业深度宜为0.2~0.8m,直至达到设计高程。

八、液压破碎凿岩施工的规定(JTS 224—2016 9.4.4)

1)液压破碎锤及钎杆长度应根据挖掘机功率、水深确定,施工时应控制凿岩深度,破碎锤应与岩面垂直,避免破碎锤空打。

2)岩石破碎后进行清渣施工,凿岩、清渣施工循环作业深度宜为0.2~0.5m,直至达到设计高程。

九、水下凿岩施工的偏差检查项目和允许偏差值(JTS 224—2016 9.4.5)

1)开挖线,允许偏差:+800mm、0。

2)高程,允许偏差:航行区域0、−500mm;非航行区域+50mm、−500mm。

十、航道整治工程观测与维护的一般规定(JTS 224—2016 10.1)

1)航道整治工程开工至交工验收前,应进行工程观测与维护。

2)工程观测应符合现行 JTS 131 的有关规定。

3)整治建筑物的观测宜采取定期工程测量和一般巡查相结合,应做好原始记录,及时整理分析。

4)施工过程中应按要求观测工程区域的地形变化以及整治建筑物的沉降、位移等;记录、分析并评估其对建筑物稳定和整治效果的影响;观测分析资料应纳入工程竣工资料。

十一、各种气象水文条件下对航道整治工程进行观测的要求(JTS 224—2016 10.2.5)

1)汛期。汛期观测每年应不少于一次。

2)凌期。凌期观测每年应在开、封江流凌期各安排一次,观测宜采用测量、摄影、摄像相结合的方法进行。

3)风暴潮、台风。风暴潮、台风过后应及时组织整治建筑物的观测。

第六章 疏浚与吹填工程质量控制

第一节 一 般 规 定

一、疏浚工程的单元划分（JTS 257—2008 3.1）

疏浚单位工程不划分分部工程及分项工程。吹填围埝工程的分部工程、分项工程可按表6-1的规定划分，当工程内容与表列项目不一致时，可根据工程内容进行调整。

吹填围埝工程分部工程、分项工程划分　　　　　表6-1

序号	分部工程	分项工程
1	基底	基床清淤等
2	埝身	抛石
3	倒滤层	倒滤层

二、疏浚工程质量检验的一般规定（JTS 257—2008 3.1）

1）基建性疏浚工程应按中部水域、边缘水域和边坡三部分进行质量检验。

2）基建性疏浚工程质量检验的依据应包括工程设计图、竣工水深图和测量资料等。局部补挖后补绘的竣工水深图的补绘部分不应超过图幅中测区总面积的25%。补绘部分超过图幅中测区总面积的25%时，应对该图幅中的测区进行重测，并应重新绘图。

3）基建性疏浚工程施工的最大超宽、最大超深不宜超过相应挖泥船施工平均超深、超宽控制值的2倍，各类挖泥船施工的平均超深、超宽控制值不应超过现行JTS 257的规定。当最大超深值设计有要求时应满足设计要求。

4）维护性疏浚工程质量检验的范围应为设计底边线以内的水域，边坡可不检验。当对边坡质量有特殊要求时，可根据设计要求进行检验。

5）疏浚工程竣工断面图应根据设计断面、计算超深值、计算超宽值和竣工水深测量资料绘制，纵向比例宜采用1:100，不应小于1:200。

6）弃土区的位置、范围和高程应满足设计和相关规定要求。

7）疏浚土的运输或管道输送不得中途抛卸和漏泥。

8）吹填及围埝工程质量检验的依据应包括工程设计文件和竣工资料等。

9）永久性围埝工程应单独进行质量检验；临时性围埝应满足稳定和安全等要求。

三、疏浚与吹填工程质量检验断面抽样比例(JTS 257—2008 3.1.0.9)

1)基建性疏浚工程,采用单波束测深仪数字化测量的断面抽样比例不得少于25%,非数字化测量的断面抽样比例不得少于15%。多波束测深系统的断面抽样数量应按相应的测量比例尺的单波束测深仪数字化测量的抽样数量确定。

2)维护性疏浚工程,采用单波束测深仪数字化测量的断面抽样比例不宜少于15%,非数字化测量的断面抽样比例不宜少于10%。多波束测深系统的断面抽样数量宜按相应的测量比例尺的单波束测深仪数字化测量的抽样数量确定。

四、疏浚与吹填工程质量检验的测量(JTS 257—2008 附录E)

1)疏浚与吹填工程质量检验的测量应包括水深测量和地形测量。

2)疏浚工程质量检验宜采用数字化水深测量。中软底质的质量检验可采用单波束测深仪,硬底质的质量检验应采用多波束测深系统或硬式扫床。边坡陡于1:3时,宜采用多波束测深系统。

五、疏浚与吹填工程质量检验测量仪器(JTS 257—2008 附录E)

1)疏浚与吹填工程质量检验测量仪器应符合下列规定:

(1)水深测量定位宜采用GPS进行,GPS定位精度应优于±2m(2δ,95%),并应用二级平面控制网以上精度的控制点进行校对。

(2)单波束测深仪必须具有模拟记录和数字记录功能,测深精度应优于±(0.05m+0.5%×水深),测深仪工作频率应为200~210kHz,换能器的波束角不应大于8°。双频测深仪的低频换能器的工作频率应为24~33kHz。

(3)多波束测深系统测深必须改正船舶姿态对测深的影响,可配备三维姿态传感器和陀螺罗经。

(4)当测深仪模拟记录显示波高超过0.2m时,宜采用精度优于±0.05m的波浪补偿器。

(5)陆上地形测量可采用水准仪配合经纬仪、全站仪或RTK-DGPS进行。

2)数字化水深测量应符合下列规定:

(1)数字化水深测量时,测量船航速应小于10kn。

(2)数字化水深测量数据处理应进行延迟改正和偏心改正。

(3)测深数据的更新率应根据水深、测深波束角和测量船航速确定。

(4)定位数据的更新率不应超过1s。

(5)改正因噪声引起的假数字水深时,不应舍弃浅于设计水深的水深,对有严格超深限制的水域不应舍弃最大水深。

(6)疏浚边坡的质量检验可采用电子水深数据绘制断面图。

3)多波束测深系统水深测量应符合下列规定:

(1)多波束测深系统测量前必须进行校准。

(2)相邻测线间重叠宽度应大于测线间距的20%。

(3)内业数据处理单元不应大于1m×1m,水深宜按取浅原则选取,对有严格超深限制的水域不应舍弃最大水深。

(4)多波束测深系统测深结果应采用单波束测深仪进行校核。

4)浮泥回淤比较严重的疏浚工程,施工过程中有测量资料证实已挖到设计水深,质量检验时可采用浮泥测量对高频测深仪水深图进行修正。浮泥的测量可采用三爪砣、密度计或实地取样的方法,具备条件时,可采用走航式适航水深测量的方法。

六、航道疏浚工程主要检验项目(JTS 257—2008 3.2.3)

1)无备淤深度的航道疏浚工程设计底边线以内水域严禁存在浅点,设计底边线以内水域的开挖范围应满足设计要求,开挖断面不应小于设计开挖断面。(强制性条款)

2)有备淤深度的航道疏浚工程的设计底边线以内的中部水域不得存在浅点。

3)有备淤深度的航道疏浚工程边缘水域的底质为中、硬底质时,不得存在浅点;边缘水域的底质为软底质时,浅点不得在测图的同一断面或相邻断面的相同部位连续存在,浅点数不得超过该水域总测点的2%,浅点的浅值不得超过现行JTS 257的有关规定。(强制性条款)

4)边坡的开挖范围和坡度应满足设计要求。

七、维护性疏浚主要检验项目(JTS 257—2008 3.3)

1)设计底边线以内水域的开挖范围和水深应满足设计要求。开挖断面不应小于设计开挖断面。

2)中、硬底质的一次性维护疏浚工程,设计底边线以内水域不得存在浅点。(强制性条款)

3)软底质和有备淤深度的一次性维护疏浚工程,应对中部水域和边缘水域分别进行质量检验,并应符合下列规定:

(1)中部水域不得存在浅点。

(2)边缘水域的浅点不得在测图的同一断面或相邻断面的相同部位连续存在,浅点数不得超过该水域总测点的3%,浅点的浅值不得超过现行JTS 257的有关规定。

第二节 疏浚与吹填工程施工

一、疏浚施工一般规定(JTS 207—2012❶ 5.1)

1)挖泥船的选择应综合工程特点、工程量、工期、土质、水文、气象、水深条件和疏浚土管理方式等因素,并结合疏浚设备技术性能确定。

2)施工前应结合现场条件和工程特点,在施工组织设计的基础上细化工艺方案和参数;

---

❶ JTS 207—2012 指《疏浚与吹填工程施工规范》(JTS 207—2012)。

施工中应遵循在保证设备安全和工程质量的前提下提高产量、降低成本和缩短工期的原则,严格执行操作规程,控制施工参数的准确运行和不断校核优化;新设备投入施工或新辟地区工程开工之初应收集各项施工信息和进行必要的施工测定。

3)施工中应定期进行水深检测,检测周期视施工设备、方法及施工阶段确定,施工后期特别是扫浅阶段检测周期应缩短,施工测量按现行《疏浚与吹填工程设计规范》(JTS 181—5)的有关规定执行。

4)挖泥船施工定位精度应满足工程质量的要求;挖泥船宜采用 GPS 定位,也可采用前方交会等方法定位。

5)施工中水位站应保持与挖泥船的通讯联络畅通,并按时向挖泥船准确通报水位。

6)挖泥船挖掘机具下放深度应根据水位变化情况及时调整。

7)挖槽边坡应根据设计要求计算放坡宽度,按矩形断面开挖;若泥层较厚,应分层按梯形断面开挖;边坡分层的台阶厚度应依据土质及挖泥船性能设定。

二、疏浚与吹填施工质量管理(JTS 207—2012 7.2)

1)疏浚工程挖槽平面控制应满足下列要求:

挖泥船施工定位采用的仪器及定位系统应符合规格书的精度要求,并定期进行校验。施工期间应定期对挖泥船定位系统进行检查、校准。

2)挖泥定位应符合下列规定:

(1)配置实时定位和显示系统的挖泥船作业时连续显示船位。

(2)绞吸挖泥船的定位钢桩保持在预先设计的参考线上。

(3)采用导标控制挖泥船船位时,导标灵敏度满足工程精度要求,施工中按规定及时对标校准船位。

(4)采用光学仪器交会法定位时,控制点和使用的仪器经校验并保持合格,交会角度及交会点位精度满足工程要求。

(5)非连续定位时,船位校核时间间隔视施工进度、定位精度要求和现场条件确定。

3)疏浚工程挖槽深度控制应满足下列要求:

(1)施工期间应定期对水尺、验潮仪、实时潮位遥报系统进行校核,水位通报应符合 JTS 207—2012 第 4.3.5 条的有关规定。

(2)施工前应校验挖泥船的挖深指示标尺和仪器,施工中应定期校核,挖深指示精度应满足要求;实际挖深指示应根据挖泥船的吃水变化进行修正。链斗挖泥船挖深指示标尺和仪器,应根据斗链的磨损情况增加修正值。抓斗挖泥船在流速较大的地区施工时,应根据抓斗漂移情况修正平面位置和下放深度。

(3)施工时应根据土质、泥层厚度、波浪和水流条件、挖泥产生的残留层厚度,施工期可能出现的回淤等因素适当增加施工超深量。超深量应随时间推移和实测资料进行修正。

(4)挖泥时应根据水位的变化及时调整绞刀、耙头、泥斗的下放深度。

(5)绞吸挖泥船、链斗挖泥船开挖底层时,应严格掌握挖掘深度和平整度,除因水位变化外,横移过程中不应改变挖掘深度。

(6)工期较长且有回淤的工程,宜先挖上层和回淤较小的地段,最后开挖底层和回淤严重地段,并根据开挖距交工时间的长短预留不同的备淤深度。

(7)码头、护岸和其他水工建筑物前沿挖泥,必须严格按设计的要求控制超挖。

4)质量监测应符合下列规定:

(1)施工过程中,应利用计算机及电子信息技术实时监测挖泥状态。同时应进行自测,并做好每班施工地段的自检质量记录。出现偏差时应及时采取改进措施。

(2)测量精度应符合现行《疏浚与吹填工程设计规范》(JTS 181—5)的有关规定,并及时向挖泥船报送测量成果。

(3)应定期对挖泥船的施工质量进行检测。正常施工时斗式挖泥船、绞吸挖泥船宜每前进3倍船长检测一次,耙吸挖泥船宜每周检测一次。冲淤较大的地区,应增加检测次数。中途停工超过10d,在停工时和复工前均应对挖槽进行水深测量。工程收尾扫浅阶段应加大检测密度;必要时,应随时检测。

(4)吹填施工时应定期对管口、吹填高程、沉降和围埝位移量等进行检测。

(5)吹填施工期应定期对管线、吹填区、围埝进行巡视,对装、运、抛泥和溢流情况进行监视。

5)吹填高程的控制应符合下列规定:

(1)定期校核控制吹填高程用的临时水准点和标尺。

(2)控制吹填管口高程并进行吹填区的高程测量,及时延伸排泥管线、调整管口的位置、方向及排水口的高度。

(3)对平整度要求较高的吹填工程,配备相应机械在吹填的同时进行整平,并配合管线架设。

(4)定期进行沉降观测,并根据观测的地基沉降量和固结量,及时调整管口和实际吹填高程。

6)吹填土料有要求的吹填工程土质控制应符合下列规定:

(1)选择土质符合设计要求的取土位置,并对土质进行核对。

(2)船载吹填土在船舱内取样检验。

(3)及时延伸排泥管线、调整管口的位置、方向及排水口的高度。

(4)淤泥地基上进行吹填,可以采用分层吹填的方法。

(5)可以将吹填区划分成若干小区进行吹填。

第七章 船闸工程质量控制

第一节 施 工 监 测

施工期应进行下列观测和监测:(JTS 218—2014❶ 3.0.3)
1)地下水位观测。
2)施工围堰、基坑、船闸水工结构的沉降、位移观测。
3)施工影响范围内建筑物的沉降、位移、混凝土裂缝等观测。
4)设计要求的渗流、结构温度应力等监测。

第二节 围 堰 工 程

一、土石围堰(JTS 218—2014 4.2)

1)土石围堰顶宽应满足施工需要和防汛抢险要求,且不宜小于3.0m;当有交通需求或机械设备通行时应按实际需要确定且坡顶线与路边缘的距离应不小于0.5m。
2)土石围堰高度大于6.0m时,背水侧宜设置戗台;戗台的宽度不宜小于1.5m。
3)土石围堰材料应满足下列要求:
(1)均质土宜选用粉质黏土,黏粒含量宜为15%~30%,土料渗透系数不宜大于1×10^{-4}cm/s,填筑土料含水率与最优含水率的偏差不宜超过4%;非均质土围堰应设置防渗体。
(2)滤层应选用水稳定性好的砂砾料,含泥量宜小于6%。
4)当堰顶有道路交通要求时,土石围堰的压实标准应满足下列要求:
(1)黏性土压实度不应小于0.90,高度超过6.0m的围堰不宜小于0.92。
(2)砂性土的相对密实度不应小于0.60;高度超过6.0m的围堰的相对密实度宜大于0.65。
5)土石围堰的计算应包括下列内容:
(1)地基承载力验算和地基沉降计算;
(2)整体稳定计算;
(3)渗流计算。

---

❶ JTS 218—2014 指《船闸工程施工规范》(JTS 218—2014)。

6)过水土石围堰应做好溢流面、堰趾下游基础和两岸接头的防冲保护。过水前应向基坑充水形成水垫,基坑边坡覆盖层应预先做好反滤压坡等防护措施,防冲材料可采用竹笼、钢筋石笼或混凝土柔性板等。

7)过水土石围堰应分析研究围堰过水水力条件,必要时应通过水工模型试验论证消能防冲措施方案。

8)过水土石围堰运行期应分别对不同运行水位和充水、过流、退水等不同工作状态进行堰体及堰基稳定性验算。

9)过水土石围堰运行期,必须依据过水条件及围堰结构形式特点,对下列堰体部位进行分部结构的专项设计,并满足水力设计、强度及稳定性要求:

(1)围堰堰顶激流结构;
(2)围堰下游坡面的护面结构;
(3)围堰下游水面衔接处消能防冲设施;
(4)围堰防冲设施。

二、钢板桩围堰(JTS 218—2014 4.3)

1)钢板桩围堰的堰顶高程应根据设计高水位、波浪高度和富裕高度确定,并满足导梁和拉杆在施工水位以上安装的要求。

2)钢拉杆的直径应由强度计算确定,钢拉杆总长度大于12m时,宜采用张紧器连接,并在靠近板桩墙的两端各设置一个竖向铰,钢拉杆总长度小于12m时,可只在一端设置竖向铰,张紧器两侧的拉杆长度大于12m时,宜分节制作,每节长度不宜大于12m,分节之间可采用螺纹连接或焊接。

3)钢板桩围堰的计算应包括下列内容:
(1)围堰的整体稳定性验算;
(2)围堰的地基承载力验算和地基沉降计算;
(3)板桩入土深度计算;
(4)板桩的强度验算;
(5)拉杆和导梁的强度验算;
(6)围堰的渗透稳定性验算。

三、围堰施工(JTS 218—2014 4.4)

1)围堰施工应在基坑施工方案审批确定后实施,并和基坑施工统筹安排。
2)围堰施工前应对围堰范围内耕植土、树根、淤泥、建筑物基础等进行清除。
3)构筑土石围堰时,应遵循下列原则:
(1)土石围堰施工宜结合基坑开挖进行,充分利用基坑开挖的土石方。
(2)陆上围堰应分层填筑、分层压实,分层厚度应符合设计要求或由现场碾压试验确定,堰体密度应满足设计要求。水中围堰填筑宜由岸边向水中推进,一次填筑出水并压实,填筑过程中应防止临水面坍塌。

4)围堰宜在枯水期合龙。
5)水中围堰合龙应符合下列规定:
(1)合龙施工前应编制合龙施工专项方案,充分做好施工材料、施工设备、施工场地和现场组织等施工准备工作。
(2)在施工条件许可时,土石围堰合龙施工应从两端同时向龙口推进。
(3)合龙施工顺序宜为戗堤进占、龙口加固、龙口合龙、围堰闭气、堰体培高增厚。

四、围堰的维护和拆除(JTS 218—2014 4.5)

1)围堰使用期应进行定期观测,观测内容包括水流冲刷情况、管涌、局部失稳、渗水量、围堰内外地表地下水位、围堰沉降及位移等,并做好原始观测记录。
2)施工期围堰顶部荷载不得超过设计荷载。
3)围堰拆除应制定专项方案,且应在围堰内土建工程、机电设备安装工程通过专项验收后进行。
4)主围堰拆除时严禁发生水体自流通过全闸的通闸现象。

第三节 基坑和地基基础工程

一、基坑施工准备(JTS 218—2014 5.1)

基坑工程施工前应具备下列资料:
1)基坑设计施工图。
2)基坑施工专项方案,包括基坑支护、土方开挖、基坑降排水、基坑监测方案,质量及安全保证措施等。

二、基坑设计(JTS 218—2014 5.2)

1)基坑设计应包括下列内容:
(1)基坑的边坡稳定性和渗流稳定性验算;
(2)防渗漏措施;
(3)基坑降水、排水计算;
(4)支护结构的承载力、变形计算及周边环境影响控制;
(5)基坑监测要求。
2)基坑放坡开挖支护设计应符合下列规定:
(1)放坡开挖支护设计应包括下列内容:
①边坡断面设计,包括坡脚位置、放坡平台、坡度及坡面防护等;
②边坡稳定性验算。
(2)边坡坡脚与坑底局部深坑、坑内待建的建(构)筑物的最近距离不宜小于1.0m。
(3)土质边坡的单级坡高宜在4~6m,岩石边坡的单级坡高宜在6~12m。采用多级边坡时,土质边坡放坡平台宽度不宜小于3m,岩石边坡放坡平台宽度不宜小于1m。

(4)边坡坡度应根据土层特性、基坑开挖深度确定,黏土层中不宜陡于1∶1,砂土层中不宜陡于1∶1.5,淤泥质土层中不宜陡于1∶2,岩石边坡不宜陡于10∶1。

(5)船闸基坑边坡的稳定性验算应符合现行《水运工程地基设计规范》(JTS 147)的有关规定。多级放坡时应同时验算各级边坡和边坡整体的稳定性。边坡坡脚与坑底局部深坑边沿最小距离不大于2倍深坑深度时,应按深坑的深度验算边坡稳定性。

(6)当船闸基坑边坡水文地质情况或周边环境较为复杂时,宜对施工过程中的边坡稳定进行数值模拟分析。

三、基坑开挖(JTS 218—2014 5.3)

1)基坑开挖时,基底应预留保护层。在船闸结构垫层施工前,采用对基底扰动较小的方式挖除。土基坑保护层厚度宜为0.3~0.5m,严寒地区适当加厚;岩石基坑宜为1.0~1.5m。保护层挖除后应立即进行结构垫层施工。

2)基坑开挖过程中必须监测边坡稳定及基坑周边构筑物情况,当出现塌方、涌水等危及基坑安全的迹象时,必须立即采取适宜的基坑保护措施。

3)基底设集水坑时,坑内水位应始终低于建基面0.7m;基坑顶部应设置截水沟,截水沟外侧水流不得流入基坑内。

4)基坑径流排水设备根据基坑径流量及基坑设计施工要求确定,设备的排水能力应现场测定,其额定排水能力不宜小于基坑径流排水量的2倍。

5)基坑降水过程中应定期监测基坑周边建筑物的沉降和位移,并对监测结果进行分析,必要时应采取应对措施。

6)基坑开挖过程及开挖完成后,严禁在基坑周围堆放超出设计允许的荷载。

7)船闸基坑开挖分项工程宜按设计结构单元划分。基坑开挖前必须对施工围堰进行专项检查验收。在施工过程中,应按照观测方案对围堰结构进行沉降、位移及变形监测和记录,发现异常情况应及时处理。

四、地基处理

1)在进行地基处理前,应完成下列工作:
(1)搜集详细的水文、地质等资料;
(2)调查邻近建筑、地下工程和有关管线等情况;
(3)编制地基处理施工方案;
(4)完成设备和材料准备。

2)换填地基施工应根据不同的换填材料选择施工机械。素填土宜采用平碾或羊角碾,砂石等宜用振动碾和振动压实机。当有效夯实深度内土的饱和度小于0.6时,可采用重锤夯实。

3)振冲碎石桩复合地基或振动沉管碎石桩复合地基施工应符合下列规定:
(1)重要工程和地质条件复杂的工程,应通过现场试验确定施工工艺和控制参数。
(2)施工现场应按环境保护要求对噪声、振动和泥浆排放等影响环境的因素进行控制。

(3)桩体材料、施工设备、施工工艺和施工控制应符合现行《水运工程地基基础施工规范》(JTS 206)和《水运工程地基设计规范》(JTS 147)的有关规定。

4)地基与基础分项工程检验批宜按设计结构单元划分。

水泥搅拌体、旋喷桩、帷幕灌浆和岩石固结灌浆等地基处理分项工程正式施工前应进行试验段施工,记录施工参数及处理效果。

帷幕灌浆和岩石固结灌浆等地基处理分项工程在施工结束并经过设计确定的间歇期后,应对处理的效果进行检测。检测的项目、数量和结果应满足设计要求。

五、灌注桩施工

1)灌注桩施工应根据现场条件选择合适的成孔成桩工艺、设备及泥浆循环系统。废弃泥浆及钻渣处理应满足环保要求。

2)护筒制作与埋设、泥浆性能指标、钢筋笼制作与安装、混凝土配比与浇筑等应符合现行《码头结构施工规范》(JTS 215)和《码头结构设计规范》(JTS 167)的有关规定。

3)灌注桩成孔施工的允许偏差应符合现行《水运工程质量检验标准》(JTS 257)的有关规定。

六、沉井施工

1)沉井施工前应做好下列准备工作:
(1)根据水文地质等外部条件和可能出现的情况编制施工技术方案;
(2)对附近的堤防、建筑物和施工设备采取有效的防护措施;
(3)对洪汛、通航及漂流物等做好调查研究,需要在施工中度汛的沉井,制订必要的度汛措施,确保安全。

2)根据水文、地质条件,沉井周边环境,沉井下沉可采用排水法下沉或不排水法下沉,对于多个连续沉井可采用阶梯形同步下沉的方式。

第四节 闸首与闸室工程

一、一般规定(JTS 218—2014 7.1、7.2)

1)船闸施工应按设计要求采取必要措施,满足耐久性要求。

2)混凝土结构施工中原材料、混凝土配制、钢筋模板施工、混凝土和特殊混凝土施工等应满足设计要求,并符合现行《水运工程混凝土施工规范》(JTS 202)的有关规定;大体积混凝土施工应采取减少水泥用量等措施,降低水化热。整体式船闸混凝土宜对称施工。

3)建在土质地基上的船闸构筑物,应按设计要求预留沉降量,并根据设计要求、结构型式、地质情况和墙后填土情况预留墙体的后仰量。

4)船闸工程混凝土结构施工前应根据工程规模、工期要求和资源条件等因素制定混凝土施工专项方案。

5)混凝土模板应根据施工要求进行专项设计。输水廊道混凝土模板应严格控制变形量。

6）大体积混凝土结构应进行温度裂缝控制设计，其标准和所采取的措施应符合现行《水运工程大体积混凝土温度裂缝控制技术规范》（JTS/T 202—1）的有关规定。

二、混凝土结构浇筑控制要点（JTS 218—2014 7.2）

1）混凝土浇筑应以永久伸缩缝为界面划分浇筑单元。分层浇筑当有高低不同的层面时，应设斜面过渡段。

2）分层浇筑时，每次浇筑高度不宜大于4.0m，强约束区宜控制在2.5m内。覆盖闸首帷幕灌浆区的首次混凝土浇筑，其浇筑高度应控制在1.0m内。

3）上下层与相邻段混凝土浇筑的间隔时间不宜超过14d。

4）混凝土的浇筑强度应与每次浇筑的分层厚度相适应，连续浇筑时，上下层浇筑间隔时间应小于混凝土的初凝时间；浇筑面积过大时，宜采用阶梯分层浇筑。

5）施工缝凿毛可采取化学法、机械或人工凿毛，二期混凝土的施工缝宜采用人工凿毛，凿毛处理后的施工缝应符合现行《水运工程混凝土施工规范》（JTS 202）的有关规定。混凝土浇筑前，应清除施工缝上的一切杂物。

6）输水廊道混凝土结构应控制收缩裂缝，施工中宜留设后浇带。

7）当采用吊罐、皮带机等入仓工艺时，混凝土坍落度宜为50~80mm，混凝土粗骨料宜用3级连续级配，最大粒径不宜大于80mm。当采用泵送混凝土工艺时，混凝土坍落度宜为120~180mm，粗骨料宜采用连续级配。

8）混凝土宜采取喷水养护并适当延长养护时间，养护期内，混凝土的暴露面宜采用土工布等蓄水材料覆盖。

9）后浇带混凝土施工应符合下列规定：

（1）后浇带混凝土的浇筑时间应满足设计要求。当设计未作规定时，应滞后于后浇带两侧混凝土的浇筑时间不少于30d。

（2）后浇带两侧的混凝土浇筑完成后，应对其沉降量进行连续观测，并应在沉降稳定后浇筑后浇带混凝土。

（3）后浇带宜采用膨胀混凝土。

（4）底板施工宽缝的混凝土浇筑温度控制和临时止水施工应满足设计要求；宽缝施工前，闸墙混凝土的浇筑高度和墙后回填土的高度应满足设计要求。

10）预埋件埋设宜设置定位模架，埋设前后均应根据要求做好预埋件的防护。

11）地下连续墙施工应满足设计要求，并符合有关规定。

12）地下连续墙成槽宜采用铣槽机或液压抓斗和与之配套的渣浆分离设备。

三、伸缩缝、沉降缝、止水（JTS 218—2014 7.5）

1）止水带安装前应整修平整，表面油污与浮皮等应清除干净，不得有砂眼与钉孔。

2）铜止水片搭焊长度不宜小于20mm，并应采用连续双面焊，必须保证焊缝不漏水。橡胶止水带连接宜采用硫化热黏结；PVC止水带连接应按厂家要求进行，可采用热黏结，搭接长度不小于10cm。接头应逐个检查并确保合格。铜止水片与PVC止水带接头宜采用螺栓栓接法,栓接长度不宜小于35cm。

3)伸缩缝、沉降缝填料板若需接头,则其接头处应保持紧密贴靠,不留间隙。

4)止水带安装的位置应满足设计要求。

5)在浇筑止水带附近的混凝土时,应防止止水带发生破坏和圈曲,止水带与混凝土结合应严密。

6)在现浇混凝土结构中,填料板安装后应保持接触面平整、垂直、紧贴,止水带与板的接合处不得留有间隙。

第五节 其他工程施工

一、闸阀门金属结构工程(JTS 257—2008 10.9)

1)一般规定:

(1)闸阀门及运转件制作与安装的分项工程应按结构类别划分。工作闸门、工作阀门、检修闸门、检修阀门、事故闸门和运转件的制作与安装可各为一个分项工程,其检验批宜按设计单元或制作批进行划分。

(2)闸阀门组件和构件应在工厂进行预组装,并应经检验合格后才能出厂。

(3)闸阀门安装完成后在船闸充水前应做全程试运行试验。各部件运转应灵活可靠。闸、阀门在全程试运行过程中应运行平稳,无抖动、无异常响声,闸、阀门应开关到位。

2)闸门制作与安装质量控制要点:

(1)钢材的品种、规格和性能等应满足设计要求,并应符合国家现行有关标准的规定;进口钢材产品的质量应满足设计和合同规定的要求。

(2)焊接材料的品种、规格、性能和质量应满足设计要求,并应符合现行《钢结构焊接规范》(GB 50661)和《港口设备安装工程技术规范》(JTS 217)的有关规定。

(3)焊缝表面不得有裂纹、焊瘤等缺陷。一级、二级焊缝不得有表面气孔、夹渣、弧坑裂纹、电弧擦伤等缺陷。一级焊缝不得有咬边、未焊满、根部收缩等缺陷。

(4)焊缝尺寸应满足设计要求,每批同类型构件抽查10%且不少于3件,被抽查构件每种焊缝各抽查5%且均不少于1条,总抽查数不应少于10处。

(5)焊接球节点网架焊缝及圆管T、K、Y形节点焊缝内部缺陷分级和探伤方法应符合现行《钢结构超声波探伤及质量分级法》(JG/T 203)和《钢结构焊接规范》(GB 50661)的有关规定。

(6)闸门浮箱的密封性试验应满足设计要求。

(7)分节制作的闸门在现场拼装成整体后,应对连接质量进行检查。焊接质量应符合上述规定;螺栓连接应均匀拧紧,节间橡皮压缩量应满足设计要求。

3)运转件控制要点:

(1)运转件所用材料的品种、规格和性能应满足设计要求,合金钢应符合现行《低合金高强度结构钢》(GB/T 1591)和《合金结构钢》(GB/T 3077)等有关规定。锻件的材质、制造内部质量和表面质量等应满足设计要求并应符合现行《优质碳素结构纲》(GB/T 699)和《碳素结构纲》(GB/T 700)等的有关规定。

(2)零部件的加工。经热处理后零部件的表面硬度应满足设计要求。零件表面最终粗糙度、表面镀层的材质、型号、规格、硬度和厚度应满足设计要求。

(3)底枢蘑菇头与轴套试组装应研磨吻合,其接触面积应满足设计要求。设计无要求时,最低不小于65%。

4)预埋件制作与安装控制要点:

(1)分节制造的预埋件应进行预组装,并应设有可靠的节间定位装置。

(2)预埋件工作面对接接头处的错位应做缓坡处理,过流面及工作面的焊疤和焊缝余高应铲平磨光,凹坑应补焊平并磨光。

(3)反弧门门楣预埋件安装时,门楣与门体过流面的间隙偏差应满足设计要求。

5)止水安装控制要点:

(1)止水安装间隙和止水橡皮的压缩量应满足设计要求。

(2)止水橡皮的螺孔位置应与门叶或止水压板上的螺孔位置一致,孔径应比螺栓直径小0.5~1.0mm,并严禁烫孔。

(3)止水橡皮胶合接头处不得有错位、凹凸不平和疏松等现象。

(4)闸、阀门全部处于工作状态下,不应有明显漏水,渗水量应满足设计要求。

6)闸门轨道制作与安装控制要点:

(1)轨道及配件的品种、规格和性能应满足设计要求。轨道不应有裂纹、析迭、结疤、夹杂、分层或缩松残余等缺陷。

(2)两平行轨道的接头位置应错开,其错开距离不应等于前后车轮的轮距。

(3)移动式启闭机小车轨道应与大车主梁上翼板紧密贴合,当局部间隙大于0.5mm,长度超过200mm时,应加垫板垫实。

二、启闭装置制造与安装(JTS 257—2008 10.10)

1)一般规定:

(1)船闸启闭机械制造的成品质量检验应在制造厂家检验合格的基础上进行。检验时应对启闭机械制造的质量控制资料、总装性能和外观质量等进行综合检验和验收。

(2)启闭机械出厂前,应按照设计要求在厂内进行预组装,并应经检验合格才能出厂。

(3)启闭机械安装前,除应按照设计要求对启闭机械进行检查、测试和验收外,还应对预埋件的位置、尺寸、高程和平整度等检查验收,符合设计要求后才能进行安装。安装完成后,应在船闸充水前作全程试运转试验。

(4)启闭机械的每个独立装置都应具备明显的永久性标牌,并应符合现行《标牌》(GB/T 13306)的有关规定。

2)液压式启闭机制造与安装控制要点:

(1)启闭机所用材料、使用的元器件、零部件的品种、规格和性能应满足设计要求并应符合国家现行有关标准的规定。

(2)启闭机组装前,应对液压元件、油箱、油管和零件等进行清洗。从系统中回到油箱的油液清洁度应满足设计要求。

(3)启闭机出厂前应按照设计和规范要求进行出厂试验。

(4)启闭机安装前应对其本体和液压元件进行检查。

(5)液压管道的压力和密封试验应满足设计要求。当设计无要求时,应按工作压力的1.5倍试压,保持10min后,管路应无变形和渗漏。

(6)油管管路敷设应整齐,管道支架固定应牢固,排列应整齐。软管在安装时不应拉紧和扭转。钢管和软管的最小弯曲半径应满足设计要求。

3)机械传动式启闭机制造与安装控制要点:

(1)机架、门架、桥架、轨道梁、自动挂梁、支腿、横梁、顶台车等各钢结构构件的制造应满足设计要求。

(2)启闭机的厂内组装后的车轮应能灵活转动,其径向跳动和端面跳动应分别不低于《形状与位置公差 未注公差值》(GB/T 1184—1996)的9级和10级的规定。

(3)固定卷扬式启闭机应在厂内进行整体组装,出厂前的空载试验和额定荷载试验应满足设计要求。

(4)出厂前应进行总体预组装;小车、支腿与下横梁、支腿与主梁、运行机构等应分别进行预组装,并标有预组装标记。

(5)启闭机安装前,应对主要设备和部件进行检查验收。必要时,应对设备进行分解、清洗和检查。

(6)齿轮齿条式横拉闸门启闭机的最后一级齿轮齿条的齿顶间隙和侧隙应满足设计要求。

(7)启闭机的闭锁装置、制动装置、变速机构和缓冲器等的性能应满足设计要求。

(8)移动式启闭机的车轮应与轨道面接触,不得有悬空现象。

4)启闭机试运行控制要点:

(1)启闭机试运行前启闭机运动部位和运行范围内不应有遗留杂物。

(2)在自由开门、关门位或悬吊状态下持续20min时,闸门、阀门不应出现漂移或自动下滑现象。

(3)试运行合格后,应复紧各油管接头和连接螺栓,并全部油漆一次。

三、船闸调试

1)一般规定:(JTS 320—4—2018 2.1、2.2,JTS 218—2014 12.1)

(1)船闸调试前应具备下列基本条件:

①主体土建工程完成;

②具备供电条件;

③电气设备与控制系统安装完毕,完成上电调试;

④闸阀门及其启闭机安装完毕,单项设备调试完成;

⑤调试工作大纲编写完成。

(2)船闸调试项目应包括输水阀门及其启闭机,工作闸门及其启闭机,事故门、检修门及其启闭机,电气控制系统,船闸水力特性,通信设施,其他辅助设施。

(3)船闸调试应按无水单闸首设备调试、无水系统联合调试、有水单闸首设备调试、有水系统联合调试四个阶段依次进行,上一阶段验收合格后再进行下一阶段调试。对于小船闸或低水头船闸,调试阶段可适当简化。

(4)闸门、阀门全部处于关闭状态时,可用灯光或其他方法检查止水间隙,并满足设计要求。

(5)闸门、阀门运行过程中,应检查滚轮、支铰及顶、底枢等运转部位的运行情况。在运行中应无卡阻和异常响声。

2)无水联合调试:(JTS 218—2014 12.2)

(1)闸门、阀门的无水联合调试应符合现行《水运工程质量检验标准》(JTS 257)的有关规定,闸门、阀门应运转灵活,无异常响声,每扇闸门、阀门必须全行程单独运行3~5次,应能开足关严。

(2)运行系统在试运行时,单项操作和程序控制的调试均应大于5次。每次运行中,应按设计规定的启闭速度逐步进行,直至闸门、阀门运行自如,无异常现象为止。

3)有水联合调试:(JTS 218—2014 12.3)

(1)闸门、阀门应成对运行3~5次,能开足关严,运转件应运转灵活,运行平稳、无卡阻和异常响声、无漏水等现象,并应按设计规定的启闭时间、运行速度和同步要求进行调试和测定。

(2)启闭机零部件、元器件的保护装置应齐全,信号应准确可靠。闸门、阀门在关闭或悬吊状态下持续60min,出现漂移或下滑的距离应满足设计要求,并应符合现行《水运工程质量检验标准》(JTS 257)的有关规定。

四、防渗结构施工和排水设施(JTS 218—2014 7.6)

1)黏土防渗体施工要求。

(1)土料的原材料应进行粉碎加工。加工后的粒径,黏土不应大于2.0cm,石灰不应大于0.5cm。

(2)防渗体基底应清理杂物和排干积水。

(3)防渗体与截水槽宜同步施工。

(4)分层铺筑时,上下层接缝应错开,采用人工夯实时每层虚土铺筑厚度不应大于20cm,采用机械夯实时每层虚土铺筑厚度不应大于30cm,层面间应刨毛、洒水。

(5)分段、分片施工时,相邻工作面搭接碾压宽度,平行轴线方向不应小于0.5m,垂直轴线方向不应小于3m。

2)水泥土防渗体施工要求。

(1)水泥土防渗体配合比应满足设计要求。当设计无要求时,应通过现场试验确定。

(2)采用高压旋喷桩形成的水泥土防渗体施工应符合现行《建筑地基处理技术规范》(JGJ 79)的有关规定。

(3)采用搅拌工艺形成的水泥土防渗体施工应符合现行《建筑地基处理技术规范》(JGJ 79)的有关规定。

3)土工膜防渗施工要求。

(1)土工膜性能指标、规格应满足设计要求。

(2)大幅土工膜拼接,宜采用胶接法黏合或热元件法焊接,胶接法搭接宽度宜为5~7cm,热元件法焊接叠合宽度宜为1.0~1.5cm。

(3)土工膜铺设前应将基面整平,铺设完成后应及时进行保护层施工。

4)地下连续墙防渗体施工应满足设计要求,并应符合现行《码头结构施工规范》(JTS 215)和《码头结构设计规范》(JTS 167)的有关规定。

5)防渗帷幕防渗体施工前应进行试验性施工,其施工工艺、材料、设备、控制质量等应满足设计要求,并应符合现行《建筑地基处理技术规范》(JGJ 79)的有关规定。

6)排水设施施工要求。

(1)倒滤层施工应符合现行《码头结构施工规范》(JTS 215)和《码头结构设计规范》(JTS 167)的有关规定。

(2)土工织物作倒滤层、垫层、排水层铺设应符合现行《水运工程土工合成材料应用技术规范》(JTS/T 148)的有关规定。

(3)排水减压沟应在枯水期施工。

五、墙后回填(JTS 218—2014 7.7)

1)回填施工前宜进行压实试验性施工。

2)在墙后回填前应对结构进行检查,施工中产生的缺陷,施工措施预留的孔、洞应及时修补并应采取防渗措施。对伸缩缝、沉降缝应进行防渗处理。

3)回填土应水平分层、由内向外、层厚均匀,每层压实厚度不超过30cm。应控制回填速度。

4)回填宜对称进行,相邻段的填土高差应满足设计要求。

5)压实的质量应以干密度或压实度指标控制,压实质量应满足设计要求,宜采用机械压实。

6)在回填土区设有排水管时,应回填至排水管顶面以上,压实后开挖铺设排水管。

7)墙后分项工程检验批宜按设计结构单元或施工段划分。

8)应对板桩和地连墙墙后回填施工过程中墙体的位移情况进行观测和记录。

第八章 水运机电工程质量控制

第一节 机电设备安装的通用要求

一、总则

1）机械设备安装工程应从设备开箱起至设备空负荷试运转为止的施工及验收,对必须带负荷才能进行试运转的机械设备,可至负荷试运转。

2）在机械设备安装工程施工中,应按工程设计进行施工,不得擅自修改工程设计,施工过程中发现设计文件和图纸有差错时,应及时提出意见和建议,且应按原设计单位修改变更后的工程设计施工。

3）安装的机械设备、零部件和主要材料,必须符合工程设计和其产品标准的规定,并应有合格证明。

4）机械设备安装工程中采用的各种计量和检测器具、仪器、仪表和设备,必须符合国家现行有关标准的规定;其精度等级应满足被检测项目的精度要求。

5）机械设备安装工程施工中,应对工程质量进行检验和记录。对于隐蔽工程,应在工程隐蔽前进行检验并作出记录,合格后方可继续安装。工程验收时,应以有关记录为依据进行验收和必要的抽检工作。

二、施工条件

1）机械设备安装工程施工前,应具备下列工程设计图样和技术文件:
(1)机械设备的工艺平面位置图、标高图、设备基础图、安装施工图及施工说明和注释技术文件;
(2)机械设备使用说明书及与机械设备安装有关的技术文件;
(3)与机械设备安装有关的建筑结构、管线和道路等图样。

2）机械设备开箱时,应有建设单位人员参加,并应按下列项目进行检查和记录:
(1)箱号、箱数以及包装情况;
(2)机械设备名称、型号和规格;
(3)随机技术文件及专用工具;
(4)机械设备有无缺损件,表面有无损坏和锈蚀;

(5)其他需要记录的事项。

3)机械设备安装前,其基础、地坪和相关建筑结构,应符合下列要求:

(1)机械设备基础的质量应符合现行《混凝土结构工程施工质量验收规范》(GB 50204)的有关规定,并应有验收资料和记录;机械设备基础的位置和尺寸应按规定进行复检:检查坐标、中心线位置时,应沿纵、横两个方向测量,并取其中的最大值;预埋地脚螺栓的高程,应在其顶部测量;预埋地脚螺栓的中心距,应在根部和顶部测量;

(2)基础或地坪有防震隔离要求时,应按工程设计要求施工完毕;

(3)基础有预压和沉降观测要求时,应经预压合格,并应有预压和沉降观测的记录;

(4)安装工程施工中拟利用建筑结构作为起吊、搬运设备的承力点时,应对建筑结构的承载能力进行核算,并应经设计单位或建设单位同意方可利用。

4)安装工程施工现场,应符合下列要求:

(1)临时建筑、运输道路、水源、电源、蒸汽、压缩空气和照明等,应能满足机械设备安装工程的需要;

(2)安装过程中,宜避免与建筑或其他作业交叉进行;

(3)厂房内的恒温、恒湿应达到设计要求后,再安装有恒温、恒湿要求的机械设备;

(4)应有防尘、防雨和排污的措施;

(5)应设置消防设施;

(6)应符合卫生和环境保护的要求。

5)对大型、复杂的机械设备安装工程,施工前应编制安装工程的施工组织设计或施工方案。

三、放线、就位、找正和调平

1)机械设备就位前,应按施工图和相关建筑物的轴线、边缘线、高程线,划定安装的基准线。

2)相互有连接、衔接或排列关系的机械设备,应划定共同的安装基准线,并应按设备的具体要求埋设中心标板或基准点。中心标板或基准点的埋设应正确和牢固,其材料宜选用铜材或不锈钢材。

3)平面位置安装基准线与基础实际轴线或与厂房墙、柱的实际轴线、边缘线的距离,其允许偏差为±20mm。

4)机械设备定位基准的面、线或点与安装基准线的平面位置和高程的允许偏差,应符合设备安装要求。

5)机械设备找正、调平的测量位置,当随机技术文件无规定时,宜在下列部位中选择:

(1)机械设备的主要工作面;

(2)支承滑动部件的导向面;

(3)轴颈或外露轴的表面;

(4)部件上加工精度较高的表面;

(5)机械设备上应为水平或垂直的主要轮廓面;

(6)连续输送设备和金属结构宜选在主要部件的基准面的部位,相邻两测点间距离不宜大于6m。

6) 机械设备找正、调平的定位基准的面、线或点确定后,其找正、调平应在确定的测量位置上进行检验,且应做好标记,复检时应在原来的测量位置进行。

7) 机械设备安装精度的偏差,宜符合下列要求:

(1) 能补偿受力或温度变化后所引起的偏差;

(2) 能补偿使用过程中磨损所引起的偏差;

(3) 不增加功率损耗;

(4) 使转动平稳;

(5) 有利于提高工件的加工精度。

四、机械装配的基本规定

1) 机械设备装配前,应对需要装配的零部件配合尺寸、相关精度、配合面、滑动面进行复查和清洗洁净,并应按照标记及装配顺序进行装配。

2) 机械设备清洗的零部件应按装配或拆卸的程序进行摆放,并妥善保护;清理出的油污、杂物及废清洗剂,不得随地乱倒,应按环保有关规定妥善处理。

3) 当机械设备及零部件表面有锈蚀时,应进行除锈处理。

4) 装配件表面锈蚀、污垢和油脂应按规定进行清洗。

5) 清洗机械设备及装配件表面的防锈油脂时,其清洗方式可按下列规定确定:

(1) 机械设备及大、中型部件的局部清洗,宜采用擦洗和刷洗。

(2) 中、小型形状较复杂的装配件,宜采用多步清洗或浸、刷结合清洗;浸洗时间宜为 2 ~ 20min;采用加热浸洗时,应控制清洗液温度,被清洗件不得接触容器壁。

(3) 形状复杂、污垢黏附严重的装配件,宜采用清洗液和蒸汽、热空气进行喷洗;精密零件、滚动轴承不得使用喷洗。

(4) 对形状复杂、油垢黏附严重、清洗要求高的装配件,宜采用浸、喷联合清洗。

(5) 对装配件进行最后清洗时,宜采用清洗液进行超声波清洗。

6) 机械设备加工装配表面上的防锈漆,应采用相应的稀释剂或脱漆剂等溶剂进行清洗。

7) 在禁油条件下工作的零部件及管路应进行脱脂,脱脂后应将残留的脱脂剂清除干净。

8) 机械设备零部件经清洗后,应立即进行干燥处理,并应采取防锈措施。

9) 机械设备和零部件清洗后,其清洁度应符合下列要求:

(1) 采用目测法时,在室内白天或在 15 ~ 20W 日光灯下,肉眼观察表面应无任何残留污物。

(2) 采用擦拭法时,应用清洁的白布或黑布擦拭清洗的检验部位,布的表面应无异物污染。

(3) 采用溶剂法时,应用新溶液洗涤,观察或分析洗涤溶剂中应无污物、悬浮或沉淀物。

(4) 采用蒸馏水局部润湿清洗后的金属表面,应用 pH 试纸测定残留酸碱度,并应符合其机械设备技术要求。

10) 机械设备较精密的螺纹连接或温度高于 200℃ 条件下工作的连接件及配合件等装配时,应在其配合表面涂防咬合剂。

11) 带有内腔的机械设备或部件在封闭前,应仔细检查和清理,其内部不得有任何异物。

12）对安装后不易拆卸、检查、修理的油箱或水箱,装配前应作渗漏检查。

五、低压电器的固定要求

1）低压电器根据其不同的结构,可采用支架、金属板、绝缘板固定在墙、柱或其他建筑构件上。金属板、绝缘板应平整;当采用卡轨支撑安装时,卡轨应与低压电器匹配,并用固定夹或固定螺栓与壁板紧密固定,严禁使用变形或不合格的卡轨。

2）当采用膨胀螺栓固定时,应按产品技术要求选择螺栓规格;其钻孔直径和埋设深度应与螺栓规格相符。

3）紧固件应采用镀锌制品,螺栓规格应选配适当,电器的固定应牢固、平稳。

4）有防震要求的电器应增加减震装置;其紧固螺栓应采取防松措施。

5）固定低压电器时,不得使电器内部受额外应力。

六、低压电器绝缘电阻的测量规定

1）测量应在下列部位进行,对额定工作电压不同的电路,应分别进行测量:

（1）主触头在断开位置时,同极的进线端及出线端之间。

（2）主触头在闭合位置时,不同极的带电部件之间、触头与线圈之间以及主电路与同它不直接连接的控制和辅助电路(包括线圈)之间。

（3）主电路、控制电路、辅助电路等带电部件与金属支架之间。

2）测量绝缘电阻所用兆欧表的电压等级及所测量的绝缘电阻值,应符合现行《电气装置安装工程　电气设备交接试验标准》(GB 50150)的有关规定。

3）低压电器的试验,应符合现行《电气装置安装工程　电气设备交接试验标准》(GB 50150)的有关规定。

第二节　港口设备安装工程的技术要求

一、港口设备安装的一般规定

1）装卸设备安装前应根据运输状态、接卸及安装现场的条件,按设计要求和设备技术文件的要求,编制施工组织设计或安装工艺大纲,并应按规定进行复测和检查各类零部件的安装尺寸、型号、规格等。

2）重要部件应在制造厂进行预组装,重要设备应在制造厂进行试运转。现场安装的部件和设备应按出厂标识进行。

3）装卸设备安装的通用技术要求,应符合第三章的有关规定。

4）起重吊装用钢丝绳、卡环和专用吊具的选用应符合国家现行标准的有关规定并满足批准的施工组织设计的要求。

5）安装吊点设置应满足设计要求并有明确的标识。起重吊装过程不应造成设备或构件永久变形和损坏。

6)在安装现场焊接的主要受力焊缝,应符合设计要求和焊缝焊接的有关规定。

7)高强度螺栓连接应符合现行《港口设备安装工程技术规范》(JTS 217)的有关规定。

8)梯子、平台、走道和栏杆的安装应符合设计要求和现行《起重机械安全规程 第1部分:总则》(GB/T 6067.1)和《起重机械安全规程 第5部分:桥式和门式起重机》(GB/T 6067.5)的有关规定,现场制造的构件应符合设计要求和现行《港口设备安装工程技术规范》(JTS 217)的有关规定。

9)电气装置、控制装置、机内消防系统、机内环保设备的安装应符合现行《港口设备安装工程技术规范》(JTS 217)的有关规定。

10)电缆换向装置的安装应符合设计要求和设备技术文件的规定。

11)码头附属设备的安装应符合设计要求和设备技术文件的规定。

12)起重装卸设备安全装置的位置、型号、规格和数量应符合现行《港口设备安装工程技术规范》(JTS 217)的有关规定。

13)装卸设备整机吊装应符合下列规定:

(1)设备整机吊装的重量及重心位置应计算准确,实际重量和计算重量偏差不宜大于5%。

(2)起吊设备的选用应满足起吊要求,吊臂、设备和吊钩三者间应有足够的安全距离;单台起吊设备起吊时,吊机最大载荷不宜超过其规定工况下额定吊载的90%;多台起吊设备联合起吊时,单机最大载荷不宜超过其规定工况下额定载荷的80%,整机总重量不应超过起重机额定载荷总和的75%。

(3)整机起吊的吊耳应进行专项设计,且安全系数不应小于2.5,焊缝应进行超声波和磁粉探伤检验。

(4)设备上台车车架等的活动物件应系固牢靠,避免吊装时转动、窜动、倾转及坠落。

(5)设备起吊时应逐级加载,设备腾空约200mm时应作适当停留,并应对起吊吊耳、起吊索具、起吊设备及吊物的状态进行检查,确认无异常后方可继续吊装作业。

(6)整机吊装时风力不宜大于6级,涌浪大和潮汐变化大的水域不宜采用整机吊装方式作业。

14)装卸设备整机上岸应符合下列规定:

(1)运输船舶的装载稳性及甲板强度应满足整机上岸要求,并具备一定的调压载能力。

(2)码头应满足运输船舶系泊能力,码头前沿水深和码头承载能力应满足整机上岸要求。

(3)上岸轨道接头间隙不宜大于20mm,高差不宜大于10mm。

(4)整机上岸时运输船舶横倾不宜大于2°,连接运输船舶和设备码头上桥梁坡度不宜大于5°。

(5)设备顶升入位过程中,两侧高度差不宜大于200mm。

(6)设备上台车车架等活动物件应系固或垫实牢靠,避免整机上岸时转动、窜动、倾转及坠落。

(7)整机上岸时风力不宜大于6级。

二、35kV及以下电气设备交接试验的一般规定

1)交接试验应符合下列规定:

(1)交流耐压试验加至试验标准电压的持续时间,无特殊要求时应为1min。

(2)绝缘试验宜在良好天气且温度不小于5℃、空气相对湿度不大于80%的条件下进行。

(3)交接试验的温度应为10~40℃。设备运行温度不应大于75℃。

(4)交接试验的绝缘电阻,应为60s的绝缘电阻值。吸收比应为60s与15s绝缘电阻值的比值。极化指数应为10min与1min的绝缘电阻值的比值。

(5)多绕组设备应进行绝缘试验,非试验绕组应短路接地。

(6)测量绝缘电阻兆欧表的电压等级应符合表8-1的规定。

测量绝缘电阻兆欧表的电压等级　　　　表8-1

设备电压等级 $U(V)$	$U \leq 100$	$100 < U \leq 500$	$500 < U \leq 3000$	$U > 3000$
兆欧表电压等级(V)	250	500	1000	2500

2)电气设备和防雷设施接地装置的试验应满足设计要求。

三、设备试运转

1)一般规定:

(1)试运转应按批准的试运转大纲进行。

(2)送变电、控制系统与装卸输送等设备在受馈电及空载试运行前应作静态检验。

(3)起重设备的性能试验应参照现行《起重机　检验与试验规范　第1部分:通则》(GB/T 5905.1)和《港口起重机　验收试验规则》(GB/T 18438)的有关规定进行。

(4)单位工程应在设备空载试运转达到设计要求后进行交工验收。

(5)在性能考核前应制定考核大纲,确定性能考核的内容和要求。

2)送变电试运行:

(1)试运行前的准备工作应符合下列规定:

①建筑工程和安装工程应完成,运行场所应整洁无杂物。

②设备安装应正确,标识牌应齐全。各类变压器、开关、断路器应无渗油、漏气现象。

③接地工程应全部结束,接地电阻应符合设计要求。照明系统应正常工作,通信系统应保持畅通。

④相序检查应完成。

⑤继电保护整定值应符合设计要求并记录完整。

⑥电气交接试验应符合有关规定并记录完整。

⑦操作电源柜调试应满足设计要求或符合设备技术文件的规定。

⑧开关分、合闸动作应灵活准确,开关位置与操作手柄位置应一致。

⑨操作装置、联锁装置、保护装置、安全装置、监测装置和信号装置等的动作应准确。

⑩安全隔离设施应满足设计要求,安装应牢固。

(2)电力变压器试运行前的检查应符合下列规定:

①本体、冷却装置和附件应无缺陷,密封应完好、无渗油。

②油漆应完整,相色标识应正确。

③气油管路中阀门应操作灵活,开闭位置应满足运行要求,油位应正确。

④中性点应直接接地,保护接地与主接地网的连接方法应正确,接地电阻值应符合设计

要求。

⑤分接头螺栓应紧固,位置应满足运行要求。

⑥测温及其他保护装置安装位置和信号接点应正确。

⑦交接试验应完成,试验报告应齐全。

⑧继电器保护整定试验值应满足设计要求。

(3)试运行应符合下列规定:

①高压柜及柜内高压开关、互感器、电容器、变压器和避雷器等设备不应有异响,开关的接点应无电弧烧损,母线的焊口、搭接头应无过热现象。

②操作机构分、合闸动作应可靠,断路器、接触器开关位置应正确。

③变压器应进行冲击合闸试验5次。空载运行时三相电流应平衡,油温、油位和各项保护装置应正常,试验时间不应少于24h。

④低压开关和低压电器铁芯的声音应正常,线圈和接线端子应无过热现象。

⑤所有仪表应工作正常、显示准确。

⑥功率因数自动补偿装置运行应正常。

⑦继电保护动作应在整定值误差范围内。

⑧操作、联锁、保护、安全和信号装置应动作准确。

3)工业过程控制用计算机程序试验:

(1)试验前应按下列规定进行检查:

①各设备元器件应无损伤、变形、潮湿生锈和脏污异物等。

②元器件应固定牢靠,密封无异常,标号和线号应齐全。

③插座和插件连接应无松脱,灯、键、开关和仪表等应无缺损。

④电源进线回路、盘内外控制回路、变压器、开关和熔断器等的连接应符合设计要求。

⑤保护接地线、屏蔽线和信号线的连接应正确。

⑥系统网络通信线缆应按设计要求正确敷设和连接。终端电阻、屏蔽等应按设计和产品技术文件要求进行正确配置。

⑦网络中各设备节点地址应设置正确。

⑧PLC系统各机架、模块应符合设计要求,应正确安装并固定到位。

⑨控制程序和监控画面的组态应编制完成,并应在实验室完成模拟测试。

(2)系统中各单元的调试应符合设备技术文件的规定。

(3)系统试验应符合设备技术文件的规定。当无规定时,应符合下列规定:

①应进行抗环境干扰检查,大电机启动和开关、接触器、非线性元器件变频器、UPS等进行投切动作时,控制系统运行应正常。

②应进行电源断电检查,当系统无UPS电源设备时,应进行断电再复电检查,保护功能应正常。

(4)程序控制软件调试应按设计编制的试验大纲进行。当无规定时,应符合下列规定:

①在各信号输入端口,应按生产工艺的不同流程加入相应的模拟动作信号,确认程序控制能按工艺要求准确运行并进行各种显示。

②应检查各种运行方式和联锁的正确性与可靠性。

③应检查保护开关和紧停开关工作的可靠性。
④应检查控制程序、监控画面显示和现场各执行元器件动作的一致性。
4)单机试运转：
(1)设备受、馈电及试运转前应按下列要求进行静态检查：
①设备外观整洁，无妨碍设备运转的障碍物及杂物；
②所有连接部位及机构等受力部位的螺栓已紧固；
③现场施工的焊缝完整，无缺陷；
④平台、走道、栏杆、扶梯和踏步的焊接和安装牢固；
⑤钢丝绳绳端固定牢固，在卷筒、滑轮组中缠绕正确；
⑥转动件和滑动件等运动部件的就地或自动润滑装置安装正确，铰点和注油位置已按要求加注润滑油及工作油；
⑦各机构减速器润滑油加注正确，油位符合要求；
⑧液压系统的油位和油品符合要求；
⑨各机构的制动轮无卡阻现象；
⑩运行机构的车挡、缓冲挡块、终点和减速区域等的安全装置安装正确，动作正常；
⑪管道系统安装正确，阀门开启等正常；
⑫电气信号、电气控制保护、绝缘测试和耐压试验等满足设计要求和符合设备技术文件的规定，电气安装及接线准确无误；
⑬继电保护整定检查完成；
⑭相序检查完成；
⑮开关位置正确；
⑯程序试验结果满足设计要求；
⑰接地系统施工完毕，接地电阻符合设计要求；
⑱照明系统正常工作；
⑲消防系统已储备符合设计要求的水量和泡沫原液等灭火介质；
⑳管道附属设备、消防设备和环保设备安装符合设计要求和设备技术文件的规定。
(2)试运转前每一机构或装置应拆开联轴器，确认电动机、冷却风机的转向；不宜拆开的机构或装置应以点动确认。
(3)机构和装置的运行方向应与操作机构操作标识一致。运行应平稳。应分别按顺序作空载试运转，并应按机构或装置的功能，进行不少于两次的全行程运转，连续运转的机构或装置运转的时间不应小于2h。运转结果和性能应符合设计要求。
(4)机构或装置的工作行程和极限位置应进行测定和调整，调整到规定位置后应动作无误、定位准确。制动和限位装置在工作时不得产生异常的振动。
(5)设备的转动部位、轴承和铰点应转动灵活，不应有异常的声响。
(6)连接紧固件不应松动。
(7)主令开关、联锁、制动、限位开关和各种电气保护装置等应动作灵敏、正确可靠，仪表信号应正确显示。
(8)轴承温升应符合设备技术文件的规定。当无规定时，滚动轴承温度不宜高于80℃，滑动轴承温度不宜高于60℃。

（9）机构和装置的运转速度和电动机的电流、电压、温升等应符合设计要求和设备技术文件的规定，并应进行记录。

（10）驱动单元在运行速度范围内的最大振动值应符合设备技术文件的规定，并应进行记录。

（11）制动器制动片调整、制动时间和同步性应符合设计要求和相关规定。

（12）卷取装置力矩发动机的力矩和制动器制动力矩应调整到在行走过程中电缆能保持适当的松弛度，且收缆和放缆速度应与运行机构的速度相协调。

（13）电梯启动、运行和停止对轿厢应无较大的振动和冲击。制动器工作应可靠，平层度应符合设计要求。

（14）输送机械张紧装置的配重箱或张紧小车应在张紧行程内正常工作。

（15）输送机的胶带应在托辊长度范围内对中运行。

（16）链轮系统中链条和板链与链齿啮合时应运转正常、平稳可靠。

（17）液压和气动系统调试应符合下列规定：

①液压系统用的液体应经过滤后再充入系统内；充液体时，应开启系统内的排气口，并应把系统内的空气排除干净。

②安全阀、保压阀、压力继电器、控制阀、蓄能器和溢流阀等应按设备技术文件的要求进行调整，其动作应正确、灵敏和可靠。

③活塞、柱塞、滑块、工作台等移动件和装置，在规定的行程和速度范围内移动，应动作5~10次，油缸和气缸运行应平稳灵活，不应有振动、爬行和停滞现象；换向和卸压不得有不正常的冲击现象。液压元件的动作和动作顺序应正常、正确和可靠。

④各接头接合面密封处不得有渗漏，管路应无异常变形。

⑤液压系统负荷试验，应符合下列规定：调节压力阀和流量阀，逐步开启，无异常后，在系统工作压力、正常油温和额定载荷下连续运转，其时间不少于30min；液压系统压力采用不带阻尼1.5级的压力表测量，其波动值符合规定；液压系统的油温在温升幅度不大于2℃/h达到热平衡后进行测量，其温升不大于25℃，正常工作温度为30~60℃；油位正常。

（18）润滑系统的试验应符合下列规定：

①润滑系统调试时润滑系统的润滑油、脂，其性能、规格和数量应符合设备技术文件的规定。

②双线式润滑脂系统的主管与给油器及压力操纵阀连接后，应使系统中所有给油器的指示杆及压力操纵阀的触杆在同一润滑周期内同时伸出或缩入。

③在额定压力的1.1倍下应连续运转5min，然后分别将压力调至额定压力、中间压力和最低压力，检查供油压力波动值，其允许偏差应为被测压力的±5%。

④在额定工作压力下，各元件结合面及管路接口等应无渗漏现象。

（19）泵的操作应按设备技术文件的要求进行。附属系统运转应正常，压力、流量、温度和其他要求应符合设备技术文件的规定。试运转结束后，应冲洗泵并放尽积液，防止堵塞、锈蚀和冻裂。

（20）火灾自动报警系统的调试应符合下列规定：

①应对探测器、区域报警控制器、集中报警控制器、火灾报警装置和消防设备等逐个进行单机通电检查。

②系统通电后,对报警控制器应进行下列功能的检查:火灾报警自检功能;消音和复位功能;故障报警功能;火灾优先功能;报警记忆功能;电源自动转换和备用电源的自动充电功能;备用电源欠压和过压报警功能。

③系统的主电源和备用电源的容量应满足设计要求。在备用电源连续充放电3次后,主电源和备用电源应能自动切换。

④应分别用主电源和备用电源供电,检查系统的各项控制功能和联动功能。

⑤系统应在连续运行120h无故障后,填写调试报告。

(21)消防设备及管路系统调试应在整个系统施工结束,且与系统有关的火灾报警装置及联动控制设备调试合格后进行。

(22)消防水泵调试应符合下列规定:

①以自动或手动方式启动消防水泵时,消防水泵应在5min内投入正常运行。

②以备用电源切换时,消防水泵应在1.5min内正常运行。

③消防稳压泵调试时,模拟设计启动条件,稳压泵应立即自动启动。当达到系统设计压力时,稳压泵应自动停止运行。

(23)消防报警阀调试应符合下列规定:

①湿式报警阀调试时,在试水装置处放水,报警阀应及时动作,水力警铃应发出报警信号,水流指示器应输出报警电信号,压力开关应接通电路报警,并应启动消防水泵。

②干式报警阀调试时,开启系统试验阀,报警阀的启动时间、启动点压力和水流到试验装置出口所需时间应满足设计要求。

③干湿式报警阀调试时,当差动型报警阀上室和管网的空气压力降至供水压力的1/8以下时,试水装置处应能连续出水,水力警铃发出报警信号。

(24)采用专用测试仪表或其他方式,对火灾自动报警系统的各种探测器输入模拟火灾信号,火灾自动报警控制器应发出声光报警信号并启动自动喷水灭火系统。

(25)启动一只喷头或以0.94~1.5L/s的流量从末端试水装置处放水,报警阀、水流指示器、压力开关、水力警铃和消防水泵等应及时动作并发出相应的信号。

(26)泡沫灭火系统的调试应符合下列规定:

①系统调试前,系统中消防泵、泡沫比例混合器、泡沫发生器和不利点的喷头应以清水或泡沫测试合格,且系统中所有的阀门应处于正常的工作状态。

②每个防护区应进行喷水试验。当对储罐进行喷水试验时,喷水口可设在靠近储罐的水平管道上。

③手动灭火系统应以手动控制的方式进行一次喷水试验,自动灭火系统应以手动和自动控制的方式各进行一次喷水试验,各项性能指标应满足设计要求。

④低、中倍数泡沫灭火系统喷水试验完毕后,应将混合液管段的液体排空,然后选择最不利点的防护区或储罐进行一次喷泡沫试验。自动灭火系统应以自动控制的方式进行。喷射泡沫的时间不宜小于1min,泡沫混合液的混合比和泡沫混合液的发泡倍数应满足设计要求。

⑤高倍数泡沫灭火系统,尚应对每个防护区分别进行喷泡沫试验。射泡沫的时间不宜小

于 30s,泡沫最小供给速率应满足设计要求。

⑥泡沫灭火系统调试合格后,应以清水将输送泡沫混合液的管道冲洗后排空,并应将系统恢复到正常状态。

(27)气体灭火系统调试应符合现行《气体灭火系统施工及验收规范》(GB 50263)的有关规定。

5)空载联动试运转:

(1)空载联动试运转应在送变电试运行和系统内各单机试运行合格后进行。

(2)空载联动试运转前应确认系统联锁保护装置、消防系统、监控系统、报警系统和广播通信系统工作正常,场地应无妨碍联动试运转的杂物。

(3)空载联动试运前应初步设定各设备顺序启动和顺序停车的时间间隔,并应在调试过程中根据工艺和现场实际情况最后确定。

(4)空载联动试运转应按各系统工艺流程顺序进行,每个流程至少应进行 3 次正常启动和停止操作,系统中主要工艺流程连续运行的时间不应小于 2h。

6)重载试运转:

(1)重载试运转应在空载联动试运转合格并办理好交接验收手续后进行。

(2)重载试运转应按批准的重载试运转大纲进行。

(3)重载试运转应由建设单位主持,设计单位、监理单位、设备制造厂商和施工单位参加,并各司其职。

(4)操作人员应经过培训合格,特种作业人员应持证上岗。

第三节　水运工程质量检验标准的有关内容

一、水运机电工程质量检验的工程划分

1)单位工程划分。

2)码头设备安装工程的单位工程可按下列规定划分:起重、装卸设备按台划分单位工程;输送设备和管道工程等按类别和系统划分单位工程;电气、控制、消防和环保设备等按系统划分单位工程,当工作量较小时,组成一个单位工程。

3)分部工程划分。

4)分部工程一般按专业或者系统进行划分。轨道式起重装卸设备、旋转式翻车机、输送设备分部工程可分为钢结构、机械设备、电气设备、辅助设备;电气系统分部工程可分为变电所、电气设备、供电和照明;控制系统分部工程可分为控制设备、工业电视系统、通信和广播系统;管道及附属设备分部工程可分为给水管道、排水管道、工艺管道、附属设备。当工程内容与现行《水运工程质量检验标准》(JTS 257)中表列项目不一致时,分部工程可以根据结构或装置的特点进行调整。

5)分项工程一般按工序或部位等进行划分。如轨道式起重装卸设备钢结构分部工程可划分为制作、安装、焊接、高强度螺栓连接、涂装等分项工程。当工程内容与现行《水运工程

质量检验标准》(JTS 257)中表列项目不一致时，分项工程可以根据结构或装置的特点进行调整。

二、水运机电设备安装工程的观感质量要求

设备安装工程观感质量，应按《水运工程质量检验标准》(JTS 257—2008)中的规定进行检查和评价，综合得分率不应低于80%。评价等级分为3级，例如，起重装卸设备安装工程观感质量评价项目和质量要求见表8-2。

起重装卸设备安装工程观感质量评价项目和质量要求　　　表8-2

序号	评价项目	质量要求	标准分	评价等级		
				一级95%	二级85%	三级70%
1	机械设备安装	设备外观整洁	10			
		钢丝绳排列整齐	10			
		液压管道敷设整齐美观	10			
		润滑管道敷设整齐美观	10			
		洒水供水管道敷设整齐美观	5			
		梯子、栏杆安装牢固、顺直	5			
		基础二次灌浆，外形美观	5			
2	钢结构防腐	油漆喷涂均匀、无漏涂	10			
		漆膜完整无流挂、皱皮、脱皮	10			
		漆膜整体颜色一致	10			
3	电气设备安装	盘、柜漆面完整、排列整齐	10			
		支架和桥架安装平整、线条顺直	10			
		电缆排列整齐、标识清晰	10			
		配管排列整齐、弯曲处无折皱、凹陷和裂缝	10			
		灯杆垂直度及灯具安装美观整齐	5			
		软管配置合理，长度适中	5			

第四节　水运工程机电专项监理规范的有关内容

一、设计阶段的监理

1)设计阶段监理任务可包括下列内容：
(1)组织或参与审查设计方案；
(2)协助发包人确定机电工程各节点有关质量、进度、费用目标；
(3)参与发包人设备招标文件的编制；
(4)协助发包人确定机电工程系统的主要功能和技术指标。

2)设计阶段监理工作应包括下列内容:
(1)编制监理规划、监理细则;
(2)审查承包人提交的设计实施方案、进度计划、安全环保措施,并报发包人;
(3)对设计分包商资质及能力进行审查;
(4)参加各阶段设计文件审查,督促承包人按审查意见要求对设计进行修改完善,并进行验证;
(5)审核设计所依据的标准、数据及有关资料,确认其有效性、完整性;
(6)按合同规定及设计方案要求,对设计接口进行协调管理;
(7)审查承包人提交的索赔申请,并依据承包合同协调相关事项,提出处理意见;
(8)按承包合同约定审核设计费,签发支付证书;
(9)组织编写监理工作总结,并向发包人移交监理工作档案。

二、制造阶段的监理

1)制造阶段监理任务应包括下列内容:
(1)审查设计图纸、技术资料和设备制造工艺,审查制造阶段的准备条件,监督承包人按已确认的设计图、适用的标准、合同、技术规格书要求进行生产制造;
(2)协调设备制造实施过程中各相关方的关系,督促承包人按承包合同的约定完成各个节点的设备制造任务;
(3)收集变更信息,处理索赔事宜。
2)制造阶段监理工作应包括下列内容:
(1)总监理工程师应按规定主持编制监理规划,并应主持由发包人组织的第一次工地会议,第一次工地会议应包括下列内容:
①参会单位介绍各自的组织机构、主要人员、项目实施的准备情况;
②发包人宣布对监理机构的授权;
③总监理工程师发布监理规划、监理程序及监理工作管理制度等内容;
④发包人和总监理工程师对施工准备情况提出意见和要求。
(2)监理机构应整理签发第一次工地会议纪要。
(3)制造阶段的质量控制应包括下列内容:
①总监理工程师组织审查承包人报送的质量保证体系和设备制造计划;设备制造计划包括工艺方案、质量计划、制造进度计划、试验检测计划等相关文件;总监理工程师应审查机电工程的准备工作,签发开工令;
②监理工程师参加设计施工图纸审查,督促承包人严格按图施工、制造;
③监理工程师依照已批准的设备制造计划,围绕质量控制点,编写监理细则;
④总监理工程师审查分包人的资格和能力,报发包人;
⑤监理工程师审查关键工序操作人员的上岗资格;
⑥监理工程师检查重点制造设备和工艺装备状况,审查试验检测仪器校准状态;
⑦监理工程师审查承包人提交的原材料、外购件、外协件的报验资料,包括技术规格、质量证明文件、合格证及出厂证、试验检测数据、进口件商检报告;

⑧监理工程审查设备制造过程中拟采用的新技术、新工艺、新设备、新材料的鉴定书或试验报告；

⑨监理机构依据合同约定的标准见证设备制造过程试验和检测，必要时监理机构自行抽样或委托独立的第三方试验检测，以验证承包人的试验检测数据；

⑩监理工程师审查承包人质量控制点的资料，并按文件见证点、现场见证点、停止见证点进行见证签认；

⑪监理工程师审批承包人的质量控制点计划，对主要制造环节、关键零部件加工、构件焊接、防腐涂装、部件装配、机构试车、单机测试等关键工序或过程进行见证；

⑫当部件或产品不符合质量要求时，监理机构应以监理工程师通知单的形式通知承包人进行整改、返工或报废；

⑬监理工程师应审查承包人在设备制造过程中提出的变更，并将审查意见报送发包人。

(4) 制造阶段的进度控制应包括下列内容：

①监理工程师审批承包人提交的设备制造进度计划；

②监理工程师根据已批准的设备制造进度计划制定进度控制监理细则；

③监理工程师巡视检查进度计划实施，实际进度出现偏差时，督促承包人纠正；经采取措施后仍不能满足进度计划要求时，监理工程师专题报告发包人；

④监理工程师审核承包人工程延期申请并与相关方协商一致后，由总监理工程师批准延期计划。必要时总监理工程师要求承包人更改进度计划，并按程序要求再次报批。

(5) 制造阶段的费用控制应包括下列内容：

①监理工程师按照承包合同的约定和实际进度，审核承包人的进度支付申请或结算报告，经发包人确认后签发工程款支付证书；

②监理工程师审核合同可调价因素引起的价格变动；

③监理工程师审查设备制造过程中变更的合理性，审核变更产生的费用，经发包人批准，交承包人实施；

④监理工程师审核索赔申请表，对索赔费用提出意见。

(6) 制造阶段的安全管理应包括下列内容：

①监理工程师审查承包人的安全生产保证体系、安全人员和安全设施配备、安全应急预案；

②监理工程师审查承包人特殊工种作业人员的上岗资格证；

③监理工程师审查承包人特种设备的使用许可证，督促落实危险源管理，检查现场安全标识和防护措施；

④监理工程师审查承包人提交的出厂待运设备安全防护措施；

⑤总监理工程师主持编制监理规划中的安全专题篇章，审批安全监理细则，组织监理人员参见安全技术交底、编制监理月报和填写监理日志；

3) 制造阶段出现重大质量问题或发现重大隐患时，总监理工程师应依照监理合同约定和权限报告发包人，并下达工程暂停令，督促承包人按要求整改。

4) 制造阶段发生质量事故时，监理机构除配合有关部门调查外，尚应督促承包人查清事故原因，制定整改方案，并按要求进行处理。

三、运输阶段的监理

1）监理工程师应审查承包人提交的运输方案，包括设备出厂包装、仓储条件、吊装工艺方案、加固方案、长短途运输方案，审查运输合同、保险合同和应急预案。

2）监理的工作应包括下列内容：

（1）监理工程师应审查承包人提交的运输方案、加固方案及应急预案，审核发运设备在装卸、运输过程的结构安全验算结果。重点审查运输工具的使用范围和等级、技术参数和安全性能、异常气候及环境对运输过程的影响、特殊情况的保全措施等；

（2）总监理工程师应审批承包人的运输方案及应急预案；

（3）监理工程师应审查承包人或发包人投保的运输保险合同；

（4）监理工程师应检查见证发运清单、设备包装、存放和发运状态；

（5）监理工程师应按照审批的方案检查承包人对设备的装卸、运输绑扎和加固工作；

（6）监理工程师应见证承包人提交的政府相关部门对超限设备运输方案的审批手续；

（7）总监理工程师应根据承包合同，审核审批承包人的仓储、装卸、运输、加固等相关费用。

四、安装调试阶段的监理

1）安装调试阶段监理的任务应包括下列内容：

（1）审查承包人提交的安装施工方案，巡视检查承包人安装施工现场，见证质量控制点；

（2）审查调试大纲，巡视检查现场，见证单机调试和系统调试，并参与验收。

2）安装调试阶段监理的工作应包括下列内容：

（1）总监理工程师应审核安装调试的准备工作，签发开工令。

（2）安装调试阶段的质量控制应包括下列内容：

①总监理工程师审批承包人安装施工方案和调试大纲，编制安装调试监理规划及相关专业监理细则；

②监理工程师组织安装基础的复检和交接工作，审核相应土建工程满足机电工程安装的条件；

③监理工程师对运抵现场的设备组织开箱检查，并做好检查记录；

④监理机构审查承包人特种作业人员资格证、上岗证；

⑤监理工程师审核分包人的资质，并报发包人；

⑥监理工程师审查承包人的安装、调试采用的机械、工具及检测仪器；

⑦监理工程师巡视设备安装过程，见证重点部位、关键工序和隐蔽工程的质量控制点，做好巡视记录；

⑧在监理过程中发现安装质量存在重大偏差或质量问题时，监理机构需严格按照前述有关要求进行处理；

⑨监理工程师巡视检查单机设备调试过程，见证技术参数和性能测试，审查调试记录或报告，并提出监理审核意见；

⑩监理工程师见证发包人向法定检验部门提交报验资料;

⑪监理工程师巡视检查工艺设置、系统集成联动试验,见证系统技术参数和性能测试,审查调试记录或报告,并提出监理审核意见;

⑫监理工程师按照承包合同的约定,见证机电工程的软件测试;

⑬监理工程师见证承包人提供的机电工程操作、维护和管理的培训工作。

(3)安装调试阶段的进度控制应包括下列内容:

①监理工程师根据已审批的机电工程安装施工方案和调试大纲,巡视承包人的安装进度。实际进度出现偏差时,提出纠偏要求,并督促承包人采取措施;

②总监理工程师审批安装调试过程中发生的延期申请;

③总监理工程师协助发包人做好安装、调试阶段与其他过程的协调工作。

(4)安装调试阶段的费用控制应包括下列内容:

①总监理工程师根据承包合同的约定和实际进度,审批安装调试工程款支付申请;

②总监理工程师审批安装调试过程的变更申请和索赔;

(5)安装调试阶段的安全管理应包括下列内容:

①总监理工程师审批承包人提交的安装调试安全生产方案和措施、专项施工方案、安全技术措施费用使用计划和安全应急预案;巡视或见证安全措施落实情况;

②监理工程师编写安装调试安全监理细则,编写安全监理专题报告;

③监理工程师审查承包人的安全管理保证体系和专职安全员的上岗资格;

④监理工程师审查承包人用于工程安装特种设备的使用许可及特种作业人员的资格证、上岗证;

⑤监理工程师巡视或见证承包人的安全教育和安全技术交底;

⑥监理工程师审查承包人安全技术措施费用使用计划及落实情况;

⑦监理工程师现场见证机电工程的各种安全保护装置的调试或标定;

⑧监理工程师巡视或见证现场通风和消防、防爆设备配备使其符合规定。

(6)监理工程师应督促承包人落实安装调试现场的危险源管理,当现场存在重大的安全隐患时,总监理工程师应及时签发工程暂停令,责令承包人限期整改,并同时向发包人报告;

(7)安装调试阶段的环境保护管理应包括下列内容:

①总监理工程师审批承包人提交的安装调试的环保专项方案,重点审查安装调试现场的噪声影响和控制,废油、废渣以及危险物垃圾的无害化处理措施,督促承包人落实生态保护及水土保持的相关措施;

②监理工程师应巡视或见证承包人在工程完工后,按合同要求拆除工程临时设施,清理场地,做好环境恢复工作。

第九章 干船坞与船台滑道工程质量控制

第一节 干船坞及船台滑道总体要求
（JTS 257—2008 8.2）

1）干船坞工程整体尺度、船台主体整体尺度、油脂、滚珠和辊轴滑道整体尺度、钢轨滑道整体尺度需满足规范要求。

2）按规范对观感质量进行检查和评价，综合得分率不低于80%。

3）干船坞、半坞式和带防水闸门斜船台工程完工后，在围堰拆除前应按设计要求进行充水检查、坞门启闭和排灌水试运转试验。围堰内充水后，应复核渗水量，坞室不应有明显渗漏。坞门启闭和排灌水试运转结果应满足设计要求。

4）滑道工程完工后应进行整体功能性试验，试验内容应包括下滑速度、滑行轨迹、滑道温升等，试验方法和结果应满足设计要求。

第二节 基坑开挖质量控制

一、一般规定（JTS 257—2008 8.3、JTS/T 229—2022 5.1）

1）干船坞与船台滑道基坑开挖分项工程检验批宜按设计结构单元或施工段划分。采用湿法施工工艺时，水下开挖部分宜单独作为一个分项工程。

2）干船坞、船台与滑道工程的基坑开挖应结合围堰与支护结构特点、工程地质、水文地质、周边环境条件和工期等因素，编制专项施工方案和应急预案。

3）基坑降水与排水应进行专门设计并编制排水与降水施工方案。基坑开挖前，应对降水与排水系统进行检查和运转试验，正常后方可进行基坑开挖施工。

4）基坑开挖前应对施工围堰进行专项检查验收。

5）基坑降水和基坑开挖施工过程中，应对围堰及支护结构、基坑边坡、相邻建筑物、周围地面沉降等变化进行观测或监测，发生突发情况应及时采取措施。

6）基坑周边的弃土、施工材料、施工设备和车辆的荷载不得大于设计荷载。

二、基坑排水与降水质量控制（JTS/T 229—2022 5.2）

1）基坑施工区域排水系统的设置，应根据基坑特点、基坑排水量、施工要求和现场条件等确定。基坑外围应设置截水沟或围埂。

2）基坑排水的集水坑(井)、排水沟和排水设施需注意如下控制：

（1）集水坑(井)和排水沟的位置和构造应避免对围堰、基坑边坡或支护结构的稳定性造成影响。

（2）集水坑和排水沟应随基坑开挖而下降。集水坑底应始终位于基底1.0m以下，排水沟的坡度宜为0.1%~0.2%。

（3）基坑挖深较大时，应分级设置平台和排水设施。

（4）排水设备可采用潜水泵或离心泵等。排水设备的排水能力应与需要抽排的水量相适应，并有一定备用量。

（5）基坑抽排水时应控制水位下降速率。

（6）基坑外围地面和截水沟应采用可靠的防渗措施。

（7）基坑边坡出现渗透水时应采取相应措施将水引入排水沟。

3）基坑降水应根据工程水文地质条件、基坑开挖尺度、降水深度和支护形式等，并结合类似工程经验制定合理降水施工方案。

4）基坑降水可采用井点降水与集水坑排水相结合等方式。

5）采用井点降水，应根据水文地质资料和降低地下水位的要求进行计算，确定井点的数量、位置、井深、抽水量及抽水设备等。必要时应做抽水试验，并根据抽水试验结果对基坑降水方案及参数进行调整优化。

三、基坑开挖控制要点（JTS 257—2008　4.3、JTS/T 229—2022　5.3）

1）水下基槽开挖：

（1）基槽开挖至设计标高时，应对土质进行核对。槽底土质应满足设计要求。

（2）基槽开挖的平面位置应满足设计要求，断面尺寸不应小于设计规定。

（3）基槽的边坡不应陡于设计要求。

2）陆上基槽开挖：

（1）基槽基底土质应满足设计要求，并防止扰动。

（2）基槽底层不得受水浸泡或受冻。

（3）基槽的边坡不应陡于设计要求。

（4）基坑开挖前应排干明水，并将地下水位降至开挖层面0.5m以下。

（5）基坑开挖时应对基坑坑底进行保护，并根据土质、气候和施工机具等情况预留一定厚度的原土层。

四、板桩结构坞墙的坞室基坑开挖控制要点（JTS/T 229—2022　5.3）

板桩结构坞墙的坞室基坑开挖除应满足一般规定外，还需注意如下控制要点：

1）坞室基坑开挖应在墙体与锚碇系统可靠连接、锚碇结构具有足够强度后进行。

2）开挖顺序、开挖方法、支撑与转换等应与设计工况一致。

3）采用内支撑支护的深基坑开挖应按支护设计工况要求，采取先撑后挖、限时支撑、避免基坑无支撑时间过长和空间过大的施工方法和顺序进行施工。内支撑的安装位置、安装精度、预应力及施加顺序应满足设计要求。

4）坞室基坑开挖过程应避免坞墙发生过大变位和变形，并宜按照先开挖中部、再开挖两侧的顺序进行施工。

5）坞室基坑分段开挖后应及时进行减压排水系统施工、浇筑垫层和坞室底板，尽快形成底板对板桩墙的支撑。

五、基坑监测与维护（JTS/T 229—2022 5.4）

基坑开挖过程应对基坑、支护结构和围堰的安全稳定性以及相邻建筑物、周围地面沉降等进行观测或监测；基坑边坡的变形、支护结构的变形与内力达到预警值或基坑降水明显异常时，应及时采取有效措施进行处理。基坑维护需注意如下要点：

1）基坑顶部的荷载不得大于设计荷载。
2）施工过程应对基坑边坡及护面的完整性进行巡视，有局部损坏时应及时修复。
3）台风、风暴潮和洪水期应加强对基坑与排水系统的检查，发现问题应采取有效措施。

六、地基与基础处理（JTS/T 229—2022 6）

1）干船坞地基与基础施工应根据施工总体部署，与基坑开挖、主体结构工程的施工统筹协调安排。

2）地质条件复杂或缺乏借鉴工程经验的地基处理工程，施工前应安排现场试验，确定施工工艺及主要施工参数。

3）施工过程中发现地质情况与勘察设计不符或施工异常时，应及时报告并查明原因。

4）地基处理工程施工结束后应按设计要求对处理效果及主要指标进行检测。常见基础形式包括换填地基、振冲地基、高压喷射注浆地基、水泥搅拌桩复合地基、桩基、岩石地基等。

5）换填地基质量控制要点如下：

（1）地基换填的部位、范围和材料应满足设计要求。

（2）换填前应对基础下地基进行检查记录，当发现溶洞、溶沟等不良地质构造时，应按设计要求处理。

（3）浆砌块石换填，块石的规格应满足设计要求，表面不得有风化裂缝，砌筑砂浆的强度应符合规范要求，块石应坐浆砌筑，砂浆应密实、饱满。

（4）混凝土和块石混凝土换填，混凝土的强度应符合设计和规范要求，混凝土应振捣密实。

6）振冲地基质量控制要点如下：

（1）振冲器及配套设备应根据设计要求、地基土质、处理深度和周边环境等条件选用，振冲操作台应配有电流、电压和留振时间自动信号仪表。

（2）施工前应先在现场进行振冲试验，确定水压、水量、振密电流和留振时间等施工参数。

（3）振冲置换施工填料宜选用含泥量不大于5%的角砾、碎石、砾砂或粗砂。

（4）振冲置换施工顺序宜从中间向外围或间隔跳打进行。当处理区存在既有建筑物时，应从邻近建筑物一边开始,逐步向外施工。

(5)振冲置换施工完成后,顶部的松散桩体应按设计要求进行处理。

(6)振冲挤密施工顺序宜从外围向中间进行。

(7)振冲挤密施工后,应按设计要求选择有代表性的地段做地基强度检验或地基承载力试验。

7)高压喷射注浆地基质量控制要点如下:

(1)高压喷射注浆可采用单管法、双管法和三管法。应根据地基土质、加固深度、加固范围和加固要求以及现场条件等选用喷射方法和机具设备。

(2)高压喷射注浆地基施工前应通过工艺试桩确定施工工艺和施工参数。

(3)喷射的水泥浆应具有较好的保水性和可喷性。所用水泥、外加剂、掺合料和配合比等应通过试验确定。

(4)成孔的直径宜比喷射导管直径大 30~40mm。

(5)射浆管置于钻孔底设计高程后,应立即开始高压喷射注浆,并按规定的技术参数进行喷射和提升。

(6)高压喷射注浆应自下而上进行。射浆管不能一次连续提升时,分段提升的搭接长度不得小于 0.1m。

(7)喷射灌浆过程中出现流量不变而压力突然下降时,应检查各部位泄漏情况;不冒浆或断续冒浆时,应查明原因,若系空穴、通道引起,则应继续灌浆至冒浆为止,灌入一定浆量后仍不冒浆时,可提出射浆管,待浆液凝固后重新灌浆。

(8)水泥浆液应搅拌均匀,随拌随用。余浆存放时间不宜大于 3h。

(9)喷射灌浆完毕,固结体顶部出现稀浆层、凹槽、凹穴时,应进行二次灌浆。

(10)高压喷射注浆施工时,邻近施工影响区域不应进行抽水作业。

(11)施工结束后,应按设计要求进行桩体质量及承载力检验。

8)水泥搅拌桩复合地基质量控制要点如下:

(1)水泥搅拌桩施工设备应选用定型产品,并配有管道压力表、计量装置及自动记录的设备。

(2)水泥浆液配合比应经室内搅拌土强度试验和现场试验确定。

(3)所用浆液应采用砂浆搅拌机进行拌和。浆液的储存量不应小于 1 根桩的用量。

(4)搅拌桩的施工顺序应符合施工方案的要求,并宜按照先周边、后中间、逐渐向中央推进的原则。

(5)在施工中应对搅拌机头的钻进深度、搅拌速度、提升速度、水泥浆注入量、复搅情况以及输浆管道的工作状况等进行检查和记录。

(6)每段加固区域完成 7d 后应人工挖开验桩。对于桩身强度和地基承载力的检验应按设计要求进行。

9)桩基施工质量控制要点如下:

干船坞、船台与滑道工程的混凝土方桩、混凝土管桩和钢管桩的施工,除应符合一般规定外,尚有如下要点需注意:

(1)陆上群桩沉桩时,应考虑沉桩的挤土效应、对周边建筑物和已沉桩的影响。正常情况下宜按先坞室、后坞口,先长桩、后短桩,先中间、后四周、最后坞墙的顺序进行。

(2)现场接桩时桩节不宜多于2节。采用焊接接桩时,焊缝冷却后方可继续沉桩。

(3)地下和水下送桩,应使用专用送桩替打,替打与桩周的空隙宜为5~10mm,并设有泄水孔。送桩时,替打的轴线应与桩的轴线相同。

(4)深层送桩后,遗留的桩孔应及时回填。

(5)灌注桩施工,应符合设计及相关规范的规定。

10)岩石地基:

(1)岩石地基处理前应对岩基开挖、岩石完整性和地下溶洞等情况进行调查,并应按设计要求进行超声波、雷达或钻孔检测。

(2)岩石地基开挖后应对建基面进行清理,可采用高压空气与高压水联合冲洗。清洗后应及时进行混凝土垫层的施工。

(3)岩石地基的处理应结合处理部位的工程地质条件、岩石特性和处理目的,采用填充、换填或灌浆等加固补强措施。

(4)对设计要求进行钻孔压水试验的工程,压水试验宜在灌浆结束7d后进行。

第三节　干船坞主体结构质量控制

一、坞口与泵房施工质量控制(JTS/T 229—2022　7.2)

1)坞口防渗齿墙的施工质量控制要点如下:

(1)施工前应对坞口防渗墙的顶部进行清理、凿毛和处理,墙体及外伸钢筋嵌入齿墙的长度及处理应满足设计要求。

(2)齿墙混凝土应与坞口底板混凝土连续浇筑,并先于底板混凝土。浇筑时应避免损伤防渗墙体,并保证底板混凝土与齿墙镶嵌严密。

2)坞口底板与坞门墩施工质量控制要点如下:

(1)整体式坞口的底板与坞门墩应整体浇筑,并应按设计要求在底板的适当位置设置闭合块,闭合块的宽度宜为2.0~3.0m;受现场条件限制,底板需与坞门墩分离施工时,应采用预留钢筋、预埋型钢等加强措施。

(2)分离式坞口的底板与坞门墩应按设计结构单元进行施工。

3)坞口底板与坞门槛施工质量控制要点如下:

坞口底板与坞门槛混凝土的闭合块应按设计和施工方案要求进行设置和处理。浇筑闭合块的间隔时间从底板混凝土浇筑完成日期起不宜少于45d,且两侧的坞门墩已经完成,并宜选择在气温较低时进行施工。

坞门槛前沿应按设计要求预留坞口止水镶面的二期混凝土施工凹槽。

坞门轴座预埋件的构造应满足设计和坞门安装的要求,预埋时应采用可靠的定位措施。

4)坞门墩施工质量控制要点如下:

(1)坞门墩分层浇筑时,分层高度宜与坞墙分层高度一致。

(2)坞门墩前沿应按设计要求预留坞口止水镶面的二期混凝土施工凹槽。

5)现浇泵房施工质量控制要点如下:

(1)泵房可按结构特点并兼顾进出水流道的整体性,由下至上分层施工。

(2)泵房混凝土浇筑,在平面上不宜分块。根据大体积混凝土温度控制要求需分块施工时,应按设计要求在适当位置设置闭合块。

(3)泵房楼层结构分层施工时,墩、墙、柱底端的施工缝宜设在底板或基础老混凝土顶面,上端的施工缝宜设在楼板或大梁下面。泵房外墙不宜设置垂直施工缝,泵房外墙的水平施工缝宜做成凸凹榫槽形式。

(4)泵房进出水流道应按设计单元整体浇筑。流道模板应进行专门设计,流道的线形、各断面沿程变化、内表面糙率应满足设计要求。施工中应采取防止流道混凝土产生缺陷的措施。

(5)泵房墙体进出水管道钢套管外侧止水环或止水片的焊接应满足设计要求。

(6)主机组基础、进出水流道和预留安装吊孔的位置及几何尺寸应满足设计要求。

6)沉井式坞门墩或泵房的施工质量控制要点如下:

沉井式坞门墩或泵房的施工除应符合一般规定外,还应注意如下要点:

(1)沉井施工前,应根据选定的下沉方式,计算沉井各阶段的下沉系数,确定沉井的预制、下沉施工方案。

(2)分节沉井的制作高度应保证沉井的稳定性和顺利下沉。第一节沉井的混凝土强度达到设计要求,其余各节达到设计强度的70%后,沉井方可下沉。

(3)下沉施工应采取保持沉井垂直、均匀下沉和防止拉裂沉井侧壁的措施。

(4)沉井下沉到设计高程并稳定后,应及时进行封底。

二、现浇重力式结构坞墙施工质量控制(JTS/T 229—2022 7.3)

1)现浇悬臂式、扶壁式和混合式等重力式坞墙的施工质量控制要点如下:

(1)坞墙混凝土宜按结构段划分浇筑单元。分层施工的高度应根据坞墙结构形式、施工条件和防裂措施要求综合确定。坞墙分层浇筑的施工缝应保持水平、顺直,首层坞墙与坞墙底板的施工缝宜留置在距坞墙底板顶面以上1.0~1.5m位置,施工缝以下墙体和坞墙底板的混凝土应连续浇筑。

(2)坞墙底板的混凝土应在地基及帷幕灌浆验收合格后施工。

(3)坞墙分层施工时,应控制上、下层混凝土浇筑的间隔时间,在正常温度下不宜大于14d。

2)现浇承台施工质量控制要点如下:

(1)现浇承台的分段应与坞墙的分段对齐。

(2)带有廊道或管沟的承台可分2层浇筑。

3)现浇下坞通道箱涵施工质量控制要点如下:

(1)下坞通道箱涵的施工应与坞墙的施工相协调。

(2)箱涵的混凝土浇筑可按底板、立墙和顶板进行分层施工。

三、板桩结构坞墙施工质量控制（JTS/T 229—2020 7.4）

1）板桩与地连墙结构坞墙施工应编制专项施工方案。施工中应按设计工况要求，对板桩墙、帽梁与导梁、锚碇结构和拉杆安装等的施工顺序、施工程序和施工衔接等进行控制，并应与基坑开挖及降水等相协调。

2）板桩墙的施工除应符合行业现行标准的规定外，还应注意如下控制要点：

(1) 板桩沉桩宜采用双层导架、导梁。导架、导梁应具有足够的刚度和稳定性。

(2) 板桩沉桩宜采用屏风式先插桩、后再按阶梯式或间隔跳打沉桩工艺。沉桩过程应对板桩的平面位置及转角、锁口套锁、横向垂直度和纵向扇形倾斜以及是否有带桩等情况进行控制和检查，发现异常应及时调整或纠正。

(3) 钢板桩插桩前，应在锁口内填塞油脂性防渗混合材料或设计要求的防渗材料。

(4) 钢板桩坞墙转角处应设置异形桩，混凝土板桩坞墙转角处应设置转角桩。转角桩、异形桩的桩长宜加长 2~3m。

(5) 混凝土板桩榫槽的空腔，应按设计要求进行处理。采用模袋混凝土或砂浆填塞时，混凝土或砂浆的强度不宜低于 20MPa。填塞前应将空腔中的泥土杂物清除干净。

3）地连墙的施工除应符合行业现行标准的规定外，还应注意如下控制要点：

(1) 成槽机械宜采用铣槽机或液压抓斗，并应配备相应的制浆和渣浆分离设备。

(2) 成槽导墙内宽度应保证墙的设计厚度，并留有一定富余量。

(3) 衬砌面预留的插筋应与地下连续墙钢筋笼焊接连接。插筋长度应满足衬砌锚固需要，插筋弯曲半径和方向应便于钢筋笼的入槽和衬砌时的剔凿。

(4) 地连墙完成后宜在墙后采取压密注浆进行密实防渗处理。

(5) 基坑开挖后应对地连墙墙面进行检查和相应处理。

4）地下连续墙的衬砌施工质量控制要点如下：

(1) 衬砌施工前，应对地连墙衬砌面进行清洗、凿毛、修整或修补，并应将预留锚筋剔出、扳正。

(2) 衬砌模板可采用整体提升模板或固定式大模板。支模拉杆应另外埋设，不得利用墙体的预留锚筋。

(3) 衬砌混凝土的配筋应满足设计要求。钢筋骨架或钢筋网片宜与锚筋点焊连接固定。

(4) 衬砌混凝土的厚度应满足设计要求。混凝土浇筑时应采取保证混凝土密实和避免出现麻面的措施。

5）上部结构施工质量控制要点如下：

(1) 上部结构应在基坑开挖至设计要求或施工方案确定的高程后进行施工。

(2) 帽梁混凝土的底模不宜采用开挖面作为底胎膜。利用开挖面作为底模支撑面时，应对开挖面进行相应处理。

(3) 板桩墙或地连墙钢筋嵌入帽梁的长度应满足设计要求。混凝土板桩和地连墙的嵌入部分表面应凿毛并清洗干净。

(4) 设有钢导梁的板桩墙在帽梁施工前应先安装钢导梁。

(5) 带有廊道或管沟的上部结构的混凝土可分层浇筑。

6）钢拉杆安装质量控制要点如下：

（1）钢拉杆应选用专业厂家的产品。拉杆及组件的钢种、规格和力学性能应满足设计要求并符合现行《钢拉杆》（GB/T 20934）的有关规定。

（2）拉杆的防腐应满足设计要求。需外敷包裹型防腐层时，应先对拉杆进行除锈和防腐涂层处理；拉杆防腐包裹层应缠绕连续、紧密、均匀，涂料应浸透；拉杆紧张器等组件部分的防腐包裹层施工，应在拉杆张紧符合要求后进行。

（3）拉杆的张紧应在锚碇棱体回填完成、板桩墙帽梁和锚碇结构混凝土强度达到设计要求后进行。拉杆张紧应采用测力扳手施加初应力。在拉杆区回填高程接近拉杆时，应再用测力扳手对拉杆的拉力进行调整，使各个拉杆的受力均匀并达到预拉力设计值。

7）板桩结构坞墙后的回填质量控制要点：

（1）回填的顺序和速率应满足设计要求，并宜按先回填锚碇结构区、再回填拉杆区、最后进行上部大面积回填的顺序施工。

（2）回填施工应与拉杆安装及张紧相协调。需要在拉杆安装前回填部分土体时，应采取防止墙体发生过大变形的措施。

（3）沿墙轴线方向的回填应均匀。分段回填相邻施工段的高差应满足设计要求。

（4）回填与密实施工不得损伤拉杆及防腐层。采用机械碾压拉杆上部回填土时，拉杆上部的覆土厚度不宜小于500mm。

四、衬砌式坞墙施工质量控制（JTS/T 229—2022　7.5）

衬砌施工前，应对围岩岩石的状况进行检查、清理和描述，对松动块石应予以清除，并应按设计要求布设减压排水管网。锚杆的栽埋需注意如下控制要点：

1）钢筋锚杆应平直、无锈蚀和无污染。

2）钻孔直径应大于锚杆直径30mm以上，钻孔深度应满足设计要求，钻孔间距的允许偏差应为±150mm。

3）锚杆插入锚杆孔时应保持位置居中，插入孔内的长度不得小于设计长度的95%。

4）锚固砂浆配合比应经试验确定，并宜掺加微膨胀剂和速凝剂。

5）锚杆栽埋可采用先插杆后注浆或先注浆后插杆方法，锚杆孔内灌注的砂浆应密实饱满。

五、沉箱结构坞墙沉箱接缝的止水施工质量控制（JTS/T 229—2022　7.6）

1）沉箱预制时，应按设计要求在沉箱两侧结合腔内预埋止水带。在沉箱预制、拖运和安装过程中应对止水带进行保护。

2）沉箱安装与箱内回填后应及时进行结合腔内水下混凝土的施工。在灌注混凝土时，应采取防止止水带发生卷曲和偏位的措施。

3）坞室抽水过程应对沉箱接缝的渗漏水情况进行检查，发现漏点时，应采取临时封堵措施，待坞室形成干地作业条件后再结合二期混凝土施工进行止水处理。

4）沉箱接缝二期混凝土及止水的施工应按设计要求进行。施工前应对结合面进行凿毛、刷洗,并对接缝填充混凝土的缺陷进行处理。

六、坞底板施工质量控制(JTS/T 229—2022 7.7)

1)分离式结构船坞的坞底板应按设计分块进行施工,板缝宽度应满足设计要求,板缝的分划线应纵横对齐、线条顺直;整体式结构坞底板闭合块的位置和宽度应满足设计要求。

2)板桩结构船坞的坞底板,应以尽快形成底板对板桩墙的支撑作用为原则,合理安排中间板和边板的施工顺序和流水。

3)坞底板钢筋应采用具有足够强度、刚度和稳定性的支架进行架设和固定。

4)坞底板的混凝土浇筑需注意如下控制要点:

(1)同一板块混凝土应分层连续浇筑,不得斜层浇筑。采用台阶推进施工时,分层台阶的宽度不宜小于2.0m。

(2)在斜基面上浇筑时,应从低处开始浇筑,浇筑面宜呈水平。

(3)坞底板顶面应进行二次振捣和二次压面,表面拉毛应均匀。

5)坞室边沟的坡度应按设计要求逐段控制,沟底应抹平压光。

6)设有抗浮锚杆的坞底板施工,应在锚杆栽埋验收合格后进行。

七、变形缝及止水施工质量控制(JTS/T 229—2022 7.8)

1)干船坞结构的变形缝及止水应按设计要求统一布设,并纳入有关施工方案。

2)变形缝及止水的构造、所用材料的品种、规格和质量应满足设计要求,并符合国家现行有关标准的规定。

3)止水材料的制作与安装应注意如下要点:

(1)止水带安装前应整修平整,表面油污和浮皮等应清除干净,不得有砂眼和钉孔。

(2)铜止水片搭焊长度不宜小于20mm,并采用连续双面焊。

(3)橡胶止水带连接宜采用硫化热黏结;PVC止水带连接,应按厂家的要求进行,采用热黏结时,搭接长度不应小于100mm。

(4)铜止水片与PVC止水带接头宜采用螺栓栓接法,栓接长度不宜小于350mm。

(5)变形缝填料板需要对接时,接头应顺直且不应留间隙。

(6)止水带安装应采用可靠的定位和固定措施。在混凝土浇筑过程中应采取避免止水带发生卷曲和损伤止水带的措施。

(7)填料板安装后应保持接触面平整、垂直、紧贴。

八、抗浮锚杆施工质量控制(JTS/T 229—2022 7.9)

1)抗浮锚杆施工所用的钻机、灌浆泵和预应力张拉等机具设备,应根据设计要求和地质情况选用。

2)抗浮锚杆施工前应按设计要求进行锚杆基本试验,对锚固体与岩土黏结强度特征值、锚杆设计参数和施工工艺等进行验证。

3)锚杆制作需注意的质量控制要点如下:

(1)锚杆钢筋应平直,沿杆体轴线方向应设置对中支架,间距宜为1.5~2.0m。灌浆管和排气管应与杆体绑扎牢固。

(2)锚杆钢绞线、高强钢丝应平直排列,每隔1.5~2.0m设置一个隔离支架,灌浆管和排气管应与杆体绑扎牢固。

(3)锚杆制作完成后应尽快使用,不得露天存放,并采取防止杆体锈蚀或污染的措施。

4)锚杆钻孔需注意的质量控制要点如下:

(1)钻孔不得扰动周边地层。

(2)钻孔过程应对返出石渣的岩性进行鉴别。与设计要求或地质报告不符时,应会同有关单位进行处理。

(3)钻孔直径和深度应满足设计要求,钻孔超深不宜大于500mm,钻孔平面位置偏差不应大于100mm,钻孔倾斜率偏差不应大于锚杆长度的2%。

5)锚杆安放需注意的质量控制要点如下:

(1)锚杆应沿钻孔轴线对中垂直安放。安放时应防止锚杆扭压弯曲,不得损坏防腐层和灌浆管。

(2)钢筋锚杆插入钻孔内的长度不应小于设计长度的95%,预应力锚杆插入钻孔内的长度不应小于设计长度的95%。锚杆底端宜悬空100mm。

6)锚杆灌浆需注意的质量控制要点如下:

(1)灌浆料的配合比应经试验确定。水泥浆和水泥砂浆宜掺加微膨胀剂。

(2)灌浆液应随拌随用,并在初凝前完成灌浆施工。

(3)锚杆灌浆应自下而上连续进行。浆液溢出孔口,排气管停止排气时,可停止灌浆。

(4)预应力锚杆张拉后,应对锚头段的空隙进行补灌。

7)锚杆张拉需注意的质量控制要点如下:

(1)锚杆张拉施工宜间隔张拉。张拉时,锚固体强度应满足设计要求。

(2)锚杆张拉应按设计要求和试验施工确定的程序和参数进行张拉。张拉力达到设计拉力的1.05~1.10倍时应停歇10min,再卸荷至设计值进行锁定。张拉过程应对每一级荷载、停歇时间和杆体位移进行控制和记录。

8)抗浮锚杆施工后应按设计要求进行检测。抽查数量、检测项目应满足设计要求和行业现行标准的有关规定。

九、防渗系统施工质量控制(JTS/T 229—2022 7.10)

1)减压排水式干船坞的防渗系统应按照设计要求布设和施工,并与基坑开挖、地基处理和主体结构的施工相结合。

2)防渗系统施工前,应根据工程地质、水文地质、工程特点和施工条件等编制施工方案。

3)帷幕灌浆施工除应符合一般规定外,还需注意如下要点:

(1)帷幕灌浆施工应具备下列条件:

①结构底板或盖重混凝土的强度已达到设计强度的75%或大于10MPa。

②同一地段的岩石灌浆已完成。

③该部位底层接缝灌浆已完成。

(2)帷幕的先灌排或主帷幕孔宜布置先导孔,先导孔的间距宜为16~24m,或按排孔数量的10%布置。

(3)灌浆孔的直径应根据地质条件、钻孔深度、钻孔方法和灌浆方法确定。终孔孔径不宜小于56mm。

(4)灌浆应按分序加密的原则进行。由三排孔组成的帷幕,应先灌注背水侧排孔,再灌迎水侧排孔,后灌中间孔,每排孔分为二序;由二排孔组成的帷幕,应先灌注背水侧排孔,再灌迎水侧排孔,每排孔分为二序或三序;单排孔帷幕应为三序。

(5)灌浆应根据地质条件和工程要求采用自上而下分段灌浆、自下而上分段灌浆或孔口封口灌浆的方法。混凝土防渗墙下基岩帷幕灌浆应自上而下分段灌浆,不宜利用墙体预埋的灌浆孔作为孔口管进行孔口封闭法灌浆。

(6)设计要求进行钻孔压水试验的工程,压水试验可在灌浆结束14d后进行。

十、减压排水系统施工质量控制(JTS 257—2008 8.5、JTS/T 229—2022 7.11)

1)减压排水系统的施工应与坞室结构的施工分段相适应,并宜按照系统划分施工区段。每段减压排水完成后应采取保护措施;坞室结构施工应防止损坏或污染减压排水系统。

2)排水盲沟的施工质量控制要点如下:

(1)沟槽开挖后应验槽,并按设计要求对沟底和沟壁进行处理。

(2)盲沟材料的种类、规格和质量应满足设计要求。采用的碎石应冲洗干净。采用土工布包裹时包裹层应封闭。

3)减压排水盲管与检查井的安装质量控制要点如下:

(1)工程塑料管的滤孔应按设计要求钻眼,带孔塑料管、带孔混凝土管和无砂混凝土管的外壁应包裹土工布,软式土工合成材料滤管的接头应贴合并绑扎严密。

(2)盲管周围级配反滤层的分层和厚度应满足设计要求。所用碎石应干净。

(3)检查井底部垫层、井壁、透水管和爬梯应满足设计要求。井壁透水孔应便于排水盲管的插入和密封。安装后,井顶应安设密封盖板。

4)排水垫层的施工质量控制要点如下:

(1)施工前应对铺设面进行检查、平整和处理。

(2)采用无砂混凝土时,混凝土的配合比应经室内和现场试验确定,无砂混凝土的透水性能应满足设计要求。

(3)采用砂垫层时,宜选用粗砂,砂的含泥量不应大于3%。

(4)土工布与砂、碎石共同组成的排水垫层,土工布铺设时应预留适当松弛度,相邻土工布的搭接长度不宜小于500mm。

5)单向阀的安装质量控制要点如下:

(1)单向阀的形式、通径和开启水头应满足设计要求。

(2)单向阀应在产品质量保证证书注明的保质期内使用。安装前,应对单向阀逐个进行开启水头和水密性试验。

(3)单向阀与排水管的连接应可靠。安装时应对单向阀的方向和高程进行控制,阀顶高程的允许偏差为±10mm。

十一、坞墙后回填质量控制（JTS 257—2008 4.8、JTS/T 229—2022 7.12）

1）墙后回填前应对坞室墙体施工缝、表面缺陷和防渗处理等进行检查和隐蔽验收。

2）回填前应对坞墙表面质量进行检查。对存在的混凝土缺陷，应按修补方案及时进行修补；对坞墙施工缝处的上下墙面，宜采取环氧树脂玻璃布涂层等附加防水措施。

3）回填材料的种类、质量和含水率应满足设计要求。回填应水平分层、由内而外、层厚均匀。分层的厚度，应按压实后厚度不大于300mm进行控制。

4）回填层表面有积水时，应予以排除；含水率较大的土层应翻松、晾晒后压实，或挖除换填。

5）回填宜对称进行，相邻段的填土高差应满足设计要求。

6）回填压实可按回填的部位、面积和施工条件，选用机械压实或人工夯实等方法。回填土的压实度应满足设计要求。

7）墙背与岩体间采用混凝土回填时，混凝土回填应与墙体混凝土浇筑协调。

8）回填区域设有排水管时，应回填至排水管顶面，压实后再开挖铺设排水管。

9）倒滤层所用砂、碎石、土工织物的规格和质量应满足设计要求。

10）倒滤层应连续，分段分层施工的接茬处理应满足设计要求。

11）土工织物滤层的坡顶、坡趾处理或立缝铺设的固定措施，应满足设计和施工方案的要求。

12）土工织物滤层铺设不得有破损，水下铺设的压稳措施应可靠。

13）倒滤层施工验收后，应及时回填覆盖。

十二、坞口镶面止水施工质量控制（JTS/T 229—2022 7.13）

1）坞口镶面止水施工应采取适宜的测量方法和措施，并对坞门槛和坞门墩U形止水的共面度进行精确控制。

2）止水钢板或花岗石与坞门墩和坞门槛间的锚固形式应满足设计要求，花岗石砌筑缝的灌浆应密实饱满。

3）坞口镶面花岗石止水的施工质量控制要点如下：

（1）花岗石应采用优质细粒花岗岩制作，岩石的强度等级不应小于MU80，花岗石的规格及加工应满足设计要求。

（2）花岗石的锚筋应采用环氧树脂砂浆栽埋。砌筑后，花岗石的锚筋应与坞口结构的钢筋焊接连接。

（3）花岗石砌筑时，应按设计要求控制砌缝宽度并做缝。设计无要求时，砌缝宽度宜为10mm。

（4）花岗石的砌缝应采用环氧树脂砂浆勾缝并埋设灌浆嘴，勾缝的深度不宜小于20mm。

（5）花岗石砌缝的灌浆应在二期混凝土强度达到设计要求后进行，灌浆应密实饱满。

4）坞口镶面钢板止水的施工质量控制要点如下：

（1）不锈钢钢板的品种、规格和质量应满足设计要求，钢板与锚筋的焊接应牢固。

（2）止水钢板安装时，锚筋应与坞口结构的钢筋焊接连接。

(3)二期混凝土施工时应采取防止止水钢板发生移位和变形的措施。

(4)坞口镶面钢板止水的允许偏差应符合设计及规范要求。

第四节　船台与滑道主体结构质量控制

一、架空段结构施工质量控制(JTS/T 229—2022　8.1、8.2)

1)船台与滑道施工应合理安排主体结构与基坑开挖、地基处理施工的衔接。陆上架空段、陆上实体段和水下滑道段的施工应相互衔接。

2)船台与滑道施工测量控制应按总体限制、分段控制、逐步减小施工偏差的原则进行,相邻段的测量放样应考虑已完工段连接部位施工误差的影响。

3)架空段结构基础施工质量控制要点如下:

(1)独立基础混凝土应按台阶分层连续浇筑,每一台阶浇筑后宜稍停 0.5~1.0h,初步沉实后再浇筑上一台阶。

(2)条形基础混凝土宜一次连续浇筑。需分段浇筑时,施工缝应留设在结构受力较小处。

(3)筏形基础混凝土可一次连续浇筑或分块浇筑,分块浇筑时,施工缝宜留设在结构受力较小处,且不应留设在柱脚范围。

(4)桩基墩台、桩基条形基础施工前,应对基桩位置、桩顶高程、桩头完整情况等进行检查及相应处理。

4)架空段结构立柱施工质量控制要点如下:

(1)立柱钢筋绑扎前,应对基础的外伸钢筋进行修整,不得弯折外伸钢筋。

(2)立柱的混凝土应连续浇筑、一次成型。

(3)现浇立柱的允许偏差应符合设计及规范规定。

5)架空段梁板结构施工质量控制要点如下:

(1)梁板结构的施工应按设计结构单元进行。

(2)滑道梁的二期混凝土叠合面应按设计要求留置和处理。

(3)现浇纵、横梁的允许偏差应符合设计及规范规定。

(4)梁类构件和板类构件安装的允许偏差应符合设计及规范规定。

(5)现浇船台面层的允许偏差应符合设计及规范规定。

二、实体段结构施工质量控制(JTS/T 229—2022　8.3)

1)船台板结构的施工质量控制要点如下:

(1)碎石垫层应采用级配良好的碎石,垫层的厚度和压实度应满足设计要求。

(2)船台板混凝土结构的施工应按设计板块划分进行。板缝的形式、构造和宽度应满足设计要求。

(3)滑道梁的二期混凝土叠合面应按设计要求留置和处理。

(4)现浇船台板的允许偏差应符合有关规定。

2)轨枕道砟结构船台滑道施工质量控制要点如下:
(1)混凝土轨枕的预制应采用专用模具和倒置振动成型工艺。
(2)道砟道床所用碎石的规格宜为20~80mm,并应具有良好级配。道砟的厚度应满足设计要求,且不宜小于300mm。
(3)轨枕安装的允许偏差应符合规定。

三、陆上滑道梁施工质量控制(JTS/T 229—2022 8.4)

1)船台陆上架空段与实体段滑道梁的施工应在船台结构沉降基本稳定后统一安排进行。
2)滑道梁与船台板之间的连接及叠合面处理,应满足设计要求。
3)止滑器坑的位置及尺寸应满足设计要求,止滑坑及支承位置的允许偏差应为20mm,高程的允许偏差应为±15mm。
4)现浇滑道梁的允许偏差应符合规定。

四、水下滑道段结构施工质量控制(JTS/T 229—2022 8.5)

1)水下桩基结构滑道施工的质量控制要点如下:
(1)大头桩的沉桩应采取保证水下送桩桩顶高程、防止损坏桩顶牛腿和外伸筋的措施。
(2)现浇水下桩帽采用钢套筒形成干地条件施工时,钢套筒的直径、壁厚、沉设深度和支撑方式等应进行专门设计。
(3)井字形和日字形滑道梁水下安装应采用满足安装精度的测量仪器、方法和措施。采用倒锤法测量控制水下滑道梁或轨道梁安装时,应对倒锤系统的稳定性进行核算。
(4)井字形和日字形滑道梁安装前,应复核基桩桩顶的位置和高程,并装设滑道梁安装导向装置。
(5)永久性支点采用充压水泥砂浆袋时,应通过现场试验确定充盈时间和工作压力,结合面的饱满程度和强度应满足设计要求。
(6)井字形和日字形滑道梁安装后,应及时进行套桩孔水下混凝土施工。
(7)井字形和日字形滑道梁预制安装的允许偏差应符合规定。
2)水下重力墩式结构滑道施工的质量控制要点如下:
(1)水下抛石基床应按滑道的坡度阶梯式抛填,并应分层夯实、整平。基床整平的允许偏差应满足设计要求,设计无要求时,基床顶部的局部高差可按0、-20mm进行控制。
(2)没顶安装的构件,构件顶部宜设置出水钢导管,钢导管的位置应准确,并应保持垂直。
(3)沉箱、方块等重力墩安装允许偏差应符合规定。
(4)滑道梁的安装,应在重力墩沉降趋于稳定后进行。
(5)井字形轨道梁安装的允许偏差应符合规定,板梁式滑道梁安装的允许偏差应符合规定。

五、滑道安装质量控制(JTS/T 229—2022 8.6)

1)滑道安装前,应对滑道梁的轴线、坡度、高程、安装面平整度、预留孔和预埋件等进行检查复核,影响安装的过大偏差应提前处理。

2)水下滑道与滑道梁预组装整体安装时,滑道梁的安装精度应按滑道要求的精度进行控制。

3)油脂滑道安装质量控制要点如下:

(1)油脂滑道在滑道梁上的安装方式应满足设计要求。

(2)油脂滑道木、连接件及配件的型号和质量应满足设计要求,并应按设计要求进行防腐处理。

(3)油脂滑道在滑道木接缝处,沿滑道坡面相邻下轨面不应高于上轨面。

(4)滑道木顶面的螺栓应缩进滑道木内50mm,螺栓孔应按设计要求进行处理。

(5)滑道木的材质应满足设计要求,加工精度要求应符合规定。

(6)油脂滑道木安装的允许偏差、检验数量和方法应符合规定。

4)滚珠滑道安装质量控制要点如下:

(1)滚珠滑道在滑道梁上的安装方式、橡胶垫板和导轨方钢或圆钢与轨板的连接方式应满足设计要求。固定滑道的螺栓在轨板顶面以上的外露长度不应大于设计的预留长度。

(2)滑道连接件、橡胶垫板、轨板、导轨方钢或圆钢、钢珠回收箱及配件的型号、质量应满足设计要求。

(3)滚珠滑道在轨板接缝处,沿滑道坡面相邻下轨面不应高于上轨面。

(4)滚珠滑道安装的允许偏差、检验数量和方法,应符合规定。

5)辊轴滑道安装质量控制要点如下:

(1)辊轴、导向板在滑道梁上的安装方式应满足设计要求。

(2)滑道连接件、辊轴、导向板及配件的型号和质量应满足设计要求。

(3)辊轴轴线相对于船舶滑行方向的垂直度和辊轴的水平度,应满足设计要求。

(4)辊轴、导向板和配件应按设计要求进行防腐、润滑和防水处理。

(5)辊轴滑道安装的允许偏差、检验数量和方法,应符合规定。

6)钢轨滑道安装质量控制要点如下:

(1)钢轨、轨枕及连接件的型号和质量应满足设计要求。

(2)轨道在轨枕或轨道梁上的安装方式,轨枕在铺砟道床中埋入的方式应满足设计要求。

(3)垫板应平正,与钢轨底面接触应紧密,局部间隙不应大于1mm。固定轨道垫板的螺栓应采取防震动松脱措施,螺母应满扣拧紧。

(4)采用灌浆填充方法固定螺栓时,灌浆填充料的强度及握裹力应满足设计要求。

(5)轨道安装的允许偏差、检验数量和方法应符合规定。

第五节　坞门制作安装质量控制

一、坞门制作质量控制(JTS/T 229—2022　10.2)

1)钢质坞门的制作需注意如下控制:

(1)坞门门体的制作宜采取分段制作、总段组装的方式。

(2)坞门制作应根据门体结构特点、制作与组装方式和设计要求现场条件编制工艺流程和工艺方案,对钢结构的焊接变形和门体组装整体的变形进行控制。

(3)钢结构的制作、焊接、螺栓连接和涂装,应满足设计要求并符合国家现行有关标准的规定。

(4)浮箱式坞门和卧倒式坞门门体的水密性试验应在涂装前进行,试验的项目及标准应满足设计要求,并应符合现行《钢质海船船体密性试验方法》(CB/T 257)的有关规定。

(5)平板式坞门的组装应在自由状态进行,不得强制组合。

2)坞门的承压装置及止水,应在坞门整体组装验收合格后装设。承压垫及止水的形式、材质和安装固定方式应满足设计要求。承压垫和止水应连续,固定应牢固;承压垫表面应平整,整体平整度偏差不应大于5mm,局部平整度偏差不应大于1mm;止水橡胶的顶缘宜凸出承压垫15~30mm。

3)卧倒式坞门上、下铰链和门轴的钢种、质量和加工精度应满足设计要求,铰链环和门轴应按设计要求进行探伤检验,不得有气泡和砂眼、裂缝等缺陷。

4)坞门门体制作的允许偏差应符合规定。

5)坞门上甲板上的带缆桩、导缆钳、栏杆,以及坞门侧舷的防冲护舷和拉耳等,应按设计要求制作和固定。

二、坞门安装与试验质量控制(JTS/T 229—2022 10.4)

1)浮箱式坞门的安装需注意如下控制:

(1)浮箱式坞门的安装,应在坞口围堰拆除、清理完毕、水下挖泥或炸礁符合设计要求和护坦施工完成后方可进行。

(2)坞门出厂安装前,应按设计要求和现行《船舶倾斜试验》(CB/T 3035)的有关规定进行倾斜和沉浮试验,对坞门稳性和沉浮性能进行检验。坞门在漂浮、下沉和上浮过程中的稳性、沉浮性能、横向倾斜和纵向倾斜等指标应满足设计要求。

(3)浮箱式坞门应在漂浮状态下安装。安装时宜采用绞拖方式牵引定位。坞门就位灌水下沉着底后,应开启大功率水泵抽排坞室内的水,形成内外水头差使坞门紧贴坞口门框。

(4)坞门安装后,应对工作状态下的坞门门体的挠度和坞门止水效果进行观测和检查。门体在工作状态时的最大挠度应满足设计要求,坞门止水与门框止水应贴合,无明显漏水。

2)卧倒式坞门的安装需注意如下控制:

(1)坞门槛上的门轴下铰座,应在坞门槛施工时预埋或安装。安装的精度应满足设计要求,且符合相关规范规定。

(2)卧倒式坞门宜采用水下安装工艺。安装前,围堰内的水深应满足坞门起浮、浮运出坞、坞门安装和坞门浮转的需要。

(3)坞门水下安装应根据现场条件和安装方法确定合适的安装水位。安装过程应使坞门处于平浮状态,并宜采取缆绳牵引、调整堰内水位和坞门倾角等措施,引导坞门就位、上下铰链对中、上铰链落入下铰链。坞门上铰链就位后应立即水下安装门轴并锁定。

(4)卧倒式坞门安装后,宜紧接进行启闭试验。坞门在卧倒打开、浮转关闭过程的姿态、时间及操作性能应满足设计要求;坞门卧倒时,坞门应完全自然卧倒在坞门坑内;坞门浮转关闭时,坞门止水应与门框止水贴合严密,无明显漏水。

3)平板式坞门吊装应根据插板式坞门的制造工艺选择相匹配的吊装方案,采取可靠措施减少吊装变形。

第十章 道路堆场工程质量控制

第一节 概　　述

一、道路与堆场工程的分部、分项工程划分

道路与堆场工程的分部、分项工程可按表 10-1 的规定划分。当工程内容与表列项目不一致时，可根据设计内容和结构特点进行调整。

道路与堆场工程分部、分项工程划分　　　　表 10-1

序号	分部工程	分项工程
1	基层与垫层	基底层碾压、稳定土类基层与垫层、级配碎石基层与垫层、块石基层等
2	面层	水泥混凝土面层(包括钢筋混凝土板)、沥青混凝土面层、预制混凝土板块铺砌面层(包括联锁块、方块、六角块等)、料石铺砌面层、泥结碎石面层、侧缘石安砌等
3	地下管井与管沟	基槽开挖、垫层、管沟、排水边沟、检查井与雨水井、盖板安装等
4	构筑物	集装箱跨运车跑道梁、集装箱箱角梁与箱脚块、现浇(浆砌)垛脚墙、现浇混凝土轨道梁、设备基础等

二、道路与堆场质量控制基本规定

堆场基层与垫层分项工程的检验批宜按照结构单元划分，道路基层与垫层分项工程的检验批宜按照施工段划分。道路与堆场的基层与垫层应逐层控制高程，并应有相应的测量检测记录，上道工序未经检测合格，下道工序不得施工。

1）施工单位应对技术条件复杂的工程进行多方案比选，编制安全可靠、技术可行、经济合理的专项施工技术方案。监理单位做好审核审批工作，重点审查施工单位的施工专项方案合理性、质量自检体系、人员资质、试验室功能及试验设施配置、各类自检计量系统的可靠性及认证情况等。

2）港口道路与堆场施工应根据道路、堆场、构筑物、管线布置情况和相互关系，合理安排工序，道路宜采用分幅或分段施工，堆场宜采用分区或分条施工。分部分项工程及检验批划分必须经过监理单位等审批。

3）施工区域应结合永久工程和施工进度做好施工期临时排水总体规划和建设，临时排水设施宜与永久排水设施相结合，并应与工程影响范围内的自然排水系统相协调。

4）港口道路与堆场施工使用的水、水泥、矿物掺合料、细骨料、粗骨料、外加剂、水泥砂浆、混凝土拌合物等材料的各项性能指标应满足设计要求,试验方法应符合《水运工程混凝土试验检测技术规范》(JTS/T 236—2019)的有关规定。地基土的试验应符合《水运工程地基基础试验检测技术规程》(JTS 237—2017)的有关规定,土工合成材料、钢材等其他材料的指标应符合《水运工程材料试验规程》(JTS/T 232—2019)的有关规定。

原材料进场前必须按照规范及设计要求进行见证取样并送有资质机构检测,监理单位按照规范要求进行平行检测、验证,检测合格并经监理工程师批准后方可进场、使用。

5）港口道路与堆场施工可采用机制砂,机制砂宜选用优质石料生产,采用专用的制砂机制造,并应符合《建设用砂》(GB/T 14684—2022)的有关规定;素混凝土施工可采用海砂,海砂的含泥量超过规定时应水洗合格后使用,其中的贝壳类材料必须筛除,并应符合《海砂混凝土应用技术规范》(JGJ 206—2010)的有关规定。

6）施工设备选型应满足标准化、自动化、机械化的施工要求,符合国家安全生产、环境保护和节能减排等有关规定,必要时应通过试验段施工确定;施工设备进场前应进行性能和技术状态检查。施工前,施工单位应对施工机械及运行质量等进行详细检查后,填报施工设备进场报验单,监理单位审批同意后,方可在工程中使用。

7）施工测量应按《水运工程测量规范》(JTS 131—2012)的有关规定执行。测量方案、仪器、人员必须报验并经监理单位审批同意。施工前,施工单位应进行导线测量、中线测量、水准点复测和路线高程测量,监理单位按照要求对测量成果进行审核、复测。

8）港口道路与堆场施工应根据设计要求、《港口道路与堆场施工规范》(JTS 216—2021)规定和施工需要进行检测和监测,检测和监测机构、检测项目、人员资质等必须满足规定,必要时组织第三方进行专项检测、监测。

9）港口道路与堆场施工应符合《水运工程质量检验标准》(JTS 257—2008)、《港口道路与堆场施工规范》(JTS 216—2021)的有关规定。

第二节　地基质量控制

一、地基施工质量控制

1）港口道路与堆场地基施工除应符合《港口道路与堆场施工规范》(JTS/216—2021)的规定外,还应符合《水运工程质量检验标准》(JTS 257—2008)、《水运工程地基基础施工规范》(JTS 206—2017)的有关规定。

2）地基施工应根据设计要求、场地情况等安排施工顺序并进行施工检测与监测。

3）地基施工前,应了解施工范围内地下埋设的各种管线、电缆、光缆等情况,制定合理的安全保护措施;施工中发现有危险品和其他可疑物品时,应立即停止施工。

4）地基填料应符合《港口道路与堆场设计规范》(JTS 168—2017)的有关规定。

5）软土、盐渍土、泥炭土和液化土等特殊土质区域、吹填区或水浸区段内的道路和堆场施工,应按设计要求进行地基处理,必要时应先进行试验段施工。

6）地基必须在最佳含水率条件下分层碾压,压实遍数根据地基强度、土质、压实机具类型而定,碾压结束后施工单位应检查压实度并检测压实厚度,见表10-2,并将结果向监理单位报验,地基顶面应整平压实至规定的平整度和压实指标。顶面高程应综合考虑地基沉降、验收高程等要求确定,并按设计要求预留施工期的地基沉降量。

地基施工质量控制现场部分检测项目　　　　　　表10-2

检查项目	检查数量	检测方法	质量标准	
			允许误差（mm）	质量要求
压实度(%)	每一层,每100m检查2个断面,每个断面3点	环刀法或核密度仪法	—	不小于规定值
松铺土原始含水率(%)	每一个施工作业段,每一层检查3个断面9点	烘干法、酒精法或核密度仪法	—	接近最佳含水率方可碾压
松铺土厚度(cm)	每一个施工作业段,每一层检查3个断面9点	用尺、钢杆丈量	±30	—
分层压实厚度(cm)	每一个施工作业段,每一层检查3个断面9点	水准仪抄平	≤20	—

7）冬季施工应在保证地基和填料不受冻害的条件下进行。

8）地基需要回填时,回填料质量应满足设计要求,并应符合下列规定:

(1)建筑渣土、工业废渣等回填料应经检验并符合环保要求。

(2)回填料中不应混有树根、草皮等杂物。

(3)填方区段应控制填料土质和含水率。

(4)使用不同填料填筑时各种填料不得混杂填筑,每一水平层的全宽范围内应使用同一种填料;渗水土填在非渗水土之上时,非渗水土层顶面应设置排水坡,坡向和坡度应满足设计要求。

(5)粒径相差较大的粒料用于同一区位上下土层填筑时,应采取反滤措施。

9）基底范围内的树根应全部挖除并将坑穴填平夯实。基底和取土坑范围内的原地面腐殖土、表土和植被等应予以清除。

10）软土地基上的填筑施工应按设计要求控制加载速率。

11）回填的分层厚度、施工设备、施工工艺和工艺参数应通过试验确定。

12）填料做一次性回填时,应按设计要求进行密实处理。

13）对压路机不能进入之处宜采用小型夯实机具夯实至设计压实度,夯实分层厚度不宜大于150mm。

14）挖方区段基底处理和其上部结构层施工应衔接及时,不能及时衔接时应预留不小于300mm的土层作为基底保护层,留待具备后续施工条件时再行挖除。

15）半填半挖或路堤路堑过渡段原地面纵坡大于12%、横坡大于20%的基底面应按设计要求挖成台阶,坡向向内、宽度不小于2m。横坡台阶应与所对应的车道宽度一致、位置重合。石质山坡应清除原地面松散风化层,按设计要求开凿台阶。

二、地基质量检验标准

1）地基处理区段、吹填区域和填方区段应按设计要求进行工后沉降观测,沉降量和不均匀沉降应满足设计要求。

2）施工过程中,应及时对来源不同、性质不同的填筑材料取样试验,试验内容按工程部位和有关技术要求确定指标,应满足设计和相关标准要求。

3）地基施工应根据设计要求和施工需要进行地基顶面回弹模量、地基承载力、标准贯入击数等试验检测和必要的监测,并应符合《水运工程地基基础试验检测技术规程》(JTS 237—2017)和《公路路基路面现场测试规程》(JTG 3450—2019)的有关规定,试验检测结果应满足设计及规范要求。

4）地基整平与碾压的范围应满足设计要求,地基碾压后表面应平整、密实,接茬平顺,无显著轮迹、波浪、起皮、弹簧土、松散和龟裂现象。

5）地基碾压后的压实度、坡度和坡向应满足设计要求,平整度、高程允许偏差应符合《水运工程质量检验标准》(JTS 257—2008)、《港口道路与堆场施工规范》(JTS 216—2021)的规定。施工单位按施工段抽样检验,监理单位见证取样并按规定抽样平行检验。

第三节 铺面基层质量控制

一、铺面基层施工质量控制

基层与垫层应具有足够的强度、刚度、水稳性、冰冻稳定性,边坡应具有足够的稳定性;要具有足够的平整度,与面层结合良好。

所用的原材料包括土、石灰、水泥、粉煤灰、煤渣或矿渣、碎石、砾石、石屑等。

各类基层混合料的配合比设计必须依据设计要求进行配合比试验。施工单位根据试验结果提出基层混合料施工配合比,并报监理工程师审批。

为保证面层结构层具有足够的力学强度,从而保证面层的整体强度、质量与使用寿命,基层压实度等指标必须满足设计要求。

基层施工质量控制一般规定:基层原材料的规格、级配和质量应按设计要求选用;基层施工正式开工前应进行试验段施工;基层的压实宽度不应小于设计值。

二、铺面基层质量检验标准

对稳定土、级配碎石、块石、贫混凝土、碾压混凝土基层与垫层的检验标准,应分别符合以下要求:

1）稳定土类基层与垫层。

(1)稳定土所用材料的品种及质量应满足设计要求,分层厚度应满足设计和规范要求。石灰应充分消解,矿渣应经崩解稳定,土块应经粉碎。

(2)胶凝材料的用量、粒料的粒径、级配和配合比应符合配合比设计报告的要求。

(3)基层与垫层的压实度或强度应满足设计要求。

(4)混合料应拌和均匀,颜色一致,摊铺时不应有离析现象。混合料摊铺时的含水率应满足最佳含水率要求;从加水拌和到碾压终了的时间不得超过胶凝材料的硬化时间。碾压应平整密实、接茬平顺,表面应无明显轮迹、坑洼和离析。碾压后的养护方法和养护龄期应符合《港口道路与堆场施工规范》(JTS 216—2021)的有关规定。

(5)稳定土类基层和垫层允许偏差、检验数量和方法应符合《水运工程质量检验标准》(JTS 257—2008)、《港口道路与堆场施工规范》(JTS 216—2021)的有关规定。

2)级配碎石基层与垫层。

(1)碎石的规格、级配和质量应满足设计要求,且不得含有杂质。

(2)基层与垫层的分层厚度和压实度应满足设计要求。

(3)级配碎石和填隙碎石的混合料应拌和均匀、无粗细颗粒离析现象。

(4)碾压后表面应平整密实,坡向应满足设计要求,嵌缝料不得浮在表面或聚集成堆,边线应整齐、无松散现象,中型压路机驶过应无明显轮迹。

(5)级配碎石基层与垫层的允许偏差、检验数量和方法应符合《水运工程质量检验标准》(JTS 257—2008)、《港口道路与堆场施工规范》(JTS 216—2021)的有关规定。

3)块石基层。

(1)块石的规格应满足设计要求,块石表面应无风化和裂纹。

(2)块石排砌应嵌紧,嵌缝料应均匀。压实后,表面应平整、密实,中型压路机驶过应无明显轮迹。

(3)块石基层允许偏差、检验数量和方法应符合《水运工程质量检验标准》(JTS 257—2008)的有关规定。

4)贫混凝土、碾压混凝土基层、底基层和垫层。

(1)整平与碾压的范围满足设计要求。

(2)弯拉强度满足设计要求,评定结果符合《水运工程混凝土施工规范》(JTS 202—2011)的有关规定。

(3)贫混凝土、碾压混凝土基层、底基层和垫层的允许偏差符合《港口道路与堆场施工规范》(JTS 216—2021)的规定。

第四节　铺面面层质量控制

一、铺面面层施工质量控制

铺面面层施工质量控制一般规定:铺面面层原材料应按设计要求选用,并应现场随机选取样本进行质量检验。铺面面层施工前应对基层进行质量检查,不符合设计要求时不得进行面层施工。当基层产生纵向断裂、横向断裂、隆起或碾坏时,应进行修复。

二、铺面面层质量检验标准

1)沥青铺面面层。

(1)沥青混凝土混合料的各项指标应满足设计要求。沥青混合料的拌和应均匀,应无白花、粗细料分离和结团块等现象。摊铺应平整,不应有离析现象。

(2)沥青混合料压实后的表面应平整、密实、接茬平顺,不应有泛油、松散、裂缝、堆挤、烂边和粗细料集中等现象。面层与其他构筑物相接应紧密平顺,不应有积水。

(3)沥青混合料的压实度应满足设计要求。

(4)热拌沥青混合料的配合比设计应符合《公路沥青路面施工技术规范》(JTG F40—2004)的有关规定。

(5)沥青取样成型试件应进行马歇尔试验,测定空隙率、稳定度、流值,计算合格率。

(6)沥青混合料面层的允许偏差、检验数量和方法应符合《港口道路与堆场施工规范》(JTS 216—2021)、《水运工程质量检验标准》(JTS 257—2008)的规定。

2)联锁块铺面面层。

(1)联锁块面层应平整、格缝清晰,表面应无砂浆和沥青等污染。

(2)联锁块面层与路缘石和其他构筑物的相接应紧密平顺。

(3)预制混凝土联锁块的质量应符合《水运工程质量检验标准》(JTS 257—2008)、《港口道路与堆场施工规范》(JTS 216—2021)的规定。

(4)预制混凝土联锁块应在预制场经标准养护达到龄期后方可运至铺设现场。

(5)联锁块面层的允许偏差、检验数量和方法应符合《水运工程质量检验标准》(JTS 257—2008)、《港口道路与堆场施工规范》(JTS 216—2021)的规定。

3)水泥混凝土铺面面层。

(1)混凝土面层应振捣密实,压抹平顺,外观不应有蜂窝、麻面、裂缝、脱皮、啃边、掉角、印迹等现象。

(2)混凝土面层拉毛或机具压槽等抗滑措施的构造深度应满足设计要求。

(3)混凝土面层范围内的雨水井或排水口设置应满足设计要求,与面层相接应平顺,面层边缘无积水现象。

(4)混凝土面层弯拉强度应满足设计要求。

(5)道路混凝土面层、堆场混凝土面层的允许偏差、检验数量和方法应符合《水运工程质量检验标准》(JTS 257—2008)、《港口道路与堆场施工规范》(JTS 216—2021)的规定。

(6)混凝土面层外观质量不应有严重缺陷。

(7)钢纤维混凝土拌合物性能应满足钢纤维在混凝土拌合物中的均匀性要求,不应出现钢纤维结团现象。

(8)胀缝填缝材料应满足设计要求,填塞应饱满,不污染面层混凝土。

4)独立块铺面面层。

(1)找平砂垫层的厚度应均匀。

(2)砌块铺砌应紧密,稳固,砌缝应均匀,灌缝应饱满。

(3)铺砌面层应平整,格缝应清晰,表面应无砂浆和沥青等污染。

(4)与侧缘石和其他构筑物的交接应平顺、挤紧。

(5)预制混凝土独立块的质量应符合《水运工程质量检验标准》(JTS 257—2008)、《港口道路与堆场施工规范》(JTS 216—2021)的有关规定。

(6)独立块面层的允许偏差、检验数量和方法应符合《水运工程质量检验标准》(JTS 257—2008)、《港口道路与堆场施工规范》(JTS 216—2021)的有关规定。

第五节　堆场构筑物质量控制

一、堆场构筑物施工质量控制

堆场构筑物一般规定：混凝土结构的模板、钢筋和混凝土施工应符合《水运工程混凝土施工规范》（JTS 202—2011）和《水运工程施工安全防护技术规范》（JTS 205—1—2008）的有关规定。

二、堆场构筑物质量检验标准

1）基槽开挖：基槽基底土质应满足设计要求，并应防止扰动。

2）垫层：垫层材料的种类和质量应满足设计要求。垫层铺设前，基层表面应干净、无积水。

3）管沟与边沟：管沟与边沟所用材料的种类和质量应满足设计要求。砂浆或混凝土强度应满足设计要求。现浇管沟的混凝土应密实；砌筑管沟和边沟的砌筑砂浆应饱满，勾缝应密实。沟底坡向和坡度应满足设计要求。变形缝及止水应左右对齐、上下贯通。沟侧回填的材料应满足设计要求，并应分层压实。

4）检查井和雨水井：检查井和雨水井规格、数量和位置应满足设计要求。井圈及盖板的种类、规格和质量应满足设计要求。砌体砂浆应饱满密实，井壁水泥砂浆抹面不得有空鼓。井圈或盖板底座应安砌牢固，盖板顶面高程应与堆场或路面高程一致，井口周围不得有积水，井内应保持清洁。雨水井井底集水的泛水坡应满足使用要求。

5）盖板：盖板的型号和质量应满足设计要求。安装前，支承结构的混凝土或砌体砂浆强度应满足设计要求。盖板安装应平正、顺直。顶面应与堆场或路面高程一致。

6）路缘石：路缘石应安砌稳固，背后填料应密实；路缘石外露面应平顺，勾缝应密实并进行养护，养护期不得少于3d，养护期间不得踩踏、碰撞；预制混凝土路缘石质量、安砌路缘石的允许偏差应符合《港口道路与堆场施工规范》（JTS 216—2021）的规定。

7）现浇轨道梁、跑道梁、集装箱箱角基础、井施工的允许偏差应符合《水运工程质量检验标准》（JTS 257—2008）、《港口道路与堆场施工规范》（JTS 216—2021）的规定。

第六节　标志、标线质量控制

一、标志、标线施工质量控制

标志、标线施工质量控制一般规定：

港口道路与堆场标志、标线所涉及的交通工程设施产品应满足设计要求和质量要求。

交通安全设施采用钢制材料时，防腐处理应按《建筑钢结构防腐蚀技术规程》（JGJ/T 251—2011）的有关规定执行。

标志、标线施工应按《道路交通标志和标线 第4部分：作业区》(GB 5768.4—2017)的有关规定设置施工作业区,在作业区设置施工标志、标线、施工警告等安全设施。

二、标志、标线质量检验标准

1)标志的施工质量应符合《公路交通标志和标线设置规范》(JTG D82—2009)的有关规定,标志的施工允许偏差应满足《港口道路与堆场施工规范》(JTS 216—2021)的有关规定。

2)标线的厚度规定值、标线施工允许偏差应满足《港口道路与堆场施工规范》(JTS 216—2021)的有关规定。

3)标志和标线原材料的使用寿命、环保和性能应符合设计要求。

4)质量检查应满足下列要求：

(1)玻璃珠撒布的质量和数量在夜间检查,对不符合要求的进行修整,并将残留物清除干净。

(2)标线质量要求和检测方法符合《道路交通标线质量要求和检测方法》(GB/T 16311—2009)和《新划路面标线初始逆反射亮度系数及测试方法》(GB/T 21383—2008)的有关规定。

第十一章 航标工程质量控制

第一节 一般规定

一、概念及基本规定（JTS/T 181—4—2023）

1）航标工程的概念：

导助航工程是为保障水上交通安全、提高船舶航行效率，在相关水、陆域建设的具有助航效能的工程，包括设备、装置、系统等，以及附属设施。又称航标工程。

2）基本规定：

(1) 沿海港口、航道、桥梁中的导助航工程设计应与主体工程设计同步进行。

(2) 沿海导助航工程设计应安全、可靠、适用和经济合理，应综合考虑水域水文气象条件、通航船型、交通流量和风险程度等因素。

(3) 沿海导助航工程设计应统筹视觉航标、无线电航标和音响航标的应用，并宜根据航运发展需求，预留功能拓展空间。

(4) 沿海导助航工程结构设计和设备选型应充分考虑维护人员安全、维护的经济性和便利性。

(5) 位于冰冻水域的导助航工程设计应考虑冰冻影响；位于油气化工等易燃易爆区域的导助航工程的电子电气设备应具有防爆功能。

(6) 沿海导助航工程可根据工程使用需求，兼顾采集能见度、水流、风况、温度、盐度、波浪、船舶交通流等一种或多种信息，并向岸基控制中心发送，具备条件时可发送给船舶。

(7) 沿海导助航工程应按行业现行标准的规定配备备品备件。

二、航标的分类

1）按航标的作用分为视觉航标、音响航标、无线电助航设施。

2）按航标设置的水域可分为内河航标（包括湖泊、水库）和海区航标，当航标在不同地点，如岸上或水中时，也可简单划分为岸标与浮标。

三、航标工程总体要求（JTS 257—2008　11.2）

1）航标、标志牌设置的位置和方向应满足设计要求，并应通视良好。导标导线应满足设计要求。

2）航标工程主要单位工程的观感质量应符合相关规定，其综合实得分率不应低于80%。

3）航标工程项目完工后应按规定对工程具有代表性的河段或航区进行助航效能测试，其效能应满足设计要求。

四、内河航标配布原则（GB 5863、JTS/T 181—7）

1）内河航标配布种类应根据航道布置、航行需求合理选取，其功能、形状、颜色、尺寸和灯质应符合现行《内河助航标志》（GB 5863）的规定。

2）内河航标配布应满足航道的布置、船舶航行和航道维护管理的需求，与当前航道等级、船舶航行的实际相匹配。

3）内河航标配布应能简洁清晰地标示出航道走向、边界、碍航物，以及涉水建（构）筑物、锚地等其他特定水域。

4）内河航标配布可分为以下四类：

（1）一类航标配布：配布的航标夜间全部发光。白天，船舶能从一座标志看到次一座标志；夜间，船舶能从一盏标灯看到次一盏标灯。

（2）二类航标配布：发光航标和不发光航标分段配布。在昼夜通航的河段上配布发光航标，其标志配布与一类航标配布相同；在夜间不能通航的河段上配布不发光航标，其标志配布密度与三类航标配布相同。

（3）三类航标配布：航标配布的密度比较稀，不要求从一座标志看到次一座标志，对优良河段的沿岸航道，可沿岸形航行不再配布沿岸标，但每一座标志所表现的功能与次一座标志的功能应互相衔接，指引船舶在白天安全航行。

（4）重点航标配布：只在航行困难的河段和个别地点配布航标。优良河段一般仅标示出碍航物。根据需要与条件配布发光航标或不发光航标。船舶需借助驾驶人员的经验利用航标和其他物标航行。

五、海区浮动助航标志配布原则

1）沿海导助航工程设计应根据船舶航行需要和建设条件，统筹使用视觉航标、无线电航标和音响航标，并应满足准确度、可用性、完整性、持续性和合理性需求。

2）浮动助航标志有示位警告危险、指示交通信息等功能，应根据通航水域交通流量和风险程度确定浮动助航标志的配布。

3）配布的浮动助航标志应示意清晰、作用明确、特征显著、易于识别。

4）以简明的方式，标示出安全、经济、便捷的航道以及船舶作业、锚泊水域或浅滩、危险物等。

5）统筹考虑设标水域的自然条件及已存在的助航标志的分布状况，避免出现标识混淆或引起标志误认。

6）易于设置固定助航标志的水域，尽量不使用浮动助航标志。

7）浮动助航标志应尽可能设置在能正常进行日常维护管理的水域。

第二节 岸标和水尺质量控制

一、钢结构塔体制作与安装（JTS 257—2008　11.3.12）

1）钢材的品种、规格和性能应满足设计要求,并应符合国家现行标准的规定。
2）钢结构的连接方式应满足设计要求,连接质量应符合规定。
3）塔体与基础连接的地脚螺栓数量和紧固应满足设计要求,外露丝扣不应少于2扣。
4）钢结构涂装的材料品种、涂装工艺应满足设计要求,涂装质量应符合规定。
5）塔体构件应完好。运输过程造成的变形和涂层损坏应进行矫正和修补。
6）踏步或爬梯等的位置和形式应满足设计要求。

二、玻璃钢结构塔体制作与安装（JTS 257—2008　11.3.13）

1）玻璃钢的规格和质量应满足设计要求。
2）塔体或各分段的形状、规格应满足设计要求,塔体的平面尺寸和壁厚不得小于设计尺寸。塔体不得老化或褪色。
3）塔体与基础以及塔体各分段之间的连接件及连接强度应满足设计要求。
4）预留孔洞和爬梯等的位置等应满足设计要求。
5）玻璃钢结构塔体安装工程的允许偏差、检验数量和检验方法应符合规定。
6）安装前应查验玻璃钢塔老化、褪色情况,以免影响玻璃钢塔的耐久性和使用功能。

三、杆型岸标混凝土基座（JTS 257—2008　11.3.9）

1）基坑开挖尺寸不应小于设计要求。基坑底部的土质应满足设计要求。
2）预制混凝土基座强度及尺寸应满足设计要求。埋设方式应满足设计要求,埋设应稳固,回填土应分层密实。
3）现浇混凝土基座应振捣密实。强度及尺寸应满足设计要求。
4）预埋件的种类、数量、制作与埋设应满足设计要求。

四、杆型岸标标杆制作与安装质量控制（JTS 257—2008　11.3.14）

1）钢材的品种、规格和性能应满足设计要求,并应符合国家现行有关标准的规定。
2）杆型岸标、导标和立标钢结构的连接方式应满足设计要求。连接质量应符合规定。
3）钢结构涂装的材料品种、涂装工艺应满足设计要求,涂装质量应符合规定。
4）安装位置和连接方式应满足设计要求。地脚螺栓连接应紧固,外露丝扣不应少于2扣;杆型岸标的稳绳应沿标杆四周大致均匀分布,并应与锚碇牢固连接,松紧适度。
5）工作平台与标杆或导标应连接牢固,不得倾斜或松动。
6）杆件、工作平台及爬梯等金属构件应完好。运输过程造成的变形和涂层损坏应进行矫正或修补。

7)杆件制作的允许偏差、检验数量和检验方法应符合规定。

五、混凝土水尺尺体质量控制（JTS 257—2008　11.3.15）

1)水尺所用材料的品种、规格和性能应满足设计要求,并应符合国家现行有关标准的规定。

2)水尺尺体混凝土的强度应满足设计要求,混凝土质量应符合规定。

3)水尺尺体的布置和结构形式应满足设计要求。水尺高程校准点的位置与标石的制作和埋设等应满足设计要求,并应符合行业现行标准的有关规定。

4)锚杆布设及与基础的连接方式应满足设计要求。尺体不得露筋、破损缺角。

5)尺体混凝土应密实、平整,分层施工的接茬应平顺,表面应无明显错台、流坠和破损。

6)现浇混凝土水尺尺体的允许偏差、检验数量和方法应符合规定。

六、镶贴面层及水尺刻度质量控制（JTS 257—2008　11.3.17）

1)镶贴面材料的品种、规格和颜色应满足设计要求。

2)水尺的高程标识和刻划方式应满足设计要求,并应清晰易于辨识。

3)镶贴应牢固,表面应平整,不得有空鼓、裂缝和棱边缺损等缺陷。

4)面砖镶贴及水尺刻划的允许偏差、检验数量和方法应符合规定。

七、反光膜贴面与标识涂装质量控制（JTS 257—2008　11.3.18）

1)涂料与反光膜的品种、规格和质量应满足设计要求。

2)涂装或粘贴反光膜完成后的标志、标记应揭示正确、清晰完整。

3)反光膜粘贴应完好、平整,无明显拼缝、气泡,不得起皱。不同颜色区域的接边应清晰整齐。

八、顶标制作与安装（JTS 257—2008　11.3.19）

1)顶标的形状、尺寸和颜色必须满足设计要求,并应符合现行《中国海区水上助航标志》（GB 4696）、《内河助航标志》（GB 5863）、《中国海区水上助航标志形状显示规定》（GB/T 16161）等的有关规定。

2)顶标所用材料的品种、规格和质量应满足设计要求,并应符合国家现行有关标准的规定。

3)顶标安装的连接方式、连接螺栓的规格和数量应满足设计要求。螺栓连接应牢固、无松动,外露丝扣不应少于2扣。

4)顶标面板应与骨架连接牢固。面板的间隙或孔隙应均匀,边线应整齐、无毛刺等缺陷。

5)顶标面板应完好。运输过程造成的变形和涂层损坏应矫正或修补。

6)顶标制作与安装的允许偏差、检验数量和方法应满足有关规定要求。

九、桥涵标及桥柱灯制作与安装质量控制（JTS 257—2008　11.3.20）

1）桥涵标牌和桥柱灯所用材料的品种、规格和质量应满足设计要求。
2）桥涵标牌的外形尺寸、立柱和纵横梁的布设应满足设计要求。标牌及桥柱灯安装方式应满足设计要求。安装应牢固，且不得影响桥梁结构的安全性。
3）标牌面板与纵横梁及支撑梁、立柱与横梁、立柱与基础和标牌及后支撑的连接方式、连接点密度以及预留孔的数量应满足设计要求和灯器安装要求。
4）桥涵标、桥柱灯安装的位置和朝向应满足设计要求。
5）灯器等发光体的规格和质量、安装位置、数量及照度应满足设计要求，显示信息应正确。
6）标牌正面应平整，边缘应平顺、无毛刺。面板与横梁之间应牢固连接，不得松动。
7）标牌贴膜和涂装的材料品种、涂装工艺应满足设计要求，涂装质量应符合规定。
8）运输和安装过程中造成的涂层和贴膜损坏应修补完好。
9）桥涵标、桥柱灯制作及安装的允许偏差、检验数量和方法应符合规定。

十、灯笼制作及安装质量控制（JTS 257—2008　11.3.21）

1）制作灯笼所用材料的品种、规格、质量应满足设计要求。
2）灯笼连接方式应满足设计要求。连接质量应符合规定。
3）灯笼的直径、高度和玻璃弧度等各主要参数应满足设计要求。
4）灯笼装配，灯笼与塔体连接螺栓的规格、数量应满足设计要求，连接应牢固、无松动，外露丝扣不应少于2扣。
5）避雷针引线应与塔体避雷接地线可靠连接。接地电阻应满足设计要求，设计无要求时，不应大于4Ω。
6）灯笼应完整，表面应平顺，无明显凹坑和毛刺。
7）灯笼的涂装颜色应满足设计要求，并符合现行《视觉信号表面色》（GB/T 8416）的有关规定，涂装材料的品种、规格和质量应满足设计要求。设计无要求时，热喷锌涂层的厚度不应小于80μm；铜构件油漆涂装应在锌黄涂装合格后进行。涂装质量应符合规定。
8）灯笼的防水、防尘等密封性应满足设计要求。
9）灯笼玻璃应安装牢固，不得松动；密封材料应密实、均匀、平整。
10）灯笼上下通风口的尺寸不应小于设计要求，通风口应开启方便。
11）灯笼制作和安装的允许偏差、检验数量和方法应符合规定。

第三节　浮标制作与安装工程质量控制

一、浮标制作质量控制（JTS 257—2008　11.4）

1）钢质浮标所用钢材品种、质量、型号、规格应满足设计要求，并应符合国家现行标准的有关规定。

2）浮体的外部形状、尺寸及线型应满足设计要求。

3）制作非金属材料浮标的材料品种、型号、规格、质量和理化指标应满足设计要求。

4）浮标制作的焊接和螺栓连接质量应满足设计要求，并应符合规定。

5）钢板厚度大于4mm的钢质浮体的焊缝应进行无损探伤抽查，探伤结果应满足设计要求，并应符合国家现行标准的有关规定。

6）浮标应通过密性试验。

7）钢质浮标涂装质量应符合规定。

8）浮标的颜色应符合现行《视觉信号表面色》（GB/T 8416）、《中国海区水上助航标志》（GB 4696）和《内河助航标志》（GB 5863）的有关规定。

9）浮标的制作偏差应符合规定。

二、浮标抛设质量控制（JTS 257—2008 11.4）

1）浮标系留索及锚碇的品种、规格、质量应满足设计要求。混凝土沉石质量应符合规定。

2）浮标标体与锚链、钢缆以及锚链、钢缆与沉石、锚之间的连接是否正确影响浮标自身安全、使用功能和行轮安全，因此，要求浮标与锚系之间的连接方式应满足设计要求，并应连接牢固。

3）浮标的压载块质量和数量应满足设计要求。

4）钢质浮标标体的抛设位置是指系留浮标的沉石或锚在水中稳定后的位置，浮标的抛设位置及回旋半径应满足设计要求。

第四节 标志牌及附属设施工程质量控制

一、标志牌制作与安装质量控制（JTS 257—2008 11.6.2）

1）制作标志牌所用材料的品种、规格和质量应满足设计要求。

2）标志牌的位置和立柱、纵横梁、后支撑的布设方式应满足设计要求。

3）标志牌的连接方式和连接点密度应满足设计要求。当少数连接点需点焊加固时，焊接应牢固。

4）标志牌的颜色和标注的字体、图形、符号必须满足设计要求，并应符合现行《内河助航标志》（GB 5863）等的有关规定。

5）标志牌正面应平整，不得有锈污，边缘应平顺无毛刺。

6）标志牌及构件在运输过程中出现的变形和涂装损伤应修复。

7）标志牌涂装、反光膜粘贴的材料品种、涂装及粘贴工艺应满足设计要求。涂装及粘贴质量应符合规定。

8）发光标志牌的灯器、电源和电缆的型号、规格和技术参数指标应满足设计要求。安装质量应符合规定。

9)发光标志牌发光体显示信息正确,安装位置、数量及照度满足设计要求。
10)标志牌制作与安装的允许偏差、检验数量和方法应符合规定。

二、避雷设施制作与安装质量控制(JTS 257—2008　11.6.3)

1)避雷设施所用材料的品种、规格、质量应满足设计要求。
2)避雷设施安装的位置应满足设计要求。
3)接地处理及接地电阻值应满足设计要求,并符合现行《建筑物防雷设计规范》(GB 50057)的有关规定。设计无要求时,建筑物接地电阻不得大于4Ω。
4)避雷系统的安装应连接牢固、引下线入地应有保护、埋置深度和接地极间距应满足设计要求,防腐良好,针体垂直度偏差不应大于针杆的直径。
5)接地线的焊接、避雷设施安装应符合规定。

三、水位遥测遥报装置安装质量控制(JTS 257—2008　11.6.4)

1)水位遥测遥报装置的型号、品种、规格和技术参数应满足设计要求。
2)水位遥测遥报装置安装位置应满足设计要求。安装牢固、接线正确。
3)水位遥测遥报的性能应满足设计要求。读数和记录应准确、反应应灵敏。
4)水位遥测遥报装置安装的允许偏差、检验数量和方法应符合规定。

第十二章 进度控制

第一节 进度计划管理

本章主要介绍监理工程师在水运工程监理工作中进度控制的主要知识点,部分内容在《交通运输工程目标控制(基础知识篇)》《交通运输工程目标控制(水运工程专业知识篇)》已有介绍,请结合使用。

一、施工进度计划

施工生产是劳动过程和自然过程的结合,其施工中受自然条件的影响很大,使其施工组织、施工程序及施工工艺因实施条件的变化而相应地调整与改变。施工进度计划管理非常复杂,任何计划不周全或草率从事的施工计划,均会给项目施工管理带来困难,所以应予以足够的重视。

施工进度计划是控制工程施工进度和工程竣工期限等各项施工活动的依据,施工组织工作中的其他有关问题都要服从进度计划的要求,如计划部门提出月、旬作业计划,平衡劳动力计划;材料部门调配材料、构件;设备部门安排施工机械的调度;财务部门的用款计划等均须以施工进度为基础。

施工进度计划反映了工程从施工准备工作开始,直到工程竣工为止的全部施工过程;反映了工程建筑与安装的配合关系、各分部分项工程与工序之间的衔接关系。所以施工进度计划有助于领导部门抓住关键,统筹全局,合理布置人力、物力,正确指导施工生产活动的顺利进行;有利于工人明确目标,更好地发挥主人翁精神;有利于施工企业内部及时配合,协同作战。

施工进度计划管理是通过计划把施工单位项目施工管理的各项工作组织起来,以施工生产活动为主体,制订各项专业性计划,并对其进行平衡、协调、监督与控制。

施工进度计划管理的具体做法是,首先编制一个完整的项目施工管理计划,使施工单位的各项施工管理都纳入计划,并进行综合平衡与协调;其次在施工计划执行过程中,加强检查、监督与控制,尽量保证计划实施中按原计划进行;最后调整计划,计划实施过程中因具体情况的改变,必须对原计划进行必要的调整,以适应变化后的情况。

(一)施工进度计划的特点

1)进度计划的被动性。施工任务来源于工程招标市场,施工单位每年有多少任务,性质和规模的大小均很难确定,在投标过程编制施工计划时间紧,很被动。要想改变被动局面,必须做好招标工程任务的跟踪,做些事先研究和信息资料的搜集工作,从而加快施工进度计划的编制并保证其质量。

2)进度计划的多变性。工程项目的多样性、结构工程的复杂性及施工条件的差异性,造成施工中不可预见的因素较多;工程施工现场的分散使劳动力、材料及施工机具设备处于流动供应状态;同时由建设单位、监理及其他有关单位带来的影响等均会造成施工进度计划的变化,这种多变性要求编制施工进度计划时,要留有一定的调整余地。

3)进度计划的不均衡性。工程结构特点及不同工程部位的施工性质,以及不同季节的影响,都会造成施工计划的不均衡性。为此要求编制施工进度计划时力求均衡,取得较好的经济效益。

针对上述特点,对施工进度计划管理提出以下要求:

(1)科学地预测工程招标市场,确定合理的进度计划管理目标。

(2)承包签约的项目以合同工期为目标,倒排或正排施工进度计划。

(3)施工进度计划管理时既要保证重点工程,又要协调兼顾一般项目。

(4)施工方案、施工工艺及施工顺序均应合理安排。

(5)力求各项工程的施工计划均衡、紧密配合,还应留一定的调整余地,以适应施工中实际变化的情况。

(6)项目施工管理中的各项工作在计划编制上要紧密衔接。

(二)施工进度计划管理的任务与作用

施工进度计划管理的主要任务是:努力完成工程任务招揽计划;确保项目施工按合同工期要求交工及竣工验收;合理地利用有限的人力、物力和财力,最大限度地挖掘施工中的潜力;施工计划安排要结合工程任务的多少和工程规模的大小及工地现场分布情况进行统筹计划,使其发挥最大的经济效益;施工计划安排应适当,既不能太紧,又不能太松,计划太紧无法完成,计划太松则不能发挥施工效率。

施工计划管理的作用具体表现在以下几个方面:

1)通过计划向各级施工组织机构下达任务,明确各自的奋斗目标,调动全体职工的积极性。

2)为材料、劳资、设备等专业部门编制材料供应计划、劳动力需要量计划、施工机具设备用量计划等提供可靠性数据。

3)项目施工准备工作根据施工计划进行,保证项目正常开工。

4)项目施工实施过程中各专业部门按施工计划运作,确保项目工期按时完成。

5)可以促使各职能部门开展劳动竞赛,挖掘施工潜力,提高项目施工管理水平。

(三)施工进度计划管理的工作程序

施工进度计划管理是项目施工管理的中心环节,其他一切施工现场管理工作,都应围绕施工进度计划管理开展。

施工进度计划管理的工作程序为:施工进度计划的编制、进度计划的执行检查、进度计划的调整等循环进行。

1. 编制施工进度计划

施工进度计划的内容包括总体进度计划、年度进度计划、月(季)度进度计划及关键工程进度计划等。同时要求施工单位编制进度计划,监理工程师审批进度计划。进度计划一般用横道图、斜条图及进度曲线等方式表达;对于大型工程项目,还应采用网络图表示。

2. 进度计划执行检查

施工单位实施计划时必须对照原计划进行检查,专业监理工程师对进度计划实施予以合理的监控,尽量保证实施进度符合原计划安排。在工程实施期间,如果实际进度与计划进度基本相符时,监理工程师不应干预施工单位对进度计划的执行;但应及时掌握影响和妨碍工程进展的不利因素,促使工程按计划进行。

3. 进度计划的调整

监理工程师发现工程现场的组织安排、施工顺序或人力和设备与计划进度上的方案有较大不一致时,应要求施工单位对原工程进度计划及现金流动计划予以调整,调整后的工程进度计划应符合工程现场实际情况,并应保证满足合同工期的要求。

二、施工进度计划的表示形式

施工进度计划通常是以图表形式表示的,主要形式有:横道图法、垂直图法、工程进度曲线和网络图法等四种。

(一) 横道图

横道图是以时间为横坐标,以各分项工程或施工工序为纵坐标,按一定的先后施工顺序和工艺流程,用带时间比例的水平横道线表示对应项目或工序持续时间的施工进度计划图表。横道图常用的格式如图 12-1 所示。它由两大部分组成,左面部分是以分部分项工程为主要内容的表格,包括了相应的工程量、定额和劳动量等计算依据;右面部分是指示图表,它是由左面表格中的有关数据经计算得到的。指示图表用横向线条形象地表示出分部分项工程的施工进度,线的长短表示某工作施工持续时间,线的位置表示施工过程,线上的数字表示劳动力数量,线的不同符号表示作业队或施工段,图中线段表示出各施工阶段的工期和总工期,并综合反映了各分部分项工程相互间的关系。

这种表示方法比较简单、直观、易懂,容易编制,但有以下缺点:
1) 分项工程(或工序)的相互关系不明确。
2) 施工地点无法表示,只能用文字说明。
3) 工程数量实际分布情况不具体。
4) 仅反映出平均施工强度。

它适用于绘制集中性工程进度图,材料供应计划图或作为辅助性的图示附在说明书内用来向施工单位下达任务。

(二) 垂直图

垂直图的表示特点是:以纵坐标表示施工日期,以横坐标表示里程或工程位置,而各分部分项工程的施工进度则相应地以不同的斜线表示。

垂直图的优点:弥补横道图的不足之处,工程项目的相互关系、施工的紧凑程度和施工速度都十分清楚,工程的分布情况和施工日期一目了然,从图中可以直接找出任何一天各施工队的施工地点和应完成的工程数量。

编号	工程名称	施工方法	工程量单位	工程量数量	1	2	3	4	5	6	7	8	9	10	开工	结束
1	临时通信线路	人工为主	km	80	6										1月初	4月底
2	沥青混凝土基地	人工安装	处	1		35									2月初	3月底
3	清除路基	机械化	m²	700000			4								1月初	4月底
4	路用房屋	人工	m²	1300				40							1月初	5月底
5	大桥	半机械化	座	1			56								3月初	9月底
6	中桥	半机械化	座	5					40						2月初	8月底
7	集中性土方	机械化	m²	130000						20					3月初	8月底
8	小型构造物	半机械化	座	23					30						5月初	
9	沿线土方	机械为主	m²	89000						36					4月初	7月底
10	基层	半机械化	m²	560000							30				6月初	9月底
11	面层	半机械化	m²	560000									20		9月15日	10月
12	整修工程	人工为主	km	80										30		10月

劳动力分布图
$k=R_{max}/R_{平均}=1.42$

人数：50, 125, 201, 202, 222, 212, 176, 116, 106, 50

图12-1 施工进度横道图

垂直图仍有一些不足之处：

1）反映不出某项工作提前（或推迟）完成对整个计划的影响程度。
2）反映不出哪些工程是主要的，不能明确表达出哪些是关键工作。
3）计划安排的优劣程度很难评价。
4）不能使用电子计算机，因而绘制和修改进度图的工作量很大。

(三) 工程进度曲线

工程进度曲线是建立在横道图的基础上的。进度曲线是以工期为横轴，以完成的累计工程量或工程费用的百分比为纵轴的图表化曲线，如图12-2所示。通过工程进度曲线，能够进行工程计划进度和实际进度的对比，有效地实行工程项目全局性的进度管理。当实际进度曲线与计划进度曲线出现偏离时，就说明工程的进度有了延误或者进度有所超前，这样就可通过调整施工进度，使工程能够按照计划来完成。一般工程进度曲线大体上呈S形，所以该曲线又称为S曲线。

由于S曲线是工程进度曲线也是现金流动曲线，所以它在工程施工进度及费用监理中均可应用，其作用如下：

1）审批施工进度计划时，可用S曲线判断施工单位编制的施工进度计划是否合理。

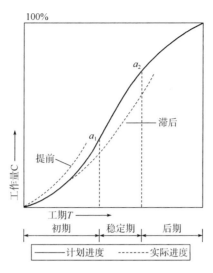

图 12-2　工程进度曲线形状

2）监控施工进度计划实施阶段,进度控制可方便地利用 S 曲线评价实际进度情况属于正常、提前还是滞后。

3）S 曲线可用于工程费用监理中工程计量及费用支付的依据。

4）使用工程进度曲线和进度管理曲线,能够把工程进度的偏差控制在适当的范围之内来进行计划和管理,可将它们作为判断工程全局进度情况的工具。但由于它们是建立在横道图的基础之上,因而仍不能弥补横道图所具有的缺点。

(四)网络图

采用网络计划方法可加强工程项目的施工管理,使其取得好、快、省的全面效果。它在工程进度监理中可给监理工程师提供下列可靠信息：

1）合理赶工及其工期与成本的关系信息。

2）各项工作有无机动时间及机动时间极限数据信息。

3）劳动力、材料、施工机具设备等资源利用信息。

4）哪些工作提前或拖延,预测对总工期的影响等信息。

第二节　进度计划中关键线路及关键工作的确定

一、绘制双代号网络图的基本规则

绘制双代号网络图时,应正确地表达工作间的逻辑关系和引用虚工作,并遵循有关绘图的基本规则,否则,绘制的网络图就不能正确地反映工程项目的施工流程和进行时间参数的计算。绘制双代号网络图必须遵循以下基本规则：

1）一张网络图只允许有一个开始节点和一个终点节点。

2）一对节点之间只允许存在一条箭线。

3) 不允许出现闭合回路。

4) 不允许出现线段、双向箭头,并应避免使用反向箭线。

5) 布局应合理,尽量避免箭线交叉。

二、双代号网络计划图的绘制

(一) 绘制双代号网络计划图的步骤

1) 工程任务分解。

2) 确定各单项工作的相互逻辑关系。

3) 确定各单项工作的持续时间。

4) 填写工作关系表,通常的工作关系表的基本内容包括:工作代号、工作名称、紧后工作(或紧前工作)、持续时间等。

5) 绘制双代号网络计划草图。

6) 整理成图。

7) 进行节点编号。

(二) 双代号网络图工作逻辑关系的表示方法

工作逻辑关系是工作进展中客观存在的一种先后顺序关系。在表示工程进度计划的网络图中,工作之间的逻辑关系是由施工组织、施工技术、工艺流程、资源供应、施工场地等决定的。各项工作之间逻辑关系表达正确与否,是网络计划图能否反映工程项目实际情况的关键。如果工作逻辑关系表示错了,则网络计划图的时间参数计算就会发生错误,关键线路和工程计划总工期也跟着发生错误。

在工程实际的网络计划图中,各项工作之间的逻辑关系是复杂多变的,表 12-1 所列的是网络计划图中常见的一些工作关系的表示方法,供绘制双代号网络计划图时参考。各工作名称以字母表示。

常见工作逻辑关系的表示方法　　　　表 12-1

序号	工作之间的逻辑关系	网络图中的表示方法
1	A 完成后同时进行 B 和 C	
2	A 和 B 同时完成后进行 C	
3	A 和 B 同时完成后,同时进行 C、D	

续上表

序号	工作之间的逻辑关系	网络图中的表示方法
4	A 完成后进行 C, A 和 B 同时完成后,同时进行 D	
5	A 和 B 同时完成后进行 D; A 和 B、C 同时完成后进行 E; D 和 E 同时完成后进行 F	
6	A 和 B 同时完成后进行 C; B、D 同时完成后进行 E	
7	A 和 B、C 同时完成后进行 D; B 和 C 同时完成后进行 E	
8	A 完成后进行 C; A 和 B 同时完成后进行 D; B 完成后进行 E	
9	A 和 B 流水施工;A_1 完成后进行 A_2 和 B_1;A_2 完成后进行 A_3;A_2 和 B_1 同时完成后进行 B_2;A_3 和 B_2 同时完成后进行 B_3	

(三)工程应用实例

某一段城市道路扩建工程,工作项目划分与工作相互关系及工作持续时间见表12-2,试绘制其施工进度双代号网络计划图。

根据表12-2所列工作关系,如果采用前进法绘网络图,关键是确定A为开始工作,然后从表12-2中找出本工作的紧后工作,逐节生长绘图直至网络图的终点;若采用后退法绘制网络图,关键是确定H为结束工作,再从表12-2中寻找本工作的紧前工作,逐节后退绘图直到网络图的起点。绘制的双代号网络计划图如图12-3所示。

工作项目划分明细表 表12-2

工作代号	A	B	C	D	E	F	G	H
工作名称	测量	土方工程	路基工程	安装排水设施	清理杂物	路面工程	路肩施工	清理现场
紧前工作	—	A	B	B	B	C、D	C、E	F、G
持续时间(d)	1	10	2	5	1	3	2	1

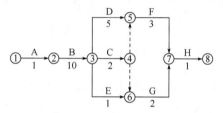

图12-3 道路更新工程施工进度双代号网络计划图

三、工作时间参数计算

(一)工作的最早可能开始时间(ES)

工作的最早可能开始时间是指一项工作在其紧前工作都结束后,可以开始工作的最早时间。很显然工作(i,j)的最早可能开始时间就等于该工作箭尾节点(i)的最早可能实现时间,即:

$$ES_{(i,j)} = ET_{(i)} \tag{12-1}$$

(二)工作的最早可能结束时间(EF)

正常情况下,工作(i,j)若能在最早可能开始时间开始,对应就有一个最早可能结束时间,它就等于箭尾节点的最早可能实现时间或者工作的最早可能开始时间加上工作(i,j)的持续时间$t_{(i,j)}$,即:

$$EF_{(i,j)} = ES_{(i,j)} + t_{(i,j)} \tag{12-2}$$

(三)工作的最迟必须结束时间(LF)

是指一项工作在不影响工程按总工期结束的条件下,最迟必须结束的时间,它必须在紧后工作开始之前完成。从工作终点节点逆箭线计算,工作(i,j)最迟必须结束时间应等于节点j的最迟必须实现时间,即:

$$LF_{(i,j)} = LT_{(j)} \tag{12-3}$$

(四)工作的最迟必须开始时间(LS)

在正常情况下,与工作的最迟必须结束时间相对应,有工作的最迟必须开始时间。它即为工作最迟结束时间减去该工作的持续时间。

$$LS_{(i,j)} = LF_{(i,j)} - t_{(i,j)} \tag{12-4}$$

四、工作的时差计算

时差反映工作在一定条件下的机动时间范围,通常分为总时差、局部时差等。

(一)总时差(TF)

工作的总时差 $TF_{(i,j)}$ 是指在不影响任何一个紧后工作的最迟开始时间的条件下,工作 (i,j) 所拥有的最大机动时间。具体地说,它是在保证本工作以最迟完成时间完工的前提下,允许该工作推迟其最早开始时间或延长其持续时间的幅度。

对任何一项工作 (i,j),其总时差可能有三种情况:

1)$TF_{(i,j)} > 0$,说明该工作存在机动时间。
2)$TF_{(i,j)} = 0$,说明该工作没有机动时间。
3)$TF_{(i,j)} < 0$,说明该工作存在负时差,计划工期长于规定工期,应采取技术或组织措施予以缩短,确保计划总工期。

(二)局部时差(FF)

工作的局部时差 $FF_{(i,j)}$ 也称自由时差,是指在不影响其紧后工作的最早可能开始时间的条件下,工作 (i,j) 所具有的机动时间。具体地说,它是在不影响紧后工作按最早开始时间开工的前提下,允许该工作推迟最早开始时间或延长其持续时间的幅度。

1)总时差对其紧前工作和紧后工作均有影响。
2)一项工作的局部时差只限于本工作利用,不能转移给紧后工作利用,对紧后工作的时差无影响,但对其紧前工作有影响,如运用,将使紧前工作时差减少。

五、进度计划中关键线路

(一)关键线路

网络图的各条线路中,持续时间之和最长的线路即为关键线路。关键线路上的工作称为关键工作。

(二)关键线路的确定

确定关键线路的方法有很多,下面介绍两种简单易行的方法:

1)关键线路上所有工作的总时差均为零,反过来,如果工作的总时差为零,则它必是关键工作。由此,只要连接网络计划中总时差为零的工作,就可以确定出关键线路。

2)关键线路上所有节点的两个时间参数均相等,反过来,如果节点的两个时间参数相等,该节点一定是关键线路上的节点,即成为关键线路上的关键节点。但是由任意两个关键节点组成的工作,并非一定是关键工作。如果由此判别还需加上条件:箭尾节点时间+工作持续时间=箭头节点时间。同时满足上述两个条件的工作,即为关键工作。

(三)关键线路的特性

1)关键线路上各工作的总时差均为零。
2)关键线路在网络计划中不一定只有一条,有时存在多条,但关键工作所占比重并不大。据统计资料,对于一个具有100项工作的网络计划,它的关键工作数目约有12~15项;一个具有1000项工作的网络计划,关键工作的数目约是70~80项;而一个具有5000项工作的网络计划,关键工作数目仅约有150~160项。这样就有可能使工程项目的管理者集中精力抓住主要矛盾,搞好计划管理工作。
3)非关键工作如果将总时差全部用完,就会转化为关键工作。
4)当非关键线路延长的时间超过它的总时差,关键线路就转变为非关键线路。

六、时间参数的计算方法

(一)节点时间参数的计算

1. 计算节点最早时间(ET)

节点最早时间即为节点的最早可能实现时间(ET),是节点后各工作的统一最早可能开始时间。网络图起始节点①的最早可能实现时间为零,$ET(1)=0$,沿箭线方向逐个节点地计算到网络图的终点⓷,某节点的紧前工作全部完成,本工作才能最早开始。所以节点最早时间不一定等于该节点前各工作的最早可能完成时间,进入这个节点的紧前工作不全部完成,本项工作就无法开始。因此,节点 j 的最早可能实现时间应等于该节点紧前工作(i,j)的最早可能完成时间的最大值。

现以图12-4所示的双代号网络图为例,计算各节点的最早可能实现时间如下,并按节点时间参数计算图例规定标注在图12-4上。

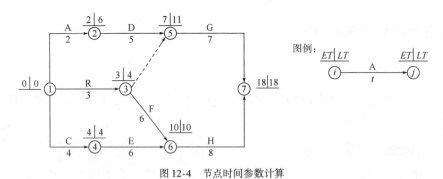

图12-4 节点时间参数计算

$ET_{(1)}=0$,其他节点计算得:
$ET_{(2)}=ET_{(1)}+t_{(1,2)}=0+2=2$

$$ET_{(3)} = ET_{(1)} + t_{(1,3)} = 0 + 3 = 3$$
$$ET_{(4)} = ET_{(1)} + t_{(1,4)} = 0 + 4 = 4$$
$$ET_{(5)} = \max \begin{Bmatrix} ET_{(2)} + t_{(2,5)} = 2 + 5 = 7 \\ ET_{(3)} + t_{(3,5)} = 3 + 0 = 3 \end{Bmatrix} = 7$$
$$ET_{(6)} = \max \begin{Bmatrix} ET_{(3)} + t_{(3,6)} = 3 + 6 = 9 \\ ET_{(4)} + t_{(4,6)} = 4 + 6 = 10 \end{Bmatrix} = 10$$
$$ET_{(7)} = \max \begin{Bmatrix} ET_{(5)} + t_{(5,7)} = 7 + 7 = 14 \\ ET_{(6)} + t_{(6,7)} = 10 + 8 = 18 \end{Bmatrix} = 18$$

网络图终点⑪的最早可能实现时间就是计划的总工期 T，即 $T = ET(n)$，因此，图 12-5 双代号网络计划图的总工期 $T = 18$。

2. 计算节点最迟时间(LT)

节点最迟时间即为节点的最迟必须实现时间(LT)，是节点之前的各工作统一最迟必须完成时间。而节点的最迟必须实现时间，就是计划工期确定的条件下，从网络图的终点⑪开始，逆着箭线方向逐个节点地算到网络图的起点。终点⑪节点的最迟必须实现时间也等于计划工期，即：$LT(n) = T$。

需要注意的是，节点最迟时间不一定等于该节点后各工作的最迟必须开始时间。箭尾节点的最迟必须实现时间等于箭头节点的最迟必须实现时间与其工作持续时间之差；当节点 ⓘ 有多条箭线同时发出时，应对每条箭线都进行计算，然后取其最小值作为该节点的最迟必须实现时间。

以图 12-4 双代号网络图为例，计算各节点的最迟必须实现时间，并将计算结果标注在图例规定的位置。

$LT_{(7)} = ET_{(7)} = 18$，其他节点计算如下：
$$LT_{(6)} = LT_{(7)} - t_{(6,7)} = 18 - 8 = 10$$
$$LT_{(5)} = LT_{(7)} - t_{(5,7)} = 18 - 7 = 11$$
$$LT_{(4)} = LT_{(6)} - t_{(4,6)} = 10 - 6 = 4$$
$$LT_{(3)} = \begin{Bmatrix} LT_{(5)} - t_{(3,5)} = 11 - 0 = 11 \\ LT_{(6)} - t_{(3,6)} = 10 - 6 = 4 \end{Bmatrix} = 4$$
$$LT_{(2)} = LT_{(5)} - t_{(5,2)} = 11 - 5 = 6$$
$$LT_{(1)} = \min \begin{Bmatrix} LT_{(2)} - t_{(1,2)} = 6 - 2 = 4 \\ LT_{(3)} - t_{(1,3)} = 4 - 3 = 1 \\ LT_{(4)} - t_{(1,4)} = 4 - 4 = 0 \end{Bmatrix} = 0$$

(二)工作时间参数的计算

1. 工作最早可能开始时间(ES)

工作的最早可能开始时间是指一项工作在具备了一定工作条件和资源条件后可以开始工作的最早时间。在工作流程上，各项工作要等到其紧前工作都结束以后方能开始。很明显，工作(i,j)的最早可能开始时间就等于箭尾节点(j)的最早可能实现时间,计算如下,并标注在图 12-5 上。

$ES_{(1,2)} = ET_{(1)} = 0$ $ES_{(4,6)} = ET_{(4)} = 4$

$ES_{(1,3)} = ET_{(1)} = 0$ $ES_{(3,6)} = ET_{(3)} = 3$

$ES_{(1,4)} = ET_{(1)} = 0$ $ES_{(5,7)} = ET_{(5)} = 7$

$ES_{(2,5)} = ET_{(2)} = 2$ $ES_{(6,7)} = ET_{(6)} = 10$

2. 工作最早可能结束时间(EF)

正常情况下,工作(i,j)若能在最早可能开始时间开始,对应就有一个最早可能结束时间,它就等于箭尾节点的最早可能实现时间或者工作的最早可能开始时间加上工作(i,j)的持续时间$t_{(i,j)}$,计算如下,并标注在图 12-5 上。

$EF_{(1,2)} = ES_{(1,2)} + t_{(1,2)} = 0 + 2 = 2$ $EF_{(1,3)} = ES_{(1,3)} + t_{(1,3)} = 0 + 3 = 3$

$EF_{(1,4)} = ES_{(1,4)} + t_{(1,4)} = 0 + 4 = 4$ $EF_{(2,5)} = ES_{(2,5)} + t_{(2,5)} = 2 + 5 = 7$

$EF_{(3,6)} = ES_{(3,6)} + t_{(3,6)} = 3 + 6 = 9$ $EF_{(4,6)} = ES_{(4,6)} + t_{(4,6)} = 4 + 6 = 10$

$EF_{(5,7)} = ES_{(5,7)} + t_{(5,7)} = 7 + 7 = 14$ $EF_{(6,7)} = ES_{(6,7)} + t_{(6,7)} = 10 + 8 = 18$

3. 工作最迟必须结束时间(LF)

工作最迟必须结束时间(LF)是指一项工作在不影响工程按总工期结束的条件下最迟必须结束的时间,它必须在紧后工作开始之前完成。计算工作的最迟必须结束时间应从箭头方向向箭尾逐项进行计算。工作(i,j)就等于箭头节点(j)的最迟必须实现时间$LT_{(j)}$,计算如下,并标注在图 12-5 上。

$LF_{(1,2)} = LT_{(2)} = 6$ $LF_{(4,6)} = LT_{(6)} = 10$

$LF_{(1,3)} = LT_{(3)} = 4$ $LF_{(3,6)} = LT_{(6)} = 10$

$LF_{(1,4)} = LT_{(4)} = 4$ $LF_{(5,7)} = LT_{(7)} = 18$

$LF_{(2,5)} = LT_{(5)} = 11$ $LF_{(6,7)} = LT_{(7)} = 18$

4. 工作最迟必须开始时间(LS)

在正常情况下,工作(i,j)结束得迟是因为开始得迟,所以工作(i,j)如果能在最迟必须结束时间结束,对应的就有一个最迟必须开始时间,它等于工作(i,j)的箭头节点(j)的最迟必须实现时间$LT_{(j)}$或其最迟必须结束时间$LF_{(i,j)}$减去工作(i,j)的持续时间$t_{(i,j)}$,计算如下,并标注在图 12-5 上。

$LS_{(1,2)} = LF_{(1,2)} - t_{(1,2)} = 6 - 2 = 4$ $LS_{(1,3)} = LF_{(1,3)} - t_{(1,3)} = 4 - 3 = 1$

$LS_{(1,4)} = LF_{(1,4)} - t_{(1,4)} = 4 - 4 = 0$ $LS_{(2,5)} = LF_{(2,5)} - t_{(2,5)} = 11 - 5 = 6$

$LS_{(3,6)} = LF_{(3,6)} - t_{(3,6)} = 10 - 6 = 4$ $LS_{(4,6)} = LF_{(4,6)} - t_{(4,6)} = 10 - 6 = 4$

$LS_{(5,7)} = LF_{(5,7)} - t_{(5,7)} = 18 - 7 = 11$ $LS_{(6,7)} = LF_{(6,7)} - t_{(6,7)} = 18 - 8 = 10$

5. 网络图工作时间参数的计算步骤总结

工作参数的计算以控制性参数——节点参数为依据,在节点参数的图例中,起点到终点的节点参数符合从小到大排列的规律,因此最左边的为$ET_{(i)}$,最右边的为$LT_{(j)}$,称$[ET_{(i)}, LT_{(j)}]$为工作(i,j)的时间边界。

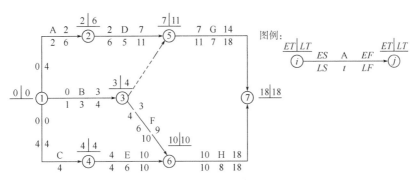

图 12-5 工作时间参数计算

工作的最早可能时间就是在图例中向左看齐,让开始时间对准起点的 $ET_{(i)}$(左边界),则最早完成时间为在左边界上加一个持续时间 $t_{(i,j)}$。

工作的最迟时间就是在图例中向右看齐,让结束时间对准起点的 $LT_{(j)}$(右边界),则最迟开始时间为在右边界上减去一个持续时间 $t_{(i,j)}$。

(三)时差参数的计算

1. 工作的总时差(TF)

工作 (i,j) 的总时差 $TF_{(i,j)}$ 是在不影响任何一项紧后工作 (i,j) 的最迟必须开始时间条件下,本工作 (i,j) 所拥有的极限机动时间。计算如下,并标注在网络图 12-6 上。

$TF_{(1,2)} = LS_{(1,2)} - ES_{(1,2)} = 4 - 0 = 4 = LT_{(2)} - ET_{(1)} - t_{(1,2)} = 6 - 0 - 2 = 4$

$TF_{(1,3)} = LS_{(1,3)} - ES_{(1,3)} = 1 - 0 = 1 = LT_{(3)} - ET_{(1)} - t_{(1,3)} = 4 - 0 - 3 = 1$

$TF_{(1,4)} = LS_{(1,4)} - ES_{(1,4)} = 0 - 0 = 0 = LT_{(4)} - ET_{(1)} - t_{(1,4)} = 4 - 0 - 4 = 0$

$TF_{(2,5)} = LS_{(2,5)} - ES_{(2,5)} = 6 - 2 = 4 = LT_{(5)} - ET_{(2)} - t_{(2,5)} = 11 - 2 - 5 = 4$

$TF_{(3,6)} = LS_{(3,6)} - ES_{(3,6)} = 4 - 0 = 4 = LT_{(6)} - ET_{(3)} - t_{(3,6)} = 6 - 0 - 2 = 4$

$TF_{(4,6)} = LS_{(4,6)} - ES_{(4,6)} = 4 - 4 = 0 = LT_{(6)} - ET_{(4)} - t_{(4,6)} = 10 - 4 - 6 = 0$

$TF_{(5,7)} = LS_{(5,7)} - ES_{(5,7)} = 4 - 0 = 4 = LT_{(7)} - ET_{(5)} - t_{(5,7)} = 18 - 7 - 7 = 4$

$TF_{(6,7)} = LS_{(6,7)} - ES_{(6,7)} = 10 - 10 = 0 = LT_{(7)} - ET_{(6)} - t_{(6,7)} = 18 - 10 - 8 = 0$

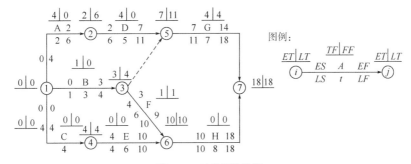

图 12-6 时差参数计算

2. 工作的局部时差(FF)

工作 (i,j) 的局部时差 $FF_{(i,j)}$ 是在不影响任何一项紧后工作最早可能开始时间的条件下,本工作(i,j)所具有的机动时间。工作(i,j)的局部时差反映了工作(i,j)最早可能完成时间到其紧后工作(j,k)最早可能开始时间之间的时间间隔,有时也被称为自由时差,它属于总时差的一部分。计算如下,并标注在图 12-6 上。

$FF_{(1,2)} = ET_{(2)} - ET_{(1)} - t_{(1,2)} = 2 - 0 - 2 = 0$

$FF_{(1,3)} = ET_{(3)} - ET_{(1)} - t_{(1,3)} = 3 - 0 - 3 = 0$

$FF_{(1,4)} = ET_{(4)} - ET_{(1)} - t_{(1,4)} = 4 - 0 - 4 = 0$

$FF_{(2,5)} = ET_{(5)} - ET_{(2)} - t_{(2,5)} = 7 - 2 - 5 = 0$

$FF_{(3,6)} = ET_{(6)} - ET_{(3)} - t_{(3,6)} = 10 - 3 - 6 = 1$

$FF_{(4,6)} = ET_{(6)} - ET_{(4)} - t_{(4,6)} = 10 - 4 - 6 = 0$

$FF_{(5,7)} = ET_{(7)} - ET_{(5)} - t_{(5,7)} = 18 - 7 - 7 = 4$

$FF_{(6,7)} = ET_{(7)} - ET_{(6)} - t_{(6,7)} = 18 - 10 - 8 = 0$

工作局部时差有以下主要特点:

1)工作的局部时差总是小于或等于其总时差,即 $FF_{(i,j)} \leqslant TF_{(i,j)}$。

2)使用工作的局部时差,对紧后工作的最早可能开始时间没有任何影响。

3)工作的局部时差用于控制工程项目实施过程中的中间进度或称为形象进度,即用来掌握网络计划图中各项工作的最早时间,以便控制计划各阶段按期完成。

综上所述,工作时差的计算有十分重要的意义,计划管理人员根据时差的大小来协调施工组织,控制项目的总工期。可在时差范围内改变工作的开始或完成时间以达到施工均衡性的目的;或在机动时间内适当增加非关键工作的持续时间,相应地将其部分劳动力和设备、材料转移到关键工作中去,以确保关键工作按期完成,从而达到按期或提前完成工程进度计划的目的。

3. 工作时差参数的计算步骤

网络图工作时间参数的计算采用图算法计算时差参数,主要是避免抽象记忆计算公式,而是利用图例的相对位置理解参数的计算过程和方法。因此计算步骤为:

1)掌握计算工作参数的左右时间边界,找到节点参数从小到大排列的规律,分清左边最小,右边最大。

2)通过"最右边减去最左边再减去时间"或者"最大值减去最小值再减去时间"的方法即可求出总时差数值大小,即工作的总时差等于箭头节点最迟时间减去箭尾节点最早时间再减去其工作的持续时间。

3)通过"两节点上左边时间相减再减去时间"或者"左边相减再减时间"的方法即可求出局部时差的数值大小,即工作的局部时差等于箭头节点最早时间减去箭尾节点最早时间再减去其工作的持续时间。

4)关键线路的特性:

(1)判别关键工作。

使用总时差判断关键工作的充要条件是:

$$TF_{(i,j)} = 0$$

如图 12-6 中①→④→⑥→⑦即为关键线路,关键线路一般在图中以双箭线或用加粗线标明。

(2) 关键工作与非关键工作区别。

关键线路上的工作称为关键工作。关键工作没有任何机动时间,即工作的总时差为零。在网络计划中除了关键线路之外的线路称为非关键线路,在非关键线路中总是存在有一定数量的时差,其中存在时差的工作称为非关键工作。值得注意的是,非关键线路并不是全由非关键工作组成,在网络图的任何一条线路中,只要有一项非关键工作,则这条线路就是非关键线路,其线路长度小于关键线路长度。所以,只有全部由关键工作组成的线路才能构成关键线路,即关键工作连成关键线路,不在关键线路上的工作则为非关键工作。

网络计划图中的每个节点都有两个时间参数,最早可能实现时间和最迟必须实现时间。利用节点时间参数来确定关键线路时,首先要判别节点是否为关键节点,如果节点最早可能实现时间等于节点最迟必须实现时间,即 $ET_{(j)} = LT_{(j)}$,则称节点 j 为关键节点;其次要判断两个关键节点之间的工作是否构成关键工作,其判别式为:

箭尾节点时间 + 工作持续时间 = 箭头节点时间

如果上式成立,则这项工作为关键工作,否则就是非关键工作。

计算网络计划时间参数的目的之一是找出计划中的关键线路。找出了关键线路也就抓住了工程进度计划的主要矛盾,这样就可使工程管理人员在施工的组织和管理工作中做到心中有数。

第三节　应用网络计划技术审批工程延期、工期调整与优化

一、施工进度计划编制

(一) 工程项目进度计划编制应遵循的基本原则

1) 合理安排施工顺序,保证在劳动力、材料物资以及资金消耗量最少的情况下,按合同规定工期完成拟建工程施工任务。

2) 采用可靠的施工方法,确保工程项目施工在连续、稳定、安全、优质、均衡的状态下进行。

3) 节约施工成本。

(二) 施工进度计划编制的依据

1) 工程项目的全部设计图纸,包括工程的初步设计或扩大初步设计、技术设计、施工图设计、设计说明书、建筑总平面图等。

2) 工程项目有关概(预)算资料、指标、劳动力定额、机械台班定额和工期定额。

3) 施工承包合同规定的进度要求和施工组织设计。

4) 施工总方案(施工部署和施工方案)。

5) 工程项目所在地区的自然条件和技术经济条件,包括气象、地形地貌、水文地质、交通水电条件等。

6)工程项目需要的资源,包括劳动力状况、机具设备能力、物资供应来源条件等。
7)地方建设行政主管部门对施工的要求。
8)国家现行的建筑施工技术、质量、安全规范、操作规程和技术经济指标。

(三)施工总进度计划编制方法

施工总进度计划编制主要程序如下:
1)划分工程项目。
2)计算工程量,确定施工期限。
3)确定各工程项目的开竣工时间和相互搭接关系。
4)草拟施工总进度计划。
5)编制正式的施工总进度计划。

(四)单位工程施工进度计划编制方法

1)现场施工条件分析及相关资料收集。
2)确定单位工程的工程项目组成。
3)确定施工顺序。
4)工程量的计算。
5)劳动力和船机台班使用量的计算。
6)确定工程项目的施工持续时间。
7)草拟施工进度计划。
8)编制正式施工进度计划。
9)编制各项资源需要量计划。

二、进度计划的提交

1)在中标通知书发出后合同规定的时间内,监理工程师应要求承包人书面提交以下文件(即总体进度计划):
(1)一份详细和格式符合要求的工程总体进度计划及必要的各项关键工程的进度计划。
(2)一份有关全部支付的现金流动估算。
(3)一份有关施工方案和施工方法的总说明(即通过施工组织设计提出)。
2)承包人应在每年 11 月底前,根据已同意的合同进度计划或其修订的计划,向监理人提交两份格式和内容符合监理人合理规定的下一年度的施工计划,以供审查。该计划应包括本年度估计完成的和下一年度预计完成的分项工程数量和工作量,以及为实施此计划将采取的措施。
3)在将要开工以前或在开工以后合理的时间内,监理工程师应要求承包人提交以下文件(即阶段性进度计划文件):
(1)年度进度计划及现金流动估算。
(2)月度进度计划及现金流动估算。
(3)分项(或分部)工程的进度计划。

4)《水运工程标准施工招标文件》(JTS 110—8—2008)规定:承包人应在计划开工日期 7 天前,向发包人和监理人报送施工组织设计;监理人应在 7 天内批复或提出修改意见,否则视为已得到批准。

三、进度计划的审批

项目监理机构对工程进度的控制应在确保工程质量和安全生产的基础上,以合同约定的总工期和节点工期为目标,根据施工监理合同中建设单位授权和工程施工合同履行监理职责。

监理工程师在接到承包人提交的工程进度计划之后,应对进度计划进行认真的审核,其目的是检查承包人所制定的工程进度计划是否合理,有无可能实现,是否适合工程的实际条件和现场情况,避免以空洞的、不切实际的工程进度计划来指导施工,造成工期延误。

(一)进度计划的审查

项目监理机构应审核施工单位报送的工程施工总进度计划,经总监理工程师签署审核意见,报送建设单位批准后实施。专业监理工程师应对施工单位报送的年度、季度、月度等阶段性工程施工进度计划进行审核,签署审核意见,经总监理工程师批准后实施。

项目监理机构对工程施工进度计划的审核应包括下列主要内容:
1)与合同工期、阶段性目标的响应性与符合性。
2)工序间衔接的合理性。
3)劳动力、船机、材料、施工设备等资源配置的充分性。
4)与其他相关项目计划的协调性。
5)进度计划完成的可行性及防范措施。
6)要求建设单位提供施工条件的合理性。

(二)进度计划的修订

在项目实施过程中,当遇到现场施工条件、施工工艺、气候因素、市场环境等各方面发生变化,造成工程实际进度滞后,需要对进度计划进行修订时,应按照以下条款实施:

《水运工程标准施工招标文件》(JTS 110—8—2008)专用合同条款第 10.2 款规定:承包人应在 48 小时前向监理人提交修订合同进度计划的申请报告;监理人应在 48 小时内对承包人提交的申请报告批复,否则视为已得到批准。对非承包人自身原因每月累计停水或停电不超过 48 小时的情况,施工组织设计中应有相应的保证措施。承包人不得因此顺延工期。

四、工程施工中的进度检查

监理机构应通过对工程施工进度计划的审核、对工程施工进度计划实施过程的跟踪检查与分析等手段对工程进度实施控制。

监理机构对工程施工进度计划的过程控制应符合下列要求:
1)监理人员应对施工单位资源投入、工程是否按计划进行等工程实施进展情况进行跟踪检查,并做好相关记录。
2)项目监理机构应按建设单位项目管理要求审核与工程进度有关的报表,并将工程实际进度与计划进度进行比较和分析。

3)当实际进度与计划进度出现实质性偏差时,监理机构应督促施工单位及时采取相应的整改措施;当关键线路工期滞后时,总监理工程师应签发监理通知单,要求施工单位采取保证合同工期的措施,并向监理机构报送相应的监理通知回复单,监理机构应检查有关措施的落实情况并签署意见。

4)监理机构应通过工地例会、有关工程进度的专题会议等形式,协调解决影响工程进度的有关问题。

五、施工进度计划的调整

(一)工程进度分析

作为负责进度控制的监理工程师必须要监控工程进度的有关要素,掌握工程进展的反馈信息,以便必要时采取措施或通知施工单位进行调整。

(二)工程进度分析步骤

为了分析工程进度计划的完成情况,监理工程师必须确定所有信息的可靠来源,取得有关数据,再进行影响因素的分析,找出其中起关键性作用的因素,并采取对策,进行调整。

分析步骤一般分为三个阶段:第一阶段是找出工程完成情况差的原因;第二阶段是进行因素分析,找出影响最重要的因素;第三阶段是提出建议和结论。如此反复进行,直到工程竣工为止。

(三)影响工程进度的因素

为了进行进度控制,无论是监理工程师还是施工单位,都必须在施工进度计划实施前充分考虑影响施工进度的诸多因素,提出保证施工进度计划成功实施的措施。

影响工程进度实施的因素很多,如经济原因、技术原因、地质条件、气候条件、人文社会条件、人力原因、材料设备原因、资金原因、组织协调原因和政治原因等,涉及建设单位、施工单位、勘察设计单位、监理单位、设备制造和运输单位、社会环境和自然环境条件以及政府职能部门等,都需要监理工程师和施工单位在进度控制中仔细分析,以实现对工程进度的主动控制。

(四)工程进度分析的内容

当工程实际进展情况相比与原定计划出现较大偏差时,应进行分析,找出影响的因素及起关键作用的因素,以便制订对策和进行调整。

工程进度分析的主要内容包括以下几项:

1)分析工程进度计划完成的比率(工程量、工作量完成的百分率),是否影响按期竣工。

2)考察关键线路、关键工作是否出现拖延,非关键线路时差是否用完,并已转变为关键线路。

3)考察有哪些工作(工程项目)影响了工程的工期。

4)对上述这些工作进行详细的分析,确定影响各工作计划的关键因素。详细分析的内容主要有以下几点:

(1)劳动力情况分析。

实际投入劳动力数量与计划劳动力数量的关系,直接生产工人与管理人员的比例;施工顺序、工作流程是否合理；返工率和废品率状况；劳动组织与生产效率是否满意；工程变更和事故率是否正常；天气情况等。

(2) 材料情况分析。

材料供应是否及时，有无待料情况，料场布置是否合理，材料的运距是否太远，材料的储备周期是否合理等。

(3) 机械设备情况分析。

机械设备是否满足工程进展的要求，利用率和完好率如何，机械设备是否陈旧，设备的停工时间所占总时间的百分比有多大，工地是否有备用零件，维修是否及时，有没有预防性的维修计划，机械设备的生产率是否能达到额定的要求等。

(4) 试验检测情况分析。

工地的试验仪器和设备能否满足工程的需要；试验和检测的组织体系是否健全和有效；试验人员是否满足试验检测工作的需要；试验的数据和成果是否在有效的时间内反馈到各有关人员手中等。

(5) 财务情况分析。

施工单位是否有足够的资金垫付材料、设备、人员工资等款项；建设单位是否按期支付工程进度款，各种资金的支出是否比例失调等。

(6) 其他情况分析。

天气是否特别恶劣？建设单位是否履行了应尽的义务，有无责任，如延迟占用土地、延期交图、工程暂停、额外或附加工程等；监理工程师是否正确履行了职责，如文件未及时批复，监理人员不足，未及时检测验收等。

5) 针对上述分析得出的主要因素，拟定采取的措施，加以改进，以使工程按期完工。

(五) 施工进度计划的调整

通过对实际进度与施工进度计划的比较，可以发现进度偏差。如果这种偏差严重到无法确保工程按期完工，就有必要对计划进行调整。计划的调整是施工单位的责任。监理工程师在发现实际进度与计划有较大偏差时，就必须要求施工单位对进度计划进行调整，以符合实际施工的需要。

计划执行中的调整，一般有以下几种原因：

1) 因某种原因需要将网络计划中的某些工作删除。
2) 由于编制网络计划时考虑不周或设计变更需要在网络计划中新添工作。
3) 由于实际工程进度有提前或拖延现象，需要修改某些工作的持续时间等。
4) 因为施工组织方式改变，需要改变网络计划中某些工作的衔接关系。
5) 施工进度计划的调整可通过工期优化来进行，调整的方法主要有以下两类：

(1) 缩短关键线路的持续时间。

通过增加关键线路上工作的人力和设备等施工力量，以缩短关键工作持续时间。一般来说，关键线路缩短势必引起资源需要量的增加，可能会带来新的矛盾。因此，缩短关键线路上工作的持续时间，需要增加资源时应尽量从内部解决；在时差范围内将其工作时间错开，从而避开资源利用的高峰；将有关工作持续时间延长，减小该工作的资源强度，以便从中抽出部分资源支援其他需要缩短持续时间的工作。如果通过分析计算确认内部资源不足，则应考虑从外部调入资源。

（2）改变网络计划的逻辑关系。

改变网络计划的逻辑关系进行工期优化，要求通过重新考虑施工作业方式、采用不同施工方法和设备、合理安排施工顺序来缩短网络计划的工期。改变网络逻辑关系包括两个方面：

①改变施工作业方式。在条件允许的前提下，施工中一般应尽量组织流水作业，以使得资源需要量和工期两者都较合理，不便组织流水作业时，也应尽可能采用搭接施工，以缩短总工作时间。如果需要赶工，则可将其中某些关键工作改为平行作业。

②合理安排工程项目的施工顺序。通过流程优化合理安排施工顺序，以缩短工期。这可以通过对那些无工艺技术逻辑关系的工作安排出最合理的施工顺序来进行。

(六) 监理对进度计划调整的管理

项目监理机构对施工单位调整工程施工进度计划的管理应符合下列规定：

1) 当施工单位需要对工程施工进度计划进行调整时，项目监理机构应要求施工单位报送调整后的工程施工进度计划并予以审核，并经建设单位批准后实施。

2) 对非施工单位原因造成的工程延期，在获得延期批准后，项目监理机构应要求施工单位根据延期批复报送调整后的工程施工进度计划并予以审核，经建设单位批准后实施。

3) 由于施工单位原因造成工程进度延误，在总监理工程师签发监理通知单后，施工单位未有明显改进，可能导致工程难以按合同节点工期或总工期要求完成时，项目监理机构应及时向建设单位提交书面报告，并按合同约定处理。

第四节　流水施工进度计划

一、流水施工的实质与特点

(一) 流水施工的实质

1) 把劳动对象的施工过程划分为若干工序或操作过程，每个工序或操作过程分别由按工艺流程建立的专业班组来完成。

2) 把一个劳动对象尽可能地划分为劳动量大致相等的若干施工段。

3) 各个作业班组按照一定的施工顺序，依次地、连续地由一个施工段转移到另一个施工段，反复完成同类工作。

4) 不同工种或同一作业班组完成工作的时间尽可能地相互衔接起来。

(二) 流水施工的特点

流水施工法的特点是生产的连续性和均衡性，使各种物质资源均衡地使用，施工企业的生产能力充分地发挥，劳动力得到合理地安排和使用，从而带来较好的经济效果，具体表现在以下几个方面：

1)避免了施工期间劳动力的过度集中,从而减少临时设施工程量,节约基建投资。

2)由于实行工程队(组)生产专业化,为提高工人的技术水平和进行技术改造与革新创造了有利条件,促进劳动生产率和工程质量的不断提高。

3)在采用流水施工方法时,单位时间内完成的工程数量,对于机械操作过程是按照主导机械的生产能力来确定,对于手工操作过程是以合理的劳动组织为依据确定的,因此能保证施工机械和劳动力得到合理和充分利用。

4)消除了工作间的不合理中断,缩短了工期,从而降低了工程间接费用;保证了劳动力和资源消耗的均衡,各种资源得到充分的利用,提高了劳动生产率和资源的使用率,减少了各种不必要的损失,从而降低了工程直接费用。

必须指出,流水施工法是一种组织措施,它的使用可以带来很好的经济效果,而不要求增加任何的额外费用。现代工程建设的发展,除需要科学的组织措施外,还要依赖施工技术现代化,如工程设计标准化、工程结构装配化、构件生产工厂化、施工过程机械化、工程机构专业化和施工管理科学化等。这些方面是密切联系、互为条件的,既是实现工程工业化必不可少的重要措施,也是施工企业多、快、好、省地进行工程现代化建设的重要手段。

二、流水施工的主要参数

为了说明流水施工在时间和空间上的开展情况,须引入一些定量的描述,这些量称为流水参数。按参数性质不同,可以分为以下三类。

(一)工艺参数

1. 施工过程数 n

为了描述一个施工过程中工艺的复杂程度,根据具体情况,可把一个综合的施工过程划分为若干具有独自工艺特点的单个施工过程,如为建设项目而进行的制备类施工过程,把材料和制品运到工地仓库,再转运到施工现场的运输类施工过程,以及在施工中占主要地位的安装类施工过程。划分的数量 n 称为施工过程数(工序数)。由于每一个施工过程一般由一个专业班组承担,故施工班组(队)数等于 n。

施工过程数需根据构造物的复杂程度和施工方法来确定,太多、太细会给计算增添麻烦,在施工进度计划上也会带来主次不分的缺点;太少则会使计划过于笼统,从而失去指导施工的作用。

2. 流水强度 V

流水强度又称流水能力、生产能力,每一施工过程在单位时间内所完成的工程量称为流水强度,如浇筑混凝土时,每工作班浇筑的混凝土的数量。

(1)机械施工过程的流水强度:

$$V = \sum_{i=1}^{x} R_i C_i \tag{12-5}$$

式中:R_i——某种施工机械台数;

C_i——该种施工机械台班生产率(即台班产量定额);

x——用于同一施工过程的主导施工机械种数。

(2)手工操作过程的流水强度：
$$V = RC \tag{12-6}$$
式中：R——每一工作队人数（R 应小于工作面上允许容纳的最多人数）；
C——每一工人每班产量（即劳动产量定额）。

(二)时间参数

1. 流水节拍 t_i

流水节拍是某个施工过程（或作业班组）在某个施工段上的持续时间。它的大小关系着投入的劳动力、机械设备的多少，决定着施工的速度和施工的节奏性。通常有两种确定方法，一种是根据工期要求来确定；另一种是根据现有能投入的资源（劳动力、机械台班数）来确定。流水节拍按下式计算：

$$t_i = \frac{Q_i}{CRn\delta} = \frac{P_i}{Rn\delta} \tag{12-7}$$

式中：Q_i——某施工段的工程数量（$i = 1,2,3,\cdots,m$）；
C——每一工日（或台班）的实际产量或产量定额；
R——施工人数（或机械台数）；
P_i——某施工段所需要的劳动量（或机械台班量）；
n——作业班数量，如一个作业班、两个作业班等；
δ——资源的使用效率。

2. 流水步距 B_{ij}

两个相邻的施工队（组）在保持连续施工的条件下，先后进入第一个施工段进行流水施工的时间间隔，叫流水步距。其数目取决于参加流水的施工过程数，如施工过程数为 n，则流水步距的总数为 $(n-1)$ 个。

确定流水步距的基本要求如下：
(1)始终保持两施工过程的先后工艺顺序。
(2)保持各施工过程的连续作业。
(3)做到前后两施工过程施工时间的最大搭接。
(4)流水步距与流水节拍保持一定关系，它应满足一定的施工工艺、组织条件及质量要求，例如钻孔灌注桩工程，必须保证钻孔与灌注混凝土两道工序紧密衔接（防止塌孔）。

(三)空间参数

1. 工作面 A

工作面又称工作前线，它的大小决定了施工对象单位面积上能安置多少人工和布置多少机械。在确定一个施工过程必要的工作面时，不仅要考虑前一施工过程为这个施工过程可能提供的工作面大小，而且要遵守安全技术和施工技术规范的规定。

2. 施工段数 m

在组织流水施工时，通常把施工对象划分为所需劳动量大致相等的若干段，或按工程结构部位划分为若干分部分项工程段,这些段就叫施工段。每一施工段在某一时间内只供一个施工队完成其承担的施工过程。施工段的数目用 m 表示。

在划分施工段时,应考虑以下几点:

(1)施工段的分界同施工对象的结构界限(温度缝、沉降缝和单元尺寸等)取得一致。

(2)各施工段上所消耗的劳动量大致相等。

(3)每段要有足够的工作面,使工人操作方便,既有利于提高工效,又能保证施工安全。

(4)划分段数的多少,应考虑机械使用效能、工人的劳动组合、材料供应情况、施工规模大小等因素。

(四)充分流水条件

流水作业具有较高经济效益,是施工队伍积极采用的办法。但并不是在任何情况下都可以使用流水作业方法。只有在 $m \geqslant n$ 的条件下才能保证充分流水,即施工段数大于或等于工序数。

在工程规模较大的情况下,工艺过程较复杂,则将工程划分为多个施工段,调入多个专业队伍施工,才是充分流水施工的最好选择。

三、流水施工类型及总工期

由于工程构造物的复杂程度不同、所处的具体位置多变以及工程性质互异等因素的影响,流水施工的组织可分为有节拍流水和无节拍流水。其中有节拍流水又分为全等节拍流水、成倍节拍流水和分别流水。

(一)有节拍流水

1. 全等节拍流水

所谓全等节拍流水,是指各施工过程在所有施工段上的流水节拍均相等,即是各施工过程的流水节拍 t_i 与相邻施工过程之间的流水步距 B_{ij} 完全相等的流水施工,即 $t_i = B_{ij} = $ 常数。

【例 12-1】 全等节拍流水 $m=5$、$n=3$、$t_i = B_{ij} = 2$,见图 12-7。此流水施工总工期为:

$$T = (n-1)B_{ij} + m \cdot t_i = (m+n-1)t_i$$

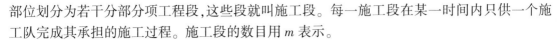

图 12-7 全等节拍流水

2. 成倍节拍流水

各施工过程的流水节拍彼此不相等,但有互成倍数的常数关系时,如仍按全等节拍流水组织施工,则会造成施工队窝工或作业面间歇,从而导致总工期延长。此时,为了使各施工队仍能连续、均衡地依次在各施工段上施工,应按成倍节拍流水组织施工。其步骤如下:

(1)求各流水节拍的最大公约数 K,它相当于各施工过程都共同遵守的"公共流水步距"。为了使用方便和便于与其他流水作业法比较起见,仍称这个 K 为流水步距。

(2)求各施工过程的专业施工队数 b_i。每个施工过程的流水节拍 t_i 是 K 的几倍,就要相应安排几个施工队,才能保证均衡施工。同一施工项目的各个施工队依次相隔 K 天投入流水施工,因此,施工队数目 b_i 按下式计算:

$$b_i = \frac{t_i}{K} \tag{12-8}$$

(3)将专业施工队数目的总和 $\sum b_i$ 看成是施工过程数 n,将 K 看成是流水步距后,按全等节拍流水的方法安排施工进度。

(4)计算总工期 T,由于 $n = \sum b_i$,则:

$$T = (m + \sum b_i - 1)K \tag{12-9}$$

【例 12-2】图 12-8 表示 6 座管涵按成倍节拍流水组织施工的一个例子。

由于作业面受限制,只能容纳 4 人同时操作,因此每个专业施工队按 4 人组成时,挖槽需 2d,砌基础 4d,安涵管 6d,洞口砌筑 2d。它们的最大公约数 $K = 2$,由式(12-8)计算得到的各施工过程数 b_i 为:挖槽 1 个队;砌基础 2 个队;安涵管 3 个队;洞口砌筑 1 个队。

本例 $m = 6$,$\sum b_i = 1 + 2 + 3 + 1 = 7$,$K = 2$,由式(12-9)计算得到总工期:

$$T = (m + \sum b_i - 1)K = (6 + 7 - 1) \times 2 = 24(d)$$

施工过程	所需工日	施工对数	2	4	6	8	10	12	14	16	18	20	22	24
挖槽	8	1	1	2	3	4	5	6						
砌基础	16	2		1		3		5						
					2		4		6					
安涵管	24	3				1			4					
							2			5				
								3			6			
砌洞口	8	1							1	2	3	4	5	6

图 12-8 成倍节拍流水

3. 分别流水

分别流水是指各施工过程的流水节拍各自保持不变(t_i = 常数),但不存在最大公约数,流水步距 B_{ij} 也是一个变数的流水作业。分别流水作业的组织方法用图 12-9 说明。

工序	施工进度(d)																				
	1	2	3	4	5	6	7	8	9	10	11	12	13	14	15	16	17	18	19	20	21
A	1		2		3		4		5												
B			1		2			3				4			5						
C					1			2				3			4			5			
D																	1	2	3	4	5

图 12-9 分别流水

组织分别流水施工时,首先应保证各施工过程本身均衡而不间断地进行,然后将各施工过程彼此搭接协调。也就是说,既要避免各施工过程之间发生矛盾,也要尽可能减少作业面的间隙时间,使整个施工安排保持最紧凑,以达到缩短工期的目的。

由于流水步距是个变数,因此必须分别确定,这对各施工过程的相互配合和正确搭接是一个很重要的参数。下面用一个四道工序、五个施工段的项目(图12-9)来说明流水步距的计算方法。

(1)当后一个施工过程的流水节拍 t_{i+1} 等于或大于前一个施工过程的流水节拍 t_i 时,流水步距根据后一个施工过程所要求的时间间隔(或足够的作业面)决定,即流水步距 $B = t_i$。图12-9中的工序 A 与工序 B 和工序 B 与工序 C 都属于这种情形,其流水步距分别为2d 和3d。

(2)当 $t_{i+1} < t_i$ 时,流水步距 B 用下式计算:

$$B = m(t_i - t_{i+1}) + t_{i+1} \tag{12-10}$$

式中:m——施工段数;

其余符号意义同前。

图12-9中的工序 C 与工序 D 属于这种情形,图中 $t_i = t_C = 3$,$t_{i+1} = t_D = 1$,$m = 5$,由式(12-10)计算流水步距为11d。

分别流水的总工期用式(12-11)计算:

$$T = t_0 + t_n = \sum B + t_n \tag{12-11}$$

式中:t_n——最后一个专业施工队的作业持续时间;

t_0——流水展开期,为最初施工过程开始至最后的施工过程开始之间的时间间隔;

$\sum B$——各相邻工序之间流水步距之和。

在实际的工程施工中,对于一个专业施工队来说,它可以按固定的流水节拍(或不变的速度)前进。但从整个工程的流水作业组织来看,各专业施工队都按自己的流水节拍(或移动速度)前进,彼此不一定相同,也不一定成倍数关系,这主要是由于机械配备、施工条件、劳动生产率或其他外界因素影响所致。如果要求流水速度绝对统一,必然会使机械的效率不能充分发挥或造成某些施工队窝工。为此,需要在统一的进度要求下,各专业施工队按照本身最合理、施工效率最高的流水速度进行作业。这是组织分别流水作业中应着重考虑和需仔细解决的问题。

(二)无节拍流水

无节拍流水是指各施工过程的流水节拍全不相等。对于工程施工来说,沿线工程量的分布都是不均匀的,因此,实际上各专业施工队在机具和劳动力固定的条件下,流水作业速度不可能保持一致,即各施工段上同一施工过程的流水节拍无法相等。也就是说,多数情况下在组织流水施工时,$t_i \neq$ 常数,$B \neq$ 常数,$t_i \neq B$,也非整数倍,如图12-10所示。

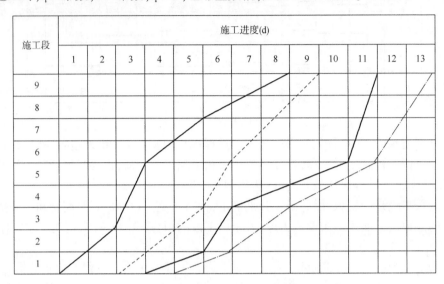

图12-10 无节拍流水

对于上述情况,只能按照无节拍流水组织施工。无节拍流水的各个参数以及总工期的确定,都必须通过对专业施工队逐个落实,反复调整,才能得到满意的结果。以下介绍一种大差法来计算流水步距。

大差法是先作错误的假设,即假设各道工序(队组)在第一施工段上同时开工,分别求出各施工队组在各施工段上的完工时间,形成新的数列矩阵;前行数列向前(左)移一位,相对紧邻后一行数列向右移一位;对应两行数列相减,缺位补零,即可求出差值数列,其中最大差值即为流水步距。即所谓的"相邻工序每段节拍时间累加数列错位相减取大差"法。

【例12-3】 表12-3表示某4个施工段的三项工序(甲、乙、丙)所需的作业时间,按照无节拍流水组织施工,求各工序(施工过程)之间的流水步距和总工期。

三道工序4个施工段的施工时间表(单位:d)　　　　表12-3

工序	施工段			
	1	2	3	4
甲	2	3	3	2
乙	2	2	3	3
丙	3	3	3	2

由表12-3中数据可以看出:$t_i \neq$ 常数,$B \neq$ 常数,$t_i \neq B$,也非整数倍,故只能作无节拍流水施工组织。采用大差法求解。先分别将两相邻工序的每段作业时间(流水节拍)逐项累加,得出两个数列,然后将后工序的累加数列向后错一位对齐,逐个相减,得到第三个数列(仅取正值),从中取大值即为两工序施工队组的流水步距 B。

据此可分别计算确定甲与乙,乙与丙的流水步距分别为4d和2d。

具体计算方法为：

$B_{甲乙}$：

```
  2,  5,  8, 10
(-) 2,  4,  7, 10
-------------------
  2,  3,  4,  3
```

$B_{乙丙}$：

```
  2,  4,  7, 10
(-) 3,  6,  9, 11
-------------------
  2,  1,  1,  1,
```

用横道图表示出来，这个流水作业施工进度计划就如图12-11所示，总工期为17d：

$$4+2+(3+3+3+2)=17(d)$$

工序	进度(d)																
	1	2	3	4	5	6	7	8	9	10	11	12	13	14	15	16	17
甲	1		2				3		4								
乙		$B_{甲乙}$			1		2			3		4					
丙						$B_{乙丙}$	1			2			3		4		

图12-11 无节拍流水作业施工进度图（横道上方的数值为施工段号）

第五节 工程延期和工程延误

一、工程进度拖延的分类

工程进度拖延可分为工程延期和工程延误两类。

(一) 工程延期

工程延期是指因非承包人的责任和风险等因素造成工期延长、承包人依据合同规则提出延期申请并经监理工程师审查和业主批准的工期延长。业主及监理工程师应依据合同规定给承包人延长施工工期，该延期必须满足工期索赔的管理要求。

工程延期产生的原因较多，如异常的天气、大海潮、罢工、人力不可抗拒的天灾、业主变更设计、业主未及时提供施工进场道路、地质条件恶劣等。

在批准工程延期时，如存在有事实证明的经济损失，且承包人已按合同规定提出了费用索赔的要求，则监理工程师和业主除批准工期延长外，还应依据合同的规定批准承包人合理的费用索赔要求；当然也有可能不批准工期延长而给予承包人赶工费用补偿。

(二) 工程延误

工程延误是指由于承包人的责任而引起的工期拖延，如施工组织协调不好、人力不足、设备不足或完好率较低、劳动生产率低、施工管理混乱、工程质量不符合合同规定的技术标准而造成返工等引起的工期延误。对于非承包人责任等因素导致进度拖延后承包人放弃权利的,也属工程延误。

出现工程延误时,承包人不仅不能获得工期和费用索赔,而且还要向业主赔偿"违约金"。出现工程延误时,监理工程师可依据合同授予的权力,指令承包人加快工程进度,并向业主报告提出采取措施的建议供其决策,包括采取强制分包或终止合同等。这时,加快施工、强制分包、终止合同等造成的一切经济损失,均应由承包人承担。

二、施工进度拖延的原因分析

(一)合同规定承包人有权提出工程延期的情形

1)任何形式的额外或附加工程;
2)未能给出占有权;
3)化石的处理;
4)图纸、指令等的延迟发出;
5)工程的暂时停工;
6)样品与试验;
7)不利的实物障碍或自然条件;
8)异常恶劣的气候条件;
9)业主造成的延误、障碍等;
10)任何其他的特殊情况。

除以上原因外,其余则属于业主、设计单位、监理工程师等的责任或不可抗力所造成的工程延误。如:由于战争、叛乱,军事政变或内战;离子放射或放射性的污染;因工程设计不当造成的损失或破坏;因业主使用或占用部分已交的永久工程不当造成的损失或破坏;一个有经验的承包人通常也无法预测和防范的任何自然界力量的破坏;监理工程师未及时批复承包人的有关请示文件;监理工程师未及时检测验收等。

对于合同规定承包人可以有权获得工程延期的情况,承包人应以书面形式实事求是地提出有关工程延期的要求,并提供充分的证据,以供监理工程师和业主审批。

(二)承包人自身原因造成的工程延误情形

1)不能按期开工;
2)设备不能满足工程需要;
3)人力不足;
4)施工组织不善;
5)材料短缺;
6)质量事故;
7)安全事故。

对于因承包人自身原因所造成的工程延误,业主也可采用反索赔的措施,以维护自己的利益。一般在合同文件中都列有工程延误的违约赔偿的条款,明确规定赔偿额的计算方法和标准。

在工程建设实践中,造成工程延误的原因是多方面的,有时甚至是十分错综复杂的,分清是属于哪一方的责任有时甚至是十分困难的。因此,作为监理工程师,要充分地理解和掌握合同文件,当工程建设中出现延误的苗头时,应注意搜集有关的证据资料,以便作出公正合理的判断。

三、工程延误的处理

当工程建设由于承包人自身原因造成工程延误时,监理工程师、业主、承包人都应积极地采取有效措施,尽可能使工程按合同规定的工期完工。监理工程师在处理工程延误时,应充分掌握合同条件,利用合同授予监理工程师的权力,根据工程延误的严重程度,运用工作指令、停工指令、停止支付进度款,要求承包人按投标书附件中规定的金额进行误期赔款,建议终止对承包人的雇用等措施,公正合理地处理工程延误事件。

(一)未按施工进度计划施工的处理

《中华人民共和国标准施工招标文件》(2007年版)规定,承包人应按专用合同条款约定的内容和期限,向监理工程师提交一份格式和细节符合要求的施工进度计划和施工方案说明。监理工程师应在专用合同条款约定的期限内批复或提出修改意见,否则该进度计划视为已得到批准。经监理工程师批准的进度计划称合同进度计划,是控制合同工程进度的依据。承包人还应根据合同进度计划,编制更为详细的分阶段或分项进度计划,报监理工程师审批。

不论何种原因造成工程的实际进度与合同进度计划不符时,承包人可以在专用条款约定的期限内向监理工程师提交修订合同进度计划的申请报告,并附有关措施和相关资料,报监理工程师审批;监理工程师也可以直接向承包人作出修订合同进度计划的指示,承包人应按该指示修订合同进度计划,报监理工程师审批。监理工程师应在专用合同条款约定的期限内批复,批复前应获得业主的同意。

倘若监理工程师不满意承包人所提供的修正合同进度计划,应拒绝采纳。监理工程师批准修正合同计划,并不免除承包人履行合同的责任,且任何时候都应有一个有效的经批准的合同进度计划在使用。但是监理工程师应注意,提供意见和协助是必要的,但切勿指示承包人如何加快施工。

监理工程师必须注意,批准修正的合同进度计划仍以合同工期目标为依据;否则,将会被视为准许延长施工期限的批复。

(二)施工进度过于缓慢的处理

1. 工程进度过于缓慢的处理

工程进度缓慢,使工程明显无法如期完成时,监理工程师应在认为合理的时候发出通知,告知承包人工程进度过于缓慢,以引起承包人的高度重视。

承包人应尽可能采取一切有效措施,以确保工程的按时完成。如承包人没有采取措施或措施不力,无法加快工程进度时,监理工程师应采用如下行动,以提升进度管理效果:

(1)访问工地取得问题的第一手资料,并加以研究,找出存在问题的关键及研讨可能解决的办法。

(2)约见承包人的法人代表,协商可能采取的行动计划。

(3)要求承包人公司领导率应急工作组进驻施工项目部,保持与应急工作组的经常联系,经常召开联席会议,以加强对工程进度的监控,促使承包人履行承诺。

(4)邀请业主主要领导参加工地会议和上述联席会议,以便协商解决进度中的突出问题。值得注意的是,进度越延迟,问题越难以解决。因此,监理工程师对此应尽早采取有效措施。

倘若业主决定进入工地并将承包人逐出,则监理工程师必须确定及记明承包人于被逐时应得的款项和已完工程的施工设备及临时工程的价值。

2. 工程进度受严重阻延的处理

当工程进度计划受到严重阻延且有理由确认承包人无法按期完成工程时,或确认有下列情况者,监理工程师必须及时向业主证实承包人违约的事实,然后由业主决定是否按监理工程师所证实的违约事宜采取行动:

(1)承包人无法继续履行或明确表示不履行或实质上已停止履行合同。

(2)承包人未按合同进度计划及时完成合同约定的工作,已造成或预期造成工期延误。

(3)虽然监理工程师提出警告,而承包人并没有遵从合同作业;或当作业时,持续地或者公然地不理会合同规定应负的责任。

3. 业主可采取的行动主要有以下几种:

(1)终止与承包人的合同。

(2)将部分(或剩余)工程强制分包给其他承包人或自己完成。

业主向承包人发出解除合同通知后,可派人进驻施工场地,并可根据需要扣留使用其认为合适的那部分承包人在现场的设备、临时设施和材料。

四、工程延期的处理

当工期拖延为非承包人原因引起时,如果承包人提出延期申请,监理工程师应按照合同规定,进行认真的调查研究、计算和审核并报业主批准,同意承包人延长工期的权利。当然,如果采用赶工更合理,且承包人也同意赶工,监理工程师也可通过与业主、承包人协商,由业主支付额外的赶工费用,使工程项目按合同工期完工。

(一)承包人申请延期

根据《中华人民共和国标准施工招标文件》(2007年版)通用合同条款规定,承包人在有延期理由的情况下,应在发生此类事件的28天内,向监理工程师发出延期意向通知书,并向业主递交延期意向通知书的副本,才真正具有延期申请的资格。如果承包人未在前述28天内发出索赔意向通知书,则丧失要求延长工期的权利,监理工程师将不予考虑延期。

承包人在递交了延期意向通知书后,还应在28天内递交最终延期申请通知书,详细地列出认为有权要求延期的具体情况、证据、记录、网络进度计划图、工程照片等。

如所发生的延期事件具有连续影响性,则承包人应在合理的时间间隔向监理工程师和业主(副本)提交分阶段的情况报告,说明连续影响的实际情况和记录,列出累计的工期延长天数,并在事件影响结束后的28天内提交最终的详细情况报告,以便监理工程师研究审批此事件的延期申请,作出延期决定,并在收到最终延期通知书或有关延期的进一步证明材料后的42天内,将延期处理结果答复承包人。

(二) 监理工程师批准延期申请

1. 审查的主要内容

监理工程师在收到承包人提交的延期意向通知书后,应指示现场监理工程师及有关监理人员做好资料的记录,并检查监理机构有无影响工程延期的情况。然后对承包人的延期申请和详细的补充情况资料及证据进行细致的研究。主要审查内容如下:

(1) 此延期事件是否符合合同规定的索赔条件。
(2) 延期事件是否会影响合同项目的按期完工。
(3) 延期事件是否发生在施工进度计划中的关键线路上。
(4) 延期申请所提交的情况说明、证据、资料是否准确、符合实际等。

2. 延期审批期限

监理工程师应在收到最终延期申请通知书后,应及时审查延期申请通知书的内容,查验承包人的记录和证明材料,必要时监理工程师可要求承包人提交全部原始记录副本。监理工程师应就延期事宜及处理意见与业主、承包人充分协商,尽量达成一致,并在收到最终延期通知书或有关延期的进一步证明材料后的42天内,将延期处理结果答复承包人。

3. 延期审批的关键

承包人的延期申请能够成立并获得批准的条件如下:

(1) 延期事件的发生是真实的,并有证据表明。
(2) 延期事件产生的原因,是在承包人所承担的责任和风险之外,且符合合同规定的延期索赔条款。
(3) 延期事件是发生在已批准的工程进度计划的关键线路上。
(4) 承包人在28天内(或尽可能提前)向监理工程师提供了工期索赔的申请。
(5) 计算正确、合理。

上述5条中,只有同时满足前四条延期申请才能成立;至于延长时间的计算,监理工程师可以根据自己的记录资料,做出公正合理的计算分析。

4. 工期索赔必需的证据

承包人根据合同规定向监理工程师报送延期申请资料时,应注意尽可能地使所报送的资料和证据准确、完备,符合合同条款规定,有说服力。工期索赔的资料应包括以下内容:

(1) 提出合同条款的法律论证部分,以证实自己提出索赔要求的法律依据。
(2) 提出原合同协议工期应延长的时间数,以说明自己应获得的展延工期。

证据对索赔工作具有决定性的作用。在施工过程中应始终做好资料的积累工作,建立完善的资料记录制度,认真系统地积累合同、施工进度、质量及财务收支资料。对于要发生索赔的一些工作项目,从准备向监理工程师提出索赔要求起,就要有目的地收集证据资料,寻找合同依据,系统地拍摄工地现场,妥善保管开支收据,有意识地为索赔文件积累必要的证据。

(3) 在工程索赔工作中,一般需要以下几个方面的资料。对某些特殊的索赔项目,除下述证据资料外,还需准备其他专门的证据。

施工记录方面:
① 施工日志;
② 施工检查员的报告;
③ 逐月分项施工纪要;
④ 施工工长的日报;
⑤ 每日工时记录;
⑥ 同监理工程师的往来通信及文件;
⑦ 施工进展及特殊问题的照片;
⑧ 会议记录或纪要;
⑨ 施工图纸;
⑩ 同监理工程师或业主的电话记录;
⑪ 投标时的施工进度计划;
⑫ 修正后的施工进度计划;
⑬ 施工质量检查记录;
⑭ 施工设备使用记录;
⑮ 施工材料使用记录;
⑯ 工地气候记录等。

财务记录方面:
① 施工进度款支付申请单;
② 工人劳动计时卡;
③ 工人分布记录;
④ 工人工资单;
⑤ 材料、设备、配件等的采购单;
⑥ 付款收据;
⑦ 收款单据;
⑧ 标书中财务部分的章节;
⑨ 工地的施工预算;
⑩ 工地开支报告;
⑪ 会计日报表;
⑫ 会计总账;
⑬ 批准的财务报告;
⑭ 会计来往信件及文件;
⑮ 通用货币汇率变化表。

上述资料,承包人、监理工程师、业主都应经常地、系统地积累,以备开展索赔管理需要。在报送索赔报告文件时,仅摘取直接论证的部分,并尽可能利用图表对比的方式,并附有关的照片,使其一目了然,有说服力。同时,要根据索赔内容,查找上述资料范围以外的证据。例如,在要求延长工期时,应补充气象、水文各类资料,进行对比,以论证自然条件对工期的严重影响等。索赔报告中包括的财务方面的证据资料,除索赔人的论证外,最好附有注册会计师或审计部门的审计报告,以证明财务方面证据的正确性。

5. 工程延期的计算

延期索赔的工期计算是一项十分复杂的问题,这是由于工程的进展情况千变万化,错综复杂,具有单一性、不可重复性。因此,在延期索赔的工期计算中不可能千篇一律。

开展延期索赔计算分析时,应遵守以下基本原则:

(1)延期的时间必须是影响到整个合同工程,而不是某一单体工程或某一分包单位所承包的工程。

(2)延期的工程项目必须是现行的施工进度计划中的关键项目。

在工程进展中,承包人的某些工程项目,虽然根据合同条件规定可以申请延期,但由于此工程项目不处于监理工程师批准的施工进度计划中的关键线路上,只要此事件所造成延误的时间不超过该工程项目的时差范围,也就是说没有转化为关键工作,成为新的关键线路,则此延期申请是不合理的,监理工程师应拒绝其延期。因此,在工程实施过程中始终存在一个有效的经监理工程师批准的合同进度计划,否则,发生延期事件,监理工程师将无法合理评价分析和审批。

(3)异常恶劣的气候条件不是简单地与平均、正常的天气做比较,而是要侧重异常、恶劣的程度论证。

因为承包人按招标文件规定,进行现场自然条件和技术经济条件的调查,取得有关统计基础资料后才能投标报价,而天气异常恶劣情况,是指一个有经验的承包人也无法预料的情况。

6. 工程延期的控制

发生工程延期事件,不仅影响工程的进展,而且会给业主带来损失。因此,监理工程师应做好以下工作,以减少或避免工程延期事件的发生。

(1)选择合适的时机下达工程开工令。

监理工程师在下达工程开工令前,应充分考虑业主的前期准备工作是否充分。特别是征地、拆迁问题是否已解决,设计图纸能否及时提供,施工许可是否经办理,以及付款方面有无问题等,以避免由于上述问题缺乏准备而造成工程延期。

(2)提醒业主履行施工承包合同中所规定的职责。

在施工过程中,监理工程师应经常提醒业主履行自己的职责,提前做好施工场地及设计图纸的提供工作,及时支付工程进度款,以减少或避免由此而造成的工程延期。

(3)妥善处理工程延期事件。

当延期事件发生以后,监理工程师应根据合同约定及时进行妥善处理,既要尽量减少工程延期时间及其损失,又要在详细调查研究的基础上合理批准工程延期时间。

此外,业主在施工过程中应尽量少干预、多协调,以避免由于业主的干扰和阻碍而导致延期事件的发生。

第十三章 费用控制

工程费用控制直接关系到工程造价和投资效益,关系到合同的实施和投资目标的实现,也是保证监理人采取监理措施,有效进行质量控制、进度控制、安全监理、环保监理的有力手段。本章主要介绍监理工程师在水运工程监理工作中费用控制的主要知识点,部分内容在《交通运输工程目标控制(基础知识篇)》《交通运输工程目标控制(水运工程专业知识篇)》中已有介绍,请结合使用。

第一节 水运工程工程量计算规则

交通运输部于2020年10月15日发布的《水运工程工程量清单计价规范》(JTS/T 271—2020)明确规定了水运工程工程量计算规则。监理人在计算工程数量时,当合同文件有明确规定的应按照合同规定执行,当合同文件没有明确规定的应按照《水运工程工程量清单计价规范》(JTS/T 271—2020)中的工程量计算规则执行。现把监理工作中经常运用的内容介绍如下。

一、基本规定

1. 一般规定

1)工程量清单应作为招标文件的组成部分。

2)工程量清单应由具有编制招标文件能力的招标人,或受其委托具有相应资质资格的单位进行编制。

3)工程量清单应由分部分项工程量清单、一般项目清单和计日工项目清单组成。

4)工程量清单中的计量单位除另有规定外,应满足下列要求:

(1)按长度计算的项目按"米"计;

(2)按面积计算的项目以"平方米"或"平方千米"计;

(3)按体积计算的项目以"立方米"或"万立方米"计;

(4)按重量计算的项目以"千克"或"吨"计;

(5)按自然计量单位计算的项目以"个""根""件""台""套""组"等计;

(6)没有具体工程数量的项目以"项"计;

(7)有两个计量单位的,根据需要选用其中之一。

2. 分部分项工程量清单相关规定

1）工程量清单的编制依据应包括下列内容：

（1）国家和行业有关招标投标的法律、法规和规章；

（2）招标文件；

（3）设计文件；

（4）《水运工程工程量清单计价规范》（JTS/T 271—2020）中的相关规定。

2）工程量清单的序号、项目编码、项目名称、计量单位、工程数量、项目特征等应采用统一格式。

3）工程量清单项目编码十至十二位应由招标人根据项目特征顺序编码，不得重码。

4）工程内容应包括完成清单项目所需的全部工作。

5）项目特征应对清单项目技术要求进行具体准确的描述。

二、疏浚工程

1）挖泥工程量应按设计图纸计算净量。

2）疏浚岩土的分类分级应根据疏浚岩土的勘察报告和岩土试验报告确定，并应符合行业现行有关标准的规定。

3）对于有自然回淤的施工区域，施工期自然回淤量应单独计算并计入工程量。

4）在同一施工区域出现不同疏浚岩土级别时，应分别计算工程量。

5）吹填工程量应按设计图纸净量，扣除吹填区围堰、子堰等的体积计算；原土体的沉降应单独计算并计入工程量；吹填土体的流失、固结量等可在综合单价中考虑。

三、土石方工程

1）土石方开挖及回填工程量应按设计图纸计算净量，回填工程原土体的沉降量应单独计算并计入工程量。

2）按设计图纸计算填筑工程量时，不应扣除预埋件和面积小于或等于 $0.2m^2$ 的孔洞所占的体积。

3）坡度陡于 1:2.5 的陆上坡面开挖，应按岸坡挖土方计算。

4）槽底开挖宽度小于或等于 3m，且槽长大于 3 倍槽宽的陆上开挖工程可按地槽计算。

5）不满足上条规定且坑底面积 $\leq 20m^2$ 的陆上开挖工程，应按地坑计算。

6）除岸坡、地槽、地坑以外的陆上开挖工程应按一般挖土方计算。

7）平均高差超过 0.30m 的陆上土方工程，应按土方挖填以体积计算工程量。反之，应按场地平整以面积计算工程量。

8）洞室土方开挖断面面积大于 $2.5m^2$ 或石方开挖断面面积大于 $5m^2$ 时，水平夹角不大于 6°的应按平洞土石方开挖计算；水平夹角在 6°～75°的应按斜井土石方开挖计算；水平夹角大于 75°且深度大于上口短边长度或直径的应按竖井土石方开挖计算工程量。平洞、斜井、竖井土石方开挖的工程量应按设计图纸以体积计算。

9）夹有孤石的土方开挖，大于 $0.7m^3$ 的孤石应按石方开挖计算。

10）开挖地槽、地坑应按设计图纸计算工程量。

11）土方开挖各类槽、坑的计算长度应根据自然地面起伏状况划分成若干段，每段长度一般不宜大于10m。

12）土方开挖工程量不应计算工作面开挖小排水沟、修坡、铲坡、清除草皮、工作面范围内的小路修筑、交通安全以及必需的其他辅助工作等。

13）设计坡度陡于1∶2.5，且平均开挖厚度小于5m的石方开挖，应按坡面石方开挖计算。

14）陆上石方工程沟槽底宽≤7m，且长度大于3倍宽度可按沟槽计算。不满足上述条件，且底面面积小于200m^2、深度小于坑底短边长度或直径可按基坑计算。

15）除坡面、沟槽、基坑、洞室以外的陆上石方开挖应按一般石方计算。

16）开挖沟槽、基坑石方应按设计图纸计算工程量。

17）不允许破坏岩层结构的陆上保护层石方开挖，设计坡度不陡于1∶2.5时，应按底部保护层石方开挖计算；设计坡度陡于1∶2.5时，应按坡面保护层石方开挖计算。

18）陆上石方开挖保护层应按设计图纸计算工程量。

19）预裂爆破应按预裂面内的岩石开挖计算。

20）水下挖泥水深应按施工水位与设计挖槽底高程之差扣除平均泥层厚度之半确定。

21）水下抛填工程应计入原土沉降增加的工程量。

22）水下抛填水深应按施工水位与设计挖槽底高程之差扣除基床厚度之半确定。

23）基床夯实范围应按设计文件确定。当设计文件未规定时，可按建构筑物底面尺寸各边加宽1.0m确定；分层抛石、夯实可按分层处的应力扩散线各边加宽1.0m确定。

24）基床整平范围的确定应满足下列要求：

（1）粗平时建构筑物取底面尺寸各边加宽1.0m，有护面块体时取压脚块底边外加宽1.0m；对于码头基床包括全部前肩范围。

（2）细平时建构筑物取底面尺寸各边加宽0.5m，有护面块体时取压脚块底边外加宽0.5m；对于码头基床包括全部前肩范围。

25）基床理坡工程量应以面积计算。

26）砌筑工程量应按设计砌体外形尺寸以体积计算。砌体表面加工应按设计要求计算砌体表面展开面积。砌体砂浆勾缝应按不同的砌体材料区分平面、斜面、立面、曲面以及平缝、凸缝，分别按砌体表面展开面积以面积计算。砌体砂浆抹面应按不同厚度区分平面、斜面、立面、曲面、拱面，分别按砌体表面展开面积以面积计算。

27）沥青混凝土工程量应按设计图纸以面积计算，封闭层按设计图纸或实际测量尺寸以面积计算。

四、地基与基础工程

1）基础打入桩应根据不同的土质类别、桩的类别、断面形式、桩长，以根或体积计算混凝土桩工程量，以根或重量计算钢桩工程量。

2）基础打入桩工程量计算应满足下列要求：斜度小于或等于8∶1的基桩按直桩计算；斜度大于8∶1的基桩按斜桩计算；在同一节点由一对不同方向的斜桩组成的基桩按叉桩计算；

在同一节点中由两对不同方向叉桩组成的基桩组按同节点双向叉桩计算;独立墩或独立承台结构体下的基桩,或含3根及3根以上斜桩且不与其他基桩联系的其他结构体下的基桩按墩台式基桩计算;引桥设计纵向中心线岸端起点至码头前沿线最远点垂线距离大于500m时,码头部分的基桩按长引桥码头基桩计算。

3)陆上施打钢筋混凝土方桩、管桩,当桩顶低于地面2m时,应按深送桩计算;设计文件要求试桩时,试桩工程量应单独计算。

4)基础灌注桩工程量计算应满足下列要求:

(1)成孔工程量按不同的设计孔深、孔径、土类划分,以根或体积计算,孔深按地面至设计桩底计算;

(2)灌注桩混凝土工程量根据不同的混凝土强度等级,按设计桩长、桩径计算,扩孔因素不计入工程量;

5)地下连续墙工程量应根据成槽土类、混凝土强度等级,按设计延米、宽度、槽深以体积计算。

6)软土地基加固堆载预压工程量计算应满足下列要求:堆载预压工程量根据不同的预压荷载、堆载料的要求以面积计算;堆载材料用量以体积计算;设计文件未明确堆载材料放坡系数时,放坡系数按1:1计算;原土体的沉降,应单独计算工程量。

7)软土地基加固真空预压工程量根据不同的真空预压要求以面积计算。

8)软土地基加固联合堆载真空预压时,应分别计算堆载工程量和真空预压工程量。

9)软土地基加固塑料排水板工程量应以根或长度计算。

10)软土地基加固陆上强夯工程量应根据不同的夯击能量等要求,按设计强夯加固面积计算。夯坑填料量应按体积单独计算工程量。

11)软土地基加固打砂桩(砂井)工程量应以根或体积计算,袋装法以根或长度计算。

12)软土地基加固陆上打碎石桩工程量应以根或体积计算。

13)深层水泥拌和加固水下基础、水泥拌和桩、粉喷桩、旋喷桩工程量,应按设计加固体积计算。

14)钻孔灌浆中的钻孔工程量应根据设计图纸按设计进尺以计算长度;其灌浆工程量应根据设计图纸按设计灌浆深度以长度计算。

15)砂砾石层帷幕灌浆、土坝劈裂灌浆工程量,应按设计图纸的有效灌浆长度计算。

16)岩石层帷幕灌浆、固结灌浆工程量,应按设计图纸计算的有效灌浆长度或设计净干耗灰量计算。

17)接缝灌浆、接触灌浆工程量,应按设计图纸计算的混凝土施工缝或混凝土坝体与坝基、岸坡岩体的接触缝有效灌浆面积计算。

18)沉井下沉工程量,应根据设计图纸按设计沉井平面投影面积乘以下沉深度计算。

五、混凝土工程

1)混凝土及钢筋混凝土的工程量应根据设计图纸以体积计算。不应扣除钢筋、铁件、螺栓孔、三角条、吊孔盒、马腿盒等所占体积和单孔面积在$0.2m^2$以内的孔洞所占体积。

2)陆上现浇混凝土工程量计算应满足下列要求:

(1)陆上现浇混凝土基础工程:独立基础根据断面形式以体积计算;带形基础根据断面形式以体积计算,其中有肋带形基础的肋高与肋宽之比在4:1以内时按有肋带形基础计算,超过4:1时底部按板式基础计算,底板以上部分的肋按墙计算;无梁式满堂基础的扩大角或锥形柱墩并入满堂基础内计算工程量,箱式满堂基础按无梁式满堂基础、柱、梁、板、墙等项目分别计算工程量;除块形以外其他类型的设备基础分别按基础、梁、柱、板、墙等项目计算。

(2)陆上现浇混凝土柱:柱高自柱基上表面算至顶板或梁的下表面,有柱帽时柱高自柱基上表面算至柱帽的下表面;牛腿并入柱身以体积计算。

(3)陆上现浇混凝土梁:基础梁按全长计算体积;主梁按全长计算,次梁算至主梁侧面;梁的悬臂部分并入梁内一起计算;梁与混凝土墙或支撑交接时,梁长算至墙体或支撑侧面;梁与主柱交接时,柱高算至梁底面,梁按全长计算;梁板结构的梁高算至面板下表面。

(4)陆上现浇混凝土板:平板按混凝土实体体积计算;伸入支撑内的板头并入板体积内计算。

(5)陆上现浇混凝土墙:墙体的高度由基础顶面算至顶板或梁的下表面,墙垛及突出部分并入墙体积内计算;墙体按不同形状、厚度分别计算体积。

(6)预制梁、板、柱的接头和接缝现浇混凝土工程量应单独计算。

(7)陆上现浇混凝土廊道、坑道、沟涵、管沟计算工程量时可将底板、墙体、顶板合并整体计算。陆上现浇混凝土拨车机基础、牵引器基础、夹轮器基础、带排水沟的挡土墙工程量,按不同作用可分别整体计算。

(8)陆上现浇混凝土池:池底板、池壁、顶板分别计算;池底板的坡度缓于1:1.7按平面底板计算,陡于1:1.7的按锥形底板计算;池壁高度从底板上表面算至顶板下表面,带溢流槽的池壁将溢流槽并入池壁体积计算;污水处理系统中澄清池中心结构按整体计算。

(9)陆上现浇混凝土卸车坑:底板、墙体、梁、面板、漏斗分别计算;火车轨道梁和框架梁单独计算,其他梁按断面形式分别计算;漏斗按整体计算,并算至墙体或梁的侧面。

(10)陆上现浇混凝土筒仓:筒仓底板上的各种支座混凝土并入底板计算;底板顶面以上至顶板底面以下为筒壁,筒壁工程量计算扣除门窗洞口所占体积,各仓间连接部分并入筒壁计算;钢制漏斗的混凝土支座环梁及板,算至筒壁内表面,现浇混凝土漏斗将环梁、板并入漏斗一并计算;筒仓顶板、进料口和顶面设备支座混凝土一并计算。

3)翻车机房基础工程量计算应满足下列要求:

(1)翻车机房基础混凝土按不同结构部位分为底板、墙体、梁、板、柱等分别计算体积。

(2)当单侧翼板长度为墙身厚度的2.5倍以上时按带翼板墙计算;当单侧翼板长度为墙身厚度的2.5倍以下时按出沿墙计算,其翼板及出沿部分并入墙身体积计算。

(3)翻车机房基础的扶壁并入与其连接的墙体体积内计算。

(4)底板、墙体等为防渗而设置的闭合块混凝土单独计算工程量。

4)通航建筑物及挡泄水建筑物混凝土工程量计算应符合下列规定:

(1)闸首混凝土工程量计算:以闸首底板与边墩的施工缝为界划分边墩与底板,分别计算工程量;带输水廊道的实体边墩以廊道顶高程以上1.5m为界,带输水廊道的空箱边墩以廊道顶板顶高程为界,分别计算工程量;闸首的门槛、检修平台、消力槛等并入底板计算,帷幕墙单独计算;边墩顶部的悬臂板、胸墙、挡浪墙、磨耗层、踏步梯等工程量单独计算。

(2)闸室混凝土工程量计算:分离式以底板与闸墙竖向分缝处为界,整体式以底板与闸墙连接处底板顶高程为界划分闸墙与底板;墙体顶部的靠系船设施、廊道以及墙体上的阶梯可并入墙体计算。

(3)平底板工程量应包括齿槛体积;空箱底板应包括隔墙、分流墩、消力梁及面板,孔洞体积应扣除;反拱底板的拱部结构应按反拱底板计算,拱上结构应按梁计算。

(4)闸墙和系船墩上的系船环、系船钩等孔洞体积不应扣除。

(5)边墩、闸墙与其他混凝土构件交接时除另有说明外,其他混凝土构件均应计算至边墩和闸墙外表面。

(6)消力槛、消力齿、消力墩、消力梁、消力格栅等工程量,应分别计算;消力池如直接设置在底板上可并入底板计算工程量。

(7)升船机基础工程量应按轨道梁、连系梁、滑轮井、绳槽、车挡等分别计算。

(8)泄水闸底板、闸墩、溢流坝、溢流面、厂房等工程量应分别计算。

5)其他现浇混凝土工程量计算应满足下列要求:

(1)胸墙、导梁及帽梁的工程量,不扣除沉降缝、锚杆、预埋件、桩头嵌入部分的体积。

(2)挡土墙、防浪(汛)墙的工程量,不扣除各种分缝体积。

(3)堆场地坪、道路面层,按不同厚度分别计算,不扣除各种分缝体积。

6)水上现浇混凝土工程量计算应符合下列规定:

(1)水上现浇混凝土构件工程量应区分不同形状按设计图纸以体积计算。

(2)水上现浇混凝土桩帽、帽梁、导梁工程量,不应扣除桩头嵌入部分的体积。

(3)水上现浇混凝土桩基式墩台、墩帽、台身、支座工程量,不应扣除桩头嵌入墩帽的体积。

(4)水上现浇混凝土码头面层、磨耗层工程量不应扣除分缝体积。

(5)水上现浇预制构件接缝、节点、堵孔工程量,应按不同接缝种类以体积计算。

7)混凝土及钢筋混凝土预制构件的预制和安装工程量应分别按设计图纸分别以体积和件计算。预制混凝土空心方桩、大管桩和预应力高强度混凝土(PHC)桩的工程量,应扣除中空体积。

六、钢筋工程

1)现浇、预制构件的钢筋工程量应按设计图纸以重量计算。

2)混凝土预制构件钢筋工程量应按预应力和非预应力分别计算。

3)设计图纸未标示的搭接钢筋、架立钢筋、空心方桩胶囊定位钢筋、灌注桩、地下连续墙悬吊钢筋及其他加固钢筋等的工程量可在工程单价中考虑。

七、其他工程

1)土工织物、尼龙编织布及竹笆、荆笆的铺设工程量,应按设计图纸以覆盖面积计算;材料搭接工程量可在工程单价中考虑。

2)拆除混凝土、钢筋混凝土、土石堤、围埝、砌体等工程量,应按体积计算。

3)清理障碍物工程量,应按设计图示或实际测量结果按相应计量单位计算。

4)打拔钢板桩工程量应按不同桩长以根或重量计算。

第二节 工程费用支付

一、关于进度款支付的规定

1)《中华人民共和国标准施工招标文件》(2007年版)通用合同条款第17.3.3和第17.3.4项,关于工程进度付款证书和支付时间明确规定如下:

(1)监理人在收到承包人进度付款申请单以及相应的支持性证明文件后的14天内完成核查,提出发包人到期应支付给承包人的金额以及相应的支持性材料,经发包人审查同意后,由监理人向承包人出具经发包人签认的进度付款证书。监理人有权扣发承包人未能按照合同要求履行任何工作或义务的相应金额。

(2)发包人应在监理人收到进度付款申请单后的28天内,将进度应付款支付给承包人。发包人不按期支付的,按专用合同条款的约定支付逾期付款违约金。

(3)监理人出具进度付款证书,不应视为监理人已同意、批准或接受了承包人完成的该部分工作。

(4)进度付款涉及政府投资资金的,按照国库集中支付等国家相关规定和专用合同条款的约定办理。

(5)在对以往历次已签发的进度付款证书进行汇总和复核中发现错、漏或重复的,监理人有权予以修正,承包人也有权提出修正申请。经双方复核同意的修正,应在本次进度付款中支付或扣除。

2)《水运工程标准施工招标文件》(JTS 110—8—2008)专用合同条款第17.3款规定:

(1)工程进度支付的方式和时间:按照月度工程计量的____%(不少于80%)支付;当工程款支付达到合同总价____%(不少于80%)时,停止支付;待工程全部竣工验收合格后支付至全部工程结算值的95%;尾款5%待工程缺陷责任期满60天内付清,尾款不计利息。

(2)若发包人在合同约定的支付限期满14天后未予支付,承包人可向发包人发出催付款的通知,发包人在收到承包人通知后仍不能按要求支付,承包人可在发出催付款通知14天后暂停施工,发包人承担延期支付的利息和违约责任以及停工损失。

二、竣工结算支付

《中华人民共和国标准施工招标文件》(2007年版)通用合同条款第17.5款关于竣工结算支付规定如下:

(一)竣工付款申请单

1)工程接收证书颁发后,承包人应按专用合同条款约定的份数和期限向监理人提交竣工付款申请单,并提供相关证明材料。除专用合同条款另有约定外,竣工付款申请单应包括下列内容:竣工结算合同总价、发包人已支付承包人的工程价款、应扣留的质量保证金、应支付的竣工付款金额。

2）监理人对竣工付款申请单有异议的,有权要求承包人进行修正和提供补充资料。经监理人和承包人协商后,由承包人向监理人提交修正后的竣工付款申请单。

(二)竣工付款证书及支付时间

1）监理人在收到承包人提交的竣工付款申请单后的14天内完成核查,提出发包人到期应支付给承包人的价款送发包人审核并抄送承包人。发包人应在收到后14天内审核完毕,由监理人向承包人出具经发包人签认的竣工付款证书。监理人未在约定时间内核查,又未提出具体意见的,视为承包人提交的竣工付款申请单已经监理人核查同意;发包人未在约定时间内审核又未提出具体意见的,监理人提出发包人到期应支付给承包人的价款视为已经发包人同意。

2）发包人应在监理人出具竣工付款证书后的14天内,将应支付款支付给承包人。发包人不按期支付的,按合同条款的约定,将逾期付款违约金支付给承包人。

3）承包人对发包人签认的竣工付款证书有异议的,发包人可出具竣工付款申请单中承包人已同意部分的临时付款证书。存在争议的部分,按合同条款中有关争议事项解决条款的约定办理。

4）竣工付款涉及政府投资资金的,按相关合同条款的约定办理。

三、最终结清支付

《中华人民共和国标准施工招标文件》(2007年版)通用合同条款第17.6款关于最终结清支付规定如下:

(一)最终结清申请单

1）缺陷责任期终止证书签发后,承包人可按专用合同条款约定的份数和期限向监理人提交最终结清申请单,并提供相关证明材料。

2）发包人对最终结清申请单内容有异议的,有权要求承包人进行修正和提供补充资料,由承包人向监理人提交修正后的最终结清申请单。

(二)最终结清证书和支付时间

1）监理人收到承包人提交的最终结清申请单后的14天内,提出发包人应支付给承包人的价款送发包人审核并抄送承包人。发包人应在收到后14天内审核完毕,由监理人向承包人出具经发包人签认的最终结清证书。监理人未在约定时间内核查,又未提出具体意见的,视为承包人提交的最终结清申请已经监理人核查同意;发包人未在约定时间内审核又未提出具体意见的,监理人提出应支付给承包人的价款视为已经发包人同意。

2）发包人应在监理人出具最终结清证书后的14天内,将应支付款支付给承包人。发包人不按期支付的,按相关合同条款的约定,将逾期付款违约金支付给承包人。

3）承包人对发包人签认的最终结清证书有异议的,按合同条款中有关争议事项解决条款的约定办理。

4）最终结清付款涉及政府投资资金的,按相关合同条款的约定办理。

四、一般项目支付

(一)暂列金额支付

暂列金额只能按照监理人的指示和决定动用,是由监理人直接控制的,因此,未经监理人的批准,承包人对暂列金额项目进行的任何工作均不予支付。

动用暂列金额时,监理人应审批承包人提交的相应工程的施工组织计划及其所需的人工费、材料费、机械台班费、设备费及相应的计算说明,并与发包人就暂列金额的支付进行协商。如果该款项全部或部分未经动用,则应从合同价格中减去未动用的暂列金额。

(二)其他项目支付

《水运工程工程量清单计价规范》(JTS/T 271—2020)的一般项目清单中,列入了暂列金额、规费、保险费、安全文明施工费、施工环保费等16个项目,计量单位均以"项"计算。在一般项目中暂列金额的大小是由招标人确定,其中规费、税金和安全文明施工费等必须按国家有关部门的规定计算,在投标时属于不可竞争费用。

五、计日工项目支付

计日工也是工程量清单中标明的支付项目,根据合同文件规定,监理人可指令承包人按计日工完成特殊的、较小的变更工程或附加工程。因此,计日工具有暂列金额性质。

凡以计日工的形式进行的工程,必须有监理人的指令。未经监理人批准,承包人不得以计日工的形式进行任何工作,当然,发包人也不会支付任何款项。

六、水运工程清单外项目支付

(一)预付款支付

1. 预付款额度

《中华人民共和国标准施工招标文件》(2007年版)规定,预付款的额度(占合同总价的比例)在招标文件或承包合同中有明确约定,一般规定的范围是合同价的10%~20%,最多不超过合同价的20%。《水运工程标准施工招标文件》(JTS 110—8—2008)则规定:施工合同签订生效28天内,或计划开工日期前,发包人向承包人支付不少于合同总价10%的工程预付款。

2. 动员预付款支付依据

根据通用合同条款规定,在承包人完成下述工作后的14天内,监理人应按投标书附件中规定的额度向发包人提交动员预付款证书,其副本交承包人保存。承包人应完成的工作内容:

(1)签订合同协议书;
(2)提交履约银行保函;
(3)提交预付款保函。

发包人在收到监理人开具的动员预付款证书后14天内核批,并采用进度款支付的形式支付给承包人，支付的货币种类按投标书附件的规定办理。

承包人在提交履约保函的同时，还应向发包人提交由国内银行，或外国银行通过其驻中国的银行，或承包人指定的、为发包人所接受的外国银行出具的不得撤销的、无条件的银行保函。银行保函的正本由发包人保存，该保函在发包人将预付款全部扣回之前一直有效，但其担保的金额将随着预付款的逐次扣回而减少，执行上述要求所需费用由承包人承担。

3. 预付款的扣回

《中华人民共和国标准施工招标文件》(2007年版)通用合同条款第17.2.3项规定："预付款在进度付款中扣回，扣回办法在专用合同条款中约定。在颁发工程接收证书前，由于不可抗力或其他原因解除合同时，预付款尚未扣清的，尚未扣清的预付款余额应作为承包人的到期应付款。"预付款以逐次从进度款支付中扣除的方式通常有以下两种：

(1) 第一种方法是按时间等额扣回，即规定在一定的时间内全部予以扣回。其扣回的时间开始于进度款支付证书中工程量清单项目累计支付金额超过合同总价20%的当月，止于合同规定竣工日期前3个月的当月。在这段时间内，从每月进度款支付证书中等额扣回。扣回的货币种类和比例与付款的货币种类和比例相一致。

其计算公式为：

$$G = \frac{F}{E - (D-1) - 3} \tag{13-1}$$

式中：G——每月扣除动员预付款数额；
F——已付预付款总额；
E——合同工期(月)；
D——进度款支付证书中工程量清单项目累计支付额达到合同总价20%的时间(月)。

【例13-1】 某建设工程项目合同价为30000万元，合同工期为36个月，动员预付款在标书附录中规定的额度为合同价的20%，到第4个月时累计支付工程款金额为6200万元，试计算扣回动员预付款的金额。

【解】 已知 $D = 4, E = 36, F = 30000 \times 20\% = 6000$(万元)。
则

$$G = \frac{F}{E-(D-1)-3} = \frac{6000}{36-(4-1)-3} = 200(\text{万元}/\text{月})。$$

答：前3个月不扣，从第4个月开始每月扣回动员预付款为200万元，30个月内扣完。

(2) 第二种方法是按当月支付金额的比例扣回，即在一定的工程支付金额范围内予以扣回。扣回的时间同样开始于进度款支付证书中工程量清单项目累计支付金额超过合同总价的20%的当月，但止于支付金额累计达合同总价80%的当月。在此期间，按进度款支付证书当期完成的工程款占合同总价60%的比例予以扣回。扣回的货币种类和比例与付款时的货币种类和比例相一致。

计算公式为：

$$G = M \times B / (\text{合同价} \times 60\%) \tag{13-2}$$

式中：G——在进度款支付证书中应该扣回预付款的数额；
M——进度款支付证书当期完成的工程量清单项目金额；

B——已付预付款金额。

第一种方法,每月的扣回额度是不变的,与每期应支付的工程款多少没有关系,因而简单易掌握;但是,当工程进度缓慢或因其他原因工程款支付不多的情况下,会出现扣回额大于或接近工程款支付额,而使进度款支付证书出现负值或接近于零。第二种方法是按支付金额的比例予以扣回,即规定在一定的工程支付金额范围内予以扣回。这种方法与每期应支付的工程款有直接关系,每次扣回金额随每次的工程支付额不同而改变,每次都需要计算,比较麻烦;但是,相对于按月等值扣除的方法要合理些;也就是说,工程项目完成额多则多扣,完成额少则少扣。

(二)质量保证金支付

质量保证金是发包人持有的一种保证,即为了确保在工程建设中和竣工移交后一段时间内承包人仍然能够完全履行合同义务(修补工程缺陷的义务),使永久工程能正常运用,监理人根据合同文件的规定,从支付给承包人的款项中替发包人暂时扣留的一种款项。《中华人民共和国标准施工招标文件》(2007年版)通用合同条款第1.1.5.7目规定:"质量保证金(或称保留金)是指按第17.4.1项约定用于保证在缺陷责任期内履行缺陷修复义务的金额。"

1. 质量保证金的扣留

(1)根据合同文件的规定,扣除质量保证金的总额为合同总价的5%。

(2)从第一次工程量清单项目支付开始,发包人每次从付给承包人的款额中,按其中永久性工程付款金额的10%扣留,直到累计扣留总额达合同总价的5%为止。所谓永久性工程,通常可以理解为工程量清单中所有分项工程的总和。

(3)如果合同有规定:承包人在提交第一次付款申请,或者在此之前提交一份由发包人认可的银行保函,其担保金额为合同总价的5%时,可不扣质量保证金。则监理人就不再替发包人从"进度款支付证书"中扣留质量保证金。

(4)《中华人民共和国标准施工招标文件》(2007年版)通用合同条款第17.4.1项规定:"监理人应从第一个付款周期开始,在发包人的进度付款中,按专用合同条款的约定扣留质量保证金,直至扣留的质量保证金总额达到专用合同条款约定的金额或比例为止。质量保证金的计算额度不包括预付款的支付、扣回以及价格调整的金额。"

2. 质量保证金的退还

如果承包人按期完成全部工程并通过验收,发包人可以分两次将质量保证金退还给承包人。第一次:当颁发整个工程的交接证书时,监理人应开具退还一半质量保证金的证明书,在退还的质量保证金中应当扣除已经使用的质量保证金金额,发包人根据监理人开具的支付证书,向承包人退还质量保证金。第二次:当合同工程项目的缺陷责任期满时,另一半质量保证金将由监理人开具证书退还给承包人,同时扣除已使用的质量保证金金额。

《中华人民共和国标准施工招标文件》(2007年版)通用合同条款第17.4.2项规定:"在第1.1.4.5目约定的缺陷责任期满时,承包人向发包人申请到期应返还承包人剩余的质量保证金金额,发包人应在14天内会同承包人按照合同约定的内容核实承包人是否完成缺陷责任。如无异议,发包人应当在核实后将剩余保证金返还承包人。"

《中华人民共和国标准施工招标文件》(2007年版)通用合同条款第17.4.3项规定:"在

第 1.1.4.5 目约定的缺陷责任期满时,承包人没有完成缺陷责任的,发包人有权扣留与未履行责任剩余工作所需金额相应的质量保证金余额,并有权根据第 19.3 款约定要求延长缺陷责任期,直至完成剩余工作为止。"该条款中所指的第 19.3 款规定:"由于承包人原因造成某项缺陷或损坏使某项工程或工程设备不能按原定目标使用而需要再次检查、检验和修复的,发包人有权要求承包人相应延长缺陷责任期,但缺陷责任期最长不超过 2 年。"

3. 缺陷责任期

缺陷责任期自实际竣工日期起计算,在全部工程竣工验收前,经发包人提前验收的单位工程,其缺陷责任期的起算日期相应提前。《水运工程标准施工招标文件》(JTS 110—8—2018)的专用合同条款 19.1 款规定:疏浚工程不设缺陷责任期;水工工程缺陷责任期为一年;其他工程由发包人设定。

4. 缺陷责任

《中华人民共和国标准施工招标文件》(2007 年版)通用合同条款第 19.2 款规定:

(1)承包人应在缺陷责任期内对已交付使用的工程承担缺陷责任。

(2)在缺陷责任期内,发包人对已接收使用的工程负责日常维护工作,在使用过程中发现已接收的工程存在新的缺陷或已修复的缺陷部位或部件又遭损坏的,承包人应负责修复,直至检验合格为止。

(3)监理人和承包人应共同查清缺陷和(或)损坏的原因,经查明属承包人原因造成的,应由承包人承担修复和查验的费用。经查验属发包人原因造成的,发包人应承担修复和查验的费用,并支付承包人合理利润。

(4)承包人不能在合理时间内修复缺陷的,发包人可自行修复或委托其他人修复,属承包人原因造成的,应由承包人承担修复和查验的费用,属发包人原因造成的,发包人应承担修复和查验的费用,包括合理的利润。

(三)逾期竣工违约金支付

由于承包人原因,未能按合同进度计划完成工作,或监理人认为承包人施工进度不能满足合同工期要求的,承包人应采取措施加快进度,并承担加快进度所增加的费用。由于承包人原因造成工期延误,承包人应支付。逾期竣工违约金的计算方法在专用合同条款中约定。承包人支付逾期竣工违约金,不免除承包人完成工程及修补缺陷的义务。

逾期竣工违约金是承包人延误合同工期,造成发包人造成损失而给予的一种赔偿,不是罚款。

1. 开、竣工日期

《中华人民共和国标准施工招标文件》(2007 年版)通用合同条款第 11.1 和 11.2 款规定,监理人应在开工日期 7 天前向承包人发出开工通知,监理人在发出开工通知前应获得发包人同意,工期自监理人发出的开工通知中载明的开工日期起计算。承包人应在承包合同约定的期限内完成合同工程,实际竣工日期在接收证书中写明。

承包人完成合同工程或某区段或某单项工程的实际施工工期,开始于监理人发出的开工通知中载明的开工日期,终止于交接证书写明的竣工日期,按天计算。即:

$$\text{实际施工工期(天)} = \text{合同工期} + \text{批准的延长工期} \pm \text{竣工逾期工期} \quad (13\text{-}3)$$

$$\text{逾期竣工时间(天)} = \text{实际施工工期} - \text{合同工期} - \text{批准的延长工期} \quad (13\text{-}4)$$

如果在合同工程竣工之前,已对合同工程内的某区段或单项工程签发了交接证书,且上述交接证书中写明的竣工日期并未延误,而是合同工程中的其他部分产生了工期延误,则合同工程的逾期竣工违约金应予减少,减少的幅度按已签发交接证书的某区段或某单项工程的价值占合同工程价值的比例计算。但这一规定,不应该影响逾期竣工违约金的限额。

2. 逾期竣工违约金的限额

《水运工程标准施工招标文件》(JTS 110—8—2008)在专用合同条款第 11.5.1 项规定:"由于承包人原因造成工期延误,承包人应向发包人支付逾期竣工违约金。逾期竣工违约金的计算方法为:工期延误天数$\times P_1$,其中 P_1:_____。逾期竣工违约金累计最高不得超过合同总价的 5%。"P_1 数值的大小必须在专用合同条款中约定。

3. 逾期竣工违约金的支付

逾期竣工违约金应从承包人履约保证金或进度款支付证书或最终支付证书中扣除,但要注意,此项扣除不应解除承包人对完成该项工程的义务或合同规定的其他义务和责任。

(四) 逾期付款违约金支付

1. 关于逾期付款违约金的有关规定

如果发包人在合同规定的时间内没有向承包人付款,则发包人在以后除了按款额付款外,还应向承包人支付逾期付款违约金;逾期付款违约金常常按迟付款利息的方式计算,按合同文件规定的利率,从规定的付款截止日期起至恢复付款日止,按照日复利率计算利息。

显而易见,逾期付款违约金对于发包人来说是一种约束,监理人应督促发包人按合同有关规定,及时付款给承包人。《中华人民共和国标准施工招标文件》(2007 年版)通用合同条款第 17.3.3 款规定,发包人应在监理人收到进度付款申请单后的 28 天内,将进度应付款支付给承包人。发包人不按期支付的,按专用合同条款的约定支付逾期付款违约金。

2. 计算公式

逾期付款违约金可按下式计算:

$$FKWYJ = P[(1+r)^n - 1] \quad (13\text{-}5)$$

式中:FKWYJ——逾期付款违约金;

P——逾期付款的金额;

r——日复利率;

n——逾期付款天数。

关于日复利率 r,世界银行推荐值为 0.033% ~ 0.04%,具体多少应以合同文件的规定为准。逾期付款违约天数是指发包人的实际付款时间超过规定进度款支付或最终支付的截止日期的天数。

3. 计算示例

【例 13-2】 某工程项目第 8 期进度款支付证书,支付净额为 5650000 元,监理人于 3 月 28 日收到承包人的进度付款申请,监理人于 4 月 7 日发出支付证书,而发包人直到 6 月 5 日才支付该证书的付款,按照《中华人民共和国标准施工招标文件》(2007年版)通用合同条款第17.3款规定,如果 $r=0.033\%$,那么这笔逾期付款违约金为多少?

【解】 (1)逾期付款天数计算:6月份4天,5月份31天,4月份30天,3月份3天。

$n=(3+30+31+4)-28=40(天)$,$P=5650000$ 元。

(2)逾期付款违约金计算:

$FKWYJ = P \times [(1+r)^n - 1] = 5650000 \times [(1+0.033\%)^{40} - 1] = 75060(元)$

答:应当支付逾期付款违约金75060元。

(五)合同中止后的支付

在工程施工中,意外情况十分严重时将会导致合同中止的局面。合同中止往往是由不可抗力、承包人违约、发包人违约三个方面的原因引起的。

1. 不可抗力导致合同中止的支付

不可抗力(特殊风险)是指承包人和发包人在订立合同时不可预见,在工程施工过程中不可避免发生并不能克服的自然灾害和社会性突发事件,如地震、海啸、瘟疫、水灾、骚乱、暴动、战争和专用合同条款约定的其他情形。

《中华人民共和国标准施工招标文件》(2007年版)通用合同条款第21.1.2项规定:"不可抗力发生后,发包人和承包人应及时认真统计所造成的损失,收集不可抗力造成损失的证据。合同双方对是否属于不可抗力或其损失的意见不一致的,由监理人按第3.5款商定或确定。发生争议时,按第24条的约定办理。"

除专用合同条款另有约定外,不可抗力导致的人员伤亡、财产损失、费用增加和(或)工期延误等后果,由合同双方按以下原则承担:

(1)永久工程,包括已运至施工场地的材料和设备的损害,以及因工程损害造成的第三者人员伤亡和财产损失由发包人承担。

(2)承包人设备的损坏由承包人承担。

(3)发包人和承包人各自承担其人员伤亡和其他财产损失及其相关费用。

(4)承包人的停工损失由承包人承担,但停工期间应监理人要求照管工程和清理、修复工程的金额由发包人承担。

(5)不能按期竣工的,应合理延长工期,承包人不需支付逾期竣工违约金。发包人要求赶工的,承包人应采取赶工措施,赶工费用由发包人承担。

(6)不可抗力发生后,发包人和承包人均应采取措施尽量避免和减少损失的扩大,任何一方没有采取有效措施导致损失扩大的,应对扩大的损失承担责任。

《中华人民共和国标准施工招标文件》(2007年版)通用合同条款第21.3.4项规定:"合同一方当事人因不可抗力不能履行合同的,应当及时通知对方解除合同。合同解除后,承包人应按照第22.2.5项约定撤离施工场地。已经订货的材料、设备由订货方负责退货或解除订货合同,不能退还的货款和因退货、解除订货合同发生的费用,由发包人承担,因未及时退货造成的损失由责任方承担。"合同解除后,发包人应在解除合同后28天内向承包人支付下列金额,承包人应在此期限内及时向发包人提交要求支付下列金额的有关资料和凭证:

(1)合同解除日以前所完成工作的价款。

(2)承包人为该工程施工订购并已付款的材料、工程设备和其他物品的金额。发包人付还后,该材料、工程设备和其他物品归发包人所有。

(3)承包人为完成工程所发生的,而发包人未支付的金额。

(4)承包人撤离施工场地以及遣散承包人人员的金额。

(5)由于解除合同应赔偿的承包人损失。

(6)按合同约定在合同解除日前应支付给承包人的其他金额。

发包人应按上述约定支付上述金额并退还质量保证金和履约担保,但有权要求承包人支付应偿还给发包人的各项金额。

2. 承包人违约导致合同中止的支付

《中华人民共和国标准施工招标文件》(2007年版)通用合同条款第22.1.1项规定,在履行合同过程中发生下列情况属承包人违约:

(1)承包人违反第1.8款或第4.3款的约定,私自将合同的全部或部分权利转让给其他人,或私自将合同的全部或部分义务转移给其他人。

(2)承包人违反第5.3款或第6.4款的约定,未经监理人批准,私自将已按合同约定进入施工场地的施工设备、临时设施或材料撤离施工场地。

(3)承包人违反第5.4款的约定使用了不合格材料或工程设备,工程质量达不到标准要求,又拒绝清除不合格工程。

(4)承包人未能按合同进度计划及时完成合同约定的工作,已造成或预期造成工期延误。

(5)承包人在缺陷责任期内,未能对工程接收证书所列的缺陷清单的内容或缺陷责任期内发生的缺陷进行修复,而又拒绝按监理人指示再进行修补。

(6)承包人无法继续履行或明确表示不履行或实质上已停止履行合同。

(7)承包人不按合同约定履行义务的其他情况。

承包人无法继续履行或明确表示不履行或实质上已停止履行合同的情形属严重违约,发包人可通知承包人立即解除合同;对承包人发生的其他违约情况,监理人可向承包人发出整改通知,要求其在指定的期限内改正。监理人发出整改通知28天后,承包人仍不纠正违约行为的,发包人可向承包人发出解除合同通知。合同解除后,发包人可派员进驻施工场地,另行组织人员或委托其他承包人施工。发包人因继续完成该工程的需要,有权扣留使用承包人在现场的材料、设备和临时设施。但发包人的这一行动不免除承包人应承担的违约责任,也不影响发包人根据合同约定享有的索赔权利。

《中华人民共和国标准施工招标文件》(2007年版)通用合同条款第22.1.4、22.1.5项规定,因承包人违约合同解除后的估价、付款、结清和协议利益,按照以下原则处理:

(1)合同解除后,监理人按第3.5款商定或确定承包人实际完成工作的价值,以及承包人已提供的材料、施工设备、工程设备和临时工程等的价值。

(2)合同解除后,发包人应暂停对承包人的一切付款,查清各项付款和已扣款金额,包括承包人应支付的违约金。

(3)合同解除后,发包人应按第23.4款的约定向承包人索赔由于解除合同给发包人造成的损失。

(4)合同双方确认上述往来款项后,出具最终结清付款证书,结清全部合同款项。

(5)发包人和承包人未能就解除合同后的结清达成一致而形成争议的,按第 24 条的约定办理。

(6)因承包人违约解除合同的,发包人有权要求承包人将其为实施合同而签订的材料和设备的订货协议或任何服务协议利益转让给发包人,并在解除合同后的 14 天内,依法办理转让手续。

由此可见,承包人违约导致合同中止的支付与特殊风险导致合同中止的情况不同,承包人违约导致合同中止的付款规定对承包人带有惩罚性。

3. 发包人违约导致合同中止的支付

《中华人民共和国标准施工招标文件》(2007 年版)通用合同条款第 22.2.1 项规定,在履行合同过程中发生下列情形的,属发包人违约:

(1)发包人未能按合同约定支付预付款或合同价款,或拖延、拒绝批准付款申请和支付凭证,导致付款延误的。

(2)发包人原因造成停工的。

(3)监理人无正当理由没有在约定期限内发出复工指示,导致承包人无法复工的。

(4)发包人无法继续履行或明确表示不履行或实质上已停止履行合同的。

(5)发包人不履行合同约定其他义务的。

发包人发生上述除第(4)目以外的违约情况时,承包人可向发包人发出通知,要求发包人采取有效措施纠正违约行为。发包人收到承包人通知后的 28 天内仍不履行合同义务,承包人有权暂停施工,并通知监理人,发包人应承担由此增加的费用和(或)工期延误,并支付承包人合理利润。

当下列情况之一时,承包人可以提出由于发包人违约解除合同的要求:

(1)发包人无法继续履行或明确表示不履行或实质上已停止履行合同时,承包人可书面通知发包人解除合同。

(2)由于发包人发生违约情况时,承包人向发包人发出要求纠正违约行为通知,并且采取了暂停施工的进一步措施。承包人按合同规定暂停施工 28 天后,发包人仍不纠正违约行为的,承包人可向发包人发出解除合同通知。但承包人的这一行动不免除发包人承担的违约责任,也不影响承包人根据合同约定享有的索赔权利。

《中华人民共和国标准施工招标文件》(2007 年版)通用合同条款第 22.2.4 项规定,因发包人违约解除合同的,发包人应在解除合同后 28 天内向承包人支付下列金额,承包人应在此期限内及时向发包人提交要求支付下列金额的有关资料和凭证:

(1)合同解除日以前所完成工作的价款。

(2)承包人为该工程施工订购并已付款的材料、工程设备和其他物品的金额。发包人付还后,该材料、工程设备和其他物品归发包人所有。

(3)承包人为完成工程所发生的,而发包人未支付的金额。

(4)承包人撤离施工场地以及遣散承包人人员的金额。

(5)由于解除合同应赔偿的承包人损失。

(6)按合同约定在合同解除日前应支付给承包人的其他金额。

发包人应按上述约定支付上述金额并退还质量保证金和履约担保,但有权要求承包人支付应偿还给发包人的各项金额。

《中华人民共和国标准施工招标文件》(2007年版)通用合同条款第22.2.5项规定,因发包人违约而解除合同后,承包人应妥善做好已竣工工程和已购材料、设备的保护和移交工作,按发包人要求将承包人设备和人员撤出施工场地。承包人撤出施工场地应遵守第18.7.1项的约定,发包人应为承包人撤出提供必要条件。

(六) 工程停工后的支付

对于水运工程建设项目,在其施工过程中,由于诸多影响因素,承包人的管理水平参差不齐,所以在施工活动的组织和安排上,难免会出现各种停工现象,使工程无法按进度计划正常进行。毫无疑问,一旦发生停工,将会对工程的投资效益产生严重影响。因此,发包人会高度重视对这类现象的控制,同样,工程停工也将给承包人造成损失。

由于工程停工的现象和种类较多,不可能在此一一全面阐述,因此,下面只简单介绍合同执行过程中需要监理人处理的各种停工的支付问题。

首先,应当明确,无论是什么原因导致停工,都将对工程的竣工和交付使用产生不利影响,从而使发包人的利益受到损害,例如,现场管理费用和监理费用增加,资金占用时间延长,项目效益推迟产生等。在现金流量图上将表现为建设期加长,成本升高,效益减少,从而使投资回收期延长,投资收益率下降。尽管出现这种情况发包人可以要求承包人进行适当赔偿,例如要求承包人支付拖期违约损失偿金,但也只能在很小的程度上减少所造成的损失,而对发包人遭受的各种潜在损失是无法补偿的。

其次,一旦停工,承包人也会受到损失。例如,承包人的人员将窝工、设备将闲置、管理费用将增加等。即使发包人给予一定的补偿,也只是一部分成本,而无法获得利润。

总之,无论从哪方面来说,工程停工都是不利的,会直接导致工期延长和费用增加。但相比之下,发包人将受到更大的损害。

1. 发包人导致的停工及费用支付

由发包人造成的停工情况归纳,并且列入表13-1。表13-1所示都是指合同中应由发包人支付的情况。表中所指成本分为两类:一类由于发生了各种事件,监理人要求承包人进行有关工作,这些工作的成本包括直接费和管理费;另一类是由于出现这些情况,承包人的工作停止进行,此时只支付人员窝工的工时费和机械设备的闲置费。总之,由于发包人方面的原因而造成的停工,应根据合同中相应的规定和条款,对承包人给予补偿。这种补偿的具体计算应视现场情况及随后采取措施的内容和设备的闲置情况来定,并且一般只支付成本。

停工原因及支付处理汇总表　　表13-1

序号	停工原因	支付处理
1	合同文件内容出错	只付费用,不付利润
2	图纸延迟发出	只付费用(成本)
3	有关放线资料不准确	针对资料出错的补救工程,付成本加利润;若因此停工,只付成本
4	发包人风险造成的破坏	只付成本,不付利润
5	化石、矿石、文物等	根据现场情况,采用不同措施,通常情况下只付成本

续上表

序号	停工原因	支付处理
6	由于其他承包人的原因	视承包人被要求的工作情况付款,为其他承包人提供服务,付成本加利润;由于其他承包人的原因停工,只付成本
7	样品与试验	监理人下令的附加试验,只付成本,无利润
8	工程的揭露	合格:付成本加利润;不合格:不付费用
9	工程暂停	工程中所产生的费用,不付利润
10	工地占用	只付费用,不付利润
11	后续法规	只付费用
12	延期付款	付延期部分利息及停工费用

2.承包人导致的停工及费用支付

由于承包人自己的工作失误或所承担的风险而导致工程停工,其所有费用必须由承包人自己承担。只是往往由于工程情况比较复杂,承包人总是设法将自己应承担的费用说成是由于发包人的原因,从而要求费用赔偿。因此,监理人必须掌握现场情况,对一些问题当机立断,明确其责任在谁。

《中华人民共和国标准施工招标文件》(2007年版)通用合同条款第12.1款规定,因下列因素引起的暂停施工,造成的费用增加和(或)工期延误由承包人承担:

(1)承包人违约引起的暂停施工。
(2)由于承包人原因为工程合理施工和安全保障所必需的暂停施工。
(3)承包人擅自暂停施工。
(4)承包人其他原因引起的暂停施工。
(5)专用合同条款约定由承包人承担的其他暂停施工。

同时,一旦明确属于承包人责任,承包人除了自己负担有关损失外,如果停工影响到工程的竣工或影响到其他承包人的工作,则对于影响竣工的情况,应向发包人支付拖期违约损失偿金,如果严重影响工作,他还可能被发包人驱逐;还应向被其影响的其他承包人支付相应的款项,只是这种支付也是通过发包人进行,一般通过从负有责任的承包人付款中扣减的方式来实现。

3.异常恶劣的气候条件

根据《水运工程标准施工招标文件》(JTS 110—8—2008)规定,异常恶劣的气候条件是指水运工程水域施工作业难以正常进行或须采取其他补救措施才能进行的气候条件。一般包括以下情况:

(1)持续高温:连续三日日最高气温38℃以上。
(2)持续低温:连续三日日最低气温-20℃以下。
(3)大风天气:施工水域日风力在6级以上且持续时间不少于4h,或阵风大于8级。
(4)暴雨天气:日降雨量50mm及以上,或降雨强度大于20mm/h。
(5)暴雪天气:日降雪量10mm及以上。
(6)流速或波浪:内河3.5m/s及以上流速,海上2m及以上的大浪和强浪。

(7)水淹:施工场地大部或全部被潮水、洪水或雨水淹没超过1天。
(8)大雾:定点施工船舶能见度小于50m的雾天超过1天;运动船舶按有关规定。

如果承包人因上述所指的异常恶劣气候而停工,则一方面发包人不但不能要求承包人赔偿,而且还应给予工程延期,另一方面承包人也不能向发包人提出停工的费用补偿要求。

第三节　水运工程变更支付

一、变更的范围和内容

《中华人民共和国标准施工招标文件》(2007年版)通用合同条款第15.1款指出,除专用合同条款另有约定外,在履行合同中发生以下情形之一,应按照本条规定进行变更。

1)取消合同中任何一项工作,但被取消的工作不能转由发包人或其他人实施。
2)改变合同中任何一项工作的质量或其他特性。
3)改变合同工程的基线、高程、位置或尺寸。
4)改变合同中任何一项工作的施工时间或改变已批准的施工工艺或顺序。
5)为完成工程需要追加的额外工作。

二、变更权和变更程序

《中华人民共和国标准施工招标文件》(2007年版)通用合同条款第15.2款指出,在履行合同过程中,经发包人同意,监理人可按第15.3款约定的变更程序向承包人作出变更指示,承包人应遵照执行。没有监理人的变更指示,承包人不得擅自变更。

《中华人民共和国标准施工招标文件》(2007年版)通用合同条款第15.3.1项对变更的提出程序明确规定如下:

1)在合同履行过程中,可能发生第15.1款约定情形的,监理人可向承包人发出变更意向书。变更意向书应说明变更的具体内容和发包人对变更的时间要求,并附必要的图纸和相关资料。变更意向书应要求承包人提交包括拟实施变更工作的计划、措施和竣工时间等内容的实施方案。发包人同意承包人根据变更意向书要求提交的变更实施方案的,由监理人按第15.3.3项约定发出变更指示。

2)在合同履行过程中,发生第15.1款约定情形的,监理人应按照第15.3.3项约定向承包人发出变更指示。

3)承包人收到监理人按合同约定发出的图纸和文件,经检查认为其中存在第15.1款约定情形的,可向监理人提出书面变更建议。变更建议应阐明要求变更的依据,并附必要的图纸和说明。监理人收到承包人书面建议后,应与发包人共同研究,确认存在变更的,应在收到承包人书面建议后的14天内作出变更指示。经研究后不同意作为变更的,应由监理人书面答复承包人。

4)若承包人收到监理人的变更意向书后认为难以实施此项变更,应立即通知监理人,说明原因并附详细依据。监理人与承包人和发包人协商后确定撤销、改变或不改变原变更意向书。

三、变更估价

《中华人民共和国标准施工招标文件》(2007年版)通用合同条款第15.3.2项对变更的估价程序明确规定如下：

1) 除专用合同条款对期限另有约定外，承包人应在收到变更指示或变更意向书后的14天内，向监理人提交变更报价书，报价内容应根据第15.4款约定的估价原则，详细开列变更工作的价格组成及其依据，并附必要的施工方法说明和有关图纸。

2) 变更工作影响工期的，承包人应提出调整工期的具体细节。监理人认为有必要时，可要求承包人提交要求提前或延长工期的施工进度计划及相应施工措施等详细资料。

3) 除专用合同条款对期限另有约定外，监理人收到承包人变更报价书后的14天内，根据第15.4款约定的估价原则，按照第3.5款商定或确定变更价格。

四、变更指示

《中华人民共和国标准施工招标文件》(2007年版)通用合同条款第15.3.3项对变更指示规定如下：

1) 变更指示只能由监理人发出。

2) 变更指示应说明变更的目的、范围、变更内容以及变更的工程量及其进度和技术要求，并附有关图纸和文件。承包人收到变更指示后，应按变更指示进行变更工作。

五、变更的估价原则

《中华人民共和国标准施工招标文件》(2007年版)通用合同条款第15.4款对变更的估价原则明确规定，除专用合同条款另有约定外，因变更引起的价格调整按照本款约定处理。

1) 已标价工程量清单中有适用于变更工作的子目的，采用该子目的单价。

2) 已标价工程量清单中无适用于变更工作的子目，但有类似子目的，可在合理范围内参照类似子目的单价，由监理人按第3.5款商定或确定变更工作的单价。

3) 已标价工程量清单中无适用或类似子目的单价，可按照成本加利润的原则，由监理人按第3.5款商定或确定变更工作的单价。

第四节　工 程 索 赔

一、索赔的基本程序

在国际工程实践中，索赔工作通常按照以下步骤执行：承包人提出索赔意向通知→承包人对索赔事件进行分析→承包人提交索赔报告→监理人审查、分析、处理承包人的索赔要求。具体如下：

(一) 承包人提出索赔意向通知

在索赔事件发生后，承包人会抓住索赔机会，迅速作出反应，在合同规定的时间内(28天)

向监理人和发包人递交索赔意向通知,声明将为此索赔事件提出索赔。该项通知是承包人就具体的索赔事件向监理人和发包人表示的索赔愿望和要求。如果超出这个期限,监理人和发包人有权拒绝承包人的索赔要求。

(二)承包人对索赔事件进行分析

一旦索赔事件发生,承包人应进行索赔处理工作,直到正式向监理人和发包人提交索赔报告。这一阶段要做许多具体的、复杂的工作,主要有:

1)事态调查,找准索赔机会。通过对合同实施的跟踪、分析、诊断,发现了索赔机会,对它进行详细的调查和跟踪,以了解事件经过、前因后果,掌握事件详细情况。

2)索赔事件原因分析。即分析这些干扰由谁引起,它的责任该由谁来负担。一般只有非承包人责任的干扰事件才有可能提出索赔。在实际工作中,干扰事件责任常常是多方面的,故必须进行责任分解,划分各人的责任范围,按责任大小,分担损失。这里特别容易引起合同双方争执。

3)索赔根据分析、研究索赔理由。主要是指对合同条文的研究分析,必须按合同规定判明这些干扰事件是否违反合同,是否在合同规定的赔(补)偿范围之内。只有符合合同规定的索赔要求才有合法性,才能成立。

4)损失调查,即为干扰事件的影响分析。它主要表现为工期的延长和费用的增加。如果干扰事件不造成损失,则无索赔可言。损失调查的重点是收集、分析、对比实际和计划的施工进度,工程成本和费用方面的资料,在此基础上计算索赔值。

5)收集证据。索赔事件一发生,承包人应该抓紧证据的收集工作,并在干扰事件持续期间一直保持有完整的当时记录,这是索赔有效的前提条件。如果在索赔报告中提不出证明其索赔理由、干扰事件的影响、索赔值计算等方面的详细资料,索赔是不能成立的。在实际工程中,许多索赔要求因没有或缺少书面证据而得不到合理的解决。承包人应按监理人的要求做好并保持当时记录,并接受监理人的审查。

6)起草索赔报告。索赔报告是上述各项工作的结果和总结,它是由合同管理人员在其他项目管理职能人员配合和协助下起草的;它表达了承包人的索赔要求和支持这个要求的详细依据;它将经由监理人、发包人、或调解人、仲裁人审查、分析、评价,所以它决定了承包人的索赔地位,是索赔要求能否获得有利和合理解决的关键。

(三)承包人提交索赔报告

承包人必须在合同规定的时间内向监理人和发包人提交索赔报告,或经监理人同意的合理时间内递交索赔报告。如果干扰事件持续时间长,则承包人应按监理人要求的合理时间间隔,提交中间索赔报告(或阶段索赔报告),并于干扰事件影响结束后的28天内提交最终索赔报告。

(四)监理人审查、分析、处理承包人的索赔要求

监理人在处理索赔问题中有以下权利:

1)在承包人提出索赔意向通知后,监理人有权指令承包人作当时记录,并可以随时检查这些记录。

2)监理人对承包人的索赔报告进行分析,通过分析索赔理由、索赔事件过程、索赔值计算,以评价索赔要求的合理性和合法性。如果认为理由不足,可以要求承包人作出解释,或进一步补充证据,或要求承包人修改索赔要求,除去不合理的索赔要求或索赔要求中的不合理部分。监理人作出索赔处理意见,并提交发包人。

3)发包人在接到监理人的处理意见后,继续审查、批准承包人的索赔要求。此时常常需要承包人作出进一步的解释和补充证据,监理人也需就处理意见作出说明。三方就索赔的解决进行磋商,这里可能有复杂的谈判过程,经过多次讨价还价。对达成一致意见的,或经监理人和发包人认可的索赔要求(或部分要求),承包人有权在工程进度付款中获得支付。如果达不成协议,则监理人有最后决定的权力。如果有一方或双方都不满意监理人的处理意见(或决定),则产生了争议。为此,双方可以按照合同规定的程序解决争议。

4)对合理的索赔要求,监理人有权将它纳入中期支付中,出具付款证书,发包人应在合同规定的期限内支付。

总之,从承包人递交索赔报告到最终获得赔偿的支付是索赔的解决过程。这个阶段工作的重点是通过谈判,或调解,或仲裁,使索赔得到合理的解决。监理人应该依据合同赋予的权力,认真做好审查、分析工作,力求提出承包人和发包人双方容易接受的、合理的处理意见,为使索赔得到合理解决奠定基础。

二、《中华人民共和国标准施工招标文件》(2007年版)关于索赔处理的规定

(一)承包人提出索赔

根据合同约定,承包人认为有权得到追加付款和(或)延长工期的,应按以下程序向发包人提出索赔:

1)承包人应在知道或应当知道索赔事件发生后28天内,向监理人递交索赔意向通知书,并说明发生索赔事件的事由。承包人未在前述28天内发出索赔意向通知书的,丧失要求追加付款和(或)延长工期的权利。

2)承包人应在发出索赔意向通知书后28天内,向监理人正式递交索赔通知书。索赔通知书应详细说明索赔理由以及要求追加的付款金额和(或)延长的工期,并附必要的记录和证明材料。

3)索赔事件具有连续影响的,承包人应按合理时间间隔继续递交延续索赔通知,说明连续影响的实际情况和记录,列出累计的追加付款金额和(或)工期延长天数。

4)在索赔事件影响结束后的28天内,承包人应向监理人递交最终索赔通知书,说明最终要求索赔的追加付款金额和延长的工期,并附必要的记录和证明材料。

(二)承包人索赔处理程序

1)监理人收到承包人提交的索赔通知书后,应及时审查索赔通知书的内容、查验承包人的记录和证明材料,必要时监理人可要求承包人提交全部原始记录副本。

2)监理人应按第3.5款商定或确定追加的付款和(或)延长的工期,并在收到上述索赔通

知书或有关索赔的进一步证明材料后的42天内,将索赔处理结果答复承包人。

3)承包人接受索赔处理结果的,发包人应在作出索赔处理结果答复后28天内完成赔付。承包人不接受索赔处理结果的,按第24条约定的争议解决方式办理。

(三)承包人提出索赔的期限

1)承包人按第17.5款的约定接受了竣工付款证书后,应被认为已无权再提出在合同工程接收证书颁发前所发生的任何索赔。

2)承包人按第17.6款的约定提交的最终结清申请单中,只限于提出工程接收证书颁发后发生的索赔。提出索赔的期限自接受最终结清证书时终止。

(四)发包人提出索赔

1)发生索赔事件后,监理人应及时书面通知承包人,详细说明发包人有权得到的索赔金额和(或)延长缺陷责任期的细节和依据。发包人提出索赔的期限和要求与承包人提出索赔的期限和要求相同,延长缺陷责任期的通知应在缺陷责任期届满前发出。

2)监理人按第3.5款商定或确定发包人从承包人处得到赔付的金额和(或)缺陷责任期的延长期。承包人应付给发包人的金额可从拟支付给承包人的合同价款中扣除,或由承包人以其他方式支付给发包人。

(五)争议的解决方式

发包人和承包人在履行合同中发生争议的,可以友好协商解决或者提请争议评审组评审。合同当事人友好协商解决不成、不愿提请争议评审或者不接受争议评审组意见的,可在专用合同条款中约定,采用向约定的仲裁委员会申请仲裁或者向有管辖权的人民法院提起诉讼方式中的一种解决。

1. 友好解决

在提请争议评审、仲裁或者诉讼前,以及在争议评审、仲裁或诉讼过程中,发包人和承包人均可共同努力友好协商解决争议。

2. 争议评审

友好协商解决不了的争议可采用争议评审,争议评审的程序是:

第一:成立争议评审组。发包人和承包人应在开工日后的28天内或在争议发生后,协商成立争议评审组。争议评审组由有合同管理和工程实践经验的专家组成。

第二:提交申请报告。由申请人向争议评审组提交一份详细的评审申请报告,并附必要的文件、图纸和证明材料,申请人还应将上述报告的副本同时提交给被申请人和监理人。

第三:提交答辩报告。被申请人在收到申请人评审申请报告副本后的28天内,向争议评审组提交一份答辩报告,并附证明材料。被申请人应将答辩报告的副本同时提交给申请人和监理人。

第四:举行调查会。争议评审组在收到合同双方报告后的14天内(专用合同条款另有约定除外),邀请双方代表和有关人员举行调查会,向双方调查争议细节;必要时争议评审组可要求双方进一步提供补充材料。

第五:作出书面评审。在调查会结束后的14天内(专用合同条款另有约定除外),争议评审组应在不受任何干扰的情况下进行独立、公正的评审,作出书面评审意见,并说明理由。在争议评审期间,争议双方暂按总监理工程师的决定执行。

第六:执行评审意见。发包人和承包人接受评审意见的,由监理人根据评审意见拟定执行协议,经争议双方签字后作为合同的补充文件,并遵照执行。

3. 仲裁或起诉

发包人或承包人不接受评审意见,并要求提交仲裁或提起诉讼的,应在收到评审意见后的14天内将仲裁或起诉意向书面通知另一方,并抄送监理人,但在仲裁或诉讼结束前应暂按总监理工程师的指令执行。

合同争议发生后,除双方均同意停工外,双方都应继续履行合同,否则视为违约。

三、索赔费用的审查

(一) 索赔报告中通常存在的问题

发包人和承包人在对待同一索赔事件的态度上是相反的,对索赔事件的处理总希望能对自己有利,任何一份索赔报告,都会存在漏洞和薄弱环节。在索赔报告中常见的问题如下:

1)对合同理解的错误。承包人片面地从自己的利益和观点出发解释合同,这是一种正常现象。人们对合同常常不能客观、全面地分析,都作有利于自己的解释,导致索赔要求存在片面性和不客观性。索赔报告中没有贯彻合同精神,或没有正确引用合同的条文,所以索赔理由不足。

2)承包人有推卸责任,转移风险的企图。在索赔报告中所列的干扰事件可能全部是,或部分是承包人管理不善造成的问题,或索赔要求中包括属于合同规定是承包人自己风险范围内的损失。

3)扩大事实,夸大干扰事件的影响,或提出一些不真实的干扰事件和没有根据的索赔要求。

4)在索赔报告中未能提出支持其索赔的详细资料,无法对索赔要求作出进一步解释,属于索赔证据不足,或没有证据。

5)索赔值的计算不合理,多估冒算,漫天要价。按照通常的索赔策略,索赔者常常要扩大索赔额,给自己留有充分的余地,以争取有利的解决。例如将自己因管理不善造成的损失和属于自己风险范围内的损失纳入索赔要求中;扩大干扰事件的影响范围;采用对自己有利而不合理的计算方法等。所以索赔值常常会有虚假成分,甚至可能离谱太远。

这些问题在索赔报告中屡见不鲜。如果认可这样的索赔报告,则发包人在经济上要受到损失,而且这种解决也是不合理的、不公平的。所以监理人对承包人的索赔报告必须进行全面、系统地分析、评价、反驳,以找出问题,剔除不合理的部分,为索赔的合理解决提供依据。

(二) 监理人对索赔报告的审查

监理人对承包人提交的索赔报告可以从以下几个方面进行审查、核实。

1. 审查索赔事件的真实性

不真实、不肯定、没有根据或仅出于猜测的事件是不能提出索赔的。事件的真实性可以从以下两个方面证实：

（1）承包人索赔报告中的证据。不管事实怎样，只要承包人在索赔报告中未提出事件经过的得力证据，监理人可要求承包人补充证据，或否定索赔要求。

（2）监理人注意合同跟踪。从合同管理中寻找承包人不利的因素和条件，构成否定承包人索赔要求的证据。

2. 分清索赔事件的责任

有些干扰事件和损失往往是存在的，但责任并不完全在发包人。通常有以下三种情况：

（1）责任在于索赔者，即承包人自己，由于承包人疏忽大意、管理不善造成损失，或在干扰事件发生后未采取得力有效的措施降低损失，或未遵守监理人的指令和通知等。

（2）干扰事件是其他方面原因引起的，不应由发包人赔偿。

（3）合同双方都有责任，则应按各自的责任分担损失。

3. 分析索赔理由

监理人应在审查索赔报告的同时，努力为发包人寻找对其有利的合同条文，尽力减轻发包人的合同责任；或找到对承包人不利的合同条文，使承包人不能推卸或不能完全推卸自己的合同责任，这样可以从根本上否定承包人提出的索赔要求。例如：

（1）承包人未能在合同规定的索赔有效期内提出索赔，故该索赔无效。

（2）索赔事件在合同规定的承包人应承担的风险范围内，不能提出索赔要求，或应从索赔中扣除这部分。

（3）索赔要求不在合同规定的赔（补）偿范围内，如合同未明确规定，或未具体规定补偿条件、范围、补偿方法等。

（4）索赔事件的责任虽然是发包人的责任，但合同规定发包人没有赔偿责任，例如合同中有对发包人的免责条款，或合同规定不予赔偿等。

4. 分析索赔事件的影响程度和范围

先分析索赔事件和影响之间是否存在因果关系，分析干扰事件的影响范围。如在某工程中，承包人负责的某种材料未能及时运达工地，使分包人分包的工程受到干扰而拖延，但拖延天数在该工程活动的自由时差范围内，不影响工期，且承包人已事先通知分包人，施工计划又允许人力作调整，则不能对工期和劳动力损失提出索赔。又如发包人拖延交付图纸造成工程延期，在此期间，承包人又未能按合同规定日期安排劳动力和管理人员进场，则工期可以顺延，但工期延长对费用影响比较小，不存在对承包人窝工费用的赔偿。又如干扰事件发生后，承包人能够却没有采取积极措施来避免或降低损失，未能及时通知监理人，而是听之任之，扩大了干扰事件的影响范围和影响量，则造成这扩大部分的损失应由承包人自己承担。

5. 审查索赔证据的可靠性

对证据不足、证据不当或仅具有片面证据的索赔，监理人可认为该索赔的证据缺乏可靠性，索赔不成立。证据不足，即证据不足以证明干扰事件的真相、全过程或证明事件的影响，需要重新补充。证据不当,即证据与本索赔事件无关或关系不大,证据的法律证明效力不足。片面的证据,即承包人仅具有对自己有利的证据。

例如合同双方在合同实施过程中,对某问题进行过两次会谈,作过两次不同决议,则按合同变更次序,第二次决议(备忘录或会议纪要)的法律效力应优先于第一次决议。如果在该问题相关的索赔报告中仅出具第一次会议纪要作为双方决议的证明,则它是片面的、不完全的。

又例如,尽管对某一具体问题合同双方有过书面协商,但未达成一致意见,或无最终确定,或没有签署附加协议,则这些书面协商无法律约束力,不能作为证据。

6. 审核索赔费用的计算

监理人在对索赔项目和索赔内容审核的基础上,还应该对承包人关于索赔费用的计算进行审查,主要审查用于费用计算的单价和费率。在监理工作实践中,可按前文的规定和原则确定单价或者费率。

四、常见索赔证据

1)招标文件、施工合同文本及附件,其他各种签约(如备忘录、修正案等),经认可的工程实施计划、各种工程图纸、技术规格书等。这些索赔的依据可在索赔报告中直接引用。

2)双方的往来信件。

3)各种会议纪要。在施工合同履行过程中,发包人、监理人和承包人定期或不定期的会谈所作出的决议或决定,是施工合同的补充,应作为施工合同的组成部分,但会议纪要只有经过各方签署后才可作为索赔的依据。

4)施工进度计划和具体的施工进度安排。施工进度计划和具体的施工进度安排是工程变更索赔的重要证据。

5)施工现场的有关文件。如施工记录、施工备忘录、施工日报、工长或检查员的工作日记、监理人填写的施工记录等。

6)工程照片。照片可以清楚、直观地反映工程具体情况,照片上应注明日期。

7)气象资料。

8)工程检查验收报告和各种技术鉴定报告。

9)工程中送停电、送停水、航行通告、道路开通和封闭的记录和证明。

10)官方的物价指数、工资指数。

11)各种会计核算资料。

12)建筑材料的采购、订货、运输、进场、使用方面的凭据。

13)国家有关法律、法规、政策文件。

五、索赔费用的支付

一旦确定了索赔金额,就应当及时支付给承包人,一般在中期支付证书中将其作为一个支付项目来处理。

然而,由于索赔的争议较大,所以许多索赔项目往往需要经历一段时间才能处理完毕。因此,如果出现整项索赔没有结果的情况,通常可将监理人已经认可的那一部分在中期支付中进行暂定支付,这种支付就是一项持续索赔的临时付款。由此可见,索赔的处理过程虽然繁杂,但是索赔费用的支付却十分简单。

总之,索赔在施工合同中是经常出现的,并且费用可观,监理人应针对各种索赔原因采取切实有效的措施,从而达到有效控制索赔费用,降低工程造价的目的。其中最关键的一条就是按合同文件要求认真做好各项工作,全面熟悉有关工地及其环境、工程计划、合同条件、技术规格书以及招投标等方面的业务,使自己在索赔费用支付中处于有利地位。

第五节 价格调整费用支付

一、价格调整的原因

实行价格调整是国际竞争性招标项目中的一则惯例,因为合同中列明的有关价格调整的条款,体现了发包人和承包人公平、合理地分担价格的意外风险,即使投标人报价时能够合理地计算标价,免除中标后因为发生劳力、原材料等价格上涨带来的风险,又保证发包人能够获得较真实和可靠的报价,以及在工程结算时能在一个合理的价格水平上承受工程费用。价格调整在保证合同双方顺利执行合同方面起着重要的作用,是一条公平、合理的规定。价格调整涉及两个方面:一是工程项目施工中所耗用的主要大宗材料的价格变动;二是后继法规及其他有关政策的改变而产生的费用。将上述两方面费用计算出来后,在"进度款支付"中支付。

二、价格调整的方法

对合同价格调整的方法,根据"世界银行采购指南"中的分类方法一般可以分为两种。

1)第一种方法是根据地方劳动力和规定的材料等基本价格与现行价格的差值予以某种约定的方式加以补偿,通常称之为票证法或票据法。这里的基本价格意指投标截止日期前28天的(材料或者人工等)价格;现行价格指在提交投标书后,工程实施中采购(材料或者人工等)的价格。这种方法与国内基本建设内部管理施工法的材料价差补差方法类似。一般做法是在投标时发包人应给出明确条件,注明补差材料名称及材料最终数量的限定,并随投标文件提交指定材料合法的基本价格证明文件。同时,发包人还将注明在项目实施过程中与基本价格组成内容相应的现行价格的组成内容,以及对承包人提交的现行价格文件的合法性提出明确规定。由于现行价格随市场升、降的不稳定性,将会给监理人处理价格调整带来不少的麻烦。因此,某一种材料可能在多次进度款支付中都出现调整,有的可能往返出现多退少补的情况,甚至要到最终支付时才能最后解决调价费用计算。特别是证明价格的合法性文件,在遇到票据管理混乱时,会给监理人的审查工作带来极大的困难。

2)第二种方法是规定一种固定公式,把全部合同价格分成若干组成部分,然后按各部分的价格指数进行综合调整,通常称之为公式法。

三、用公式法进行价格调整

(一) 基本思路

用公式法进行价格调整的基本思路是:首先将合同总价定为1,其次确定其价格不变部分所占有的比例,然后找出调价各部分价值占合同总价的比例再乘以相应的现价与基价之比,确定出一个调价指数,最后用合同总价乘以调价指数,即为价格补差额。具体的公式为:

$$调价补差额 = 合同总价 \times 调价指数 \tag{13-6}$$

也可表示为:

$$调整后的价格 = 合同总价 \times (1 + 调价指数) \tag{13-7}$$

(二) 公式法调整的优点

公式法比票证法具有更好的操作性,因为公式法的数字均可从现有的合同中获得,而影响调价的基本数据——物价指数,一般来自官方材料,公布指数的时间相对固定,如我国目前由国家统计局每年公布一次,因而调价时间也比较固定。这种方法易于被发包人和承包人接受,而且监理人在处理价格调整时证据充分、方便可靠。

(三) 公式法调价计算程序

1. 先确定基价或基价指数 P_{0i}

基价指数是指投标截止日期所在月份的前1个月,某种材料(或费用)在原产地国家的地区或政府物价局、统计局、建设行业行政主管部门公布流通使用的价格指数。

2. 确定现价或现价指数 P_{1i}

现价指数是指出具进度款支付证书前1个月中,材料原产地政府机关最新公布流通使用的价格指数。现价指数应与基价指数的确定方法相一致。在实际工作中,可根据招标文件的规定,以每年集中进行一次价格调整为宜,这样可以充分利用国家每年公布一次的物价指数。

现价指数按指数选择基期的不同分为定基物价指数和环比物价指数。定基物价指数以某一固定期为基期所计算的相对价格指数;环比物价指数是以计算期的前一时期为基期所计算的相对价格指数,以一个月(季)度期限编制的环比物价指数为月(季)度环比物价指数,以一个年度期限编制的环比物价指数为年度环比物价指数。国际上习惯使用定基物价指数,并且以香港统计局公布的为准。我国每次公布的各种物价指数常常是环比物价指数,在计算时要将环比物价指数换算成定基物价指数,以每年公布一次的年度环比物价指数为例。例如,某工程于1995年招投标,1995年底签订合同,工程于1999年竣工,要对1998年的工程费用进行调整(一次性调整),就必须先将1998年与1995年相比的定基物价指数算出。若1996年、1997年、1998年三年的环比物价指数分别为110、112、114,那么1998年的现价指数 P_{1i} 不是114,而是 $110 \times 112 \times 114 \times 100^{-2} = 140$。也就是说,以1995年为基期(1995年的定基物价指数为100),1998年的定基物价指数为140。

3. 确定物价比值系数 b_i

物价比值系数为现价指数与基价指数之比。即：

$$b_i = \frac{P_{1i}}{P_{0i}} \tag{13-8}$$

式中：b_i——第 i 项影响价格因素（如劳动力、某项材料、机械折旧与维修和燃料等）的现价指数与基价指数之比；

P_{1i}——第 i 项影响价格因素（如劳动力、某项材料、机械折旧与维修和燃料等）的现价指数；

P_{0i}——第 i 项影响价格因素（如劳动力、某项材料、机械折旧与维修和燃料等）的基价指数。

4. 确定可调系数 C_i

可调系数是指影响价格的各种材料或因素的费用所占合同总价的权重系数。即：

$$C_i = \frac{W_i}{CP} \tag{13-9}$$

式中：C_i——第 i 项影响价格因素的可调系数；

W_i——第 i 项影响价格因素的金额；

CP——合同总价；

5. 确定固定常数（总价不变系数）C_0

固定常数是指在支付中不进行调整价格的金额占合同总价的权重系数，即价格不变部分所占有的比例（也称为总价不变系数），指合同价中一部分不受物价上涨、下调影响的费用占总费用的比例。不进行调整的金额是指固定的间接费、利润、税金以及发包人以固定价格提供的材料等。世界银行在推荐公式时固定价的比例一般为 15% ~ 20%。计算公式为：

$$C_0 = 1 - \sum C_i \tag{13-10}$$

6. 确定价格调价指数 PAF

$$PAF = C_0 + \sum b_i C_i - 1 \tag{13-11}$$

7. 确定价格调整补差额

$$ADJ = LCP(或者 FCP) \times PAF \tag{13-12}$$

式中： ADJ——价格调整补差额；

LCP（或者 FCP）——价格调整内合同基价中人民币部分（或者外币部分）；

PAF——物价调价指数。

四、《中华人民共和国标准施工招标文件》（2007 年版）关于价格调整的规定

（一）物价波动引起的价格调整

除专用合同条款另有约定外，因物价波动引起的价格调整按照《中华人民共和国标准施工招标文件》（2007 年版）通用合同条款第 16.1 款约定处理。可以采用价格指数（公式法）调

整价格差额,或者采用造价信息(信息指导价)调整价格差额两种方法来处理。

1. 采用价格指数调整价格差额

因人工、材料和设备等价格波动影响合同价格时,根据投标函附录中的价格指数和权重表约定的数据,按以下公式计算差额并调整合同价格。

$$\Delta P = P_0 \times \left[A + \left(R_1 \times \frac{F_{t1}}{F_{01}} + R_2 \times \frac{F_{t2}}{F_{02}} + \cdots + R_n \times \frac{F_{tn}}{F_{0n}} \right) - 1 \right] \quad (13\text{-}13)$$

式中： ΔP ——需调整的价格差额；

P_0 ——按合同约定的付款证书中承包人应得到的已完成工程量的金额,此项金额应不包括价格调整、不计质量保证金的扣留和支付、预付款的支付和扣回,按合同约定的变更及其他金额已按现行价格计价的也不计在内；

A ——定值权重(即不调部分的权重)；

$R_1 、 R_2 \cdots R_n$ ——各可调因子的变值权重(即可调部分的权重),为各可调因子在投标函投标总报价中所占的比例；

$F_{t1} 、 F_{t2} \cdots F_{tn}$ ——各可调因子的现行价格指数,指合同文件约定的付款证书相关周期最后一天的前42天的各可调因子的价格指数；

$F_{01} 、 F_{02} \cdots F_{0n}$ ——各可调因子的基本价格指数,指基准日期的各可调因子的价格指数。

以上价格调整公式中的各可调因子、定值和变值权重,以及基本价格指数及其来源在投标函附录价格指数和权重表中约定。价格指数应首先采用有关部门提供的价格指数,缺乏上述价格指数时,可采用有关部门提供的价格代替。

在使用价格指数调整价格差额计算公式时,应该注意以下几点：

第一,在计算调整差额过程中得不到现行价格指数时,可暂时用上一次调整差额计算的价格指数计算,并在以后的付款中再按实际价格指数进行调整。

第二,由于按《中华人民共和国标准施工招标文件》第15.1款约定的变更导致原定合同中的权重不合理时,公式中权重的调整由监理人与承包人和发包人协商后进行调整。

第三,由于承包人原因未在约定的工期内竣工的,则对原约定竣工日期后继续施工的工程,在使用价格调整公式时,应采用原约定竣工日期与实际竣工日期的两个价格指数中较低的一个作为现行价格指数。这是因承包人工期延误后的价格调整的原则。

2. 采用造价信息调整价格差额

在施工期内,因人工、材料、设备和机械台班价格波动影响合同价格时,人工、机械使用费按照国家或省(自治区、直辖市)建设行政管理部门、行业建设管理部门或其授权的工程造价管理机构发布的人工成本信息、机械台班单价或机械使用费系数进行调整;需要进行价格调整的材料,其单价和采购数应由监理人复核,监理人确认需调整的材料单价及数量,作为调整工程合同价格差额的依据。

(二)法律变化引起的价格调整

在基准日后,因法律变化导致承包人在合同履行中所需要的工程费用发生除第16.1款约定以外的增减时,监理人应根据法律、国家或省(自治区、直辖市)有关部门的规定,按第3.5款商定或确定需调整的合同价款。

五、《水运工程标准施工招标文件》(JTS 110—8—2008)关于价格调整的规定

《水运工程标准施工招标文件》(JTS 110—8—2008)在专用合同条款第16.1.3项规定,物价波动引起的价格调整方法:

1) 主要材料价格变化幅度超过_____%时,超过_____%的部分调整材料价差,并计列相应的税金、教育附加费和城市建设维护费;

2) 主要材料名称:_____;

3) 主要材料基准价格:投标截止前28天,工程所在地建设主管部门公布的信息价格;

4) 结算期主要材料价格:工程计量前28天,工程所在地建设主管部门公布的信息价格;

5) 工程所在地无建设主管部门公布的信息价格时:_____。

可见按照《水运工程标准施工招标文件》(JTS 110—8—2008)的规定,主要材料价格变化幅度没有超过合同规定幅度时,一律不调整材料价差;超过合同规定幅度时,仅仅对超过合同规定的部分进行调整材料价差;约定的主要材料名称、不调整材料价差的价格变化幅度、工程所在地没有建设主管部门公布的信息价格时采用什么价格都必须在专用合同条款中约定。

第六节 工程结算

工程预付款和工程进度款的计算与支付已在前面的章节介绍,这里仅介绍工程竣工结算和其他(特殊)费用结算的内容。

一、安全施工方面的费用

承包人应遵守工程建设安全生产有关管理规定,严格按照安全标准组织施工,并随时接受行业安全检查人员依法实施的监督检查,采取必要的安全防护措施,消除事故隐患。由于承包人安全措施不力造成事故的责任和因此发生的费用,由承包人承担。

发包人应对其在施工场地的工作人员进行安全教育,并对他们的安全负责。发包人不得要求承包人违反安全管理的规定进行施工。因发包人原因导致的安全事故,由发包人承担相应责任及发生的费用。

承包人在动力设备、输电线路、地下管道、密封防震车间、易燃易爆地段以及临街交通要道附近施工时,施工开始前应向工程师提出安全防护措施,经工程师认可后实施,防护措施费用由发包人承担。

实施爆破作业,在放射、毒害性环境中施工(含储存、运输、使用)及使用毒害性、腐蚀性物品施工时,承包人应在施工前14天以书面形式通知工程师,并提出相应的安全防护措施,经工程师认可后实施,由发包人承担安全防护措施费用。

发生重大伤亡及其他安全事故,承包人应按有关规定立即上报有关部门并通知工程师,同时按政府有关部门要求处理,由事故责任方承担发生的费用。

发包人和承包人对事故责任有争议时,应按政府有关部门的认定处理。

二、专利技术及特殊工艺涉及的费用

发包人要求使用专利技术或特殊工艺,应负责办理相应的申报手续并承担申报、试验、使用等费用;承包人提出使用专利技术或特殊工艺,应取得工程师认可,承包人负责办理申报手续并承担有关费用。

擅自使用专利技术侵犯他人专利权的,责任者依法承担相应责任。

三、文物和地下障碍物涉及的费用

在施工中发现古墓、古建筑遗址等文物及化石或其他有考古、地质研究等价值的物品时,承包人应立即保护好现场并于4h内以书面形式通知工程师,工程师应于收到书面通知后24h内报告当地文物管理部门。承包人按文物管理部门的要求采取妥善保护措施,发包人承担由此发生的费用,顺延延误的工期。

施工中出现影响施工的地下障碍物时,承包人应于8h内以书面形式通知工程师,同时提出处置方案,工程师收到处置方案后24h内予以认可或提出修正方案,发包人承担由此发生的费用,顺延延误的工期。

所发现的地下障碍物有归属单位时,发包人应报请有关部门协同处置。

第十四章 水运工程施工安全监理

本章主要介绍监理工程师在水运工程监理工作中施工安全监理的主要知识点,部分内容在《交通运输工程目标控制(基础知识篇)》《交通运输工程目标控制(水运工程专业知识篇)》已有介绍,请结合使用。

第一节 水运工程安全风险评估

本章内容包括风险评估的基本规定以及总体风险评估、专项风险评估、风险控制措施、风险评估报告等要求。

一、基本规定

(一)评估阶段划分

施工安全风险评估分为总体风险评估和专项风险评估两个阶段。总体风险评估宜在项目施工招标前完成。专项风险评估包括施工前专项风险评估、施工过程专项风险评估和风险控制预期效果评价等环节,贯穿整个施工过程。

(二)评估方法选择

施工安全风险评估方法应根据工程的特点和实际进行选择。总体风险评估宜采用专家调查法和指标体系法等方法;专项风险评估可综合采用安全检查表法、作业条件危险性评价法(LEC法)、专家调查法、指标体系法、风险矩阵法等方法,必要时宜采用两种以上方法比对验证风险评估结果,当采用不同方法得出的评估结果出现较大差异时,应分析导致较大差异的原因,确定合理的评估结果。

(三)评估实施步骤

施工安全风险评估工作包括以下几个步骤:前期准备、现场调查、总体风险评估、专项风险评估、风险评估报告编制、风险评估报告评审。

(四)风险等级划分

总体风险评估和专项风险评估等级均分为四级:低风险(Ⅰ级)、一般风险(Ⅱ级)、较大风险(Ⅲ级)、重大风险(Ⅳ级)。

（五）评估结论应用

总体风险评估结论可为建设单位的项目组织实施、安全管理力量投入、资源配置和施工单位选择等方面决策提供支持，可作为施工单位编制施工组织设计和开展专项风险评估的依据。专项风险评估结论应作为施工单位完善施工组织设计、编制完善专项施工方案的依据。

（六）评估工作要求

开展施工安全风险评估工作应成立评估小组，评估小组成员应严格按照评估流程和要求开展评估工作，评估结果应通过评估小组集体讨论确定。桥梁工程、隧道工程、边坡工程、港口工程、航道工程和船闸工程施工安全风险评估工作还应符合各类工程的具体要求。

（七）风险控制要求

工程施工应实施全过程风险分级管控和风险警示告知、监控预警制度。在项目实施前期阶段，应根据总体风险评估结果采取相应措施，并在后续项目施工阶段，根据专项风险评估结果采取事前预控、事中监控、事后评价的方式，实施动态、循环的风险控制，直至将风险至少降低到可接受的程度。施工过程中的风险监控宜采用信息化、智能化、可视化方式。

二、总体风险评估

（一）一般要求

1）水运工程中功能相同、位置相邻、条件相似的两个或多个水工主体结构可作为一个总体风险评估对象。

2）总体风险评估应依据项目前期立项批复文件、环评报告、地质勘察报告、水文气象资料、设计风险评估报告(如有)、初步设计文件、施工图设计文件、评估人员的现场调查资料等开展。

（二）专家调查法

1）评估小组成员应不少于5位专家，且为单数。每位专家应独立、客观给出评估结果及信心指数。

2）专家应具备高级及以上技术职称，并具有15年及以上公路水运工程建设管理、施工、监理、勘察设计或风险评估等工作经历，其中，组长应选择专业技术能力强、施工管理经验丰富的专家担任。

（三）指标体系法

1）评估小组应根据影响施工安全风险的主要因素，将其分为工程特点、施工环境、地质条件、气象水文、资料完整性等项别，对每个项别细分提出若干评估指标，并确定指标的分级区间及对应的基本分值范围，从而建立评估指标体系。

2）评估指标取值应首先由评估小组根据工程实际情况和指标分级情况，确定指标所在的分级区间，在分级区间的分值范围内，采用插值法等方法，集体讨论确定指标的分值。在确定指标所在的分级区间时，应遵循最不利原则，越不利的情况取值越大。

3)评估应采用权重系数对各评估指标重要性进行区分。权重系数可采用重要性排序法、层次分析法、复杂度分析法等方法确定,必要时可综合运用多种方法进行比对后确定。

三、专项风险评估

(一)一般要求

1)公路水运工程施工安全专项风险评估的基本程序应包括风险辨识与风险分析、风险估测、风险控制。

2)分部分项工程开工前,应完成施工前专项风险评估。施工前专项风险评估结论及重大作业活动清单应作为专项施工方案的专篇,在此基础上,细化改进施工安全风险监测与控制措施。

3)施工过程中,出现如下情况之一的,应开展施工过程专项风险评估:

(1)重大作业活动存在遗漏;

(2)经项目建设、施工、监理单位或评估单位提出并经论证出现了新的重大作业活动;

(3)经项目建设、施工、监理单位或评估单位发现并提出原有的作业活动发生了重大变化,如现场揭示水文地质条件与事前判别的水文地质条件相差较大且趋于劣化、主要施工工艺发生实质性改变、发生对施工安全风险产生较大影响的设计变更、发生重大险情或生产安全事故等情况;

(4)有关法律、法规、标准提出了新的要求。

4)对于较大风险(Ⅲ级)和重大风险(Ⅳ级)的作业活动,应在实施风险控制措施、完成典型施工或首件施工后,开展风险控制预期效果评价。

(二)风险辨识与风险分析

1)风险辨识与风险分析应包括5个步骤:工程资料的收集整理、施工现场地质水文条件和环境条件的调查(或补充勘察)、施工队伍素质和管理制度调查、施工作业程序分解和风险事件辨识、致险因素及风险事件后果类型分析。

2)风险辨识与风险分析需收集、整理的相关工程资料应包括:

(1)本工程的可行性研究报告、环评报告、地质勘察报告、设计风险评估报告(如有)、初步设计文件、施工图设计文件、施工组织设计文件、总体风险评估报告(如有)及海事、港航、水利、环保等部门作出的与工程建设安全相关的文件;

(2)工程区域内的环境条件,包括建筑物、构筑物、通航船舶、埋藏物、管道、缆线、民防设施、铁路、公路、外电架空线路、饮用水源、养殖区、生态保护区等可能造成事故的环境要素;

(3)工程区域内地质、水文、气象等灾害事故资料;

(4)同类工程事故资料;

(5)其他与风险辨识对象相关的资料;

(6)施工过程专项风险评估时,除(1)~(5)资料外还应收集重要设计变更资料、施工记录文件、监控量测资料、质量检测报告等;

(7)风险控制预期效果评价时,除(1)~(5)资料外还应收集典型施工或首件施工情况、风险控制措施落实情况等。

3）施工现场地质水文条件和环境条件调查应包括：

（1）工程地质条件；

（2）气候水文条件；

（3）周边环境条件；

（4）施工过程专项风险评估的调查除（1）~（3）外，还应调查补充地质勘察结果（如有）、现场开挖揭露地质情况的差异、周边环境的变化情况。

4）施工作业程序分解和风险事件辨识应包括：

（1）依据施工图设计文件以及施工组织设计等，通过现场调查、评估小组讨论、专家咨询等方式，将施工过程划为不同的作业活动；

（2）辨识各作业活动中可能发生的典型风险事件类型。

5）致险因素及风险事件后果类型分析应包括：

（1）从物的不安全状态（如地质条件、施工方案、施工环境、施工机械、自然灾害等方面）和人的不安全行为（如施工操作、作业管理等方面）分析致险因素；

（2）从人员伤亡和直接经济损失等方面分析风险事件后果类型，其中，可能受到风险事件伤害的人员类型应包括作业人员自身、同一作业场所的其他作业人员、作业场所周围其他人员。

（三）风险估测

1. 风险估测方法

1）桥梁工程、边坡工程、港口工程、航道工程和船闸工程风险估测方法应结合作业活动的复杂程度、潜在风险事件的特点等因素确定，隧道工程风险估测方法按相关要求确定。

2）作业活动按照复杂程度分为一般作业活动和重大作业活动。梁工程、边坡工程、港口工程、航道工程和船闸工程应分别确立常见重大作业活动清单。具体桥梁工程项目、边坡工程项目、港口工程项目、航道工程项目和船闸工程项目应对照常见重大作业活动清单，结合风险辨识与风险分析结果，确定一般作业活动和重大作业活动。

2. 一般作业活动风险估测

1）一般作业活动风险估测可采用定性（如检查表法）或半定量方法（如 LEC 法）。

2）检查表法把检查对象加以分解，将大系统分割成若干子系统，以提问或打分的形式，将检查项目列表逐项检查。

3）LEC 法根据作业人员在具有潜在危险性环境中作业，用与作业风险有关的三种因素指标值的乘积来评价风险。

3. 重大作业活动风险估测

1）重大作业活动风险估测可采用定性与定量相结合方法。风险事件后果严重程度的估测方法宜采用专家调查法，风险事件可能性的估测方法宜采用指标体系法。

2）风险事件后果严重程度的等级分成 5 级，主要考虑人员伤亡和直接经济损失。当多种后果同时产生时，应采用就高原则确定风险事件后果严重程度等级。

（1）人员伤亡程度等级划分应依据人员伤亡的类别和严重程度进行分级，见表 14-1。

人员伤亡程度等级标准(单位:人)　　　　　表14-1

等级	定性描述	死亡人数 ND	重伤人数 NSI
1	小	—	$1 \leqslant NSI < 5$
2	一般	$1 \leqslant ND < 3$	$5 \leqslant NSI < 10$
3	较大	$3 \leqslant ND < 10$	$10 \leqslant NSI < 50$
4	重大	$10 \leqslant ND < 30$	$50 \leqslant NSI < 100$
5	特大	$ND \geqslant 30$	$NSI \geqslant 100$

(2)直接经济损失程度等级划分可依据经济损失或经济损失占项目建安费的比例进行分级;对于工程造价较低的公路水运工程,宜采用"经济损失占项目建安费的比例"这一相对指标进行判定。经济损失和经济损失占项目建安费的比例的等级划分见表14-2。

直接经济损失程度等级标准　　　　　表14-2

等级	定性描述	经济损失 Z(万元)	经济损失占项目建安费的比例 p_r(%)
1	小	$Z < 100$	$p_r < 1$
2	一般	$100 \leqslant Z < 1000$	$1 \leqslant p_r < 2$
3	较大	$1000 \leqslant Z < 5000$	$2 \leqslant p_r < 5$
4	重大	$5000 \leqslant Z < 10000$	$5 \leqslant p_r < 10$
5	特大	$Z \geqslant 10000$	$p_r \geqslant 10$

(3)根据风险事件发生的可能性、后果严重程度等级,可采用风险矩阵法等方法确定重大作业活动的施工安全风险等级。将专项风险评估的风险等级用不同颜色在施工形象进度图中标识出来,形成"红橙黄蓝"四色施工安全风险分布图,并附在评估报告中,同时以列表方式汇总重大作业活动风险等级,填入表14-3。

重大作业活动风险等级汇总表　　　　　表14-3

重大作业活动	风险事件可能性等级	风险事件后果严重程度			风险等级	评估理由
		人员伤亡	直接经济损失	……	风险事件后果严重程度等级		
重大作业活动1							
……							
重大作业活动N							

(四)风险控制措施

应根据专项风险评估结果与接受准则,提出风险控制措施。对于重大作业活动,还应根据不同的风险等级提出分级控制措施,确定层级责任和责任人,实施现场管理和监控预警,见表14-4。

专项风险接受准则与控制措施　　　　　表14-4

风险等级	接受准则	控制措施	分级控制措施			
等级Ⅰ(低风险)	可忽略	不需采取特别的风险防控措施	日常管理	—	—	—
等级Ⅱ(一般风险)	可接受	需采取风险防控措施,严格日常安全生产管理,加强现场巡视	日常管理	监控预警	专项整治	—

续上表

风险等级	接受准则	控制措施	分级控制措施			
等级Ⅲ（较大风险）	不期望	应采取措施降低风险,将风险至少降低到可接受的程度	日常管理	监控预警	多方面专项整治	应急预案、应急准备
等级Ⅳ（重大风险）	不可接受	应暂停开工或施工;同时采取措施,综合考虑风险成本、工期及规避效果等,按照最优原则,将风险至少降低到可接受的程度,并加强监测和应急准备	日常管理	监控预警	暂停开工或施工、全面整治	应急预案、应急准备

(五) 风险控制措施建议

(1)总体风险评估和专项风险评估均应提出风险控制措施建议。

(2)总体风险评估应提出主要风险控制措施建议,重点提出风险控制总体思路,以及安全管理力量投入、资源(财、物)配置、施工单位选择的建议。

(3)专项风险评估应针对作业活动或施工区段提出系统全面、重点突出的风险控制措施建议,为现场安全管理、专项施工方案编制和完善、安全技术交底、应急处置提供依据。专项风险评估中风险等级为Ⅲ级(较大风险)及以上时,应分析找出导致较大或重大风险的关键指标,提出有针对性的措施降低风险。

(4)施工前和施工期间宜采取的风险控制措施包括调整施工方案、加强安全措施、提高管理水平和人员的素质等。

四、风险评估报告

(一) 一般要求

1)风险评估报告应反映风险评估过程的全部工作,将风险评估过程中的工作记录、采用的评估方法、获得的评估结果、风险控制措施建议等都应写入评估报告。

2)风险评估报告应客观科学、内容全面、文字简洁、数据完整,提出的风险控制措施具有可操作性。

3)风险评估报告应进行归档管理。

(二) 风险评估报告编制内容

1)总体风险评估报告应包含以下内容:

(1)编制依据:

①相关的国家和行业标准、规范;

②项目批复文件;

③项目可行性研究报告、工程地质勘察报告、初步设计文件、施工图设计文件,以及海事、港航、水利、环保等部门作出的与工程建设安全有关的文件等;

④现场调查资料。

(2)工程概况。

(3)评估过程和评估方法。
(4)评估内容。
(5)风险控制措施建议。
(6)评估结论:
①风险等级(各评估对象);
②重要性指标清单(指标体系法);
③专项风险评估对象;
④风险控制措施建议;
⑤评估结果自我评价及遗留问题说明。
(7)附件(评估计算过程、评估人员信息表等)。
2)施工前专项风险评估报告应包含以下内容:
(1)编制依据:
①相关的国家和行业标准、规范;
②项目可行性研究报告、工程地质勘察报告、初步设计文件、施工图设计文件以及审查意见等;
③总体风险评估成果及工程前期的风险评估成果;
④现场调查资料;
⑤第三方检测监测资料。
(2)工程概况。
(3)评估过程和评估方法。
(4)评估内容,包括风险事件辨识、致险因素分析以及风险估测。
(5)风险控制措施建议。
(6)评估结论:
①风险等级汇总;
②重要性指标清单(指标体系法);
③风险控制措施建议;
④评估结果自我评价及遗留问题说明。
(7)附件(评估计算过程、评估人员信息表等)。

(三)总体风险评估报告和施工前专项风险评估报告的格式

总体风险评估报告和施工前专项风险评估报告的格式应包括:
(1)封面(包括评估项目名称、评估单位、报告完成日期);
(2)著录项(评估人员名单,并应亲笔签名);
(3)目录;
(4)正文;
(5)附件。

(四)评估报表格式

施工过程专项风险评估应形成评估报表,格式由评估小组自定,应包含以下内容:

(1)施工作业变化情况;
(2)重新评估的风险等级及计算过程;
(3)拟建议的风险控制措施等内容;
(4)评估人员信息表。

(五)评价报表格式

风险控制预期效果评价应形成评价报表,格式由评价专家组自定,应包含以下内容:
(1)典型施工或首件施工安全风险控制情况;
(2)采取措施后预期风险的等级;
(3)风险控制措施的完善建议;
(4)评估人员信息表。

(六)风险评估报告评审

1)总体风险评估报告或专项风险评估报告(包括施工前专项风险评估报告、施工过程专项风险评估报表和风险控制预期效果评价报表)编制完成后,应组织评审。

2)总体风险评估报告应由建设单位组织评审,专项风险评估报告应由施工单位组织评审。评审应邀请设计、监理(如有)等单位代表和专家参加,专家人数应不少于3人,专家及专家组长条件应符合规范的要求。评估小组应根据评审意见对评估报告进行修改,形成最终报告。

第二节 水运工程中危险性较大的分部分项工程

根据《建设工程安全生产管理条例》《公路水运工程安全生产监督管理办法》(交通运输部令2017年第25号)《公路水运危险性较大工程专项施工方案编制审查规程》(JT/T 1495—2024)《公路工程施工安全技术规范》(JTG F90—2015)等有关规定以及实践经验对公路工程、水运工程危险性较大工程及超过一定规模的危险性较大工程专项施工方案的范围进行分类划定。

危险性较大的分部分项工程,是指在施工过程中存在的、可能导致人员群死群伤或造成重大的财产损失、环境破坏或其他损失的分部分项工程。

超过一定规模的危险性较大工程,是指工程条件复杂、技术难度大、安全风险高的危险性较大工程。

危险性较大的分部分项工程专项施工方案,是指在公路水运工程建设中,施工单位在编制施工组织设计的基础上,针对危险性较大的分部分项工程单独编制的质量安全技术措施文件;工程项目危险性较大的分部分项工程应编制专项施工方案;超过一定规模的危险性较大的分部分项工程专项施工方案,应经专家论证,论证通过后方可实施。

专项施工方案实施时,应落实项目负责人轮流带班生产制度。

一、水运工程危险性较大分部分项工程划分范围

危险性较大的分部分项工程和超过一定规模危险性较大的分部分项工程如表14-5所示。

危险性较大的分部分项工程 表 14-5

序号	类别	水运工程危大工程范围	水运工程超危大工程范围
1	基坑开挖、支护、降水工程	1. 开挖深度3m及以上的基坑(槽)开挖、支护、降水工程。 2. 深度3m以下但地质条件和周边环境复杂的基坑(槽)开挖、支护、降水工程	1. 深度5m及以上的基坑(槽)的土(石)方开挖、支护、降水工程。 2. 开挖深度虽在5m以下,但地质条件、周围环境和地下管线复杂,或影响毗邻建(构)筑物安全或存在有毒有害气体分布的基坑(槽)的开挖、支护、降水工程
2	基础工程	1. 桩基础。 2. 挡土墙基础。 3. 沉井等深水基础	1. 开挖深度15m及以上的人工挖孔桩或开挖深度不超过15m,但地质条件复杂的人工挖孔桩工程。 2. 打入桩桩长超过50m,钻孔桩桩长超过100m,桩径大于3.5m的桩基础工程。 3. 平均高度6m及以上且面积1200m²及以上的砌体挡土墙的基础工程。 4. 水深20m及以上的各类深水基础工程。离岸无掩护条件下的桩基施工
3	大型临时工程	1. 围堰工程。 2. 各类工具式模板工程。 3. 支架高度5m及以上,跨度10m及以上,施工总荷载10kN/m²及以上,集中线荷载15kN/m及以上。 4. 用于钢结构安装等满堂承重支撑体系。 5. 搭设高度24m及以上的落地式钢管脚手架工程,附着式升降脚手架工程,悬挑式脚手架工程高处作业吊篮,自制卸料平台、移动操作平台工程,新型及异形脚手架工程。 6. 便桥、临时码头。 7. 水上作业平台。 8. 陆地机械设备上船进行施工	1. 水深10m及以上的围堰工程。 2. 支架高度8m及以上,跨度18m及以上,施工总荷载15kN/m²及以上,集中线荷载20kN/m及以上。 3. 用于钢结构安装等满堂承重支撑体系,承受单点集中荷载7kN及以上。 4. 50m及以上落地式钢管脚手架工程。 5. 提升高度在150m及以上的附着式升降脚手架工程或附着式升降操作平台工程。 6. 分段架体搭设高度20m及以上的悬挑式脚手架工程
4	疏浚、吹填工程	1. 疏浚、吹填工程。 2. 开挖深度5m及以上的岸坡开挖工程。 3. 围堰吹填及吹填造陆工程	1. 开挖深度20m及以上的岸坡开挖工程。 2. 围堰高度超过5m的吹填工程。 3. 内河疏浚与吹填工程大于或等于100万m³,沿海疏浚与吹填工程大于或等于500万m³的远海疏浚与吹填作业
5	码头工程	1. 无掩护条件水上作业工程。 2. 预制预应力构件工程。 3. 水下基床爆破夯实。 4. 水上、水下混凝土构件安装工程。 5. 钢引桥安装工程。 6. 码头拆除工程	1. 水上、水下5000kN及以上混凝土构件安装工程。 2. 跨径30m及以上钢引桥安装工程
6	防波堤及护岸工程	1. 内河深水超过2m的作业工程。 2. 水深超过10m且海况恶劣的抛石工程。 3. 爆破挤淤工程	水深超过20m且海况恶劣的抛石工程

续上表

序号	类别	水运工程危大工程范围	水运工程超危大工程范围
7	船闸工程	总水头5m及以上闸阀门安装工程	总水头20m及以上大型闸阀门安装工程
8	起重吊装工程	1. 无掩护水域吊装工程。 2. 陆上采用非常规起重设备、方法,且单件起吊重量在10kN及以上的起重吊装工程。 3. 水上吊装1000kN及以上的吊装工程。 4. 水上吊装跨距30m及以上,且重量500kN及以上的吊装工程。 5. 采用起重机械进行安装的工程。 6. 起重机械设备自身的安装、运架、拆卸	1. 采用非常规起重设备、方法,且单件起吊重量在100kN及以上的起重吊装工程,2台及以上轮式或履带式起重机起吊同一吊物的起重吊装工程。 2. 水上吊装5000kN及以上的吊装工程。 3. 水上吊装跨距50m及以上,且重量500kN及以上的吊装工程。 4. 水上结构高度30m以上吊装作业工程。 5. 起重量300kN及以上,搭设总高度200m及以上,搭设基础高程在200m以上的起重设备安装、运架、拆卸工程。 6. 临水起重设备的安装、拆卸工程
9	其他	1. 爆破工程。 2. 打桩船、铺排船、半浅驳等施工船作业。 3. 边通航边施工作业。 4. 潜水作业工程。 5. 水下焊接、切割工程。 6. 水下混凝土浇筑工程。 7. 水上构件出运及安装工程。 8. 毗邻燃气、石油、电力、通信等地。 9. 下管线的水上施工工程。 10. 其他有必要编制专项施工方案的工程	1. 级及以上爆破工程、水下爆破工程。 2. 在三级及以上通航等级的航道上进行的水上水下施工。 3. 水深30m以上潜水作业。 4. 无掩护水域大型预制构件的出运及安装作业。 5. 采用新技术、新工艺、新材料、新设备及尚无相关技术标准的危险性较大的工程。 6. 其他有必要开展专家论证的工程

注:此表内容来源《公路水运危险性较大工程专项施工方案编制审查规程》(JT/T 1495—2024)(中华人民共和国交通运输部,2024年4月2日发布,2024年7月1日实施)。

二、专项施工方案(技术方案)编制及审批程序

1)施工单位应在危险性较大工程施工前编制专项施工方案,专项施工方案由施工单位技术负责人组织编制。

2)专项施工方案编制应包括以下内容:

(1)编制依据:法律依据(包括相关法律、法规、规范性文件、标准等)、项目文件(包括施工合同、勘察文件、施工图纸及其他技术文件)、施工组织设计、施工安全风险评估报告等;

(2)工程概况:工程基本情况、工程地质与水文气象、周边环境、施工平面及立面布置、施工要求和技术保证条件、风险辨识与分级、相关参建单位;

(3)施工计划:包括施工进度计划、劳动力计划、材料与设备计划、安全生产费用使用计划;

(4)施工工艺技术:技术参数、标准化工序工艺流程、施工方法及操作要求、检查要求等;

(5)安全保证措施:组织保障(包括安全组织机构,安全保证体系及相应人员安全职责等)技术保证措施、检查与验收、监测监控措施、应急处置措施等;

(6)质量保证措施:质量目标、工程创优规划、质量保证体系,质量控制程序与具体措施等;环境保证措施:环境保护组织机构、环境保护及文明施工措施等;

(7)施工管理人员配备及分工:施工管理人员,专职安全生产管理人员,特种作业人员、其他作业人员等;

(8)验收要求:验收标准、验收程序、验收内容、验收人员等;

(9)其他资料:计算书及相关图纸;

3)施工单位应在危大工程施工前组织工程技术人员编制专项施工方案。实行施工总承包的,应由施工总承包单位组织编制;实行专业工程分包的,其专项施工方案可由专业承包单位组织编制。

4)专项施工方案应由施工单位组织本单位技术、安全、质量、材料、设备等相关专业人员进行审核经审核合格的,由施工单位技术负责人签字并加盖单位公章。实行专业分包并由专业分包单位编制专项施工方案的,专项施工方案应由总承包单位技术负责人及相关专业分包单位技术负责人共同签字并加盖所属单位公章。

5)专项施工方案编制时,应根据危大工程的特点和要求进行必要的设计和安全验算,对所引用的计算方法和数据,应说明其来源和依据。方案中应有文字说明和必要的图示,图文应清晰明了,图示应标注规范。

三、专项施工方案(技术方案)审查内容

1)不需要专家论证的危大工程专项施工方案,经施工单位审核合格后报监理单位,由项目总监理工程师审查签字并加盖项目监理机构公章后方可实施。

2)对于超危大工程或未达到超危大工程要求但参建方认为有必要的,施工单位应组织专家对专项施工方案进行论证。实行施工总承包的,由施工总承包单位组织召开专家论证会。专家论证前,专项施工方案应通过施工单位审核和项目总监理工程师审查。下列人员应参加专家论证会:

(1)专家组成员;

(2)建设单位项目负责人或技术负责人;

(3)监理单位项目总监理工程师及相关人员;

(4)施工单位技术负责人或授权委派的专业技术人员,项目经理、项目安全负责人、项目技术负责人、专项方案编制人员、项目相关安全生产管理人员;

(5)勘察、设计单位项目技术负责人或授权委派的相关人员;

(6)涉及既有铁路、公路、海事和构筑物保护区安全等情况的,应邀请权属单位和监管部门代表参加方案论证会。

3)专家组成员应由不少于5名且符合相关专业要求的专家组成。专家应具备以下基本条件:

(1)诚实守信、作风正派、学术严谨;

(2)从事专业工作15年以上或具有丰富的专业经验;

(3)具有高级专业技术职称。

4)项目利害相关方的人员不应以专家身份参加专家论证会。

5)专家论证的主要内容应包括:
(1)专项施工方案内容完整、可行;
(2)专项施工方案有计算书和验算依据;
(3)专项施工方案满足现场实际情况,保证施工安全。

6)专项施工方案经论证后,专家组应提交论证报告,对论证的内容提出明确的意见和结论,与会全体专家在论证报告上签字。该报告作为专项施工方案修改完善的参考依据。

7)超危大工程专项施工方案经专家论证后结论为"通过"的,施工单位可参考专家意见自行修改完善;结论为"修改后通过"的,专家意见应明确具体修改内容,施工单位应按照专家意见进行修改,并履行有关审核和审查手续后方可实施,修改情况应及时告知专家,由专家组长签字确认;结论为"不通过"的,施工单位应重新编制专项施工方案,履行审核、审查及专家论证流程。

8)施工单位应根据论证报告修改完善专项施工方案,并经施工单位技术负责人、项目总监理工程师签字。实行施工总承包的,应由施工总承包单位技术负责人签字;实行专业分包的,由专业分包单位施工总承包单位技术负责人签字。

9)监理单位的审查内容和范围主要包括:
(1)编审程序及内容符合本文件要求;
(2)技术措施符合相关工程建设标准;
(3)按专家论证意见修改和完善。

第三节　水运工程安全监理工作的主要工作内容

一、施工准备阶段安全监理工作

(一)安全监理准备工作

1. 建立健全安全管理体系
1)建立安全监理的相关组织机构;
2)制定安全生产管理制度、安全监理责任制;
3)参加设计交底会,了解结构安全的技术要求和施工过程的安全注意事项;
4)编制安全监理实施细则;
5)对监理人员进行安全交底和安全教育;
6)审核专项施工方案;
7)审查分包单位资质,核查施工单位安全生产条件;
8)核查进场机械设备安全设施;
9)审查工程开工申请报告;
10)制定安全监理程序、记录方法和《水运工程施工监理规范》(JTS 252—2015)所列表格。

2. 编制安全监理实施细则
根据法律法规、委托合同中的安全监理约定的要求,以及工程项目特点、施工现场的实际情况,明确安全监理机构的安全监理工作目标,确定安全建立工作制度、方法和措施,并根据情况的变化予以补充、修改和完善。

安全监理实施细则包括以下主要内容:

1)安全监理工作内容;
2)安全监理工作目标;
3)项目监理机构监理人员安全监理职责;
4)安全监理工作程序;
5)安全风险分析、隐患排查和监理控制措施;
6)安全监理资料。

(二)审查施工单位安全生产管理体系

1)检查施工单位安全管理机构;
2)检查施工单位的各项安全管理规章制度是否健全和完善;
3)检查施工现场各种安全标志和临时设施的设置;
4)检查、督促施工单位与分包单位之间签订施工安全生产协议书;
5)检查施工单位安全技术措施费用的使用计划;
6)督促施工单位制定安全事故应急救援方案;
7)第一次工地会议上对有关施工安全生产管理体系的检查项目,书面告知施工单位;
8)明确本项目工程安全事故上报与处理程序;
9)监理工程师应在施工单位进场后,督促施工单位在编制施工组织设计的同时,将安全生产管理体系上报监理工程师。总监办应在收到施工单位后3天内完成审批。

(三)安全教育培训

1)工程参建单位应严格执行国家、地方、行业及企业对员工安全教育培训的有关规定,适时组织员工和特种作业人员的教育培训工作,从业人员应按规定持有效的资格证书上岗。未经安全生产教育培训考核或者培训考核不合格的人员,严禁上岗作业。

2)安全教育培训应坚持先培训、后上岗的原则;安全教育培训有"三类人员"培训、特种作业人员培训、进场安全教育、三级安全教育、班前(岗前)安全教育等形式。

3)安全教育培训应贯穿施工全过程,并有计划地分层次、分岗位、分工种实施,所有安全教育要有受教育人的亲笔签名,其教育培训情况记入个人工作档案。

4)"三类人员"必须参加水运工程建设行业安全生产管理人员培训、考核,取得合格证书,并按规定参加继续教育和培训。

5)特种作业人员必须按照国家和行业主管部门的相关规定,接受安全技术培训、考核和管理,并取得相应资格证书。

6)新进场人员上岗前,必须经过三级安全教育和培训。

7)施工单位在采用新技术、新工艺、新设备、新材料时,应对作业人员进行相应的安全生产教育培训。

8)作业人员进入新的施工现场或者转入新的岗位前,必须重新接受项目经理部和班组级的安全教育和培训。

(四)安全技术交底

安全技术交底分为设计安全交底、施工安全交底、班组安全交底。

1. 设计安全交底

1)工程开工前,设计单位应向建设单位、施工单位和监理单位进行施工图设计交底,设计单位在交底过程中应突出安全要点。

2)设计单位应对涉及施工安全的重要部位和环节,在设计文件中注明,并对防范生产安全事故提出交底意见。

3)对于采用"四新技术"、特殊工艺要求、特殊性结构、特殊构造的工程项目,设计单位应在设计中提出保障施工作业人员安全和预防安全事故的措施建议。

4)针对施工过程中由于设计原因造成的不安全因素,应及时进行设计方案的修改和完善,以满足施工安全作业要求。

2. 施工安全交底

1)施工安全技术交底要求。

施工安全技术交底由施工单位项目部技术负责人负责实施,实行逐级安全技术交底制度。横向涵盖项目部内各职能部门,纵向延伸到施工班组全体作业人员,任何人未经安全技术交底不准作业。安全技术交底应涵盖工程概况、施工方法、施工程序、安全技术措施等内容。

(1)分部分项工程开工前,施工方案(施工专项方案)的编制人员应向项目部管理人员、分包单位或作业班组负责人进行安全技术交底。

(2)危险性较大的分部分项工程施工前,应由专项施工方案编制人会同施工员,将安全技术措施、施工方法、施工工艺、施工中可能出现的风险因素、安全施工注意事项和紧急避险措施等,向参加施工的全体管理人员(包括分包单位现场负责人、安全管理员)、作业人员进行交底。

(3)各工种作业安全技术交底采用层级交底制,主要工序和特殊工序由项目技术负责人对主管施工员进行交底,主管施工员再向施工班组负责人进行技术交底;班组负责人还应对作业人员进行技术交底。一般工序由施工技术员直接向各施工班组进行交底。

2)施工安全技术交底的主要内容。

(1)施工组织设计方案交底的主要内容如下:

①采用的施工方法、施工机械、实施方案应注意的问题,要求达到的安全、质量、进度以及文明施工目标;

②有关班组的配合与支持,人员的管理办法与措施;

③有关施工机械的性能、进场及运行路线要求,原材料数量要求、质量要求、进场时间要求;

④主要劳动力、主要技术工种人员的技能要求、进场时间要求;

⑤施工工艺要求,工艺标准等。

(2)工程总承包单位向专业分包单位进行安全技术交底的主要内容如下:

①施工部位、内容和环境条件;

②专业分包单位、施工作业班组应掌握的相关现行标准规范、安全生产、文明施工规章制

度和操作规程；

③资源的配备及安全防护、文明施工技术措施；

④动态监控以及检查、验收的组织、要点、部位及节点等相关要求；

⑤与之衔接、交叉的施工部位、工序的安全防护、文明施工技术措施；

⑥潜在事故应急措施及相关注意事项。

3）当工程项目出现以下情况时，应重新组织安全技术交底：

(1)更新仪器、设备和工具，推广新技术、新工艺，使用新材料；

(2)发生因工伤亡事故、机械损坏事故及重大未遂事故；

(3)出现其他不安全因素和安全生产环境发生变化。

4）安全技术交底要具体、明确、及时，有针对性和可操作性，符合有关安全技术标准和操作规程的规定。

5）安全技术交底应优先交底采用的新的安全技术方法和技术措施。

6）安全技术交底应按规定程序进行，并履行书面交底签字手续，相关责任人各执一份。

7）施工单位应加强对安全技术交底工作的监督检查、效果评价和督促整改。

3. 班组安全交底

1）施工技术人员应向施工作业班组负责人和作业人员进行安全技术交底。

2）班(组)长(工区施工负责人)每天应根据当天作业的施工要求、作业环境等，分部位、分工种向工人进行工(班)前安全技术交底并做好记录，履行签字手续。重点部位的施工安全技术交底宜由施工单位技术人员组织。

3）专职安全生产管理人员应参与班(组)安全技术交底工作，并监督实施；施工单位内设的质量、安全管理部门等应督促施工班(组)做好班(组)的交底工作。

4）新进场工人在上岗操作前，施工单位质量、安全管理部门应联合对其进行本工种的安全技术操作规程的交底。操作内容或作业场地变化时应重新进行安全技术交底。

5）作业人员应按交底的要求施工，不得擅自变更。

6）施工班组安全技术交底应突出以下内容：

(1)告知施工过程中的作业危险特点、重大危险源及危害因素；

(2)针对危险点和重大风险源制订具体的预防措施；

(3)作业过程中应注意的安全事项；

(4)特殊工序的操作方法和相应的安全操作规程和标准要求；

(5)发生安全生产事故后应采取的自救方法、紧急避险和紧急救援措施等。

(五)审查施工单位的安全设施、船舶设备、特种设备及特种作业人员进场的报验手续

1. 安全设施、设备的审查

监理工程师在安全设施未进入工地前按下列步骤进行监督：

1）督促施工单位应提供安全设施的产地、厂家以及出厂合格证书，供审查。

2）根据需要对这些厂家的生产工艺等进行调查了解。

3)必要时对安全设施取样试验,确保安全设施满足要求。

2. 大、中型施工机械和船舶设备的进场审查

1)要求施工单位报送拟进场施工的大、中型施工机械和船舶设备资料并予以审查,对设备实物与资料符合情况进行核查,审核同意后,允许施工单位进场使用。

2)项目监理机构对大、中型施工机械和船舶设备的审核应包括下列主要内容:

(1)设备的有效证书或有效的检验合格证明文件;

(2)设备操作人员资格证书;

(3)船机设备作业区域是否为核定的适航区;

(4)相应的救生、消防、通信等安全配套设施的配备是否符合相关规定。

3)对大、中型施工机械和船舶设备及现场主要临时设施的日常维护保养记录进行检查。

3. 特种作业人员的进场审查

1)要求施工单位报送拟进场施工的特种作业人员,审核特种作业人员资格,包括垂直运输机械作业人员、安装拆卸作业人员、起重信号工、登高架设人员、爆破作业、电工、预应力张拉、水上作业、大(中)型机械操作员等特种作业人员的名册、岗位证书的相符性和有效性。

2)对不符合要求的人员不予进场施工,并要求施工单位更换合格人员。

(六)消防安全

1)施工单位应根据《中华人民共和国消防法》和有关规定,建立、健全消防制度,制定消防应急预案。

2)施工单位应对职工进行消防宣传教育,实行防火安全责任制,并确定区域消防安全责任人。

3)施工单位应保障施工现场的消防通道、疏散通道和安全出口畅通,并设置符合国家规定的消防安全疏散标志。

4)施工单位应按照有关法律法规的规定,在施工现场配备相应的消防设施、器材,并确保其完好、有效。大型临时设施的消防设计应按要求报所在地公安机关消防机构备案。

5)施工现场应根据作业环境和防火需要组建义务消防队,并定期开展消防演练。

6)在禁火区需明火作业时,必须执行动火审批和监管制度。

7)施工船舶的消防,应符合现行行业标准《船舶消防管理和检查技术要求》(JT/T 440)的有关规定。

(七)安全生产双控体系建设

1)《中华人民共和国安全生产法》第四条,生产经营单位必须遵守本法和其他有关安全生产的法律、法规,构建安全风险分级管控和隐患排查治理双重预防机制,健全风险防范化解机制,提高安全生产水平,确保安全生产。

2)《中华人民共和国安全生产法》第二十一条第(五)项,生产经营单位应当组织建立并落实安全风险分级管控和隐患排查治理双重预防工作机制,督促、检查本单位的安全生产工作,及时消除生产安全事故隐患。

3)《中华人民共和国安全生产法》第四十一条,生产经营单位应当建立安全风险分级管控

制度,按照安全风险分级采取相应的管控措施。

生产经营单位应当建立健全并落实生产安全事故隐患排查治理制度,采取技术、管理措施,及时发现并消除事故隐患。事故隐患排查治理情况应当如实记录,并通过职工大会或者职工代表大会、信息公示栏等方式向从业人员通报。其中,重大事故隐患排查治理情况应当及时向负有安全生产监督管理职责的部门和职工大会或者职工代表大会报告。

(八)安全生产条件核查程序和核查内容

1. 安全生产条件核查程序

1)施工单位是平安工地建设的实施主体,应当确保项目安全生产条件满足《平安工地建设考核标准》要求,当项目安全生产条件发生变化时,应当及时向监理单位提出复核申请。合同段开工后到交工验收前,施工单位应当按照《平安工地建设考核标准》要求,每月至少开展一次平安工地建设情况自查自纠,及时改进安全管理中的薄弱环节;每季度至少开展一次自我评价,对扣分较多的指标及反复出现的突出问题,应当采取针对性措施加以完善。施工单位自我评价报告应报监理单位。

2)监理单位应当将平安工地建设作为安全监理的主要内容,危险性较大的分部分项工程开工前按照《平安工地建设考核标准》要求及时开展安全生产条件审核,并将审核结果报建设单位。

3)建设单位应当按照《平安工地建设考核标准》要求,在项目开工前组织安全生产条件审核,每半年对项目所有施工、监理合同段组织一次平安工地建设考核评价,对自身安全管理行为进行自评,建立相应考核评价记录并及时存档;开工前安全生产条件审核结果以及施工过程中的平安工地建设考核评价结果,应当及时通过平安工地建设管理系统,向直接监管的交通运输主管部门报送。

2. 安全生产条件核查内容

1)项目基本建设程序完备,施工图设计依法审批,施工工期合理。

2)施工招(投)标文件及施工合同中载明项目安全管理目标、安全生产职责、安全生产条件、安全生产费用、安全生产信用情况及专职安全生产管理人员配备的标准等要求。

3)施工单位安全生产许可证及相应等级资质证书有效。

4)建设单位分别与施工、监理单位签订安全生产协议书,明确各方安全生产管理职责。

5)建设单位设立负有安全管理职能的部门;监理单位按要求配备专职安全监理工程师;施工单位设立安全生产管理部门,按要求配备专职安全生产管理人员。

6)建设单位按规定开展施工安全总体风险评估,编制总体风险评估报告。

7)施工组织设计文件中应按规定编制安全技术措施和施工现场临时用电方案,并经监理审批。

8)建设单位组织编制项目综合应急预案。

9)施工单位临时场站、驻地选址等符合安全性要求,施工单位根据企业规定组织了验收。

(九)施工组织设计中的安全技术措施及专项施工方案的审查

安全技术措施包括防火、防毒、防爆、防洪、防尘、防雷击、防触电、防坍塌、防物体打击、防机械伤害、防溜车、防高空坠落、防交通事故、防寒、防暑、防疫、防环境污染等方面的措施。

1. 施工组织设计中的安全技术措施

主要审查：

1）进入施工现场的安全规定；

2）水上水下爆破、疏浚、深坑、高边坡、临水面施工作业的防护；

3）水上、高处及立体交叉施工作业的防护；

4）施工用电安全技术措施；

5）机械使用过程中的安全防护及夜间施工安全防护；

6）为确保安全，对于采用新工艺、新材料、新技术制定的安全技术措施；

7）预防自然灾害（台风、雷击、洪水、地震、高温、寒冻、泥石流等）的措施。

2. 专项施工方案

监理工程师应依据《公路水运工程安全生产监督管理办法》（交安监发〔2018〕43号）、《危险性较大的分部分项工程安全管理规定》（住房城乡建设部令第37号）、《住房城乡建设部办公厅关于实施〈危险性较大的分部分项工程安全管理规定〉有关问题的通知》（建办质〔2018〕31号）、《危险性较大工程安全专项施工方案编制及专家论证审查办法》（建质〔2004〕213号）、《公路水运工程施工安全生产标准化指南》规定对危险性较大的分部分项工程的专项施工方案进行审查。

1）不良地质条件下有潜在危险性的土方、石方开挖；

2）滑坡和高边坡处理；

3）桩基础、挡墙基础；

4）桥梁工程中的梁、拱、柱等构件施工等；

5）隧道工程中的不良地质隧道、高瓦斯隧道等；

6）混凝土浇筑；

7）爆破工程；

8）大型临时工程中的大型支架、模板、便桥的架设与拆除，桥梁的加固与拆除；

9）其他危险性较大的工程。

同时对工程中特有的、危险性较大的工程，如：施工安全专项风险评估报告中风险等级较高的分部分项工程，采用新技术、新工艺、新材料的工程，以及可能影响建设工程质量、安全，已经行政许可但尚无技术标准的施工，也进行专项施工方案审查。

另根据现行《公路水运工程临时用电技术规程》（JT/T 1499—2024），建设单位应组织监理单位对施工单位编制的临时用电施工组织设计（或方案）进行审查，并由总监理工程师签字后方可实施。

3. 专项施工方案符合性

1）程序性审查——专项施工方案按规定须经专家认证、审查的，是否执行；专项施工方案是否经施工单位技术负责人签认，不符合程序的应退回。

2）符合性审查——专项施工方案必须符合强制性标准的规定，并附有安全验算的结果。须经专家论证、审查的项目应附有专家审查的书面报告，专项施工方案应有紧急救护措施等应急救援预案。

3)针对性审查——专项施工方案应针对本工程特点以及所处环境、管理模式,具有可操作性。

分部分项工程的专项施工方案,要在施工前办理监理报审。专项施工方案由总监办审查。总监办应在收到方案后3天内审查完。特别复杂的专项施工方案,由总监办在收到方案后7天内审查完毕。

4. 事故应急救援预案的审查

督促施工单位在开工前根据各自项目施工现场和周边单位、社区安全的重大危险源类别、周边重要基础设施以及本项目工程特点、环境条件、人员素质、物质资源评估等情况制定相应的事故应急救援预案,建立健全施工的现场应急救援体系。对应急救援体系的管理网络内的人员组成情况、危险源辨识结果、预案编制的针对性、可操作性以及完整性进行审查,提出整改意见,督促建立健全安全事故应急救援体系。

二、施工阶段安全监理工作内容

施工阶段安全监理是根据安全监理计划和安全监理实施细则,采取巡视的方式对现场施工安全进行监督管理,对危险性较大的部位或工序施工时应加强巡视,对发现的各类安全隐患,通知施工单位,督促其立即整改;情况严重的,及时下达工程停工令,要求施工单位停工整改,并同时报告发包人。隐患消除后,检查整改结果,签署复查或复工意见。施工单位拒不整改的,应当及时向发包人或工程所在地交通主管部门报告。

(一)施工现场日常安全监理的工作和程序、审批时限

1)加强督促:

(1)监督施工单位按照国家有关法律、法规、工程建设强制性标准和经审查同意的施工组织设计或专项施工方案组织施工,制止违规作业。

(2)督促施工单位定期进行安全生产自查工作。

(3)督促施工单位,分阶段进行自查自评。

2)巡视检查:

监理工程师应对施工现场安全生产情况进行巡视检查,监督施工单位落实各项安全措施。巡视检查前,应根据施工现场实际施工进度、施工项目和内容进行分析,排列出现场的高危作业点和安全管理的关键部位、工序等方面,并根据以上安全隐患的轻重缓急,确定当日巡视检查计划。

(1)对危险性较大的分部分项工程的全部作业面,每天应巡视到位,发现问题要求改正的,应跟踪到改正为止,对暂停施工的,应注意施工方的动向。

(2)其他作业部位巡视——根据现场施工作业情况确立巡视部位。

(3)巡视检查应按专项监理实施细则的要求进行,并做好相应的记录。

(4)对安全隐患的处理:监理工程师在巡视检查中,发现违章施工、违规操作、违反安全制度等各种违章违规现象以及存在安全事故隐患,应当及时处理(一般问题可以口头处理,严重隐患应签发监理通知单)。

3）监理会议：

(1)将安全生产列入监理会议主要内容之一。

(2)发现施工单位违反安全施工有关要求时,应在监理例会上提出或签发《监理通知单》,责成施工单位整改。

(3)在《监理月报》或《安全监理月报》中向发包人汇报有关安全、文明施工情况。

(二)监督施工单位按已批准的施工方案组织施工,及时制止违规施工作业

1.监督检查施工安全技术措施的实施

主要监督检查：

1）安全生产责任制的落实；

2）安全管理机构的建立及人员配备；

3）对分包单位安全生产的管理；

4）三类人员及特种作业人员的资格；

5）安全生产教育培训制度落实；

6）应急救援人员和物资、器材的配备；

7）施工安全技术交底。

2.监督专项施工方案实施

危险性较大的分部分项工程必须按照批准的专项施工方案进行施工,在施工过程中需要对专项施工方案进行修改的,必须报原批准部门同意,不得擅自修改。

对专项施工方案的实施进行重点监督检查、评价。

3.及时制止违规行为

监理工程师对施工现场实施监理工作中,发现施工单位有违反国家法规、标准、安全操作规程的行为,应及时制止,并按日常巡视监理程序采取措施。

(三)核查现场机械和安全设施的验收手续并签署意见

对施工单位施工现场使用的施工机械和设施的采购租赁,起重机械的检测与验收情况进行检查核查。核查施工单位提交有关施工机械、安全设施等验收记录,并由项目专监在验收记录上签署意见。

(四)巡视检查

重点巡视检查:机电设备使用、气割、电焊作业、电气安装、维修作业、施工机械作业等是否按施工方案实施,对违规作业应及时制止。巡视应包括下列主要内容：

1）施工单位专职安全生产管理人员到岗情况。

2）施工单位按已批准的施工组织设计或专项施工方案组织施工的情况。

3）现场安全标志、标识、安全防护设施、用电、消防等安全技术措施符合工程建设强制性条文规定及落实情况。

4）现场作业执行安全施工标准、规章制度和操作规程的情况。

5）作业人员按规定佩戴与使用安全防护用具情况。

6)核查现场特种作业人员持有上岗证书情况。

(五)检查现场安全防护设施等是否符合规范要求,并签认所发生的费用

1)检查施工现场安全防护用品的提供及使用情况。

检查防护用品"三证":生产许可证、产品合格证和安全鉴定证。教育职工做到防护用品"三会":会检查防护用品的可靠性、会正确使用防护用品和会正确维护保养防护用品。

2)检查安全标志。

督促检查施工单位在施工航道、临时用电设施、有害气体和液体存放处及孔洞口等危险部位,设置明显的安全警示标志和必要的安全防护设施。

3)检查安全防护设施。

检查施工船舶、水上施工、临边作业、交叉作业以及专项防护工作。

4)检查临时用电防护:

注意检查接地线、电缆线路、配电箱及开关等防护。

5)检查施工中爆破工程的清场、隔离及安全警戒。

6)检查安全生产费用的投入、使用。

监理工程师应依据国家有关法律、法规、规章的规定,及通过审核后的施工组织设计中的施工安全技术措施,对列入建设工程概算的安全作业环境及安全施工措施所需费用使用情况进行审核签认。投标中的安全费用,应当用于施工安全防护用具及设施的采购和更新、安全施工措施的落实、安全生产条件的改善,不得挪作他用。主要用于以下方面:

(1)安全设施建设,如防火工程、通风工程、安全防护设施等;

(2)增设安全设备、器材、装备、仪器、仪表等以及安全设备的日常维护;

(3)按国家标准为职工配备劳动保护用品;

(4)职工的安全生产教育和培训;

(5)其他预防事故发生的安全技术措施费用,如用于制订及落实施工安全事故应急救援预案等。

(六)督促施工单位安全自检、进行抽查及参与安全生产专项检查

督促施工单位进行安全自检,按日常性检查、专业性检查、季节性检查、节假日前后的检查和不定期检查等开展检查工作。

(七)对施工单位自查情况进行抽查

监理工程师对施工单位自查情况进行抽查,抽查后应编制安全检查报告,对施工单位自检情况进行综合评价。监理工程师对施工单位自查情况进行抽查,主要规定如下:

1)定期或不定期对施工单位自查情况进行抽查、评价和考核。

2)抽查中发现作业中存在的不安全行为和隐患,签发安全整改通知,督促施工单位制订整改方案,落实整改措施,整改后应予复查。

3)抽查应采取随机抽样、现场观察和实地检测的方法,并记录检查结果,纠正违章指挥和违章作业。

4)对安全生产的检查,除每日巡视检查外,节假日前由总监办组织检查一次,落实整改情况。

5）抽查的一般内容：

(1) 检查施工单位在施工过程中，人员、施工机械设备、材料、施工方法、施工工艺及施工环境条件等是否符合保证施工安全的要求；

(2) 重要的和对工程施工安全有重大影响的工序、工程部位、施工过程中的施工专项方案、施工组织设计中的安全技术措施落实情况；

(3) 施工单位自查记录资料整理情况，自查存在问题整改情况；

(4) 施工工艺、机械设备安全操作规程执行情况；

(5) 现场安全防护设施、文明施工、用电安全及消防安全管理情况等。

(八) 安全监理工程师应检查下列施工单位安全生产管理记录

1）进场作业人员安全教育培训记录；

2）安全生产技术交底记录；

3）现场安全检查和整改复查记录；

4）安全生产会议记录。

(九) 施工及监理风险管理

1. 探究并有效控制危险源

当前水运工程施工中的危险源是各类事故发生的主要原因，对危险源进行有效控制是安全风险管理的重要部分。在现阶段各类分项工程施工开始阶段，监理需要根据工程建设的实际内容以及施工整体的影响因素，对安全风险资料进行分析统计。在工程具体施工阶段，对工程组成内容以及风险因素进行分析，从而明确各项活动中的危险源。对危险源进行探究，分析危险事故发生的概率以及危险的影响。对于重大事故的危险源需要严肃处理，制订完善的应对控制措施。

2. 监测安全危险源，加强现场风险管理

在建设项目具体施工的过程中，必须根据危险源清单对各类风险控制方案的实施情况进行跟踪，找出安全危险源所在部位和区域，制定详细的安全防控措施，如果工程施工中的各类施工要素发生了变化，第一时间要对风险控制方案进行调整。此外，依据工程建设的进度，需要进一步思考遗漏的危险源。当发现了新的危险源时，需要对其重新分类，制定有效的应对措施。

3. 审查安全事故应急救援预案

对于安全事故的应急处理一方面需要防患于未然，另一方面真正面对着安全事故的时候，应当制订完善的应急预案，始终要以人的生命安全为应急救援方案的第一位。这就要求在施工过程中加强对于事故安全的应急演练，保证在事故到来时的合理应急，保证整个工程工序、救援措施、救援流程的合理开展。

4. 建立完善安全考核制度

建立完善安全考核制度，发挥考核制度的规范作用来提高安全风险管理工作水平。将施工中的安全责任落实到人,当发生施工安全事故后,追究相关责任人的责任,对其进行相应的惩罚和批评教育。对于表现好的人员,给予相应的嘉奖,充分发挥考核制度和激励手段的作用,调动人员的积极性。

(十) 应急管理安全生产措施

1) 应针对合同段可能发生的风险事件,制订相应的应急处置措施,明确处置原则和具体要求。

2) 坍塌处置措施应结合深基坑、洞口、半成洞及掌子面、护岸等施工部位,或者模板、脚手架、支架等作业环节制订,明确结构监测、防护加固、人员搜救、应急通信保障等要求。

3) 高处坠落处置措施应结合桩基墩柱、盖梁以及水运工程码头上部结构、闸首边墩等施工部位或者作业环节制订,明确现场临边防护、人员抢救等要求。

4) 起重伤害处置措施应结合施工升降机塔式和门式起重机、起重船等不同起重机械类型制订,明确机械关停、作业停止、人员抢救、安全转移等要求。

5) 淹溺处置措施应结合施工水域掩护条件、水深、风浪、水流及其变化搜救资源等情况制订,明确人员营救、水上救援交通组织等要求。

6) 防台防汛处置措施应结合台风预警、潮汐水位变化、防台拖带能力、航道通航和锚地选择、人员驻地防护等情况制订,明确监测预警、作业停止、设施设备稳固、船舶避风、人员撤离、驻地防洪等要求。

7) 其他风险事件处置措施应根据发生部位或作业环节、施工环境特点制订。

8) 明确与处置措施相匹配的应急物资装备名称、型号及性能、数量、存放地点及保管人员等,并要求动态更新管理,物资装备保障应满足要求。

(十一) 安全事故处理

1) 发生安全事故时,总监理工程师应立即向施工单位下达工程暂停令,并责令施工单位采取措施,积极抢救人员和财产,防止事故扩大,同时向建设单位和有关主管部门报告。

2) 事故发生现场有关单位安全负责人员应遵循"迅速、准确"的原则,在规定的时间内逐级上报重大生产安全事故的情况。监理单位应积极配合有关部门进行安全事故调查和事故原因分析,参与并配合事故处理。

3) 紧急情况下,可采取电话、传真、电子邮件的形式先后报告事故概况,有新情况下及时续,在12h内补齐书面材料。

4) 启动应急救援预案,对事故有关情况进行调查、核实,做好抢险救援工作,防止事态扩大或再次发生次生、衍生的质量安全事故,同时保护现场,妥善收集有关物证。

5) 从行业角度初步分析事故原因,总结经验教训,为事故调查做准备。

三、交工验收阶段安全生产控制

交工验收阶段监理工程主要工作内容包括:协助发包人落实工程建设项目"三同时"的规定;审查安全设施等是否按设计要求与主体工程同时建成交付使用;承担交工验收至竣工验收阶段质量缺陷和问题修复施工作业安全管理责任。

四、水运工程安全监理工作

(一) 水上锤击、振动、水冲沉桩安全规定

1) 水上打桩船和运桩船驻位应按船舶驻位图抛设锚缆,并应设置浮鼓,锚缆不得一致。

2) 船舶在陆域设置的地锚的抗拉力应满足使用要求。地锚和缆绳通过的区域应设立明显的安全警示标志,必要时应有专人看守。

3) 打桩架上的作业人员应在电梯笼内或作业平台上操作。电梯笼升降应在回至水平原位并插牢固定销后进行。

4) 打桩船作业时应随时观察锚缆附近的情况,注意其他作业船舶和人员的动态。移船时锚缆不得绊桩。如桩顶被水淹没,应设置高出水面的安全警示标志。

5) 立桩时,打桩船应离开运桩驳船一定距离,并应缓慢、均匀地升降吊钩。

6) 在可能溜桩的地质条件下打桩作业应认真分析地质资料,并采取预防溜桩的措施。

7) 封闭式桩尖的钢管桩沉桩应采取防止钢管桩上浮措施。在砂性土中施打开口或半封闭桩尖的钢管桩应采取防止管涌措施。

8) 水上悬吊桩锤沉桩应设置固定桩位的导桩架和工作平台。导桩架和工作平台应牢固可靠,并在工作平台的外侧设置安全护栏。

9) 沉桩后应及时进行夹桩。

(二) 水上作业船舶安全规定

1) 根据交通运输部《水上水下施工作业通航安全管理规定》,在水上施工作业前,检查施工单包的《水上水下施工作业许可证》,以及航行警告、航行通告等有关手续。

2) 严格施工船舶进场报验制度,核查施工船舶是否具有海事、船前检验部门核发的各类有效证件,以及船舶操作人员是否具有与岗位相适应的适任证书。

3) 施工船舶在施工中要严格遵守《国际海上避碰规则》《中华人民共和国海上交通安全法》《中华人民共和国内河交通安全管理条例》等有关规定及要求。按规定在明显处昼夜显示号灯、号型,同时设置必要的安全作业区业区域戒区并设置符合有关规定的标志。

4) 施工船舶应配备有效的通信和救生设备,并保持设备技术状态良好。

5) 在编制水上工程施工组织设计的同时,必须制订工程船舶施工安全技术措施。

6) 工程开工前,认真审核工程施工方案中的施工安全技术措施,监督、检查施工单位对水上施工区域及船舶作业、航行的水上、水下、空中及岸边障碍物等进行实地勘察,制订防护性安全技术措施。

7) 施工现场技术负责人,应向参加施工的工程船舶、水上水下作业人员进行施工安全技术措施交底,并做好记录备查。

8) 施工人员必须严格执行安全操作技术规程,杜绝违章指挥、违章作业、违反纪律的现象,保障船舶航行、停泊和作业安全技术措施的落实。

9) 施工单位应根据施工作业区域的实际情况和季节变化,制订防台、防风、防火等预案以

及能见度不良时的施工安全技术措施。

10)施工单位施工时应保证船机处于良好状态,不得带故障作业。

11)施工单位应及时掌握当地气象及水文情况,遇不良海况或大风时应停止水上作业,并采取必要安全措施或转移至安全区域;遇有雨、雾天气,视线不清时,施工船舶必须悬挂规定信号灯,或按规定鸣号,必要时应停止作业。

12)施工单位施工船舶作业时,应随时注意瞭望周围水域船舶的动态,避免其他船舶驶入作业区域,造成与施工船舶及锚缆发生碰撞和缠绕的事故。

13)监理在实施监理过程中,应加强日常现场巡视,主要做好以下监督、检查工作。

(1)检查进入施工现场的水上施工作业人员,必须穿救生衣和戴安全帽,严禁酒后上岗作业,严禁船员在船期间饮酒。

(2)检查施工作业船舶是否按有关规定在明显处设置昼夜显示的信号及醒目标志。

(3)检查施工单位在施工作业期间,是否按海事部门确定的安全要求,设置必要的安全警戒标志或警戒船。

(4)检查施工单位施工船舶是否配备有效的通信设备,并在指定的频道上收听,是否主动与过往船舶联系沟通,将本船的施工、航行动向告知他船,确保航行和船舶安全。

(5)现场监督、检查施工船舶作业情况,要求施工单位必须严格执行安全操作技术规程,严禁超载或偏载。

(6)检查施工船舶靠岸后人员上下船,是否搭设符合安全要求的跳板。

(7)施工单位交通船应按额定的数量载人,严禁超员,船上必须按规定配备救生设备。

(8)水上作业船舶如遇有大风、大浪、雾天等天气,超过船舶抗风浪等级或能见度不良时,督促施工单位停止作业。

(9)在水上搭设的作业平台,必须牢固可靠,悬挂的避碰标志和灯标应符合有关安全技术规定;水上作业平台应配备必要的救生设施和消防器材。

(三)基床、岸坡开挖安全规定

1)督促施工单位基床、岸坡开挖施工前,结合施工工况、水域环境、通航密度和当地气象条件等情况制订相应的安全技术措施,施工前应组织对船员进行安全技术交底,并作好记录备查。

2)工程开工前,认真审核工程施工方案中的施工安全技术措施,监督、检查施工单位对水上施工区域及船舶作业、航行的水上、水下、空中及岸边障碍物等进行实地勘察,制订防护性安全技术措施。

3)施工单位夜间挖泥作业时,施工船舶应按有关规定悬挂信号灯标志;作业区域及周边必须设置充分的照明设施。

4)施工单位挖泥作业,应在泥驳靠泊本船系缆稳妥后,挖掘机才能进行作业。

5)挖掘机工作时,作业半径范围内禁止站人,以免造成人身伤亡。

6)挖掘机起动前,操作员必须事先发出信号;抓斗自由落体时,严禁紧急制动。

7)基床、岸坡开挖过程中,督促检查施工单位勤测水深,加强水下地形测量,以保持岸坡稳定。

(四)水上安装结构及构件安全规定

1)水上安装结构及构件前,施工单位应组织安装施工有关人员察看施工现场,掌握当地水文、气象、地貌等情况,并办理航行通告等有关手续报送监理备案。

2)审查水上安装结构及构件施工方案中安全技术措施是否符合工程建设强制性标准要求。

3)施工单位应将需持证上岗人员(如起重作业人员)的有效证书报送监理审查;施工前,施工单位应向参加施工人员进行安全技术交底,并做好记录备查。

4)水上安装结构及构件等吊装前,施工单位应严格检查起重机具、索具的安全性和可靠性,并进行试吊后方可正式施工。

5)巡视中检查安全施工技术措施的落实情况,查找安全隐患。

6)检查、督促施工单位在施工作业期间,按海事部门确定的安全要求,设置必要的安全警戒标志或警戒船。

7)抽查起重吊装指挥人员和操作人员持证上岗情况,起重吊装指挥人员和操作人员应严格按设备操作规程作业。

8)检查预制构件吊运时,构件的混凝土强度是否符合规范规定和设计要求,如需提前吊运,必须验算,并报送监理审查。

9)预制构件吊运时,应使各吊点同时受力;采用绳扣吊运时,其吊点位置偏差不能超过设计规定允许偏差位置。

10)驳船装运构件时,应注意甲板的强度和船体的稳定性,宜采用宝塔式和对称的间隔方法装驳,驳船甲板面上要均匀铺设垫木,构件宜均匀对称地摆放在垫木上;吊运构件时,应使船体保持平稳;驳船装构件长途运输时,必须采取安全加固措施。

11)检查施工所需的脚手架、作业平台、防护栏杆、上下梯道、安全网等是否齐备,良好状态。

12)采用机械吊装前,检查施工单位是否已检查机械设备和绳索的安全性和可靠性,特别是钢丝绳;对大型构件,应先进行试吊;各种起重机具均不得超负荷使用。

13)吊装作业应由专人统一指挥,与其他操作人员密切配合,严格执行规定的指挥信号;操作人员应按照指挥人员的信号进行作业,当信号不清或错误时,操作人员不得盲目执行。

14)吊钩的中心线必须通过构件的重心,严禁倾斜吊卸构件,安装构件时必须平起稳落。

15)检查吊装梁、板等构件是否符合起重吊装的有关安全规定。

16)水上作业船舶如遇有大风、大浪、雾天等天气,超过船舶抗风浪等级或能见度不良时,督促施工单位停止作业。

(五)水上现浇混凝土工程安全规定

1)审查施工方案中的安全技术措施方案。

2)检查临水作业安全防护设施及操作人员安全防护的情况。

3)检查现场设备用电、接电箱及线路连接是否符合安全生产要求。

4)检查夜间施工安全措施、现场照明是否符合安全生产要求。

5)检查施工单位混凝土施工前搭设脚手架、临时施工通道和作业平台的情况,设置的防护栏杆和安全网是否符合安全生产要求。

6)检查模板及支撑系统的连接固定是否符合安全要求。

7)检查模板作业场地安全设施设置情况;模板作业场地四周应设置围栏、防火通道等,并配备必需的防火器具;作业场内严禁烟火;作业场地应避开高压线路,安全用电。

8)采用机械吊运模板时,检查施工单位是否已检查机械设备和绳索的安全性和可靠性,起吊后下面不得站人或通行;模板下放至距地面1m时,作业人员方可靠近操作。

9)检查钢筋加工场地是否满足安全作业要求,机械设备的安装必须牢固、稳定,施工单位作业前应对机械设备进行检查,合格后方可使用;作业后要清理场地,切断电源,锁好电闸箱。

10)检查各类钢筋加工机械是否严格按操作规程使用和安全防护设施设置情况;作业时,非作业人员不得进入现场;加工较长的钢筋时,要有专人帮扶,并听从操作人员指挥,不得任意推拉。

11)采用泵送或吊斗运送混凝土施工时,检查其安全技术措施是否符合安全生产要求。

12)检查施工单位是否严格按操作规程使用各类焊接、气割(焊)设备,如电弧焊、交(直)流电焊机、埋弧自动、半自动焊机、对(点)焊机、乙炔气割(焊)等。

13)检查高处作业所需工具是否装在工具袋内;作业人员传递工具不得抛掷或将工具放在平台和木料上,更不得插在腰带上。

14)施工单位在浇筑混凝土时,应设专人指挥;检查泵送混凝土输送臂移动范围内是否违反规定站人。

15)混凝土振捣器应由专人操作,检查作业人员是否穿戴个人安全防护用品;检查振捣器电源是否安装漏电保护装置,接地或接零是否安全可靠;振捣器电缆线应满足操作所需的长度,检查电缆线是否堆压物品,作业人员是否用电缆线拖拉或吊挂振捣器。

16)检查拆除模板作业时施工单位是否划定禁行区和制订相应安全措施。

17)督促施工单位水上施工过程中配备安全警戒和救助船舶。

18)水上作业船舶如遇有大风、大浪、雾天等天气,超过船舶抗风浪等级或能见度不良时,督促施工单位停止作业。

(六)抛石棱体、倒滤层及后方回填安全规定

1)施工单位应编制安全施工技术措施方案报送监理审查。

2)巡视检查施工现场的安全警示标志和防护设施是否满足要求。

3)施工单位在施工前应进行施工车辆、设备和船舶的安全检查,并做好记录,监理将抽查有关安全自检记录,杜绝设备带故障作业。

4)抛填时,施工单位作业船只、车辆均需服从抛石指挥人员统一指挥,不得擅自进入作业区,不得随意乱抛。

5)现场监督、检查施工船舶作业情况,巡视中随时检查运石料的船舶或车辆装载情况。

6)不得超载、超高运输。

7)督促检查施工单位勤测水深,加强水下地形测量,以保持岸坡稳定。

8)检查施工船舶靠岸后人员上下船,是否搭设符合安全要求的跳板。

9)施工单位交通船应按额定的数量载人,严禁超员,船上必须按规定配备救生设备。

10）水上作业船舶如遇有大风、大浪、雾天等天气，超过船舶抗风浪等级或能见度不良时，督促施工单位停止作业。

(七) 水上作业船舶设施安全规定

1. 作业船舶要求

1）施工作业船舶应当按照船舶检验证书要求配置通信、消防、救生设备及应急报警设备，机舱宜加装漏水报警器。

2）施工船舶的梯口、应急场所等应当设有醒目的安全警示标志或标志，甲板、通道和作业场所应当根据需要设有防滑装置，在大风浪中航行或冰冻天气作业时，甲板、通道和作业场所应当增设临时安全护绳。

3）上下船舶应当搭设跳板，跳板下面宜挂安全网；使用软梯上下船舶应当设专人监护，并备有带安全绳的救生圈；使用舷梯应当控制舷梯的升降速度，升降时舷梯上严禁站人，踏步应设置防滑装置。

4）施工船舶在作业、航行或停泊时，应当按规定显示号灯或号型。

5）施工船舶应当根据施工水域的水底土质、水深、水流、风向等，选择合适的锚型、锚重、锚缆，确定锚缆长度和位置。内河施工时，靠近或跨越航道的锚缆应当采用链式沉缆。

6）施工期间应配备监护船，船舶须满足适航相关规范管理要求。

2. 船舶锚泊规定

1）各船舶抛锚前应详细了解抛锚处水下情况，以防挂断水下光缆或输油管道。

2）各船舶锚泊须选择适当的地点抛锚，锚泊地点应远离大型作业船舶与通航航道。

3）各船舶在锚泊期间必须昼夜安排人员值班，随时注意观察船舶状况，当发现走锚，锚缆断损及其他船舶碰撞等紧急情况时，应立即报警，并及时组织采取应急措施。

4）各船配置的首锚重量与锚缆强度必须满足船舶锚泊要求，应定期检查锚缆的磨损情况，当锚缆磨损断股超过30%时，须更换新锚缆。

5）主机出现故障的船舶，维修期间应在安全的锚泊地点抛锚，如在施工现场锚泊维修，必须安排专门船舶守护，以便随时处理应急情况。

3. 船舶航行及作业规定

1）施工单位应严格执行国家和地方有关部门发布的有关船舶的安全管理规定。

2）船舶航行时，应遵守《国际海上避碰规则》和《中华人民共和国内河避碰规则》等相关规定。

3）施工船舶必须在核定航区或作业水域内施工。

4）施工船舶应按规定配备有效的通信、消防、救生、堵漏设备，制订各项安全技术措施及应急预案，并定期进行演练。

5）施工船舶的梯口、应急场所等，应设有醒目的安全警示标志或标识。楼梯、走廊、通道应保持畅通。

6）施工船舶在作业、航行或停泊时，应按规定显示号灯或号型。

7）施工船舶的各种设备、设施、安全装置及工索具等，应定期进行检查、维护、保养或更换。

8)船舶甲板、通道和作业场所,应根据需要设有防滑装置。在大风浪中航行或冰冻天气作业时,应在甲板、通道和作业场所增设临时安全护绳。

9)上下船舶时,应安设跳板、张挂安全网。使用软梯上下时,应设专人监护,并备有带安全绳的救生圈。

10)施工船舶应根据施工水域的水底土质、水深、水流、风向等,选择合适的锚型及锚缆。

11)抛锚时,应在专人指挥下进行,并应根据风向、潮流、水底土质等确定抛出锚缆长度和位置,并应避开水下电缆、管道、构筑物及禁止抛锚区。

12)抛锚过程中,施工船舶的锚机操作者应视锚艇和本船移动的速度以及锚缆的松紧程度松放缆绳,不得突然刹车。

13)施工船舶不得在未成型的码头、墩台或其他构筑物上系挂缆绳。

14)在内河施工时,施工船舶位于或跨越航道的锚缆,应采用链式沉缆。

15)在流速较大的河段作业时,施工船舶的纵轴线应与水流方向基本一致,不宜横流驻位。必须横流驻位时,应编制专项施工方案。

16)施工船舶穿越桥孔或过江架空电网前,必须预先了解其净空高度、宽度、水深、流速等情况。

17)在狭窄水道或来往船舶较多的水域施工时,应安排专人值守通信频道,并及时沟通避让方式。

18)解系缆绳作业时,应符合下列规定:

(1)解系人员应按照指挥人员的命令进行作业,不得擅自操作。

(2)作业人员不得骑跨缆绳或站在缆绳圈内。向缆桩上带缆时,不得用手握在缆绳圈端部。

(3)绞缆时应根据缆绳的受力状态,适时调整绞缆机运转速度。危险部位有人时,应立即停机。

(4)船员在撒缆前,应观察周围情况,并向现场人员表明意图。

(5)移船绞缆时,应观察锚缆的状况,不得强行收绞缆绳,且不得兜曳其他物件。

(6)陆域带缆时,必须检查地锚的牢固性。缆绳通过的地段,必须悬挂安全警示标志,必要时设专人看护。

(7)施工船舶靠泊后,应根据水位变化及时调节系缆长度。

19)舷外作业时,应符合下列规定:

(1)船上应悬挂慢车信号,作业现场应设置安全警示标志。

(2)作业现场应有监护人员,并备有救生设备。

(3)船舶在航行中或摇摆较大时,不得进行舷外作业。

(4)舷外作业应设置安全可靠的工作脚手架或吊篮。

20)使用船电作业时,应符合下列规定:

(1)进行船舶电气检修时,应切断电源,并在启动箱或配电板处悬挂"禁止合闸"警示牌。

(2)配电板或电闸箱附近,应备放扑救电气火灾的灭火器材。

(3)需带电作业时,必须有专人监护,并采取可靠的防护、应急措施。

(4)不得私接电源线,禁止使用超过原设计容量的电器。

(5)船舶上使用的移动灯具的电压不得大于50V,电路应设有过载和短路保护措施。

(6)船舶接岸电,当岸电和船电系统为中性点接地的三相交流系统时,必须将岸电接地线与船体接地设施进行可靠连接。

(7)蓄电池工作间应通风良好,不得存放杂物,并应设置安全警示标志。

21)进入船舶的封闭处所作业时,应符合下列规定:

(1)施工船舶均应制订进入封闭处所作业的安全规定。

(2)应配备必要的通风器材、防毒面具、急救医疗器材、氧气呼吸装置等应急防护设备或设施。

(3)作业人员进入封闭处所前,应对封闭处所进行通风,并测定封闭处所的空气质量。

(4)封闭处所外应有监护人员,并确保内外联系畅通。

(5)在封闭处所内动火作业前,必须对受到动火影响的舱室进行测氧、清舱、测爆。通风时严禁输氧换气。作业时,必须将气瓶及电焊机放置在封闭处所外面。

(6)当封闭处所内存在接触性有毒物质时,作业人员应穿戴相应的防护用品。

22)收放船舶舷梯时,应符合下列规定:

(1)收放舷梯时,应控制舷梯的升降速度,舷梯上严禁站人。

(2)舷梯、桥梯的踏步,应设置防滑装置。

(3)舷梯、桥梯下,应张挂安全网。

23)救生艇上的设备及其物资应完好有效,并按规定进行救生艇的应急操作演练。

24)施工船舶不得搭乘或留宿非作业人员。

4. 交通工作船的使用

交通工作船的使用应符合下列规定

1)交通船(艇)上明显位置应悬挂"限载人数"牌、"交通船安全管理规定"牌、安全警示标志牌等。

2)交通船按规定配备足够、有效的救生器材(救生圈、救生艇)、消防设备(灭火器)以及防渗堵漏器材,定期检查。

3)上下交通船应有稳固跳板或梯子。

4)应持有有关部门签发的与施工水域相适应的有效证书。

5)船上配备的消防、救生及通信设施应完好、有效、适用,并按规定进行标识。

6)应按核定人数载人,不得超员运行或客货混装。

7)严禁装载或携带易燃易爆及危险有毒物品。

8)航行中,乘船人员不得站、坐在无安全护栏的舷边。

9)应清点和记录登船或下船的乘员人数。

10)在靠泊施工船舶前,应预先与施工船舶取得联系,确定靠泊位置及登船方法。

11)乘船在上下交通工作船时,应待船舶停稳后,按顺序上下。

5. 非自航船的安全操作技术要求

1)起重船除应符合"一般安全规定"的有关规定外,还应符合下列规定:

(1)作业前,作业人员应熟悉吊装方案,明确联系方式和指挥信号。

(2)根据吊装要求,应指导驳船选择锚位和系缆位置。

(3)吊装前,应确保吊钩升降、吊臂仰俯、制动性能良好。安全装置应正常有效。

(4)吊装结束后,起重船应退离安装位置,并对起重吊钩进行封钩。

2)起重船除应符合"一般安全规定"的有关规定外,还应符合下列规定:

(1)施工前应充分考虑停驻、航行、吊装各个作业阶段和可能出现的工况条件的吃水、稳性、总体强度、甲板强度、局部承载力,吊装物自身的强度和稳性等的安全性。当无资料和类似条件下施工的实例时,应进行验算。

(2)应根据水文气象条件抛锚驻位。吊装作业水域应满足吃水深度要求。

(3)安装前,应认真检查并确保与安装有关的设备和控制系统处于完好状态。

(4)起吊或降钩时,应统一指挥,密切配合,协调一致。

(5)吊装下潜时的风力、波高和流速等,不得超过该船的作业技术性能指标。

(6)降钩至起浮物即将处于漂浮状态时,应控制好起浮物的控制缆绳。

(7)起浮物下沉时,应根据风浪、水流及起浮物的牵引方式,缓慢放松控制缆绳,不得撞击船体。

3)根据交通运输部《水上水下施工作业通航安全管理规定》,在水上施工作业前,检查施工单位的《水上水下施工作业许可证》,以及航行警告、航行通告等有关手续。

4)严格执行施工船舶进场报验制度,核查施工船舶是否具有海事、船舶检验部门核发的各类有效证件,以及船舶操作人员是否具有与岗位相适应的证书。

5)检查施工船舶是否配备有效的通信和救生设备,并保持设备技术状态良好。

6)施工单位应及时掌握当地气象及水文情况,遇不良海况或大风时应停止水上作业,并采取必要安全措施或转移至安全区域;遇有雨、雾天气,视线不清时,施工船舶必须悬挂信号灯,或按规定鸣号,必要时应停止作业。

(八)疏浚工程施工安全规定

1)检查开工之前,施工单位是否对疏浚水域进行扫床,水下是否有障碍物、废钢铁、战争遗留物和沉船等。

2)开工之前,发包人应向施工单位提供该施工水域的勘察报告,如不满足施工单位要求,施工单位可自行补贴。检查施工单位选择的挖泥船和施工方案是否符合水域勘察报告的有关要求。

3)开工前监理应协助发包人进行测量控制点的移交;审查施工单位设置的施工控制网是否符合规范和满足施工要求。施工单位设立的水尺和潮位遥报仪,经监理验收合格后方可投入使用。水尺设定后要进行同步水位观测比对,以后每月进行一次同步水位观测比对。

4)检查与审核浚前测量结果,主要是水深测量,以作为挖泥量计算的依据。测量时应 GPS 定位,每次测量前都要对 GPS 进行比对,以保证测量精度。

5)审核施工区域的布置是否易于实施,保证施工安全。

6)检查疏浚船舶的选择是否适应当地水文、地质和气象等条件。

7)施工单位是否对安全作业提出可行的安全措施。

(1)当遇到施工船舶不能适应的风、浪、雾的影响时,督促施工单位停止作业,避免发生安全事故。

(2)检查疏浚船舶的作业吃水是否小于浚前水深;当浚前深水不足时,督促施工单位先用吃水的挖泥船施工,满足水深要求后,再用吃水大的挖泥船施工。

8)船舶调遣时安全监理要求。

检查施工船舶调遣时,各种证书是否齐全;是否满足航区安全航行的要求,并经过船舶检验部门的检验和港监的批准。

9)施工过程中安全监理规定。

(1)检查施工单位在航道施工时是否设置明显标示,以免发生安全事故。

(2)对边坡精度有特殊要求的工程,检查施工单位对疏浚设备、施工方法、定位措施、监测方法等及提出的限制条件和安全措施,是否符合规范要求。

(3)巡视检查施工单位开挖时,是否严格控制超挖,如出现滑坡迹象,督促施工单位立即停止施工,并采取补救措施。

(4)检查施工单位处理有污染的疏浚土时,是否已向环保部门办理许可证。

(5)水上作业船舶如遇有大风、大浪、雾天等天气,超过船舶抗风浪等级或能见度不良时,督促施工单位停止作业。

(九)疏浚工程吹填作业施工安全规定

1)核查吹填工程的设计图纸,对设计要求、当地水文、气象和地质条件、吹填区土地使用标准文件、疏泥管线铺设条件、吹填区余水的排出条件以及对周围水域的影响,是否满足安全环保要求。

2)核查取土是否避开水下障碍物、爆炸物、水产养殖以及环境敏感区,取土区是否影响附近建筑物、航道、堤防及海岸的稳定。

3)核查围堰及排水口的设置是否符合安全要求,围堰是否层层夯实,是否会产生穿孔影响围堰的稳定,严格控制围堰拿摩温的水位,以免对围堰造成破坏。

4)核查排水口的设置是否有利于加长泥浆流程、有利于泥沙沉淀的位置;一般应布置在吹填区的死角,或远离排泥管出口的地方。

5)核查在整个吹填过程中,施工船舶、排泥、围堰和排水口是否协调工作,并建立有效的通信联系;核查施工单位是否实行巡逻值班制度,施工单位应随时了解吹填进度、泥沙流失情况、堰顶水位、围堰和排水口安全等情况,并对围堰和排水口进行维护。

6)检查施工人员在排泥管线上作业时,是否穿戴个人安全防护用品。

7)检查排泥管线昼夜施工时是否设置安全警示标志。

(十)船闸工程闸阀门安装安全规定

1)检查施工单位作业前是否已对操作人员进行了安全技术交底,操作人员是否已具备对现场工作环境、行驶道路、架空电线、建筑物以及构件质量和分布等情况的全面了解。

2)检查现场起重机作业是否具备足够的工作场地,并已清除或避开起重臂活动范围内的障碍物。

3)检查各类起重机是否设有音响清晰的喇叭、电铃或汽笛等信号装置,并在起重臂、吊钩、吊篮(吊笼)、平衡重等转(运)动体上是否标以鲜明的色彩标志。

4)抽查现场起重吊装指挥人员是否持证上岗;指挥人员作业时应与操作人员密切配合,

执行规定的指挥信号;操作人员必须按照指挥人员的信号进行作业,当信号不清或错误时,操作人员不得盲目执行,必须确认后方可执行。

5)检查操纵室远离地面的起重机,在正常指挥发生困难时,地面及作业层(高处)的指挥人员是否采用对讲机等有效的通信联络方式进行指挥。

6)在6级以上大风或大雨、大雪、大雾等恶劣天气时,督促施工单位停止起重吊装作业;雨、雪过后作业前,应先试吊,确认制动器灵敏、可靠后方可进行作业。

7)检查起重机指示器、力矩限制器、起重量限制器以及各种行程限位开关等安全保护装置,是否完好齐全、灵敏可靠,且不得随意调整或拆除;严禁利用限制器和限位装置代替操纵机构。

8)检查操作人员在进行起重机回转、变幅、行走和吊钩升降等动作前,是否发出音响警告信号,提醒其他人员注意安全。

9)检查起重机作业时,起重臂和重物下方是否有人停留、工作或通过;重物吊运时,严禁从人上方通过,严禁用起重机械运输人员,如有发现应立即制止。

10)检查操作人员是否按规定的起重性能作业及超载;在特殊情况下确需超载使用时,必须经过验算,编写专题报告,制订保证安全的技术措施,经企业技术负责人批准,并有专职安全生产管理人员在现场监护下方可作业。

11)检查施工单位及操作人员使用起重机时,是否进行斜拉、斜吊和起吊地下埋设或凝固在地面上的重物以及其他不明重量物体的作业,如有发现应立即制止。

12)巡视检查起吊重物时,是否绑扎平稳、牢固,不得在重物上再堆放或悬挂零星物件;易散落物件是否使用吊笼栅栏固定后方起吊;标有绑扎位置的物件,是否按标记绑扎;吊索与物件的夹角是否符合有关规定;吊索与物件棱角之间是否加设垫块。

13)检查在起吊掉荷载到起重机额定起重量90%及以上时,施工单位是否先进行了试吊,并对起重机的稳定性、制动器的可靠性、重物的平稳性、绑扎的牢固性等确认安全后才起吊;检查对易晃动的重物是否设拉绳。

14)检查重物起升和下降速度是否平衡、均匀,不得突然制动;左右回转是否平稳,不得在回转未停稳前做反向动作;非重力下降式起重机,不得带载自由下降。

15)检查起吊重物是否长时间悬挂在空中;作业中如遇突发故障,是否采取措施将重物降落到安全地方,并在关闭发动机或切断电源后进行检修;当突然停电时,应立即把所有控制器拨到零位,断开电源总开关,并采取措施使重物降到地面。

16)检查起重使用的钢丝绳是否有生产厂家签发的产品技术性能和质量证明文件;当无证明文件时,必须经试验合格后方可使用。

17)检查起重机使用的钢丝绳,其结构形式、规格及强度是否符合该型起重机出厂说明书的要求;钢丝绳与卷筒是否连接牢固,放出钢丝绳时,卷筒上应至少保留三圈,收放钢丝绳时应防止钢丝绳打环、扭结、弯折和乱绳,不得使用扭结、变形的钢丝绳。

(十一)围堰拆除施工安全规定

1)督促施工单位在开挖施工前,结合施工工况、水域环境、通航密度和当地气象条件等情况制订相应的安全技术措施,施工前应组织对船员进行安全技术交底,并做好记录备查。

2) 工程开工前,认真审核工程施工方案中的施工安全技术措施,监督、检查施工单位对水上施工区域及船舶作业、航行的水上、水下、空中及岸边障碍物等进行实地勘察,制订防护性安全技术措施。

3) 施工单位夜间挖泥作业时,施工船舶应按有关规定悬挂信号灯标志;作业区域及周边必须设置充分的照明设施。

4) 施工单位挖泥作业,应在泥驳靠泊本船系缆稳妥后,挖掘机才能进行作业。

5) 挖掘机工作时,作业半径范围内禁止站人,以免造成人身伤亡。

6) 挖掘机起动前,操作员必须事先发出信号;抓斗自由落体时,严禁紧急制动。

7) 水下开挖过程中,督促检查施工单位勤测水深,加强水下地形测量,以保持岸坡稳定。

(十二) 水上作业通道安全防护规定

1) 水上作业通道使用模块化的通道板,长度依据现场实际情况来确定,宽度应不小于600mm,通道板采用型钢制作,宜采用8mm厚度钢质网格板铺底,两侧设置安全围护栏杆,高度1200mm,上下间隔600mm,采用脚手管设置二道维护栏杆,并设置竖向栏杆。钢管应符合《碳素结构钢》(GB/T 700—2006)中Q235A钢材的有关规定,焊接用焊条应符合国家标准《非合金钢及细晶粒钢焊条》(GB/T 5117—2012)中的有关规定。

2) 通道板安装时,底部应固定可靠,防止端部滑落。通道板拼接连接时应使用焊接固定。通道和栏杆全部涂刷红白(黄黑)相间,并在栏杆上悬挂警示标识、救生设施等。

3) 安全网规定。

(1) 水上施工时,结构物外侧空挡应满铺安全网。安全网的设置要坚固牢靠,两侧系绳与空挡两侧结构物牢固系好。安全网必须采用中间主筋绳系挂。

(2) 水上安全网拉设不能在局部留有空缺,尤其在安全通道出入口附近,应保证安全网封闭、可靠。

4) 水上施工平台安全规定。

(1) 需布置钻孔、起重等大型设备的施工平台,按大型临时设施管理要求须有设计方案,经监理单位审批、建设单位同意后建设,建设完成经验收合格方可投入使用。

(2) 平台设置沉降位移观测点,定期监测和检查维护。

(3) 平台四周应设置封闭的安全围护栏杆,并分段放置救生圈及救生绳。

(4) 平台临水侧应设置警戒灯和警戒旗,防止船舶撞击,并设置足够的照明设施。

(5) 平台上用水用电应合理规划布置,保证施工生产需要。平台应配备足够的灭火器等消防设施,保证使用安全。

(十三) 无掩护水域施工安全防护规定

1) 施工单位应根据无掩护水域的工况条件选择船舶稳性、动力设备、抗风浪能力强的施工船舶,其作业性能应满足无掩护水域的工况条件。

2) 施工单位应根据船舶的抗风能力及无掩护水域的水深、风浪、水流及其变化,制订相应的应急预案。

3) 施工现场应根据非自航施工船舶的数量、大小和种类,配备适量适航的监护拖轮和救生设施。

4)施工前,应选择相对较近、水文气象条件较好的避风锚地。

5)施工期间,应向气象台站收集中长期天气及海浪预报,并每天按时收听当地的气象和海浪预报,加强对水文气象的分析。

6)非自航施工船舶应配备防风锚,并应对锚机、锚缆采取适度加固、加长措施。

7)施工船舶应储备充足的燃油、淡水、缆绳、索具、备件及生活物资和医药用品等。

8)施工船舶的门窗、舱口、孔洞的水密设施应完好,排水系统应通畅,管系阀门等应灵活有效。必要时,应配备移动式抽水机。

9)施工船舶停止作业后,应将起重钩、桩锤、抓斗、臂架及属具等进行封固。

(十四)防台防汛施工安全防控规定

1)施工单位应根据施工船舶、机械自身特点及现场条件,编制合理的防台计划、方案,确定施工船舶、设备防台避风地点。

2)全面检查各工地现场深基坑。开挖沟槽支护情况,做好加固工作,防止坍塌事故发生。

3)检查脚手架、支架搭设是否合理,是否按照标准规范要求设置剪刀撑等。对未按要求设置剪刀撑的工地,要立即责令停止施工,并督促其按要求整改到位。

4)检查塔式起重机、施工电梯、物料提升机等起重设备的安全性能,重点是设备基础、附墙装置,对陈旧、锈蚀严重或长期不用的设备,要立即拆除。

5)要对施工现场临时用电设施进行检查,重点检查线路的架设,防止用电设备进水而造成触电事故的发生。

6)与气象部门合作,加强对台风的监测和预测。督促施工单位设置台风安全警戒线,在台风到达警戒线之前做好防台的各项工作。

7)在收到热带气旋生成报警后,监理工程师要密切关注其动态,督促施工单位随时做好避风准备,一经确定气旋将影响本区域时,要求施工船舶、机械按规定进入避风状态。

8)在防台风期间,施工船舶必须保证船舶设备处于良好状态,通信联络畅通。

9)对未完工程和临时性设施采取必要的防风、加固措施。检查工地现场的临时生活设施,对空旷地区、沿海地区的临时工棚立即采取有效的加固措施。台风到来前,搭建在易发生山体滑坡、坍塌的高切坡附近的临时设施内严禁住人,并妥善做好人员的安置转移工作。

第十五章 水运工程环境保护监理

本章主要介绍监理工程师在水运工程监理工作中环境保护监理的主要知识点,部分内容在《交通运输工程目标控制(基础知识篇)》《交通运输工程目标控制(水运工程专业知识篇)》已有介绍,请结合使用。

第一节 水运工程施工对环境的影响

一、水运工程建设水环境影响

水运工程建设施工期水污染物主要是来自施工过程中产生的生产废水、施工人员的生活污水、施工船舶的含油污水、生活污水以及疏浚、吹填、抛泥、水下炸礁等作业对水体污染等。

(一)水环境基本概念

1. 水质

水体环境的质量简称水质。

2. 水质标准

1)《地表水环境质量标准》(GB 3838—2002)基本项目适用于全国江河、湖泊、运河、渠道、水库等具有使用功能的地表水水域,是满足规定使用功能和生态环境质量的基本水质要求。

依据地表水水域使用目的和保护目标,将其划分为五类:

Ⅰ类主要适用于源头水、国家自然保护区;

Ⅱ类主要适用于集中式生活饮用水水源地一级保护区、珍贵鱼类保护区、鱼虾产卵场等;

Ⅲ类主要适用于集中式生活饮用水水源地二级保护区、一般鱼类保护区及游泳区;

Ⅳ类主要适用于一般工业用水区及人体非直接接触的娱乐用水区;

Ⅴ类主要适用于农业用水区及一般景观要求水域。

同一水域兼有多类功能类别的,依最高类别功能划分。

2)《地下水质量标准》(GB/T 14848—2017)。

依据我国地下水质量状况和人体健康风险,参照生活饮用水、工业、农业等用水质量要求,依据各组分含量高低(pH 除外),分为五类。

Ⅰ类:地下水化学组分含量低,适用于各种用途;

Ⅱ类:地下水化学组分含量较低,适用于各种用途;

Ⅲ类:地下水化学组分含量中等,以《生活饮用水卫生标准》(GB 5749—2022)为依据,主要适用于集中式生活饮用水水源及《地下水质量标准》(GB/T 14848—2017)中工农业用水;

Ⅳ类:地下水化学组分含量较高,以农业和工业用水质量要求以及一定水平的人体健康风险为依据,适用于农业和部分工业用水,适当处理后可作生活饮用水;

Ⅴ类:地下水化学组分含量高,不宜作为生活饮用水水源,其他用水可根据使用目的选用。

3)《海水水质标准》(GB 3097—1997)。

按照海域的不同使用功能和保护目标,海水水分为四类:

第一类适用于海洋渔业水域、海上自然保护区和珍稀濒危海洋生物保护区。

第二类适用于水产养区、海水浴场、人体直接接触海水的海上运动或娱乐区,以及与人类食用直接有关的工业用水区。

第三类适用于一般工业用水区、滨海风景旅游区。

第四类适用于海洋港口水域、海洋开发作业区。

(二)水污染

水污染按形成原因可分为自然污染和人为污染两大类。人为活动造成水污染的污染物来源主要有以下几个方面:①工业废水;②生活废水;③农业废水;④废气;⑤废渣;⑥农药、化肥。

1. 造成水污染的主要污染物

生物污染物:细菌、病毒、寄生虫。

物理性污染物:色度、悬浮物、热等放射性污染。

2. 水体有机物污染指标

化学需氧量(COD):又称化学氰量。在规定条件下,使水样中能被氧化物质氧化所需用氧化剂的量。

生物化学作用:在微生物作用下,水体中的有机物可以发生分解转化为无机物的过程叫生物化学作用。

3. 污水综合排放标准

1)排入 GB 3838 中Ⅲ类水域(划定的保护区和游泳区除外)和排入 GB 3097 中二类海域的污水执行一级标准;

2)排入 GB 3838 中Ⅳ、Ⅴ类水域和排入 GB 3097 中三类海域的污水执行二级标准;

3)排入设置二级污水处理厂的城镇排水系统的污水执行三级标准。

4. 水体的自净能力

水体自净大致分为三类,即物理净化、化学净化和生物净化。

(三)水运工程建设防治水污染的措施

1)对于限制污染的施工区域,在疏浚船舶选型上,优先选用污染较轻的挖泥船种;在使用耙吸船舶施工时,应适当控制侧扬和溢流的施工方式。

2)合理安排施工船舶的数量、位置及施工进度,尽量将靠近养殖区的疏浚作业以及疏浚土外抛的时间安排在水产养殖非高峰期进行。

3）陆域吹填时,为防止泥沙随排水流入海域,在吹填区四周设置抛石围堤,让排水在吹填区内经过较长距离的沉淀过程后变得较为澄清,再从溢流口排出。

4）吹填围堰应有闭水或过滤功能,以保证泥沙不经堰体泄漏;必要时,围堰外尤其是溢流口处,可以再设置过滤网,进一步降低溢出水体的悬浮物浓度。

5）做好施工设备的日常检查维修工作,杜绝吹泥管沿线以及自航耙吸船或泥驳在航行中途发生大量泥浆泄漏事故。

6）如施工附近有养殖场,应加以注意并采取保护措施施工期间加强附近水域的水质监测。

此外,施工人员施工过程中产生的生活污水,要妥善处理。对于施工机械维修过程中产生的含油污水应予以收集,送交污水处理厂或油污回收船处理,不得直接排入水体。

(四) 疏浚物海上倾倒过程中的环保对策

1）抛泥区设置明显的标志。
2）挖泥船到位倾倒。
3）确保舱门密闭,严防泥浆泄漏。
4）在主要经济鱼类繁殖期(一般为4～7月),应尽可能地减少倾倒量。
5）在实施倾倒作业期间,须开展全过程的海洋环境监测工作,及时掌握倾倒对海洋环境影响状况,以便及时调整倾倒作业方案,防止对海洋环境产生损害。

二、大气环境

根据大气圈垂直方向上温度、化学成分、荷电等物理性质差异和大气运动状态,可将大气圈分为对流层、平流层、中间层、热成层、逸散层等五个圈层。

(一) 相关标准

1. 环境空气质量标准

环境空气质量功能区分为二类:一类区为自然保护区、风景名胜区和其他需要特殊保护的区域;二类区为居住区、商业交通居民混合区、文化区、工业区和农村地区。

2. 环境空气质量功能区分类

一类区为自然保护区、风景名胜区和其他需要特殊保护的地区。
二类区为城镇规划中确定的居住区、商业交通居民混合区、文化区、一般工业区和农村地区。
三类区为特定工业区。

3. 环境空气质量标准分级

环境空气质量标准分为三级。一类区执行一级标准;二类区执行二级标准;三类区执行三级标准。

(二) 水运工程建设防治大气污染的措施

国内外对于施工过程中的粉尘污染的防治,一般都坚持以防为主,以治为辅,重在过程控制的原则,力求从根本上抑制尘源的产生和扩散。综观各类防尘处理技术,基本上采取如下措施:湿法除尘、干法除尘、机械物理方法。

三、声环境影响

(一)环境噪声

环境噪声是指在工业生产、建筑施工、交通运输和社会生活中所产生的干扰周围生活环境的声音。

(二)环境噪声污染

环境噪声污染是指所产生的环境噪声超过国家规定的环境噪声排放标准,并干扰他人正常生活、工作和学习的现象。环境噪声污染是一种能量污染,与其他工业污染一样,是危害人类环境的公害。

(三)相关标准

各类标准的适用区域:

0类标准适用于疗养区、高级别墅区、高级宾馆区等特别需要安静的区域,位于城郊和乡村的这一类区域分别按严于0类标准5dB执行。

1类标准适用于以居住、文教机关为主的区域。乡村居住环境可参照执行该类标准。

2类标准适用于居住、商业、工业混杂区。

3类标准适用于工业区。

4类标准适用于城市中的道路交通干线道路两侧区域,穿越城区的内河航道两侧区域。

(四)水运工程建设防治噪声的措施

1)声源控制。

2)传声途径的控制。

3)接收者的防护。

4)其他措施。

对施工车辆进行统一调配管理,有效减少车辆进出场会车鸣笛的次数,控制车流密度,从而减轻交通噪声对周围环境的影响。

第二节 水运工程施工环境保护监理

一、码头主体工程施工的环境保护监理

1)加强施工管理,对散装含尘物料应设挡风墙,并合理堆放物料,减少迎风面积,同时定时洒水,减少大风对料堆表面细小颗粒物的侵蚀引起的扬尘量。

2)运送散装含尘物料的车辆应用篷布遮盖,以防物料飞扬,限制砂石料运输车辆的超载,

防止沿途洒落。

3）石灰、水泥和沙料等的拌和，建议采用站拌方式，拌和站应配备除尘设备。

4）对施工便道定期洒水，减少二次扬尘散发量；路面铺设中沥青的熬炼、拌和过程，应采取密封罐或其他避免露天作业直接排放的手段，尽量减少烟气的排放与危害。

5）施工期生活污水和施工废水由各施工单位负责处理，施工单位应建立施工废水管理和处理规划，不允许随意排放。

6）油污水应设接收容器，尽量回收利用，污水处理达标率100%；运营期含油污水、生活污水、生产废水应有治理规划与措施。

7）施工期垃圾不得随意抛弃或填埋，施工中产生的危险废物按有关规定处理；施工单位应加强施工管理，制订施工期垃圾的管理和回收处理计划。施工垃圾定点集中堆放，尽量回收利用，不能利用的应运往市政垃圾处理场无害化处理。

8）施工机械设备应尽量采用低噪声设备，进行定期维护；淘汰车辆及施工机械不符合施工要求的施工车辆和施工机械，车辆和机械要定期维护、检修。

9）固定设备与挖掘机、运输卡车等机械的进气、排气口设置消声器；高噪声机械应安装减振和减噪设施，必要时在高噪声机械周围设置临时简易声屏障。

10）严格组织和控制施工时间，禁止高噪声机械在夜间施工。

11）运输车有可能对运输路线两侧的居民区造成噪声超标的影响，在运输过程中应严格限制车速和单位时间内的车流量，车辆穿行城镇时应适当降低车速，以降低对城镇居民的干扰，并禁鸣喇叭。

二、疏浚工程施工环保监理

（一）审核环境保护体系

审核环境保护目标是否明确，环境保护体系机构是否健全，人员职责是否符合，重点审查制定环境保护措施是否全面和符合工程实际情况。

（二）审查船舶资质

船舶进场前，项目监理部按照合同要求，对船舶的资质进行审核，包括船型大小、船员资质、防止空气污染证书、防止油污证书、防止生活污水污染证书等，符合要求才能允许船舶进场施工。

（三）建设单位委托有资质的环保监测单位

在工程施工前要求建设单位委托具有国家环保局颁发合格资质证书的单位进行环境监测工作，确保环境保护项目监测指标均严格控制在标准范围内。

三、地基处理施工环境监理

1）在振冲施工开工前，监理工程师应审批施工方案中的环保措施。要求施工单位采取周密的环境保护措施。

2）监理工程师根据工程环境影响特点，确定本阶段环保监理的巡视、旁站计划。监督检查施工单位是否按振冲施工工艺及环保要求进行施工。

3)振冲对海域影响较大,应制订科学、严谨、周密的施工方案,控制振冲噪声,尽量减少噪声量。

4)采用先进的施工工艺。

5)振冲作业时应优化施工设计方案,尽可能采取最先进的施工工艺,加强科学管理,在确保施工质量前提下加快施工进度,尽量缩短夜间施工作业时间。

6)加强施工设备的管理与维修保养,杜绝泄漏石油类物质以及所运送的建筑材料等,减少对地下水污染及护岸前沿的可能性。

7)现场办公区工作人员的生活污水及生活垃圾、施工废物不允许直接排放和抛弃,应在办公区设立临时厕所与垃圾箱,设专人定期清理,以减少对水质的污染。

8)施工机械的废机油含修理时含油废水集中处理达标排放,垃圾集中收集处理。

9)对施工过程中不符合环保要求的行为,监理工程师可以发出监理指令,责令改正;情况严重时可发出暂时停工令。施工单位无正当理由拒绝整改的,监理工程师可以对该部分工程量拒绝支付。

10)地基处理过程中的环境监理。

(1)监督检查是否按强振冲施工工艺及要求进行施工;

(2)监督检查施工中产生的淤泥、废渣等固体废料的处理处置情况;

(3)监督检查办公区人员生活污水及生活垃圾处理处置情况;

(4)监督检查施工机械产生的废机油及垃圾的处理处置情况。

四、后方陆域施工环保监理

陆上工程施工包括振冲施工、施工排水、钢筋工程、混凝土工程、构件预制工程、土方回填等过程都会对周边环境造成影响。

基础工程施工期的环境保护,重点是防止机械开挖土方、施工排水、混凝土施工等对水环境、生物、噪声、大气等环境因素的影响。

1)重点关注基础施工过程对周边环境影响。熟悉工程环境影响报告书,同时结合实地踏勘,对地基施工及周边水生环境以及保护对象进行识别和确认。

2)对在建码头后方,应会同建设方对现场初始的自然特征进行客观的文字描述和完整的影像记录,建立档案,以作为将来恢复的依据和参考。

3)向建设方就基础工程工作提出要求,重点应关注临时防护设施的选择以及实施的时间(如生态防护),并通过巡视进行日常的监督和管理。

4)对于不可避免开挖工程,明确并严格控制开挖界限,不得任意扩大开挖范围,将受影响的地表下水控制在最小范围。

5)监理人员应熟悉工程环境影响报告书,同时结合实地踏勘,对项目所在区域所涉及水域的保护目标和保护范围进行识别和确认,并通过文字图件的形式明确告知建设方,未达标准,不得排入一类水域;排入其他水域时,必须符合相应的水质标准,不符合时要进行水质处理,如油污水应进行隔油处理。

6)禁止装卸有毒、有害物料;装载散料应采取防撒漏的措施,如可设置装卸溜槽。

7)开挖土方要进行覆盖处理,防止雨水冲刷流失,污染水域。

8）设置必要的垃圾箱。

第三节　水运工程施工环境保护措施和监理方法

一、水运工程施工环境保护措施

(一)施工准备阶段措施

1）对已开工的标段进行环保审查，并编制相应的审查报告。

2）审核施工组织设计，具体项目的施工组织设计中应包括"三废"排放环节，排放的主要污染物及设计中采用的治理技术、措施、污染物的最终处置方法和去向以及清洁生产等内容。

3）审核施工承包合同中的环境保护专项条款，建设单位在与施工单位签订承包合同条款中应有环境保护方面内容，施工承包单位必须遵循的环境保护有关要求，应以专项条款的方式在施工承包合同中体现，并在施工过程中据此加强监督管理、检查、监测，减少施工期对环境的污染影响，同时应对施工单位的文明施工素质及施工环境管理水平进行审核。

(二)施工阶段措施

监督检查各施工工艺污染物排放环节是否按环保对策执行环境保护措施、措施落实情况及效果；

监督检查施工过程中各类机械设备是否依据有关法规控制噪声污染；

监督检查建筑工地生活污水和生活垃圾是否按规定进行妥善处理处置；

监督检查机动船舶是否有与其生活污水产生量相适应的处理装置或存储器；

监督检查施工船舶生活垃圾的日常收集、分类存储和处理情况；

监督检查大型施工船舶是否安装油水分离器，其运转中产生的机舱油污水由其自备的油水分离器处理；监督检查其他小型船舶运转中产生的油污水及其他生活垃圾交接收船收集的情况；

监督检查挖泥作业的船舶是否漏泥，挖泥船必须到指定的抛泥区卸泥，严禁随便乱抛；

冲洗机械设备的含油废水须经隔油池处理达标后排放；

监督检查施工现场道路是否畅通，排水系统是否处于良好的使用状态，施工现场是否积水；

施工期间对施工人员做好环境保护方面的培训工作，培养大家爱护环境、增强防止污染的意识；

参与调查处理施工期的环境污染事故和环境污染纠纷；

监督检查土石方填筑及堆放情况。

1. 水体防污染监理控制措施

1）施工单位应严格执行国家有关水域环境生态保护的规定，合理选择施工船机和施工工艺，采取有效措施，减少施工对周边水域的影响。为减少疏浚物进入疏浚区水域，施工作业人员应尽量缩短试喷的时间，并在确认耙子弯管与船体吸泥管口的连接完全对位后才开始疏浚作业，以免疏浚物从连接处泄漏而污染水域。

2) 施工单位应调整好泥舱溢流口的位置，控制好溢流口的泥浆浓度，减少入水泥浆，减轻溢流对附近海域的水体污染。要求施工单位减少溢流时间，挖满泥舱后，立即航行至抛泥区，减少泥浆水流进附近海域。施工中要求施工单位专人经常检查泥门紧闭情况，防止运泥过程中泥门漏泥。

3) 施工前施工单位做好交底工作，船舶在进行油类作业过程中，遵守相关规章制度，采取防油污染的措施，防止出现跑油、漏油情况。船舶在港修船时需清理油舱、机舱残油舱，先向海事部门申请，经批准后方能进行，且必须由有资质的接收单位进行回收处理，并出具相关的接受证明。

4) 要求施工单位按照合同投入性能好的船舶，选择对环境影响较小的疏浚设备。在施工中要加强对周边环境监测，根据监测结果选择合适的施工方案，减少污染，确保周围海域水质不受污染。

2. 噪声防污染监理控制措施

施工中要求施工单位的尽量选用低噪声设备和施工工艺，对高噪声机械设备使用减振坐垫、隔声装置降低噪声，并安装消声器或采用消声罩控制噪声传播途径；严格控制打桩时间，高噪设备操作人员应佩戴个人防噪设施；经过居民区和施工生活区的运输车辆应限制车速和禁鸣喇叭。

1) 所有施工船都应严格按航行规范控制汽笛的鸣号，减少对周边环境的噪声污染。采取噪声控制措施，船舶发电机必须安装消音器，尽量控制噪声污染。做好各种机械的检查、维护，减少施工噪声，控制噪声源在100dB以下。机舱施工的作业人员要佩戴耳塞，做好个人防护措施，防止损害身体。项目监理工程师施工前对参与施工的船舶设施均进行检查，符合要求才允许施工。

2) 现场施工设备采取噪声降低控制措施工，尽量控制噪声污染。

3) 做好各种机械的检查、维护，减少施工噪声，控制噪声源在100dB以下；如在最近边界线处测得施工船机噪声超过75dB，则立即停止施工，并采取有效措施把噪声降至允许范围，再恢复施工。

4) 工前对参与施工的船舶均进行检查，确保其满足施工噪声控制的要求。

5) 在靠近居住区施工时，晚上尽量不安排操作，以免噪声扰民，噪声不能超过60dB

3. 大气防污染监理控制措施

施工单位在施工过程中产生的废气必须按国家现行大气污染物综合排放标准的要求达标排放，监理工程师在施工过程中检查施工用油检测报告是否符合《交通运输部关于印发船舶大气污染物排放控制区实施方案的通知》（交海发〔2018〕168号）文件及相关规定要求，特别施工硫氧化物、氮氧化物等指标必须满足要求才能用于施工船舶。

4. 废弃固体物防污染监理控制措施

1) 施工船舶在水域内定点作业、施工船舶产生的船舶垃圾不得在海域内排放；要求船舶设置临时垃圾储存设施，防止流失，不准随意排放。施工弃渣和固体废弃物必须按要求委托有资质的单位回收，并出具接收证明，并做好接收台账记录。监理工程师定期对台账记录进行检查,确保施工单位能持续做好相关工作。

2)施工产生的生活垃圾等固体废弃物统一收集后送城市垃圾处理厂处理一,不得随意抛弃或填埋。

3)施工区内设置垃圾箱和卫生责任区,并确定责任人和定期清扫的周期。

4)施工垃圾定点集中堆放尽量回收利用,不能回收利用与生活垃圾一起处理。

5)施工期产生的疏浚抛入指定的抛泥区,不得随意抛弃。

5. 疏浚土监理控制措施

1)施工单位严格按照审批的疏浚土外抛管理方案认真执行,落实相关措施,监理工程师严格审核施工单位所上报的船舶证书及卸泥许可证,从根源上杜绝无证照船舶进入施工现场非法施工。安排监理人员在施工船舶上全过程旁站,确保疏浚土抛卸到批准的卸区,发现违规卸泥现象后,应根据合同规定进行严格处理。

2)与建设单位、海事、港航等主管部门加强沟通,通力合作,在卸泥船上加装卫星导航系统,对船舶运输轨迹、艘次进行动态监督管理,实现全方位监控,杜绝乱卸泥现象发生。

3)监理工程师应利用手机 App 软件,对施工船舶的航行轨迹、抛泥次数等进行记录,每周定期上报建设单位,将船舶的轨迹航行次数作为计量的依据,必要时对测图进行核对,确保疏浚土能按要求运输到卸泥区,通过这种模式大大减少了乱抛乱卸现象,水体得到有效保护。

6. 节能减排监理控制措施

监理督促施工单位科学组织施工设备资源,投入高能效的耙吸式挖泥船施工,提高施工效率以提高能效。应用疏浚工程电子图形控制系统辅助各种挖泥船施工,加强挖泥过程工艺参数控制,提高挖泥效率,以提高能效。在保证船舶安全的前提下,提高船舶装舱率和装载量以节省运泥能耗。

7. 生态保护监理控制措施

在近海中有许多珍稀动物和鱼类,在施工过程中,须密切注意施工区及其周边水域的水质变化。如发现因疏浚施工引起水质变化而对这些动物产生不良影响,则应立即采取措施,必要时可短暂停工;禁止将有毒有害废物直接排到海里,施工单位定期提供监测报告,密切关注生态环境实际情况,保证生态环境的健康。

8. 海洋生物保护监理控制措施

对于船舶卸泥活动区域,施工船舶必须做好泥门的关闭,尽可能减少疏浚物泄漏影响水体,施工船舶进入水域航道航行时,须控制好航速,防止航速过快造成对海洋生物的伤害。监理通过公开网站(船讯网)对船舶进行查询,如果发现船舶通过海洋生物区域未按规定船速运行,及时在微信工作群要求施工单位控制船速,不得干扰海洋生物生活作息。另海洋生物对航行船舶的噪声非常敏感,船舶在通过海洋生物活动区域时,必须控制噪声,防止对海洋生物的正常生活造成影响。

9. 水土保持措施

施工过程中分别采取相应的工程措施、植物措施和临时措施进行水土流失综合治理,及时恢复植被或复耕。监理单位应结合水土保持工程特点,制订相应的监理工作办法。在施工阶段进行进度控制、投资控制、质量控制、合同管理、信息管理和组织协调。水土保持工程施工监理过程中,监理人员对主体工程水土保持项目、关键工序应进行旁站监理;对植树、种草、小型护坡、排水等工程可进行巡视检查。

(三) 竣工验收阶段措施

1. 组织初验

1) 工程完工、竣工文件编制完成后,承包人向环境监理工程师提交初验申请报告;

2) 环境监理工程师审核初验报告;

3) 环境监理工程师会同业主代表、组织承包人、设计代表对工程现场和工程资料进行检查;

4) 环境总监召集初验会议,讨论决定是否通过初验,并向业主提出工程环境初验报告。

2. 协助业主组织环保竣工验收

1) 完成环保竣工验收小组交办的工作;

2) 安排专人保存收集环保竣工验收时政府环保主管部门所需资料;

3) 提出工程运行前所需的环保部门的各种批件,并予以协助办理。

3. 整理环境监理竣工资料

环境监理竣工资料在合同规定的时间内提交业主,主要内容有:

1) 环境监理实施细则;

2) 工程环境监理报告书。

二、水运工程施工环境保护监理方法

(一) 旁站监理

对施工过程可能造成污染环保事件及其他同类型工程施工进行旁站监理,确保在施工过程中不出现环保事件。

环境监理人员应对重要环节进行旁站监理,并填写旁站记录表,重要环节应包括下列内容:

1) 专项环境保护方案的实施过程;

2) 污染物排放量较大或排放浓度较高,可能造成环境污染的施工过程;

3) 环境污染事故的整改过程。

(二) 巡视监理

项目监理机构应采取巡视的方式对施工单位施工环境保护措施的实施进行监督管理,重点污染环节应加强检查,巡视检查应包括下列主要内容:

1) 施工环境保护方案中污染防治措施的落实情况;

2) 生态保护、水土保持措施落实情况;

3) 污染物处理设施的运行维护情况。

(三）监理对环境记录检查

项目监理机构应检查下列施工单位施工环境保护管理记录：
1) 进场作业人员施工环境保护教育培训记录；
2) 施工环境保护交底记录；
3) 施工环境保护措施检查及整改复查记录；
4) 施工单位对施工环境保护措施执行情况的记录。

（四）环境监测

监督施工单位对水体、空气、施工噪声等进行测量，对不符合要求者，应指令施工单位整改。

（五）指令文件

1) 环保监理人员对施工单位施工环保中存在的问题，通过发出监理工程师通知等指令和要求的书面文件，责令施工单位限期予以改正。
2) 如遇下列情况，环保监理人员报项目总监理工程师同意后由项目总监下达"暂停施工指令"。
3) 施工现场环保条件未经环保监督部门审查/审查不合格的施工单位擅自施工的，环保设施未经检验而擅自使用的。
4) 对监理工程师查出的事故隐患拒不整改或整改不合格的。
5) 对已发生的环保事件未进行有效处理而继续作业的。
6) 使用无合格证明文件的环保用具或擅自替换、变更工程材料的。
7) 如因时间紧迫，监理工程师来不及做出正式的书面指令，可用口头指令下达给施工单位，但随后应及时补充书面文件对口头指令予以确认。

（六）使用支付手段和合同手段

施工单位在施工中即使工程质量满足规范的要求，但环保管理混乱，发生或存在上述条款中问题时，监理工程师在进度工程款签发时，有权停止签发施工单位部分或全部工程款。情节严重的，监理单位有权建议建设单位解除施工承包合同。对分包单位监理单位，有权指令总包单位解除分包合同。

第四节 《水运工程施工环境监理规范》（JTS 252—1—2018）的主要内容

一、施工环境监理基本规定

1) 监理单位应根据工程性质、环境影响特点、周边环境敏感情况等因素，配备相应的环境监理人员和必要的环境监测仪器设备，在项目总监的统一领导下开展环境监理工作。
2) 从事环境监理工作的人员应熟悉环境保护法律法规，掌握环境保护相关知识，并取得相应资格。

3）环境监理应遵循下列主要依据：

（1）国家、行业和地方相关的环境保护法律法规；

（2）工程环境影响评价报告和批复；

（3）国家、行业和地方的相关技术标准；

（4）监理合同、施工合同以及有关补充协议；

（5）经批准的工程设计文件和工程设计变更文件。

4）施工环境监理阶段应包括施工准备期、施工期交工验收和竣工验收；环境监理的工作范围应包括工程施工区域和工程环境影响区域。

5）施工环境监理应包括下列工作：

（1）审批施工单位施工组织设计中的环境保护专章或专项环境保护实施方案，审查施工单位的环境管理体系，评估体系运行的有效性；

（2）编制监理规划中的环境保护篇章，编制环境监理实施细则；

（3）根据合同要求进行工程全过程、全方位环境保护监理，确保环境保护目标的实现；

（4）定期向建设单位报告环境监理工作的情况；

（5）协助环境污染事故调查处理；

（6）参与竣工环境保护验收工作等。

6）施工环境监理工作应达到下列目标：

（1）工程施工过程中产生的噪声、振动、废气污水等排放符合相应的标准和要求，固体废物得到妥善处置；

（2）生态环境保护和恢复措施符合环境影响评价及批复要求。

7）施工环境监理根据监理工作和工程需要应开展必要的监理监测，监理监测的测点选择、监测频次、监测时间、监测项目等，应根据施工进度计划、环境保护重点等确定。

二、施工准备期环境监理工作

1）施工准备期环境监理工作包括下列主要内容：

（1）根据设计文件环境影响评价报告和批复，核实工程附近环境保护目标；

（2）编制监理规划中的环境保护篇章以及环境监理实施细则；

（3）对施工单位提交的《工程开工报审表》中有关环境保护的内容进行审查；

（4）参加设计交底，明确环境监理工作内容；

（5）在第一次工地会议上向建设单位和施工单位明确与环境监理有关的事项；

（6）审批施工组织设计中的环境保护实施方案、专项环保方案；

（7）审批与环境保护有关的工程开工条件；

（8）监督检查施工营地、临时道路、预制场、临时材料堆场临时环保设施等的布置情况和建设过程，控制其环境影响，并符合环境保护相关要求。

2）监理规划中的环境保护篇章应包括下列主要内容：

（1）工程环境监理依据；

（2）工程环境监理目标；

（3）环境监理人员构成、职责分工和进场计划；

(4)工程环境监理范围;
(5)工程环境监理工作内容。
3)环境监理实施细则应包括下列主要内容:
(1)工程主要环境影响因子;
(2)施工工序的主要环境影响控制点及控制措施;
(3)施工过程中需重点关注的环境敏感点;
(4)工程环境监理实施方案。

三、施工期环境监理

1)施工期环境监理工作应包括下列主要内容:
(1)审查施工组织设计、专项施工方案或变更施工方案中的环境保护措施,并要求施工单位向环境监理机构进行环保措施报审;
(2)对施工现场环境保护措施的实施情况进行巡视或旁站,检查环境保护措施的执行情况和成效;
(3)检查施工单位的环境保护工作记录;
(4)向施工单位发出环境保护监理指令;
(5)组织召开与环境保护有关的会议;
(6)对环境保护措施的实施情况及监理情况进行连续记录;
(7)协助环保主管部门和建设单位处理突发环保事件。
2)环境监理交底应落实监理规划和环境监理实施细则中的要求,并应包括下列内容:
(1)与环境保护相关的法律法规和技术标准等;
(2)合同约定的参建各方环境保护的责任、权利和义务;
(3)环境监理工作内容、基本程序和方法;
(4)有关环境监理报表的填报要求;
(5)环境保护资料的报审与管理要求;
(6)需要建设单位配合的工作等。
3)对疏浚挖泥施工环境监理人员,应监督检查下列工作:
(1)监督疏浚装舱溢流时间,减少对水质的影响;
(2)监督疏浚物运输过程中的泄漏情况;
(3)按国家海洋倾废管理条例的要求对海上抛泥作业进行监督;
(4)内河航道施工时,监督弃泥场的选择及弃泥场挡泥墙、截水沟和排水沟的设置情况;
(5)在取水口及其水源保护区水域内疏浚挖泥时,监督布设防污屏等减缓对水源影响措施的实施情况;
(6)监督环境敏感目标水域悬浮物的变化,必要时进行取样监测。
4)吹填工程环境监理工作应符合下列规定。
(1)环境监理人员应监督施工单位做好下列工作:
①吹填作业在围堰工程建成后进行;
②确保堤身安全,防止漏泥造成环境污染事故;

③吹泥口和泄水口之间距离满足要求,泄水口排放的悬浮物浓度满足排放标准。

(2)环境监理人员应巡视围堰漏泥情况,发现泄漏,应当场责令施工单位整改,并旁站监督整改过程。

(3)环境监理人员应观察泄水水质情况,必要时进行取样监测。

5)施工期大气环境保护监理应监督施工单位做好下列工作:

(1)运输道路及时洒水,控制扬尘;

(2)粉状材料采用罐装或袋装,粉煤灰采用湿装湿运;

(3)控制粉状物料堆场扬尘,加篷覆盖或洒水抑尘;

(4)沥青混凝土拌和场设置在环境敏感点下风向,并与敏感点保持不小于规定的距离;

(5)锅炉大气污染物排放浓度和烟囱高度达到相关排放标准的要求。

6)环境监理人员应监督施工单位做好声环境保护工作:

(1)控制施工噪声对附近集中居民点的影响,停止夜间高噪声作业的施工;

(2)对产生强烈噪声或振动的污染源,按设计要求进行专项防治;

(3)环境监理人员应按环境影响区域的声环境质量标准对各类噪声污染的来源、治理措施及效果进行监督检查,并要求施工单位对噪声控制情况进行记录。

7)环境监理人员应监督施工单位做好声环境保护工作:

(1)控制施工噪声对附近集中居民点的影响,停止夜间高噪声作业的施工;

(2)对产生强烈噪声或振动的污染源,按设计要求进行专项防治;

(3)环境监理人员应按环境影响区域的声环境质量标准对各类噪声污染的来源、治理措施及效果进行监督检查,并要求施工单位对噪声控制情况进行记录。

8)环境监理人员应监督施工单位做好固体废物的处理工作:

(1)环境监理人员应督促施工单位做好固体废物的处理工作,施工产生的弃土弃渣、生活垃圾、沥青废料、试验室垃圾等各类固体废物应得到妥善处理;

(2)环境监理人员应对各种固体废物的分类处理措施进行监督检查,确保固体废物无害化处理,工程所在现场应清洁整齐;

(3)环境监理人员应要求施工单位对陆上施工、生活垃圾处理情况进行记录。

9)水下爆破施工的环境监理工作应包括下列内容:

(1)审查施工单位编制的水下爆破专项环境保护实施方案;

(2)监督施工单位在施工初期采用较小药量试爆,驱赶鱼类;

(3)在生态敏感水域施工时,对水下爆破施工时段进行监督,避开鱼类的洄游期、繁殖期;

(4)加强对爆破区附近水域鱼损情况的观察。

10)取弃土施工的环境监理工作应包括下列内容:

(1)结合实地踏勘,按照设计文件对取、弃土场选址和范围进行识别和确认;

(2)取、弃土场不能占用森林、草地和湿地;

(3)监督施工单位对取土场进行必要的生态恢复;

(4)监督施工单位对弃土场采取防止水土流失的相应防护措施。

11)临时用地的环境监理工作应包括下列内容:

(1)对临时用地可能涉及的生态敏感点进行识别和确认,避开各类生态敏感点;

(2)根据土地利用情况,向施工单位提出临时用地选址的限制性要求,并跟踪检查;

(3)监督检查施工单位将施工占用的农、林等生产用地,在施工结束后恢复原有的土地功能;

(4)监督施工单位对剥离的表层土予以保存,在施工后做好土地恢复;

(5)要求施工单位对植被的破坏以及恢复情况进行记录。

12)环境污染事故处理程序。

(1)施工过程中,环境监理人员应加强重点污染环节的检查控制,及时发现环境污染事故;

(2)发现事故后,环境监理人员应立即报告建设单位,书面通知施工单位暂停该工程的施工,并督促施工单位根据主管部门的意见,采取有效的环保措施;

(3)环境监理人员应审批施工单位事故处理方案,督促施工单位做好善后工作,对事故处理情况进行总结,并督促施工单位提交事故调查报告;

(4)环境监理人员应积极参与和协助对污染事故进行的调查。

13)巡视和旁站监理。

(1)环境监理人员应对施工过程中的环境保护情况进行巡视检查,及时发现影响环境的不利因素和污染事故苗头,监督施工单位采取措施加以排除,并填写巡视记录表。

(2)对巡视检查中发现的环保隐患应督促施工工单位及时处理。

(3)环境监理人员应对重要环节进行旁站监理,并填写旁站记录表,重要环节应包括下列内容:

①专项环境保护方案的实施过程;

②污染物排放量较大或排放浓度较高,可能造成环境污染的施工过程。

(4)巡视和旁站所发现的环保问题,应要求施工单位予以整改。对一般性或操作性的问题,可采取口头通知形式,口头通知无效或存在污染隐患时,环境监理人员应及时发出整改通知单,要求施工单位整改,并检查整改结果。

14)环境保护专题会议应确定下列内容:

(1)环境保护实施方案;

(2)环境保护效果;

(3)设计变更对环境的影响变化并提出完善建议;

(4)重大环境保护问题的处理措施以及相关工作安排等。

15)环境保护专题会议应符合下列规定:

(1)专题会议应由总监理工程师或专业环境监理工程师主持,建设单位代表、施工单位及其他有关人员应参加会议,必要时应邀请有关专家或上级主管部门参加会议;

(2)专题会议应由环境监理人员做好记录,并形成会议纪要,由总监理工程师签发。

16)交工验收环境监理。

(1)环境监理单位在交工验收前应进行环境保护工作初验。环境保护工作初验应包括下列内容:

①现场检查临时工程和临时设施的清理情况及环境、生态恢复措施的实施情况;

②检查施工单位环境保护资料的完整性;

③检查合同约定的其他各项环境保护目标和措施的完成情况,遗留环境保护问题的整改情况;

④对该项工程是否可进行下一步的交工验收提出意见和建议。

(2)环境监理资料应包括下列内容:

①监理规划;

②环境监理实施细则;

③环境监理所建立的施工标段的环境管理台账及环境检查记录;

④环境监理所发整改通知单,签发的指令及回复单等;

⑤与建设单位、施工单位、设计单位往来的环境保护文件;

⑥与环境保护有关的会议记录和纪要;

⑦环境监理阶段总结,包括周报、月报、季报年报等;

⑧环境监理工作总结报告;

⑨相关主管部门要求的其他资料。

(3)环境监理人员应按要求参加交工验收。

17)竣工验收环境监理。

(1)竣工验收前环境监理应包括下列主要内容:

①定期检查施工单位对交工环境保护验收提出的环境保护遗留问题整改措施的落实情况;根据工程具体情况对施工单位的整改计划做出调整,并督促实施。

②对环境保护设施试运行情况进行检查,未达到相关环境保护要求的,及时督促其整改。

③督促施工单位按合同及有关规定完成施工环境保护竣工资料的整理、归档,编写施工环境保护工作总结报告。

④整理完成环境监理竣工资料,并编写环境监理工作总结报告。

(2)对需要进行单项验收的环保工程,环境监理人员应协助建设单位组织验收工作,对环保工程进行验收。

(3)环境监理人员应参加工程竣工环境保护验收,并提交环境监理工作总结报告。

四、环境监理资料

环境监理主要资料应包括监理规划、环境监理实施细则环境监理记录、环境监理月报和环境监理工作总结报告等。

1)环境监理记录应包括下列主要内容:

(1)会议记录,包括第一次工地会议、平常工地会议、监理例会、工地协调及其他非例会会议的记录等;

(2)环境监理人员的日报表;

(3)环境监理日志,环境监理人员所负责的工地及其职责范围内环境监理的主要工作、每天工作的重大决定,对施工单位的环境保护指令,发生的污染纠纷及可能的解决办法等的记录;

(4)环境监理巡视记录,环境监理人员巡视现场时发现的主要环境问题及处理意见的记录;

(5)对施工单位的指令,环境监理人员发出的正式函件及口头指令,同时记录口头指令得到正式确认的方式和时间,体现在各种环境监理表格中的指令也要保留;

(6)施工单位有关环境保护的报告或请示,正式例行报告报表、各种正式函件、口头承诺的记录等。

2)环境监理月报应包括下列主要内容:
(1)本月工程进度概况;
(2)环境监理工作执行情况;
(3)环境监理现场监理及整改落实情况;
(4)下月集中整改问题及整改措施;
(5)下月环境监理工作计划。

3)环境监理工作总结报告应包括下列主要内容:
(1)工程概况;
(2)工程主要环境影响;
(3)工程施工期环境监理开展情况;
(4)工程环境监理工作成果和取得的环境绩效。

4)监理文件与资料归档要求。
(1)环境监理文件必须完整准确、系统地反映工程环境监理活动全过程;
(2)环境监理文件与保存应符合国家有关部门的规定;
(3)不列入归档的环境监理文件与资料应分类整理,与工程直接相关的文件资料,竣工后应移交建设单位保管。

第五节　环境影响评价和水土保持报告

根据《中华人民共和国环境影响评价法》(2018年12月29日)、《建设项目环境影响评价分类管理名录》《环境影响评价技术导则　地下水环境》(HJ 610—2016)、《水运工程建设项目环境影响评价指南》(JTS/T 105—2021)等文件的有关规定,阐述了水运工程工程分析、环境现状、生态影响评价、水环境影响评价、大气环境影响评价、声环境影响评价、土壤环境与固体废物影响分析、环境风险评价环境保护措施环境影响评价结论等内容。

一、《中华人民共和国环境影响评价法》相关规定

《中华人民共和国环境影响评价法》第十条　专项规划的环境影响报告书应当包括下列内容:
(一)实施该规划对环境可能造成影响的分析、预测和评估;
(二)预防或者减轻不良环境影响的对策和措施;
(三)环境影响评价的结论。

第十六条　国家根据建设项目对环境的影响程度,对建设项目的环境影响评价实行分类管理。

建设单位应当按照下列规定组织编制环境影响报告书、环境影响报告表或者填报环境影响登记表(以下统称环境影响评价文件):

（一）可能造成重大环境影响的，应当编制环境影响报告书，对产生的环境影响进行全面评价；

（二）可能造成轻度环境影响的，应当编制环境影响报告表，对产生的环境影响进行分析或者专项评价；

（三）对环境影响很小、不需要进行环境影响评价的，应当填报环境影响登记表。

第十七条　建设项目的环境影响报告书应当包括下列内容：

（一）建设项目概况；

（二）建设项目周围环境现状；

（三）建设项目对环境可能造成影响的分析、预测和评估；

（四）建设项目环境保护措施及其技术、经济论证；

（五）建设项目对环境影响的经济损益分析；

（六）对建设项目实施环境监测的建议；

（七）环境影响评价的结论。

二、环境影响评价基本规定

1）水运工程建设项目环境影响评价应结合水运工程建设项目的特点，所在区域的环境特征及环境功能区划要求环境敏感程度，合理确定环境影响评价的工作内容。

2）环境影响评价工作程序。

3）环境影响报告书应反映环境影响评价的全部工作内容，文字简洁，并附图表和照片，数据应可靠、有效，环境保护措施应具有针对性和可操作性，评价结论应明确、可信。

4）环境影响报告书编制应符合现行行业标准《建设项目环境影响评价技术导则　总纲》（HJ 2.1—2016）的相关要求，并应包括下列主要内容：

（1）工程分析；

（2）环境现状调查与评价；

（3）环境影响预测与评价；

（4）环境保护措施及其可行性论证；

（5）环境影响经济损益分析；

（6）环境管理与监测计划；

（7）环境影响评价结论。

5）环境影响报告表的编制应按国家现行《建设项目环境影响报告表》的统一格式和水运工程建设项目的特点编制。

6）水环境、大气环境、声环境、土壤环境、地下水环境、生态环境影响和风险评价等级可分为三个影响评价等级。

7）环境评价重点应包括下列内容：

（1）工程建设对环境保护对象、水文动力、生物栖息环境生态多样性等自然环境污染影响和生态环境的破坏影响应作为评价重点。

（2）码头建设项目应根据运输货种确定评价重点，并满足下列要求：

①干散货码头评价重点为粉尘的污染预测和防尘除尘措施；对于有管控要求区域，将颗粒

物污染预测和防尘除尘措施作为评价重点;

②油气化工码头评价重点为挥发性有机物及其他特征污染物的污染、操作性和船舶碰撞风险事故、安全事故产生的次生和伴生污染事故的风险预测、环境保护和事故风险应急措施及应急预案;

③危险货物集装箱码头评价重点为事故风险预测和事故风险应急措施;

④船舶事故溢油或溢液风险作为评价重点。

(3)码头建设项目生态环境重点评价内容应为水生生物生境改变、洄游通道的阻碍、水生生物珍稀保护物种的保护和减缓影响及补偿措施。

(4)航道、通航建筑物和航运枢纽建设项目评价重点应为水文情势变化分析、水生生物生境改变、洄游通道的阻隔水生生物珍稀保护物种的保护和减缓影响及补偿措施。

(5)渠化建设项目评价重点可参照航道建设项目确定。

(6)修造船水工建筑物评价重点可参照码头建设项目确定。

三、水环境影响评价

1)涉海水运工程建设项目应分析引起的潮流流场流态、流速、流向空间分布及潮位等变化情况;内河水运工程建设项目应分析河流流态空间分布,库区或水工建筑物上下游回水区和减少区范围、水位、流量、河势等变化情况。

2)一级、二级评价应包括对水文动力环境可能产生的环境影响范围、影响程度定量结论,三级评价应包括对水文动力环境可能产生的环境影响范围、影响程度的定量或定性结论。

3)一级、二级评价应包括对环境保护目标和周边水动力环境敏感水域的影响程度定量结论;三级评价应包括对环境保护目标和周边水动力环境敏感水域的影响程度定性结论。

4)涉海水运工程建设选址位于半封闭的港湾内时,一级、二级评价应定量分析对港湾纳潮量、水体交换能力的影响程度。

5)评价应明确建设项目水文动力环境变化对生态环境影响是否可接受的评价结论,不可接受时应提出修改建设方案或重新选址等建议。

四、大气环境影响评价

1)评价达标区范围内的建设项目环境影响程度,应预测建设项目建成后各污染物对预测范围的贡献浓度,叠加或减去区域污染源以及其他在建拟建污染源环境影响,并叠加环境质量现状浓度。

2)评价不达标区范围内的建设项目环境影响程度,应在各预测点上叠加达标规划中达标年的目标浓度,分析达标年的保证率日平均质量浓度和年平均质量浓度的达标情况。

3)叠加目标浓度可选用达标规划方案中的污染源清单参与预测,也可直接叠加达标规划模拟的浓度场。无达标规划方案情况下,也可计算实施区域削减方案后预测范围的年平均质量浓度变化率,并判断削减是否带来区域环境质量整体改善。

4)建设项目边界外有环境质量短期浓度超标时,应计算大气防护距离。

5)污染物排放量核算应涵盖建设项目的新增污染源和改建、扩建污染源。

6）评价结果的各种图、表、污染物排放量核算结果格式应符合现行行业标准《环境影响评价技术导则　大气环境》（HJ 2.2—2018）中的有关规定。

五、声环境影响评价

1）评价工作等级可分为三个级别，一级为详细评价，二级为一般性评价，三级为简要评价。
2）评价内容。
（1）影响评价应根据噪声预测结果和评价标准，分析施工期、运营期噪声的影响程度、范围、项目边界和敏感目标的达标情况。
（2）一级、二级评价的噪声预测应覆盖全部敏感目标，并应给出对各敏感目标的预测值及项目边界噪声值、受影响的人口分布、噪声超标的范围和程度。
（3）三级评价应给出项目对环境有影响的主要噪声源的数量、位置和噪声级，分析项目建成后项目边界噪声达标情况并给出达标分析结论。
（4）建设项目边界、敏感目标超标时，应确定引起超标的主要声源。
（5）影响评价应分析建设项目对声环境质量的影响。
（6）内河航道建设项目航段分布有城镇区或城镇规划区时，应绘制等声级线图并分析噪声影响范围和程度。
（7）根据噪声预测结论，应制订噪声防治对策；涉及城镇规划区时，应提出噪声防护控制距离建议。

六、固体废物环境影响分析

1）固体废物影响分析应包括估算施工期和运营期固体废物产生量，并应根据固体废物性质分析收集转运、处理处置等不同环节产生的环境影响，对来自疫区船舶垃圾，应按卫生检疫部门的要求处置。
2）船舶固体废物产生量可根据设计船型装载货种、船舶航区等进行估算。
3）陆域固体废物可采用类比法或统计法分别估算生活垃圾、工业固体废物、危险废物的产生量。
4）固体废物影响分析应说明污染特征、影响方式和途径、收集、储存和转运等要求。
5）施工弃土、弃渣存在污染时，应说明对环境污染的主要污染因子和污染途径，并提出处理处置方式和要求。
6）工业固体废物分析应说明综合利用和处理处置途径。
7）危险废物应根据发生量和性质重点分析污染影响，并按有关规定提出收集、储存、转运等要求。

七、水土保持方案报告

1）《生产建设项目水土保持方案管理办法》（水利部令第53号）相关规定如下：
第五条　在山区、丘陵区、风沙区以及县级以上人民政府或者其授权的部门批准的水土保持规划确定的容易发生水土流失的其他区域开办可能造成水土流失的生产建设项目，生产建设单位应当编报水土保持方案。

第六条 水土保持方案由生产建设单位自行或者委托具备相应技术条件和能力的单位编制。

开展水土保持方案审批、技术评审、监督检查的部门和单位不得为生产建设单位推荐或者指定水土保持方案编制单位。

第七条 水土保持方案分为报告书和报告表。

征占地面积 5hm² 以上或者挖填土石方总量 5 万 m³ 以上的生产建设项目,应当编制水土保持方案报告书。征占地面积 0.5hm² 以上、不足 5hm² 或者挖填土石方总量 1000m³ 以上、不足 5 万 m³ 的生产建设项目,应当编制水土保持方案报告表。征占地面积不足 0.5hm² 并且挖填土石方总量不足 1000m³ 的生产建设项目,不需要编制水土保持方案,但应当按照水土保持有关技术标准做好水土流失防治工作。

2)《生产建设项目水土保持技术标准》(GB 50433—2018)水土保持方案编制规定如下:

(1)一般规定。

①水土保持方案主要内容应包括项目及项目区概况、项目水土保持评价、水土流失预测、水土保持措施布设、水土保持投资估算等。

②水土保持方案应明确项目水土流失防治责任范围和防治目标。

③设计水平年应为主体工程完工后的当年或后一年,根据主体工程完工时间和水土保持措施实施进度安排等综合确定。

④水土保持方案编制应贯彻落实国家水土保持方针,遵循"因地制宜,分区防治;统筹兼顾,注重生态;技术可行,经济合理;与主体工程相衔接,与周边环境相协调"的原则。

(2)水土保持方案报告书内容及章节编排如下:

---

1 综合说明

1.1 项目简况

1.1.1 项目基本情况

简述项目建设必要性、项目位置(点型工程介绍到乡级,线型工程介绍到县级)、建设性质、规模与等级、项目组成、拆迁(移民)数量及安置方式、专项设施改(迁)建开工与完工时间、总工期、总投资与土建投资等,明确工程占地面积、土石方"挖、填借、余(弃)"量、取土(石、砂)场和弃土(渣、灰、矸石、尾矿)场数量。矿山工程尚应明确地质储量、首采区位置、服务年限、生产期年排弃渣量等。

1.1.2 项目前期工作进展情况

简述项目工程设计情况和方案编制过程。已开工项目补报水土保持方案的,应介绍项目进展情况。

1.1.3 自然简况

简述项目区地貌类型、气候类型与主要气象要素、土壤类型、林草植被类型与覆盖率、水土保持区及容许土壤流失量、土壤侵蚀类型及强度、水土流失重点防治区、涉及水土保持敏感区情况。

1.2 编制依据

列出编制水土保持方案所依据的主要水土保持法律法规、技术标准以及技术资料。其他所涉及的相关法律法规、规范性文件、技术标准在报告书相应位置说明。

1.3 设计水平年

根据《生产建设项目水土保持技术标准》(GB 50433—2018)第4.1.3条的规定,确定水土保持方案设计水平年。

1.4 水土流失防治责任范围

按县级行政区确定水土流失防治责任范围及面积(对跨县级以上行政区的项目,报告书后应附防治责任范围表),并符合《生产建设项目水土保持技术标准》(GB 50433—2018)第4.4.1条的规定。

1.5 水土流失防治目标

1.5.1 执行标准等级

确定项目水土流失防治标准执行等级。

1.5.2 防治目标

根据《生产建设项目水土保持技术标准》(GB 50433—2018)第3.1.3条的规定,明确水土流失防治目标。线型工程有分段标准时应确定分段指标值和综合指标值(对涉及区域较大项目、报告书后应附防治标准指标计算表)。

1.6 项目水土保持评价结论

1.6.1 主体工程选址(线)评价

简述从水土保持角度对主体工程选址(线)的评价结论。

1.6.2 建设方案与布局评价

简述从水土保持角度对建设方案、工程占地、土石方平衡、取土(石、砂)场设置弃土(渣、灰、矸石、尾矿)场设置、施工方法与工艺、具有水土保持功能工程的评价结论。

1.7 水土流失预测结果

简述可能造成土壤流失总量、新增土壤流失量、产生水土流失的重点部位、水土流失主要危害。

1.8 水土保持措施布设成果

简述各防治区措施布设情况。工程措施应明确措施名称、结构形式、布设位置、实施时段,植物措施应明确植物类型、布设位置、实施时段,临时措施应明确措施名称、布设位置、实施时段。

明确项目水土保持措施主要工程量。植物措施统计面积,工程措施统计拦挡措施的体积、排水措施长度、边坡防护面积、土地整治面积、表土剥离数量,临时措施统计临时拦挡、排水数量及苫盖面积等。

1.9 水土保持监测方案

简述水土保持监测内容、时段、方法和点位布设情况。

1.10 水土保持投资及效益分析成果

简述水土保持总投资和工程措施投资、植物措施投资、临时措施投资、独立费用(含水土保持监测费、水土保持监理费)、水土保持补偿费。

简述方案实施后防治指标的可能实现情况和可治理水土流失面积、林草植被建设面积、减少水土流失量。

1.11 结论

明确项目建设从选址选线、建设方案、水土流失防治等方面是否符合水土保持法律法规、技术标准的规定,实施水土保持措施后是否能达到控制水土流失、保护生态环境的目的,从水土保持角度对工程设计、施工和建设管理提出的要求。

综合说明后应附水土保持方案特性表,格式内容要求见《生产建设项目水土保持技术标准》(GB 50433—2018)表"水土保持方案特性表"。

参 考 文 献

[1] 中华人民共和国交通运输部.水运工程施工环境监理规范:JTS 252—1—2018[S].北京:人民交通出版社股份有限公司,2018.

[2] 中华人民共和国交通运输部.水运工程质量检验标准:JTS 257—2008[S].北京:人民交通出版社,2009.

[3] 交通运输部.公路水运工程质量监督管理规定(交通运输部令2017年第28号)[EB/OL].[2017年12月1日].http://www.gov.cn/gongbao/content/2017/content_5244876.htm.

[4] 交通运输部.公路水运建设工程质量事故等级划分和报告制度(交办安监〔2016〕146号)[EB/OL].[2016年11月8日].

[5] 中华人民共和国交通运输部.水运工程结构防腐蚀施工规范:JTS 209—2020[S].北京:人民交通出版社股份有限公司,2020.

[6] 中华人民共和国交通运输部.水运工程混凝土施工规范:JTS 202—2011[S].北京:人民交通出版社,2011.

[7] 中华人民共和国住房和城乡建设部.钢筋焊接及验收规程:JGJ 18—2012[S].北京:中国建筑工业出版社,2012.

[8] 中华人民共和国工业和信息化部.通用硅酸盐水泥:GB 175—2023[S].北京:中国标准出版社,2008.

[9] 中华人民共和国交通运输部.水运工程混凝土质量控制标准:JTS 202—2—2011[S].北京:人民交通出版社,2011.

[10] 中华人民共和国交通运输部.水运工程大体积混凝土温度裂缝控制技术规程:JTS/T 201—1—2022[S].北京:人民交通出版社股份有限公司,2022.

[11] 中华人民共和国住房和城乡建设部.钢结构焊接规范:GB 50661—2011[S].北京:中国建筑工业出版社,2012.

[12] 中华人民共和国交通运输部.港口设备安装工程技术规范:JTS 217—2018[S].北京:人民交通出版社股份有限公司,2018.

[13] 中华人民共和国住房和城乡建设部.钢结构高强度螺栓连接技术规程:JGJ 82—2011[S].北京:中国建筑工业出版社,2011.

[14] 中华人民共和国交通运输部.水运工程地基设计规范:JTS 147—2017[S].北京:人民交通出版社股份有限公司,2017.

[15] 中华人民共和国交通运输部.水运工程地基基础试验检测技术规程:JTS 237—2017[S].北京:人民交通出版社股份有限公司,2017.

[16] 中华人民共和国交通运输部.水运工程测量规范:JTS 131—2012[S].北京:人民交通出版社,2013.

[17] 中华人民共和国交通运输部.码头结构施工规范:JTS 215—2018[S].北京:人民交通出版社股份有限公司,2017.

[18] 中华人民共和国交通运输部.码头结构设计规范:JTS 167—2018[S].北京:人民交通出

版社股份有限公司,2018.

[19] 中华人民共和国交通运输部.板桩码头设计与施工规范:JTS 167—3—2009[S].北京:人民交通出版社,2009.

[20] 中华人民共和国交通运输部.水运工程结构耐久性设计标准:JTS 153—2015[S].北京:人民交通出版社股份有限公司,2015.

[21] 中华人民共和国住房和城乡建设部.预应力筋用锚具、夹具和连接器:GB/T 14370—2015[S].北京:中国标准出版社,2016.

[22] 中国钢铁工业协会.钢拉杆:GB/T 20934—2016[S].北京:中国标准出版社,2017.

[23] 中华人民共和国交通运输部.防波堤与护岸施工规范:JTS 208—2020[S].北京:人民交通出版社股份有限公司,2021.

[24] 中华人民共和国交通运输部.航道整治工程施工规范:JTS 224—2016[S].北京:人民交通出版社股份有限公司,2016.

[25] 中华人民共和国交通运输部.疏浚与吹填工程施工规范:JTS 207—2012[S].北京:人民交通出版社,2013.

[26] 中华人民共和国交通运输部.疏浚与吹填工程设计规范:JTS 181—5—2012[S].北京:人民交通出版社,2013.

[27] 中华人民共和国交通运输部.船闸工程施工规范:JTS 218—2014[S].北京:人民交通出版社股份有限公司,2015.

[28] 中华人民共和国交通运输部.码头附属设施技术规范:JTS 169—2017[S].北京:人民交通出版社股份有限公司,2018.

[29] 中华人民共和国交通运输部.船厂水工工程施工规范:JTS/T 229—2022[S].北京:人民交通出版社股份有限公司,2022.

[30] 中华人民共和国交通运输部.沿海导助航工程设计规范:JTS/T 181—4—2023[S].北京:人民交通出版社股份有限公司,2023.

[31] 中国机械工业联合会.起重机械安全规程 第1部分:总则:GB/T 6067.1—2010[S].北京:中国标准出版社,2011.

[32] 中华人民共和国住房和城乡建设部.机械设备安装工程施工及验收通用规范:GB 50231—2009[S].北京:中国计划出版社,2009.

[33] 中华人民共和国交通运输部.内河助航标志:GB 5863—2022[S].北京:中国标准出版社,2022.

[34] 中华人民共和国交通运输部.水运工程标准施工招标文件:JTS 110—8—2008[S].北京:人民交通出版社,2008.

[35] 《标准文件》编制组.中华人民共和国标准施工招标文件 2007年版[M].北京:中国计划出版社,2008.

[36] 中华人民共和国交通运输部.水运工程工程量清单计价规范:JTS/T 271—2020[S].北京:人民交通出版社股份有限公司,2020.

[37] 全国人民代表大会常务委员会.中华人民共和国安全生产法[EB/OL].[2021-6-11]. http://www.gov.cn/xinwen/2021-06/11/content_5616916.htm.

[38] 交通运输部.公路水运工程安全生产监督管理办法(中华人民共和国交通运输部令2017年第25号)[EB/OL].[2017-6-22].https://xxgk.mot.gov.cn/2020/jigou/fgs/202006/t20200623_3307870.html.

[39] 交通运输部.公路水运工程平安工地建设管理办法(交安监发[2018]43号)[EB/OL].[2018-5-17].https://xxgk.mot.gov.cn/2020/jigou/aqyzljlglj/202006/t20200623_3316412.html.

[40] 中华人民共和国交通运输部.防波堤与护岸施工规范:JTS 208—2020[S].北京:人民交通出版社股份有限公司,2020.

[41] 全国人民代表大会常务委员会.中华人民共和国海洋环境保护法[EB/OL].[2017-11-28].http://www.npc.gov.cn/npc/c30834/201711/0804dfba200b4c8cb7f7fcb6f46b1ccc.shtml.

[42] 国务院.防治船舶污染海洋环境管理条例[EB/OL].[2018-3-9].https://flk.npc.gov.cn/detail2.html?ZmY4MDgwODE2ZjNjYmIzYzAxNmY0MGRmMzI0NjA4ODQ.

[43] 全国人民代表大会常务委员会.中华人民共和国环境影响评价法[EB/OL].[2019-1-7].http://www.npc.gov.cn/npc/c30834/201901/9692c9d1b559456ab0eda0d2969f1d0d.shtml.

[44] 交通运输部职业资格中心.交通运输工程目标控制(基础知识篇)[M].北京:人民交通出版社股份有限公司,2022.

[45] 中华人民共和国交通运输部.水运工程施工监理规范:JTS 252—2015[S].北京:人民交通出版社股份有限公司,2015.

[46] 中华人民共和国交通运输部.水运工程机电专项监理规范:JTS 252—1—2013[S].北京:人民交通出版社,2013.

[47] 中华人民共和国交通运输部.码头结构加固改造设计规范:JTS/T 326—2024[S].北京:人民交通出版社,2024.

[48] 中华人民共和国交通运输部.码头结构加固改造施工规范:JTS/T 327—2024[S].北京:人民交通出版社,2024.

[49] 中华人民共和国交通运输部.内河助航标志工程设计规范:JTS/T 181—7—2023[S].北京:人民交通出版社,2023.

[50] 中华人民共和国交通运输部.公路水运危险性较大工程专项施工方案编制审查规程:JT/T 1495—2024[S].北京:人民交通出版社,2024.

[51] 中华人民共和国交通运输部.公路水运工程临时用电技术规程:JT/T 1499—2024[S].北京:人民交通出版社,2024.

[52] 中华人民共和国住房和城乡建设部.生产建设项目水土保持技术标准:GB 50433—2018[S]北京:中国标准出版社,2018.

[53] 中华人民共和国交通运输部.港口工程竣工验收规程:JTS 125—1—2021[S].北京:人民交通出版社股份有限公司,2021.

编 后 记

一、编写依据和编写分册情况

全国监理工程师(交通运输工程)职业资格考试参考用书(以下简称"本套参考书")由交通运输部职业资格中心组织并依据《全国监理工程师职业资格考试交通运输工程专业科目考试大纲(2024年修订版)》编写而成,目前编写出版了以下6册:

(1)《交通运输工程目标控制(基础知识篇)》;
(2)《交通运输工程目标控制(公路工程专业知识篇)》;
(3)《交通运输工程目标控制(水运工程专业知识篇)》;
(4)《交通运输工程监理案例分析(公路工程专业篇)》;
(5)《交通运输工程监理案例分析(水运工程专业篇)》;
(6)《交通运输工程监理相关法规文件汇编(公路工程专业篇)》。

本套参考书可作为有志于从事交通运输工程(公路/水运)监理工作的技术人员的学习用书、备考应试参考书。有更高职业能力提升追求或应试预期的技术人员可进一步学习交通运输部颁发的公路/水运行业的工程施工技术规范(规程、指南)、监理规范,以及质量检验标准、部门规章和规范性文件等。

二、学习和备考的说明

(1)拟从事公路/水运工程监理工作、准备参加全国监理工程师(交通运输工程)职业资格考试的考生,应选择"基础知识篇"和"公路/水运工程专业知识篇"进行学习。进入考场、应试作答之前,应首先阅读考试注意事项,在答题卡/纸的相应位置明确涂选其中的一个专业,并按照涂选专业对应的试卷/题目在对应的答题区域作答。

(2)本套参考书中的《交通运输工程目标控制(基础知识篇)》,可供选择公路/水运工程专业的考生参考使用;《交通运输工程目标控制(公路工程专业知识篇)》《交通运输工程监理案例分析(公路工程专业篇)》《交通运输工程监理相关法规文件汇编(公路工程专业篇)》可供拟选公路工程专业的考生参考使用;《交通运输工程目标控制(水运工程专业知识篇)》《交通运输工程监理案例分析(水运工程专业篇)》可供拟选水运工程专业的考生参考使用。

(3)参加专业科目"目标控制"考试的考生,应学习《交通运输工程目标控制(基础知识篇)》;同时,拟选公路工程专业的考生还应学习《交通运输工程目标控制(公路工程专业知识篇)》《交通运输工程监理相关法规文件汇编(公路工程专业篇)》,拟选水运工程专业的考生还应学习《交通运输工程目标控制(水运工程专业知识篇)》。

(4)参加专业科目"监理案例分析"考试的考生,应学习《交通运输工程目标控制(基础知识篇)》;拟选公路工程专业的考生还应学习《交通运输工程目标控制(公路工程专业知识篇)》《交通运输工程监理案例分析(公路工程专业篇)》《交通运输工程监理相关法规文件汇编(公路工程专业篇)》等专业知识;拟选水运工程专业的考生还应学习《交通运输工程目标控制(水运工程专业知识篇)》《交通运输工程监理案例分析(水运工程专业篇)》等专业知识。另外,还应掌握中国建设监理协会组织编写的《建设工程监理概论》《建设工程合同管理》中的基础知识。

三、其他说明

本套参考书的使用过程中,如发现错误或需要增减的内容,请将修订意见和建议告知交通运输部职业资格中心公路处,以便修订时研用。

编写组

2025 年 1 月